商标法专题研究

SHANGBIAOFA ZHUANTI YANJIU

冯涛　等◎著

知识产权出版社
INTELLECTUAL PROPERTY PUBLISHING HOUSE

内容提要

本书重点研究商标法的基本价值、基本原则、基本范畴，商标法的历史沿革与未来发展的基本规律，商标战略制度的实施与完善建议，我国区际商标制度的协调机制。重点解决的难题主要包括证明商标与集体商标的保护利用、地理标志如何促进农业发展、驰名商标保护与打造国际品牌、我国商标的海外维权机制、商标权担保融资制度、商标争议处理制度的改革。

责任编辑：纪萍萍

图书在版编目（CIP）数据

商标法专题研究 / 冯涛，等著．—北京：知识产权出版社，2010.12

ISBN 978-7-5130-0257-8

Ⅰ．①商…　Ⅱ．①冯…　Ⅲ．①商标法－研究－中国
Ⅳ．①D923.434

中国版本图书馆 CIP 数据核字（2010）第 214696 号

商标法专题研究

冯涛　等著

出版发行：知识产权出版社

社　　址：北京市海淀区马甸南村 1 号	邮　　编：100088
网　　址：http：//www.ipph.cn	邮　　箱：bjb@cnipr.com
发行电话：010-82000860 转 8101/8102	传　　真：010-82000860-8240
责编电话：010-82000860-8130	责编邮箱：jipingping@cnipr.com
印　　刷：知识产权出版社电子制印中心	经　　销：新华书店及相关销售网点
开　　本：720mm×960mm　1/16	印　　张：18.75
版　　次：2011 年 1 月第 1 版	印　　次：2011 年 1 月第 1 次印刷
字　　数：335 千字	定　　价：58.00 元

ISBN 978-7-5130-0257-8/D・1118（3200）

江苏大学社会科学专著出版基金资助

前　言

加入世界贸易组织近十年的时间里，我国发展所面临的国际竞争日趋激烈。温家宝总理指出，国家间的竞争说到底就是知识产权竞争。我们建设创新型国家、创新型企业，必须依靠自主创新。其中最主要的是专利技术创新和品牌创新。如果说专利创新处于产品创新的前端，那么品牌创新则最终保障产品的市场优势。商标，特别是驰名商标，不断扩大产品的市场占有率，提高产品的市场收益率。为了更好地保障商标权的创造、运用、管理，保护商标权，发挥商标的各项经济功能，发挥商标法的各项制度功能，国家工商行政管理总局、最高人民法院、地方人民政府及其有关部门、中央和地方企业依据国务院发布的《国家知识产权战略纲要》，制定实施了相应的执法、司法以及管理制度。这些制度的有效实施不断推进我国商标战略向纵深发展，提高了国家和企业的经济竞争力。为了总结我国商标立法、执法、司法和管理的经验成就，展望商标法的发展前景，为法学界、法律界、企业界和政府管理部门提供有益的理论指导，我们精心组织编写了《商标法专题研究》一书。

商标法的内容繁多，都值得细细研究。而我们选取若干亟待解决的难度较大的问题作为研究对象，目的在于抓住主要矛盾，解决主要问题，力求全面、系统地阐释每个问题的因果关系，提出相应的对策。本书的编写坚持“以我为主”的原则，主要研究中国商标法实践和理论中的重大课题。本书从商标法的目的、价值、功能、原则、法律关系等基本问题入手，研究了我国商标法的源流、两岸三地商标法的异同；国家、地方和企业商标战略的实施；集体商标和证明商标的运用与保护；商标权的投资与融资担保；商标海外侵权与维权；商标恶意异议与典型侵权救济等问题。

根据不同的论题，我们运用了相应的研究方法。如运用历史分析法，研究中国商标制度发展历程；运用比较法，研究“一国两制”的商标制度；运用系统分析法，研究商标战略的纵向结构；运用经济分析法，研究集体商标和证明商标的价值利用、商标权投资与融资的价值基础。

理论创新是理论研究的生命。本书力争在以下几个方面提出独立的见解。第一，我国商标法的发展道路将从制度“引进型”转向“输出型”，对国际商标制度的发展有所贡献。第二，商标权的保护需要健全商标法律体系，强化执法和司法措施，建立和加强部门、区际、国际合作。第三，充分利用集体商标与证明商标的经济功能，发展规模产业，提升产品价值。第四，以提升和保护品牌价值为基础，充分发挥商标权的投资与融资功能。第五，注重驰名商标的保护，创造良好的国际贸易环境。

目 录 CONTENTS

第一章

商标法基本问题

第一节　商标法的目的

保护商标权是商标立法的基础和核心。保护消费者利益也是商标立法中调整商标关系的一项基本准则。商标法的目的还体现在保护合法竞争、促进有效竞争，以及在此基础之上的制止不正当竞争和维护市场竞争秩序等方面。研究商标法的目的，有利于深刻地透视商标法的基本精神。

一、商标法立法目的之含义

商标法虽然建立在知识产权的基础之上，但商标权保护原理与专利权和著作权大不相同。这主要是因为商标法具有不同的保护基础。它不是基于像作品或发明这样的智力成果的创造而产生的专有权，而是基于商标这种识别不同市场主体的标识而建立的、涉及营销努力的规则。商标法中的商标，具有非常丰富的内涵。它不是一种简单的商品上的标记，而是作为产品和它们的来源的指示器，是一种信息的承载体，具有信息识别器的作用；并且这种标识与消费者有着特别重要的联系——商标的保护确保了消费者作出理性的购买决定，从而降低交易成本。商标在商标法中被认为是一种帮助消费者选购其需要商品的机制。商标权人通过这种特定的符号整合商品环境，目的是使所有潜在的消费者通过自己的商标光顾自己的商品。一旦这一目的实现了，商标的所有人也就获得了一定的收益。[1]

商标的保护使商标与特定的商品联系在一起，从而使得厂商可以通过商标建立自己的信誉而促进商品的销售，实现最佳的经济效益。正因为如此，商标保护制度具有竞争性功能，它是规制市场经济秩序的重要法律机制。

由于商标法功能的发挥和目标的实现建立在商标正确地反映特定商标与特定商品的特定联系之上，以防止消费者混淆或者被欺骗，从而确保厂商的利益和消费者的利益，商标法从一开始就对欺诈和混淆进行抑制。在早期，商标侵权是通过欺诈诉讼实现的。虽然是公众而不是商标权人被欺骗，普通法商标诉讼的诉因仍然是欺诈。这种混淆原理在假冒理论中也体现了，假冒理论的作用在于保障市场主体获得的信息不会被扭曲，从而避免消费者交易成本增加。不过，后来的衡平法借助于对一个特定的商标享有的“法律权利”逐渐确认了保护商标的所有权，而不考虑欺诈问题。这样在 Millingt v. Fox 案中，科特恩翰法官指出：在该案件中有充分的证据表明原告在商标中有所有权，他们无疑有权借助于衡平法院的支持来实施这一所有权。商标法作为知识产权法的一部分具有知识产权法的共同属性和目标。它既需要保护商标权人的商标权，也需要保障社会公众涉及商标的利益，协调商标权人的私人利益和公众利益的关系，使两者的利益在商标法中各得其所。[2]当然，基于商标权客体与专利权和著作权客体的不同性质，商标法的价值目标在具体表现上有自己的特点。如商标法调整的社会公众利益主要是消费者利益和商标权人的竞争对手的利益，而不是一般意义上的社会公众的利益。在认识商标法的立法目的时，需要着重考虑这两种不同的利益主体。[3]

商标法的立法目的具体体现在一国的商标法规定之中。但在立法体例上有不同的特点。商标法这种保护商标权人对商标的专有权和保护公众涉及商标的利益的目的，在各国商标法中都有体现。例如，1946 年美国国会报告对《美国联邦商标法》(《兰哈姆法》)的目标所作的解释是：第一，保护公众，以便他们能够自信地获得他们所需要的产品，即在购买标示了一个特定商标的商品时，他们得到的正是他们所需要获得的；第二，保护所有人的投资，在商标权人投入了精力、时间和金钱以向公众提供商品时，他付出的投资免于被盗版和欺骗等行为盗用。基于这两个目的，法律重申了对涉及商品最初来源混淆的禁止。美国国会报告还指出：商标的法律保护是双重的，即阻止其他人复制具有区别功能的商标，并维护通过广告等创造的商标的商业价值中的专有权。这是既保护公众也保护商标权人的确定规则。在美国商标法中，消费者保护源于州法，在联邦商标法中在很大程度上得到了确认。

《中华人民共和国商标法》(以下简称《商标法》)也明确规定了商标法的立法目的。立法目的的修改本身反映了商标法适应新形势需要而调整的内容和实现的宗旨。例如，1993 年 2 月 22 日第七届全国人民代表大会常务委员会第三十次会议第一次修改的《商标法》第 1 条规定“为了加强商标管理，保护商标专用权，促使生产者保证商品质量和维护商标信誉，以保障消费者的利益，促进社会主义商品经济的发展，特制定本法”，2001 年 10 月 27 日第九届全国人民代表大会常务委员会第二十四次会议第二次修改的《商标法》第 1 条则规定“为了加强商标管理，保护商标专用权，促使生产、经营者保证商品和服务质量，维护商标信誉，以保障消费者和生产、经营者的利益，促进社会主义市场经济的发展，特制定本法”。我国《商标法》的这种规定也体现了保护商标权人的专用权、保护消费者利益的立法宗旨。同时，通过商标保护、管理和在确保商品和服务质量基础之上维护商标信誉，促进社会主义市场经济的发展，可以认为，保护商标权是商标法的直接目的，而社会主义市场经济是为了满足人们日益增长的物质和文化生活需要，因而作为商标权人的生产者和经营者需要“保证商品和服务质量，维护商标信誉”。

二、商标法的立法目的

（一）保护商标权

在现代社会，厂商的商品商标和服务商标已经成为我们社会的一道风景线。商标是为在一个特定的市场用以区别一个生产者的产品或者服务与另一个生产者的产品或者服务的标记，这是关于商标的传统观点。商标的使用与在市场中销售的特定产品相关。在不同的市场中在相同或类似的商品或者服务上使用相同或近似的商标会使消费者产生混淆，而那些不满意的消费者将会把对仿冒产品的不满意转到商标所有人的身上。

商标被赋予专有权的内容，它需要通过防止消费者对商品来源的混淆以确保厂商利益，同时作为有效竞争的手段。预防消费者被商品来源混淆或者防止损害公共利益很少作为商标的主要原理。相反，这种欺骗或者混淆被作为商标权人的私人权利遭受损害的测试依据。为商标提供的保护偶尔被批评为有创造市场垄断的趋势，但商标权人对“商标符号”的垄断只是在很有限的意义上如此。商标法并不禁止用作商标的符号的非商业性使用，以避免妨碍一般语言使用的危险。甚至在商业性使用的情况下，如果用作商标的符号不是被用于识别商品而只是给出关于商品的信息时，也不能禁止这种商业性使用。

保护商标权是商标立法的基础和核心。有关商标立法、执法、司法和守法活动都是围绕商标专用权而展开的。商标立法中保护商标权的原则即是国家运用法律手段按照法定程序对商标权予以确认，并在使用和管理上予以切实保护的法律基本准则。保护商标权在维护我国社会主义市场经济秩序、保障市场经济健康发展方面是必不可少的。具体体现为：第一，保护商标权是遵循市场经济的一般规则，调整商品生产和交换关系的一般手段。如果不确认和保护商标权，假冒和仿冒等各种破坏他人商标标识的行为就会猖獗，生产、经营者的商品或者服务就无法区分，从而会造成市场秩序的混乱。第二，保护商标权是维护消费者利益所必需的。消费者可以通过商标监督商品的质量，实现市场经济真正的等价交换，而这是在商标受到法律保护的情况下才能实现的。第三，保护商标权可以促进我国商品生产的发展。商标在形式上体现的是商品信誉，在实质上体现的则是企业信誉。

保护商标权就能在法律上承认凝结在商标信誉里的劳动的差别。承认这种差别，就能奖励先进、鞭策后进，促使企业提高生产经营管理水平，实施名牌战略，因而可以促进市场经济的发展。

（二）保护消费者利益

商标法之所以将保护消费者利益作为其重要目的，是因为商标与消费者具有特别密切的联系，通过确保消费者免于被混淆、欺骗，才谈得上商标法的其他一切价值目标。否则，商标权的保护将失去意义，商标法促进市场的有效竞争也无从谈起。甚至可以说，消费者行为是商标法建立的基础。

有学者指出，作为消费者的公众在每一个商标侵权案件中都是一个“没有名义的”第三方当事人。当商标权人起诉商标侵权者时，至少要达到两个基本目标：第一，通过控制不正当竞争的一种形式保护他自己的特殊利益；第二，保护公众免于被欺骗或者混淆。商标专用权保护立足于对消费者利益的保护，这是一个牢固的法律原则。1882 年，美国最高法院解释说：商标权人有权获得法律保护，不仅仅对他来说是一个公正的事情，而且对消费者来说也是如此。保护公众的理念一直都在发展。如在美国第二巡回法院的一个案件中，莫尔法官指出：在反不正当竞争法律中，对公众的保护是一个基本的考虑。通过商标作为媒体强调保护作为购买者的公众，保护消费者的主张与商标法是一致的。消费者主义运动否认商标保护对消费者的积极意义，主要是建立在“商标是垄断的一种形式”这一误解的基础之上。

商标权保护与保护消费者利益之间的关系主要表现在两个方面。其一，商标识别商品来源的功能与消费者利益之关系。认识商标权保护与消费者利益之间的特定关系，需要从商标的识别商品的功能谈起。商标的主要功能是识别商品的来源，从而刺激消费者进一步消费该商品。通过商标的识别作用，商标权人可以“站在零售商的肩膀上”，直接和消费者联系起来。商标的最大优势可以说是来自于商标与特定商品的联系。在熟悉了一个特定的商标后，消费者通常不会考虑厂商的身份或者公司的名称，而只是商品本身。这一事实反映了市场营销结构的人格性，在这种市场营销结构中，商标指引着在一个特定市场主体名义下的商品销售。早先有判例即指出，在有限的意义上，在反映产品来源的商标和混合了产品和来源的商标之间只是术语上的区别而已，在任何意义上消费者通过商标获得了同样的一个东西。

在现代社会，消费者和生产者的完全分离意味着厂商应当为商品找到一种直接能与消费者沟通的渠道。商标就是重要的渠道之一。现代消费者已经习惯于通过商标识别商品。产品来源的识别对于确保消费者在购买商品时作出最后的决定是十分关键的。由于生产同类商品的厂商竞争的存在，同类商品具有很多不同的商标，消费者会通过购买实践而逐渐地趋向于偏爱其中的某一个或某一些商标的商品。久而久之，他们可能会对这些少量的商标商品形成一种商标"情结"。一旦形成这种情结，很多消费者将不会轻易改变自己的商标导向，因为对他们来说，这些商标比其他的商标具有更重要的文化意义。与消费者这种商标心理相一致，厂商的市场营销行为也集中于使消费者以商标为参照来购买商品。毋庸置疑，当一个单词或者符号等作为商标在一个特定的商品上使用而使其含义变得特定时，它就具有了反映该商品信息的功能。在众多同类商品的选购中，商标正好充当了"商品信息指示器"的作用。

其二，商标标示商品质量一致性增进消费者利益。同一商标标识了同一质量的产品这一信息，会使消费者在购买商品时获得一种安全感。这种安全感使消费者进入了一个更大的市场，在这个市场中消费者只需要认牌购货。可见，在维持商品同一质量基础上获得的安全感，促进了消费者对特定商标商品的青睐。反过来，厂商也获得了继续维持产品质量的动力。换言之，商标促进了商品生产者提高商品质量并坚持商品质量的一致性。这种在确保商品质量一致性基础上形成的消费者对商标商品的信任感，最终会积极影响厂商销售此类商品的市场占有率。因此，对商标的法律保护，为厂商针对消费者对其商标认可的行为进行投资提供了激励，商标法对生产者为了通过保持产品质量的一致性来维护在消费者中的信誉也提供了激励。

商标法确保商品质量的一致性，这是形成特定商标信誉的基础和保障。一个特定的商标确保了购买者在市场中购买同一来源与同一质量的商品。换言之，商标之所以代表了被附载的商品生产者的商誉，是因为它体现了商品的同一来源和商品质量的一致性。商标受到保护，是基于其通过商标权人对商品质量的维护而在贸易中获得重要性。像美国《兰哈姆法》提供的最有价值和重要的保护之一是"控制在商标名义下制造和出售商品的质量的权利"。美国国会报告在指出商标是竞争的本质时，也指出"商标鼓励质量的维护"。有关判例则指出"商标法允许消费者依赖于产品质量的连续性"。成功的商标就是信息的聚合。如果出卖者提供商品的质量不一致，或者将同样商品的质量降低到低于消费者来自早先的经验所期望的水平，这种情况将会减损商标的价值。商标价值在一定意义上是消费者的“抵押品”；如果消费者对卖主不满，他们会通过降低商标价值来作出反应。这种“抵押品”的存在为卖主向消费者提供其偏爱和期望的质量一致的商品提供了激励。

在上述意义上，消费者选择无疑成为商标法关注的一个重要因素。至少消费者能够购买他所需要的商品。经验证据表明，商标增强了消费者购买的自信；通过商标，它使消费者的购买行为更加确定。有人指出，许多消费者购买商标商品的目的是基于他们要向别人表明他们是特定商品的消费者。可以认为，这是在有声誉的商标中的投资。

（三）保护合法竞争，促进有效竞争，维护市场竞争秩序

第一，商标法增进合法、有效竞争和维护市场竞争秩序。

保护合法竞争、促进有效竞争，以及在此基础之上制止不正当竞争和维护市场竞争秩序，也是商标法的重要目的。现代的商标具有区别商品来源、确保商品质量一致性的作用。在这种作用的基础之上形成了厂商的商标信誉。厂商凭借商标信誉，特别是通过创立驰名商标，可以吸引更多的消费者购买自己的商品，达到占领和扩大市场、获得竞争优势的目的。商标构成了商标权人重要的无形资产，并成为开拓市场和获得市场竞争优势的重要手段。正是在这个意义上，商标被视为“商战利器”，保护商标的商标法相应地具有促进竞争的目的。当然，商标本身只是一种市场符号，通过商标实现促进竞争的目的要看它在市场中怎样被使用。商标这种“商战利器”对其所有人的价值来自于它被投入使用，而不是直接来自于法律的保护。

从促进竞争的角度看，商标的区别性功能为厂商之间的有效竞争提供了手段。商标区别了竞争者的商品，进而借助于消费者选择的能力促进竞争。消费者利用商标来识别产品，排除他们不需要的产品。成功商标的声望很明显地能够增加厂商的市场份额。在没有商标的世界中，消费者区分市场中不同主体的商品将变得很困难。不仅如此，在没有商标的世界中，某一厂商提供比其他竞争对手更好产品的激励将不存在。由于消费者不能鉴别不同厂商之间的相同或类似商品，可能反而会形成一种生产低质量产品的“激励”。

竞争的本质是竞争性产品就其自身的优点获得公众认可的能力。没有商标，竞争性产品的公众识别和认可将是不可能的。并且，当消费者购买商品而不能够获得有关识别产品的信息时，将不会存在有意义的竞争，而这些识别手段则依赖于商标法的建立。在识别功能的基础上产生的商标认知和商标情结，使消费者能够钟情于某一特定的商标商品，这样就能够进一步激发生产者生产这类商标产品。消费者有权在竞争性商品之间作出区分，而商标仅仅是作为一个纯粹的商品来源的指示器，其区别性功能为消费者购买商品的竞争性选择提供了可能。这反映了商标的竞争性本质。

从竞争的角度看，商标法的基本目标是便利竞争性商品的流通，通过促进竞争而提高经济效益。这主要是因为，商标本身也促进了竞争，特别是作为有效的市场准入的设计时更是如此。竞争者为了获得竞争优势，他们通常对现有产品的不同品质确定不同的价格，对不同的市场进入渠道采用不同的商标。因此，商标可以被厂商作为获得竞争优势的战略手段。通过实施商标战略应对激烈的市场竞争、取得市场竞争优势，已经成为现代厂商的重要策略。由于商标本身不是市场，而只是一种标记，商标作为一种竞争手段需要厂商不断地投资、培植商标信誉。而对商标法持批评的观点认为，应当允许竞争者分享非常成功的商标商誉。因为有些商标的产品是如此成功，以至商标成为竞争者希望进入市场的障碍。这种观点值得商榷。因为市场是自我纠正的，由商标引导的成功产品是在商标的作用下将竞争性产品引入市场的。

第二，商标法促进竞争与制止不正当竞争的关系。

由于保护合法竞争、促进有效竞争的目标与制止不正当竞争密切相关，甚至可以说它们是一枚硬币的两面。就商标法本身而言，它是用来制止利用商标从事不公平竞争活动的。美国《兰哈姆法》即具有保护个人在商业中免受不正当竞争的侵害，以及阻止在这种商业中的欺诈和欺骗的立法用意。

商标法可以纳入广义的反不正当竞争法范畴。在市场经济条件下，商品生产者和经营者需要借助于商标在生产和流通领域开展竞争。这种竞争必须合法，不得损害他人的商标信誉。我国《商标法》对假冒他人注册商标等侵犯商标权行为施加制裁，就体现了保护合法竞争、制止不正当竞争的目的。商标法以保护商标标识与商品或服务之间的关系，促成公正的工商业竞争秩序为基本职能。商标法所制裁的侵犯商标权的行为也是一种违反诚实信用原则和良好的商业道德的不正当竞争行为。在性质上，商标法表现为以确权并加以保护的手段来制止不正当竞争的法律规范。从商标法的历史来看，它与反不正当竞争法一样，都是在侵权行为法的基础上发展起来的，以鼓励和维护公平竞争。商标侵权，在分享其他人成功商标商誉的伪装下，是一种不正当竞争。考虑到广泛的保护基础，商标侵权的特征可以看成是不正当竞争的一种形式。商标法服务于规制不正当竞争的目的，以维护商品流通秩序。在制止不正当竞争行为的层面上，商标法在制止将一厂商的商品与另外一个厂商的商品相混淆上具有更重要的意义。当然，假定针对厂商的不公平竞争行为需要获得更大的保护，这种保护应当游离于商标法而转向适用不公平竞争法。

扩充阅读

从商标法立法宗旨看待"解百纳"之争[4]

《中国经济时报》记者专访中华商标协会专家委员会主任董葆霖：

问： 您怎么看待这次的"解百纳"之争？

答： 看"解百纳"的相关问题，是要从商标法的立法宗旨上理解这些问题。商标法的立法宗旨是要保护商标专用权，保护市场竞争秩序，保护企业诚实劳动、诚信经营，以此来推动商品市场经济的发展，使市场形成一个自由贸易、公平竞争、你追我赶、良性循环的、可持续性发展的健康局面。

商标的本质是要起一个能使消费者区别商品来源的作用。消费者的这个区分和理性选择非常重要。如果自己的商标为他人使用，就会使创造者的心血、劳动和资金付诸东流。如果人人丧失了创新的信心，社会就不能够发展。只有使自己的知识产权得到保护，才能够真正保障生产经营者。经营者也才会有信心投入更多的资金用于创新发展生产、提高质量。这样的良性循环的激励机制，不仅对于市场、而且对于消费者都是有益的。而这样的竞争局面一旦展开后，对于没有自主知识产权的企业也是一种鞭策，会使他们在市场竞争的压力下，调动内在积极性，努力创建自己的商誉、开发自己的新产品。所以说，商标法的立法应当最终是通过确立商标制度，维护市场的公平竞争局面，促进经济社会"两个文明"的同步发展。

问： 商标法的立法宗旨和"解百纳"之争有关系吗？

答： 看待"解百纳"之争的情况，关键要看到，"解百纳"是张裕公司创立70多年来创建的民族品牌，也是一个知名度很高的商标。应当说，"解百纳"是张裕公司多年诚实劳动、诚信经营得来的。经过几十年的经营，也在消费者中取得了高度认可。这种情况下，根据商标法的立法宗旨，就要肯定它这个品牌对社会经济"两个文明"发展的贡献，对消费者的长期贡献。

问： 您认为"解百纳"是商标品牌还是葡萄品种？

答： 分析"解百纳"是否是商标品牌，主要看事实，即历史事实上"解百纳"是否构成商标法规定的不能注册商标的情况。有人说解百纳是"Cabernet"的译名，说它就是葡萄的品种。这种说法不对，第一，"Cabernet"不是葡萄名称，也不是葡萄品系名称。只是几种法文葡萄名称（赤霞珠CabernetSauvignon/蛇龙珠 CabernetGernischt/品丽珠 CabernetFranc）的前缀，而“Cabernet”并没有含义；第二，在市场中，有很多葡萄酒将“Cabernet”翻译的也不固定，有的译为“加本力”，有的译为“加百纳”，因此“解百纳”并非“Cabernet”唯一对应的译名。葡萄品种的说法根本不能成立。

退一步来说，即使解百纳是“Cabernet”的音译，那么，“解百纳”是否是葡萄酒的通用名称？商品通用名称是表示某标识商品的、反映本质特征的名称，或者是经过长期的、规范使用的为消费者约定俗成的名称。中国农学会葡萄分会认定的葡萄品种中，并无“解百纳”这一品种；葡萄酒标准中也没有“解百纳”这个葡萄酒名称，因此“解百纳”也并非国家通用标准的名称。“解百纳”是商标，不是葡萄品种和葡萄酒通用名称的事实，是法律确认的。它1936年9月15日提出商标注册申请，1937年6月28日国民政府实业部商标局审定注册，注册号为第33477号。当时(1935年）的商标法第二条第五项规定对于“相同或近似于同一商品习惯上所通用之标章者”“不得作为商标，呈请注册”。这一历史事实充分证明，“解百纳”在70年前就是被商标法确认的葡萄酒商标。

问：认定“解百纳”是不是商标，还需判断其是否具有显著性？

答：经过70年的使用，解百纳在消费者当中影响很大。现在已经形成了批量生产、批量出口，已经被国内外消费者认知和认可，已经为相关公众所熟知。这是我们的珍贵历史文化遗产，是我们民族的骄傲！中国还有多少这样的商标，它的“显著性”还需要证明吗？所以商标的显著性已经非常突出了。可以说，即使“解百纳”商标没有注册，它理所应当地也应当受到反不正当竞争法的保护。有人说现在30多家企业使用了，“解百纳”就是全行业的公共财富了？这是什么逻辑？人家是1937年注册的，连续使用并投入了70多年，2001年人家再次申请注册。1998年以后先是一两家企业未经许可使用，新世纪竟然30多家企业一哄而上，总共两年多点时间，就把人家几十年创立的知识产权变成“全行业的公共财产”了吗？这损害的不只是一个企业的商标权益，损害的更是建设创新型国家的信心和希望，是国家和民族长远的和根本的利益！

问：在目前阶段，张裕公司是否拥有“解百纳”商标的使用权？

答：我认为，张裕公司对“解百纳”商标的保护，可以分为以下几个层次来理解。

根据2002年《商标法》的规定，如果有葡萄酒厂商复制、模仿与“解百纳”类似商品的话，可以利用驰名商标保护的条款，保护它的权益。

“解百纳”目前处于商标注册之后，2002年，它的权利经过商标局确认，已经受到商标专用权保护，其他商家未经商标注册人许可不得使用、不能使用“解百纳”。商标局虽然发出了撤销决定，但在没有生效前，张裕公司申请商标评审委员会裁决，又撤销了商标局的决定。现在处于司法审查阶段，其商标注册仍然是有效的。如果法院最终撤销了商标评审委员会的决定，则该商标权利将不存在；如果法院最终确认了商标评审委员会的决定，所有的侵权行为应当受到法律的制裁。评审委员会所作的裁决，是行政决定，可以通过司法途径来救济。但我认为，这个过程依然是一个存在纠纷的过程。而“解百纳”的商标权则是一个已经确认的权利。所以，这种已经确认的权利还是应当受到保护的。

第二节　商标法的价值

商标法的价值也是商标法产生与发展的意义。商标法是适应规范商标关系、保护商标利益、维护交易秩序而产生并不断发展的。依据法律价值论和商标法的法律地位，商标法的价值体系既要体现法律整体的价值，又要体现商标法作为私法的特别价值。这样才能反映商标法存在的全部意义，也才能保障商标法满足社会需要的程度，指导商标法原则、规则的制定。研究商标法的价值不仅有利于完善商标法基本理论，而且有利于商标法的体系的合理构建，实现商标法的科学发展。

一、商标法价值研究的现状与存在的问题

商标法价值是商标法理论不可或缺的内容。目前学界对商标法价值的研究主要有三条路径。一是依据法律价值理论，结合商标法客体的特点和商标法历史，按照演绎推理的方法，提出商标法的公平、平等、自由、幸福、安全、秩序等基本价值。其中，公平和秩序在商标法法律价值中具有尤为重要的意义，自由价值次之，而促进社会和谐与团结，促进公共利益和社会福利，是商标法法律价值的重要特点。二是将商标法立法宗旨视为商标法的价值，包括维护消费者利益、维护商标权人利益和维护市场公平竞争三项价值。三是认为商标法的价值定位是确立商标法宗旨的基础。从各国和国际立法来看，保护私权是商标法的基本价值定位。前两个研究路径虽然对商标法价值的分类有所不同，但对商标法价值的界定、作用以及基本内容表述大体一致。如有学者认为：商标法的法律价值是对商标进行法律保护的直接依据，对商标法的内容具有重要的决定作用。它贯穿于商标法的立法、执法、守法和法的监督的各个环节之中。对其进行研究，可以解决商标法为什么而

存在，应以怎样的方式存在，应发挥什么样的社会作用，其最终目的、追求和归宿是什么等不容回避和必须正视的问题，促进商标法符合主流法律价值观。商标权排他性的性质和范围方面的特殊性，决定了商标法的法律价值必然要有自己独特的方面。商标权的排他性主要是排斥非专有人用不法手段对其商标进行仿制、假冒。商标权的排他性是相对的，权利人只有履行了注册或使用的义务，其商标权的排他性才受法律保护。商标法促进和保护竞争的价值来源于反不正当竞争法并与其价值保持一致。反映的是自由主义财产权思想。商标法的自由价值受到一定限制，如权利滥用之禁止、商标权的地域性、时间性等。对商标自由的限制，是满足维护公共利益的一种手段。商标保护从依靠商标所有人的自力救济到国家制定商标法，也是保护社会公共利益的表现。

鼓励竞争和维权是市场经济对商标法的要求。商标法作为市场经济的基石之一，应以维护消费者利益和经营者利益为最终关怀，以维护市场公平竞争为使命。"维护市场公平竞争"之价值目标，犹如民法中的"诚实信用原则"，具有阐释法律、填补法律漏洞的功能，是商标立法、守法、执法和司法的帝王规则。就维护消费者利益来讲，消费者对商标而言具有重要的意义，他们是商标的直接使用者、商标意义的确定者和商标价值的决定者。标识能否成为商标取决于消费者是否将其视为识别商品来源的符号，商标价值的大小取决于消费者对商标的知悉程度和认同水平。正因为如此，商标由于消费者的作用而变得有价值。甚至有人大胆提出，不管商业标识对其所有人而言多么具有价值，它在事实上都不是由其所有人独立"创造"的，更不可能由他"所有"。商标的含义和形象，不在于其所有人的诠释，而在于消费者的解读，社会公众才是商标的缔造者。就保护商标权人利益的价值来讲，商标是经营者推销产品最重要的工具，商标所具有的推销力成为企业最重要的资产。商标的财产利益主要体现在提高产品的销售量和市场份额、占据产品价格优势以提高边际利润、利用品牌延伸以降低新产品促销成本三个方面，而且商标给公司带来的经济利益可以通过商标续展而不断累积。商标是一种应当受到保护的私权，这已经得到理论界和各国立法的肯定，保护商标权人利益也成为几乎所有国家商标法的价值目标之一。商标法通过保护商标权人利益，间接地达到了维护消费者利益的目的。最后，无论是消费者利益，还是商标权人的利益，都可通过维护公平竞争的措施来实现。

通过比较可以看出，上述三种路径各有可取之处，但又都存在不同程度的缺陷。既没有指出各种价值之间的逻辑关系及其合理理由，也没有建构合理的价值体系。

二、确立商标法价值的理论基础和现实依据

商标法是我国社会主义市场经济法律体系的有机构成部分。商标法的价值，不仅要反映我国社会的主流价值观的要求，还要反映我国法制的整体价值和民法价值的要求。以人为本、诚实信用、公平正义、法治是当前我国的主流法律价值观。而法律价值在整体上包含秩序、效益、文明、民主、法治、理性、权利、自由、平等、人权、正义和发展等目标，其中，秩序是法律的基本价值目标，为其他价值的前提和基础。在这些价值中，秩序、自由、正义（公正）构成法律基本价值体系。法律基本价值是法律制度体系各个环节必须遵从的准则，应当体现在立法与法的实施的所有价值场合。法律的基本价值是其他价值必须遵从的价值，并且是其他价值的评判标准。法律的基本价值是对抗恶法的终极根据，是执法者对于法定价值理解的基础，也是对法律规定进行具体适用的指针。

在现实性方面，商标权属于经营领域的知识产权，既是实现技术商品化的途径，也是展示商品、提高商品附加值的手段。因此，商标法要规范商标的注册、使用，提高商标的使用效益。

三、商标法价值体系的构建

马克思主义哲学认为，价值这个普遍的概念是从人们对待满足他们需要的外界物的关系中产生的，是人们所利用的并表现为对人的需要的关系的物的属性。一般认为，价值是作为客体的物对作为主体的人（社会）所具有的意义。它包括对于主体的需要的满足和主体关于客体的绝对超越指向两个方面。法律价值是法律作保障的或值得法律保障的价值，各种法律价值的总体被抽象为正义。法律价值是法律对于人的需要和满足的意义。它是一个多元、多维、多层次的庞大体系，其中包含着各种准则。法律价值分为基本价值和次要价值。不同时代、不同国别、不同文化传统的法律具有不同的价值准则和价值观念。这些价值准则和价值观念决定着价值体系。

根据法律价值的基本原理，结合商标法的地位和特点，我们认为，商标法的基本价值主要体现在以下几个方面：

其一，商标法的规范价值。规范价值是任何法律规范最基本的价值，是其他一切价值实现的基础，当然也是商标法的基本价值。国家制定商标法，就是将社会中的商标事实关系上升为商标法律关系，明确商标关系利益各方的权利和义务，定纷止争。

其二，商标法的秩序价值。秩序是人们从事商标活动的必要前提。秩序

的核心是安全，既包括商标所有权、使用权等方面的安全，也包括使用商标的产品的安全。秩序的对立面是无序。无序意味着商标关系的稳定性和结构的一致性模糊甚至消失了，商标行为的规则性和进程的连续性被打破了、断裂了，偶然的、不可预测的因素侵入到正常的商标关系之中，从而使利害关系人失去安全感。对于这种无序或脱序，商标法是首要的、经常起作用的手段。

其三，商标法的自由价值。自由是私法自治的典型表现。商标法作为私法，也应当建立起自由价值。商标法中的自由包括两个基本方面：一是商标所有人有权自主决定是否申请注册、是否撤回申请；二是商标权人有权自主决定是否实施商标许可、是否转让商标。可见，无论是在商标行政关系中，还是在商标民事关系中，当事人都应享有比较充分的自由，而不受任何人的非法干涉。

其四，商标法的正义价值。正义包括实体正义和程序正义。所谓实体正义，是指利益分配的公平。所谓程序正义，又称诉讼正义，是指诉权和程序的公平。商标法的正义价值内容十分丰富。如在实体正义方面，它涉及商标在先使用人与商标注册申请人、商标注册人之间的利益平衡，涉及商标权人与受让人、被移转人、被许可人、消费者和社会公众的利益平衡，涉及商标受让人、被移转人、被许可人与消费者和社会公众利益的平衡。如在程序正义方面，涉及商标权人的诉权与消费者诉权的平衡，通过赋予商标权人以诉权来间接保护消费者权；涉及专门的鉴定机构和专业的审判组织建立以及回避、公开等制度安排。

其五，商标法的效益价值。效益是指在既定投入的条件下，获得更多的产出，或以较少的投入获得既定的产出。商标法的效益价值既体现在提高商标行政效益、司法效益方面，也体现在市场效益方面。在前者，主要是通过减少评审环节、异议、裁决等环节，缩短各个环节的期限，提高程序效率；在后者，主要是通过保护驰名商标、知名品牌，提高商品的知名度，提高商标价值。

四、商标法价值实现的条件与制度完善

法律价值对于法律制度及其解释、执法、守法具有规定性。按照法律价值理论的一般原理，商标法价值的实现条件包括几个基本方面：其一，法律制度符合价值设定；其二，法律解释接受价值指导；其三，执法者具有优良的价值素养、作出正确的价值选择；其四，社会公众具有普遍的价值认同。

就立法而言，目前有些制度需要继续改革和完善。一是在价值取向上仍

应适当突出商标权的私权性质，并且在商标法宗旨条款中反映出来。二是对商标权的合理限制，以实现经营者之间利益平衡的制度。例如，在商标注册申请中，应考虑其他竞争者是否有使用该标识的必要。比如在“地名商标”注册标准中，以是否属于“县级以上行政区划或者公众知晓的外国地名”和是否“具有其他含义”作为评判标准，没有考虑其他经营者是否有使用的必要。再如，《商标法》没有将新闻报道和评论、叙述性合理使用、指示性合理使用、商标权权利穷竭等作为商标侵权的例外，欠缺了商标权限制条款。这些内容都是我国《商标法》修改中面临的重要问题。三是合理解决消费者利益与商标权人利益的冲突。对于单独许可商标使用权条件下由被许可人给他人造成损失的，商标权人需要承担连带责任。对于比较广告，只要符合事实，应从保护消费者的利益出发，承认广告的合法性。

第三节　商标法的功能

功能与结构是对应的范畴。功能就是机体的某个组成要素所作的贡献。就法律制度而言，结构标识制度的内部方面，功能则标识制度的外部方面。结构分析旨在说明制度内部的联系和作用，功能分析旨在说明制度与外部的联系和作用，以认识和发挥制度系统作用于法律生活和社会实践的能力。法律的功能在于维持人际关系的和平。商标法的功能就是商标法维系商标关系的能力，即商标法应该在多大的范围内对商标关系作出调整，立法者期望商标法在多大范围内发挥作用。

一、商标法功能的基本认识

对于商标法的功能，有多种认识。一是认为商标法的核心是商标权。商标法能否实现其维护商标信誉、保护市场公平竞争和促进社会主义市场经济发展的功能，关键就在于能否对商标权进行有效的保护。商标法通过规定侵权行为、侵权责任和执法机制来保护商标权。二是认为商标制度保护的是标识性成果，即商标。基于此，商标制度的功能直接涉及消费者方面，即降低消费者搜寻成本，保护消费者免受因产品来源混淆所造成的欺诈。同时，商标制度还有确保商品质量的功能。其理由是，商标通过向消费者提供信息有利于改善分配效率。商标受到保护后，将逐渐增加其作为资产的价值。商标权的意义逐渐转化为对于资产的专有使用的权利。此时，资产是一个将产品的信息传输给消费者的信息。当消费者在长期的购物消费中逐渐把某一个特定的商标与其需要的产品联系起来时，该消费者通过商标的中介信息作用，会逐渐对厂商的特定的商品产生消费偏爱。三是认为商标法的基本功能在于通过调整商标法律关系，保护商标的经济价值，保护商标权人的合法权益。其理由是，商标作为企业信誉的载体，只要善加使用和培育，不仅可以永久占有，而且销售总额越大，商标价值也越大，可以做到“既以为人，己愈有；既以与人，己愈多”；另一方面，商标这一无价之宝可能百年成之不足，则有可能一旦坏之有余。因此，对于这种价值极大而风险极高的无形财产，必须充分重视，妥善保护。当今乃至未来时代是品牌竞争的时代，需要企业超越传统商标的识别功能，创造现代商标的表彰功能，使商标成为企业的主要财富。通过合理规范商标权的取得与行使，商标法不仅能给消费者提供识别的便利，还能保护建立在商标上的文化与价值。今天的产品不仅需要技术创新，更加需要品牌创新。尤其重要的是，要从保护有形商品到保护无形品牌，直至保护品牌创新最高成就——国际驰名商标，就必须在法律上进行制度创新。四是认为保护商标的媒介作用，促进经济繁荣发展。其理由是，商标是开发市场的先锋，促进工商企业繁荣进步的媒介。商标因具有广告宣传功能，可以使产品迅速为消费者所了解，促进生产经营。在国际贸易中，商标的使用可以开拓海外市场，促进产品出口，也可以通过商标的国际许可，带动产品外销。政府可以通过对商标注册、使用的监管，保护利害关系人的利益，维护市场秩序的稳定与经济繁荣。五是认为商标的基本功能是区别不同的商品或服务来源，商标法的基本功能就是要把商标区别来源的性质肯定下来，保护商标权人的权利，进而保障消费者的合法权益不受混淆的侵害。六是认为驰名商标的保护是商标法的重要内容，也是商标权保护的重点，应将“淡化”理论成果吸收到商标法之中，以加强对驰名商标的保护，商标法的功能重在反淡化。

二、我国商标法对商标法功能的规定及存在的问题

几乎所有法典的第一个条款都会开宗明义地表明其立法宗旨，即立法者制定该法的目的。我国《商标法》从结构上看就像是一个金字塔，立法宗旨构成了塔顶，各项具体制度构成了塔基。作为塔顶的立法宗旨规定着法律的价值取向，是理解和领会商标法的总体依据。作为塔基的各项具体制度，是对立法宗旨的展开和具体化，对任何具体制度的理解和执行都不能违背立法宗旨。立法宗旨反映着立法者的立法思路，进而影响具体制度的设计和实行。由此我们可以从《商标法》的立法宗旨中大体窥见《商标法》的功能。

我国《商标法》的立法宗旨有一个演变发展的过程，1958 年政务院公布的《商标注册暂行条例》第一条开宗明义地规定“为保护一般工商业的专

用商标的专用权，制定本条例”；1963年《商标管理条例》的立法宗旨为“加强商标的管理，促使企业保证和提高产品的质量”；1983年施行的《商标法》宗旨是“通过加强商标管理，保护商标的专用权，从而促进生产者保证商品的质量和维护商标的信誉，以保障消费者的利益，促进社会主义商品经济的发展”。1993年《商标法》第一次修改时，立法宗旨修改为“为了加强商标管理，保证商标专用权，促使生产者保证商品质量和维护商标信誉以保障消费者的利益，促进社会主义商品经济的发展，特制定本法。”2001年《商标法》第二次修改时对立法宗旨条款做了细微的调整，规定是“为了加强商标管理，保护商标专用权，促使生产、经营者保证商品和服务质量，维护商标信誉，以保障消费者和生产、经营者的利益，促进社会主义市场经济的发展，特制定本法。”可以看出，《商标注册暂行条例》将商标权的保护作为其首要的目的；但随着生产资料的公有制改造的完成，我国只存在单一的公有制经济，物资分配基本实行“计划调拨”，产品流通实行“统购统销”，生产与市场割断。在统一的公有制经济内部，区别产品的生产来源已经没有意义，于是商标自然就成了代表商品一定质量和规格的标志。到了1963年，《商标管理条例》便完全将商标作为代表商品质量的标志，进而将《商标法》作为产品质量管理法对待。1982年《商标法》则综合了上述两个条例的精神，一方面强调保护商标权人的专用权，另一方面仍然要求商标使用人应保证其商品质量，其最终的思路仍然是将商标作为公共管理的一种工具，然后才是对商标权的保护。虽经1993年和2001年的修改，但这种思路仍保持不变。在立法者的眼里，《商标法》应该发挥着这样几个作用：首先是加强商标的管理，《商标法》很大程度上成了商标管理法；其次才是保护商标权人的专用权；第三是通过保护商标权人的专用权进而保障消费者的合法权益。

目前，我国商标立法对商标法功能的认识存在的主要问题是：公权关系重于私权关系。表现为限制注册商标的修改、课以商标权人保证产品质量的义务。我国《商标法》的一个特色在于对商标权人自行改变商标标识的行为规定了大量的限制性条款。如1982年、1993年《商标法》第14条和2001年《商标法》第22条皆规定“注册商标需要变更其标志的，应当重新提出申请”；1982年、1993年《商标法》第30条对于“自行改变注册商标的文字、图形或者其组合的”和2001年《商标法》第44条规定对于“自行改变注册商标的”，由商标局责令限期改正或者撤销其注册商标。我国《商标法》的另一个特色就是对商标使用人课以保证产品或服务质量的义务，如1982年、1993年《商标法》的第6条和2001年《商标法》的第7条规定“商标使用人应当对其使用商标的商品质量负责”，1982年、1993年《商标法》的第 25、26、31、34 条和 2001 年商标的第 39、40、45、48 条分别规定商标受让人、商标权被许可人“应当保证使用该注册商标的商品质量”，对使用注册商标或未注册商标，如果其商品粗制滥造，以次充好，欺骗消费者的，由各级工商行政管理部门分别不同情况，责令限期改正，并可以予以通报或者处以罚款，或者由商标局撤销其注册商标。

三、混淆理论对商标法的功能的影响

对于商标显著性特征，《商标法》所依据的是混淆理论。如果商标权人的修改行为并没有影响到商标的显著性特征，不造成与其他商标的混淆，商标行政管理机关因此而撤销注册商标则于理不足；如果商标的修改影响到了商标的显著性特征，则该注册商标已经转化为了一个新的未注册商标，注册人在注册某商标后在该类商品上使用其他未注册商标并不违反《商标法》，商标局以此为由撤销注册商标同样理由不足。若对原注册商标的修改导致其与其他注册商标混淆，则属于修改后的商标问题，与原注册商标无涉。在实践中，由于技术条件的限制或追求美观等的需要，对注册商标进行细微的修改是在所难免的，商标行政管理机关意图对大量存在的细微修改进行严格执法，显然是“心有余而力不足”。从世界范围看，除我国外，几乎没有国家规定该行为将导致“撤销注册商标”的严重后果。恰恰相反，大多数国家的《商标法》都认为只要所使用的商标没有改变注册商标的显著性特征，就可以成为使用注册商标的一种证明。同时，商标权人可以向注册机关申请变更登记而不是重新申请注册。

对于质量保证功能，其理由是：商标的质量信誉是商标价值的本质体现，是消费者在竞争性的商品或服务项目中进行选择的基础。生产商要在市场竞争中获胜，必然要努力保持和增强自己商标的信誉和对顾客的吸引力，这就必须在提高商品或服务质量上下工夫，在客观上起到防止商品或服务质量下降作用。但这种观点值得商榷。毋庸置疑，商标可以表征一定的产品和服务质量，但是否就意味着商标就应该保证质量呢？实际上，商标所有人保证商品质量的义务，不是源于商标使用行为而是商品的生产和销售行为。使用注册商标的行为并没有侵害消费者的利益，侵害消费者利益的是生产、销售行为。认为商标应保证商品质量的观点显然是混淆了二者之间的界限。对于低劣的商品，消费者可以用脚投票，也可以用手和用口投票，进行投诉或起诉。而政府则完全可以依据《商标法》以外的法律对不良厂商进行查处。一般讲来，名牌产品与非名牌产品，其质量并没有本质差别，但它们所使用的商标的价值却有天壤之别。假设商标必须保证产品或服务的质量，那么是

否就应该意味着名牌产品的质量就必须比非名牌产品的质量要高出许多？这显然是无法说通的。实际上我国《商标法》中的质量保证条款完全是历史遗留的产物。现行《商标法》制定于1982年，当时并没有《产品质量法》和《消费者权益保护法》，《商标法》因此承担了监督商品或服务质量的历史使命。但随着1993年《产品质量法》和《消费者权益保护法》的出台，《商标法》继续规定商标权人对产品或服务的质量保证义务，则有越俎代庖之嫌。2001年《商标法》第7条删除了1982年、1993年《商标法》第6条规定的“监督商品质量”义务，说明立法者已经意识到商标并不能代表商品质量。

商标淡化理论确定为《商标法》指导思想的做法将可能对《商标法》的功能定位产生消极影响。毋庸置疑，《商标法》的首要功能应是保护商标权人的商标权，“淡化”理论一定程度上扩大了商标权的保护范围，解决了现实中存在的一些用“混淆理论”无法解决的问题。但是，“淡化理论”仅对驰名商标适用。在商标中，驰名商标毕竟是少数，大多数商标的基本功能仍在于区别商品或服务来源。即使是驰名商标，其首先也是商标，其次才是驰名商标。之所以对驰名商标给予一些特殊的保护，主要是因为现实生活中驰名商标所具有的表彰属性具有竞争的优势。大体上来说，驰名商标的特殊保护主要基于两个理论，即传统的混淆理论和现代的淡化理论。对他人驰名商标的使用，虽然没有造成混淆的可能性，但是却是不正当地利用了他人驰名商标的声誉，并且造成了对于他人驰名商标的损害。由此可见，在对驰名商标的保护上，混淆理论是《商标法》的理论，而淡化理论则属于不正当竞争的范畴。诚然，我们应该顺应需要，扩大驰名商标的保护范围，吸纳淡化理论的成果，但是，这并不意味着我们就必须在《商标法》中将驰名商标作为保护的重点。实际上，为商标权人提供保护除了《商标法》外还有《反不正当竞争法》。不在《商标法》里体现淡化理论并不等于我们对驰名商标就不保护了，也不等于吸纳淡化理论。《商标法》就是要把商标区别来源的性质肯定下来，保护商标权人的权利，进而保障消费者的合法权益不受混淆的侵害。

面对复杂的社会关系，每一部法律都有其不同的使命，我们不能期望通过一部法律来囊括其调整对象所涉及的全部问题，正确的做法应该是通过不同的法律分工合作、共同配合，从而实现对某一社会关系的调整。在这一过程中，必须正确处理好各个法律之间的功能定位分工。对于《商标法》而言，其应将“混淆理论”作为自己的指导。在未来修改《商标法》时，应除去《商标法》中不合时宜的商标管理色彩，还《商标法》本来的面目。

第四节　商标法的原则

商标法的原则是商标法的根本理念，是克服法律局限的客观性规则。确立商标法的原则在于弥补具体规则之不足。商标法的原则包括基本原则和具体原则，两者构成原则体系。目前有关商标法原则的研究存在方法和内容两方面的缺陷。通过对已有研究的回顾与反思，依据法理基础和法律现实需要，建构起基本原则和若干具体原则，从而弥补了商标法理论和商标法体系的不足。

一、商标法原则的研究现状及问题

商标法原则是对商标法规范的功能和价值的抽象表达。随着商标法的不断改革，国内有些学者对此问题作了初步研究。刘春田教授认为，商标法的基本原则是由最基本原则和特有原则构成的。[5]商标法的立法宗旨确立了商标法的最基本原则，它与贯穿于商标法的各个具体规定中的商标法特有原则，共同构成了商标法的基本原则。商标法的基本原则包括：保护商标专用权与商标利害关系人利益的原则、注册原则、申请在先原则、审查原则、自愿注册原则、统一注册与分级管理原则、商标注册与商标评审相结合的商标确权原则及司法救济原则。这种观点值得肯定之处是提出了最基本原则和特有原则两个概念，比较接近系统化，但同时将两者混合统称为基本原则，显然违背了逻辑。不仅如此，将立法宗旨确定为最基本的原则，也混淆了原则与宗旨的范畴差异。

一些学者对商标法规则中的具体原则作了研究。有的学者提出了商标权的取得原则和转让原则。[6]商标权的取得原则包括注册原则、使用原则和混合原则。所谓注册原则，是指按申请注册的先后来确定商标权的归属。注册是取得商标权的必要法定程序，非经注册，商标不予法律保护。但是，对于驰名商标等特殊商标，注册原则并不绝对排除商标使用事实在一定条件下所具有的意义。所谓使用原则，是指按照使用商标时间的先后来确定商标权的归属。这种原则是原始的商标权保护制度的遗留。根据这一原则，商标权属于首先使用该商标的人。只要有首先使用的事实，该当事人就享有商标权。对于使用原则，商标注册在法律上仅起到声明作用，而不能确定商标权的归属。如美国商标法规定，只有正在使用或意图使用的商标，才可以申请注册。注册仅是一种对现有权利的“确认”，而不“产生”权利。在商标注册后，任何人都可以在规定的期限内对商标注册提出异议。所谓混合原则，是指注册使用与非注册使用并行，均可以获得商标权。目前一些英联邦国家采用这一原则。按照混合原则，注册商标当然享有商标权。而对于一些虽未注册但实际上已有一定市场信誉的商标，可以通过反假冒诉讼给予保护。通过反假冒诉讼，可以保护在先使用权。商标权的转让原则包括连同转让原则和自由转让原则。所谓连同转让，是指商标注册人在转让其注册商标时必须连同使用该商标的企业的信誉，或者连同使用该商标的企业一并转让，不能仅转让其注册商标。如美国商标法第 10 条，1923 年“中华民国商标法”第 17 条的规定。所谓自由转让，是指商标注册人既可以连同其营业转让注册商标，也可以单独转让注册商标，而在单独转让时，受让人应保证使用该注册商标的商品的质量。我们认为，这里所谓的“混合原则”其实是由注册原则衍生的，没有超越注册原则。

我国台湾学者结合台湾地区“商标法”对商标使用的限制作了研究，基于利益平衡和公共利益理念，曾陈明汝教授提出，商标专用权限制原则包括合理使用、在先使用和权利用尽三项内容。[7]一是合理使用。如现行台湾地区“商标法”第 23 条第 1 项规定：凡以善意且合理使用之方法，表示自己之姓名、名称或其商品之名称、形状、品质、功用、产地或其他有关商品本身之说明，附记于商品之上，非作为商标使用者，不受他人商标专用权之效力所约束。这样规定，即方便善意使用，又能增强消费者对商品本身的认知。二是先使用权。如现行台湾地区“商标法”第 23 条第 2 项规定：在他人申请注册商标前，善意使用相同或近似之商标图样于同一或类似之商品，不受他人商标专用权之效力所约束，但以原使用商品为限；商标专用权人并得要求其附加适当之区别标示，以免消费者发生来源之混淆。依该项规定，先使用权不受商标专用权所拘束必须符合规定的要件。对于在先使用权的保护，具有弥补先申请主义之缺失，以保障善意创用之先使用人。三是商标权用尽原则。如现行台湾地区“商标法”第 23 条第 3 项规定：附有商标之商品由商标专用权人或经其同意之人于市场上交易流通者，商标专用权人不得就该商品主张商标专用权。但为防止商品变质、受损或有其他正当理由的，不在此限。对此项原则的解释是，凡商品之由制造者、贩卖者、零售商至消费者之垂直转售过程中，已存在着商标之默示授权使用，且在转售时，商标专用权已用尽，后手之使用该商标并不受专用权之拘束而具阻却违法性。此即“商标权耗尽理论”。换言之，商标权已于第一次销售时耗尽，二次行销或消费者之使用或转售，不受商标专用权之拘束。但为防止商品变质、受损或其他正当事由者，为免商标信誉受损，或削价倾销造成不公平竞争等情事，商标专用权人仍得禁止不得分装、改变包装并要求须适当冷藏或提供售后服务或禁止流通等，以维护商标信誉以及消费者权益。

有的学者提出了“权利丧失原则”。[8]权利丧失原则以民法诚实信用原则为基础，主要是解决商标行政执法和司法中商标权与在先权的冲突问题。根据国内外商标法的规定，在先权利包括商标权、著作权、外观设计专利权、其他知识产权，如商号权、植物品种名称权、地理标志权以及姓名权、肖像权等人格权。对于善意地在后取得的与在先权利存在冲突的商标权，选择适用这一原则，能够有效衡平各方利益，保护合法权益。该原则的提出，借鉴了德国商标法的有关规定。“权利丧失原则”以民法的诚实信用原则为基础，所谓权利丧失或权利失效，是指权利人在相当期间内不行使其权利，依特别情事足以使义务人相信权利人不欲其履行义务时，权利人即不得再主张权利，使义务人履行义务。在立法中，不仅德国、法国、意大利、日本等国承认权利丧失原则，就是英美法系也承认该原则。

早在20世纪90年代，著名知识产权专家郑成思教授对国际知识产权公约、协议中的法律原则进行了比较深入、系统的研究，提出了一系列精辟的见解。对于《保护工业产权巴黎公约》（以下简称《巴黎公约》）中的商标权，他总结出了国民待遇、优先权、临时性保护、独立性、申请在先者优先等原则。[9]对于《与贸易有关的知识产权协议》（以下简称《知识产权协议》）中的商标权，他纠正了“最惠国待遇”的说法，提出了最惠待遇原则。对于其中的“独立性原则”，我们持有异议。随着经济贸易的全球化和一体化，商标立法的趋同甚至统一，已经形成潮流，各国应相互承认商标注册人在他国取得的商标权的法律效力，消除跨国注册障碍。如果坚持商标的“独立性”，势必阻碍商标的国际注册，不利于商品或服务的国际贸易。[10]

晚近有些学者提出了商标审查的功能原则、商标梯次保护原则、禁止滥用反向假冒原则。功能原则是伴随着立体商标、颜色商标和气味商标等新型商标形式出现的商标审查原则。在各国商标法规制对象从平面转向立体，从单一转向多样的发展过程中，功能原则发挥着越来越重要的作用。尤其是应用功能原则对各种形式的立体商标进行审查，成为越来越普遍的现象。功能原则理论，来源于美国商标法。根据功能原则，“非功能性”是立体标志注册的必要条件，是功能原则的根本内容，功能原则的适用建立在对“功能性”进行判断的基础上。[11]功能性是功能原则的核心和判断标准。商标的功能性主要由物理功能性、美学功能性以及经济功能性等构成。功能原则作为新型商标审查的重要标准之一，具体适用问题也要同传统的商标审查标准相结合，其中显著性的考察就是功能原则适用时需要考虑的因素。传统商标的显著性可以通过本身固有和长期使用两种方式获得，但对于立体商标而言，显著性的考察并不能完全参照传统商标的标准。不同国家的具体国情不同，对立体商标显著性的要求亦有不同，但总体而言，各国对立体商标显著性的审查标准远远高于对传统商标显著性的审查。在立体商标的审查过程中，功能原则和显著性原则作为判断该标志受保护与否的两大标准，发挥着重要的作用。其中，功能原则在立体商标的审查中所起的作用是主导性的，对显著性的审查起到决定、影响或者指导作用；相反，显著性的审查又对功能原则的适用起到补充和辅助作用，二者相结合完善了立体商标审查理论。需要注意的问题是，有的国家立体商标的审查还存在获得显著性和“第二含义”的问题，此时单纯具备“第二含义”不能必然产生显著性，而是要同功能原则结合考虑，所以应该针对具体情况作出具体分析。商标法功能原则的研究从价值增值、公平竞争等方面，提出了完善我国立体商标注册制度的立法建议。

商标梯次保护原则论从利益保护和商标形式保护两个视角，提出了商标权益保护的主次原则。[12]从商标的功能来看，商标法在保护私益的同时，也在促进公益的发展。公益应优先于私益。在对各种不同的商标的保护力上，又可以分为以下几个层级：首先，受到法律的保护最全面的是已经在我国境内注册的驰名商标，其排他效力最强；其次，是未在我国境内注册的驰名商标和普通的注册商标；再次，是已注册的地名商标；最后，位于最下面的梯次的商标是除未注册的驰名商标以外的其他未注册商标，它们可以被任何其他商标的在先权所轻易排除，受法律的保护最弱。梯次保护原则的理论研究，对于利益的划分及公益至上的观点，体现了民法的公共利益保护原则。这对于构建商标法原则的层次具有借鉴意义。我们赞同驰名商标优于普通商标的观点，但不赞同“公益至上”的提法。因为，如果主张公益至上，就会彻底否定商标法和商标权的私法本质。

还有一些学者就诚实信用原则在商标法中的适用提出了立法建议。有学者认为，目前商标领域的不正当竞争行为大量出现，主要表现为抢注他人商标和以买卖商标为目的的不当注册。这不仅给商标所有人和商标权人的合法权益造成损害，而且破坏了市场信用。未来修改《商标法》，应当在立法宗旨和相应的条款中更加鲜明地表达其坚决贯彻诚实信用原则，以及保护生产者和消费者合法权益的原则，将保护商标专用权修改为保护商标所有权，明确体现《商标法》保护商标价值创造者合法利益的正义本质，形成很好的法律导向。另有学者认为，诚实信用原则可以从根本上制约不当注册，防止通过不当手段侵害他人合法的商标权益。同时也为撤销不当注册商标，提供了法律原则依据。贯彻诚信原则，可以从四个方面完善立法：一是将诚实信用原则作为商标法的基本原则予以明确。二是根据我国已加入的国际条约和我国商标管理的实践经验，应在我国建立联合商标和防御商标的保护制度，从纵向和横向两个方面为驰名商标提供积极全面的保护。三是注意商标法与其他知识产权法的配套与协调，对保护企业名称权的法律进行修改。改革现行的企业名称模式，以法律形式确立“字号为主、组织形式为辅”的名称注册原则，这样可将保护企业名称专用权具体落实到保护字号的专用权，减少以至杜绝将字号注册为商标却并不侵犯企业名称权的现象。四是明确规定“公众熟知商标”的范围和认定标准。

二、确立商标法原则的理论与现实依据

商标法原则的规定需要满足的第一个条件是，应与商标法的地位相适应。“在不同的法律文件中，原则的比重是不同的。一般说来，原则的比重应当是按照宪法、法律、法规、规章的顺序递减，因为低层次的法律文件是为了实施高层次的法律文件而制定的，应当更加具体和可以操作。”[13]商标法属于较低层次的法律，相应地，商标法原则是宪法原则、民法原则和知识产权法原则在商标法中的具体体现。商标法作为民法、知识产权法的特别法，其原则的确立应直接依据民法原则。有学者提出，近现代民法之原则为权利能力平等、意思自治、财产权保护和过失责任。[14]我国民法通则借鉴国外立法经验，结合我国社会民事关系的实际需要，明确了六项原则，被称为民法基本原则。这六项基本原则包括契约自由与不得滥用原则、民事主体地位平等原则、交易公平原则、缔约与履约的诚实信用原则、民事行为的公序良俗原则以及禁止权利滥用原则。[15]这些原则应在商标法原则中得到贯彻。同时，与民法原则的规定相比，商标法的原则应更加具体，以反映商标法的特点。

商标法原则的规定性需要满足的第二个条件是，既要反映商标法的价值，又要反映商标法的规则的核心内容。它不仅是“规则和价值观念的会合点”，也是可以作为商标法规则的基础的或本源的综合性、稳定性原理和准则，是商标法的公理所在。商标法的原则应体现商标法的三项主要价值，即维护公平的市场竞争秩序、保护商标权人的合法利益、保护消费者的合法利益。

就现实性而言，商标法基本原则应符合我国知识产权战略的要求。我国中央政府发布的《国家知识产权战略纲要》既对知识产权文化建设提出了整体要求，也对商标专项战略的实施提出了基本要求。其第 13 条规定：要在全社会弘扬以创新为荣、剽窃为耻，以诚实守信为荣、假冒欺骗为耻的道德观念，形成尊重知识、崇尚创新、诚信守法的知识产权文化。其第 21 条规

定：切实保护商标权人和消费者的合法权益。加强执法能力建设，严厉打击假冒侵权行为，维护公平竞争的市场秩序。

三、我国商标法原则的体系建构

商标法原则体系由基本原则和具体制度的原则构成。商标法基本原则是商标法精神和指导思想的体现，是实现商标法目的的保障。对于商标法的目的来讲，商标法的原则属于手段，从属于目的，为目的服务。商标法基本原则要发挥服务商标法目的的功能，应具备两个基本特征。一是贯穿于整个商标法的立法，能够体现商标法的本质和特征，对各章商标制度的规定和实施都有指导作用。这区别于仅反映在一部分商标规范中，仅对某一类商标法律关系主体活动起指导作用的具体原则。第二，无论是商标法的基本原则还是具体制度的原则都应通过法律条文加以规定，以便法律适用。在立法体例上，这种规定一般置于立法宗旨（目的）、法律调整的范围之后，成为总则性规定的一部分。

商标法基本原则既要反映民法基本原则的精神，又要符合商标法的价值要求并对各项商标制度发挥指导作用，是商标法的一般原则。它既不是照搬民法基本原则，也不是商标法具体制度的指导原则，具体制度的指导原则属于具体原则。这是确立商标法基本原则的界限。据此，可以将以下原则作为商标法的基本原则。

其一，公平竞争原则。公平竞争是民法诚实信用原则的要求。商标以其宣传功能而成为商品或服务市场的一种竞争方法。无论是商标的申请注册，还是商标的利用，都应当诚实无欺，如实反映商标的基础关系，如所有关系、占有关系等。这样才能避免欺诈与混淆现象的发生。特别是对于防止抢先注册、反向假冒等不正当行为更具有积极意义。公平竞争可以同时发挥保护市场秩序、商标权和消费权的作用。这项原则不仅适用于普通商标法，而且可以同时适用于反不正当竞争法。

其二，平等原则。平等原则又称非歧视原则。一方面，在商标的申请、评审、异议和授权等过程中，商标行政管理部门要平等对待所有的当事人，不得有任何偏见、偏向和歧视。在国际注册中，不得因国籍不同而歧视。另一方面，在商标的许可、转让、移转时，也应坚持主体人格平等。特别是在国有商标资产的转让中，不得利用不正当手段而给予受让人特惠，损害国家财产利益。

其三，私益优位原则。从商标制度的产生原因来看，它首先是要保护商标权人的利益。在商标权人的利益得到合理的保护时，商标权人才会有维护并提高产品或服务质量的动力，消费者也才能获得优质的商品或服务。在商标遭受侵权时，行政、司法部门也要首先满足商标权人的维权要求，依法、高效办案。另一方面，如同其他一切私权一样，商标权的私益也不能无限扩张，为了公共利益和善良风俗的保护，应受到合理限制。如禁止特定标志作为商标注册，商标权利用尽等强制性制度。这在各国商标法中都有所体现。

其四，在先权利优先原则。又称“权利丧失原则”。当申请注册的商标与先前使用的商标、获得的其他知识产权或民事权利相同或相似时，应当首先保护在先的知识产权。注册商标既不能与在先使用的注册或未注册的商标相冲突，也不能与由其他法律规范调整的权利相互冲突，这样，商标权利体系内部以及商标权与其他知识产权就可能保持协调一致。这项原则源于《巴黎公约》，并被其他知识产权公约和各国商标立法所采用。我国商标法也规定了这项原则。此项原则体现了谁先取得权利就保护谁的“先到先得”精神，发挥协调权利冲突的作用。

先申请原则是“在先权利优先原则”在商标法中的又一表现。在先申请人可以获得“优先权”，包括国内优先权和国际优先权，再次申请商标注册时，可以据此获得优先地位。

从广义上来讲，临时保护措施也可以视为“在先权利”的一种保护制度。《巴黎公约》第11条对临时保护作出了规定，要求公约各成员国必须依照本国法律，对于在任何一个成员国内举办的、经官方承认的国际展览会上展出的商品中可以申请注册的商标，给予临时保护。保护期限与优先权期限相同。在临时保护期内，各国均不允许展品所有人之外的人以展出的任何内容申请商标权。

其五，权利用尽原则。权利用尽原则是各国（地区）商标法普遍实行的一项原则，也是国际知识产权制度的一项原则。权利用尽的规定，是对私权优位的限制措施，通过对私人利益的合理限制，来保护合理的公益。这项原则使得商标的使用权由商标权人扩大到商标的销售者和终端客户，既不增加销售者和终端客户使用商标的经济负担，又有利于商品的流通，保障各方利益的最终实现。但是，权利用尽原则不能被滥用，在商品流通过程中，任何人无权消除使用在商品上的商标，也就是不得反向假冒。

其六，商标注册保护与使用原则。从商标法的发展历史来看，商标注册登记以取得法律保护，是大势所趋。即使是先前采取单一使用原则的国家，也已采用注册原则。注册原则的合理性在于，在发生商标权纠纷时，注册登记要比商标的使用更容易证明商标所有关系，也有利于减少行政和司法处理成本。虽然目前驰名商标属于注册保护的例外，但我们认为，驰名商标源于普通商标，普通商标的注册，对于打造驰名商标更有制度保障。因此，在符合驰名商标条件或认定驰名商标时，也应实行注册，使驰名商标处于稳固状态，减少驰名商标的争议。这样做不仅对商标权人、对执法部门，还是其他利害关系人都有利而无害。从制度改革来看，也有利于完善驰名商标制度，更有利于商品的跨类保护。

对于申请注册的商标是否必须是已经使用的商标或是否注册后必须使用，才能获得法律保护，目前各国立法有不同的要求。有的商标法的要求，“使用”是商标注册并维持商标权的必要条件。有的立法对“使用”没有要求，无论注册前后是否“使用”，都不影响商标权的存在。有的立法不要求在注册前有“使用”的事实，仅要求在注册后一定期限内必须使用。我们认为，从商标的功能出发，商标法应当将商标的“使用”作为获权和保权的基本条件。这主要是从反垄断的意义上来考虑的。商标权也是一种垄断权，商标权人对商标的垄断，应体现在对商标的“使用”上，否则就会妨碍他人对类似或同样商标的使用，妨碍商标功能的作用。这实际上是一种滥用商标垄断权行为。商标实务中出现的“抢注”问题，就是意图滥用商标垄断权的典型表现。

最后，透明原则。透明原则又称“信息公开”原则。这既是世界贸易组织知识产权协议对各国法律的要求，也是我国建立服务型政府对商标法的要求。无论是商标立法，还是行政、司法，凡是涉及商标制度的法律规范、执法程序以及具体案件的有关信息，都必须通过一定的信息渠道及时向社会公开。

商标法的具体原则是指导商标法诸项具体制度的原则。如自愿申请原则、行政审查原则、自由许可原则、反向假冒原则、无过失原则、诉前禁令原则、司法审查原则。

商标法的原则体系既能反映国际商标立法，特别是世界贸易组织《与贸易有关的知识产权协议》的基本要求，也能反映各国商标立法中的普遍性原则，更考虑到我国商标立法、执法、司法的现实要求。它对于我国商标法体系的完善，以及改善商标执法和司法具有一定的导向作用。

四、商标法基本原则的法律效力

司法机关援引商标法的原则作为判决案件的依据，是否合理，以前曾有争论。现在看来，应当是没有异议的。主要理由是：第一，这是由商标法基本原则的效力所决定的。商标法基本原则具有明文规定性、确定性。其法律效力主要表现在：其一，它是解释、理解商标法规则的准绳。任何法律规则的适用都离不开对法律的解释、理解，解释是否合法，理解是否准确，都要以其是否合乎基本原则来衡量；其二，基本原则是商标法律关系主体行为的准则，一切商标活动都应遵守基本原则。公民、法人从事有关活动不能违反基本原则，违反基本原则的行为就是违法行为；其三，基本原则是裁判商标案件的依据。法院审理商标案件，不论调解，还是判决，都不能违反基本原则。因此，基本原则的约束力决定了法院可以依基本原则裁判案件。

第二，这是由法治原则决定的。社会主义法治原则要求人民法院在审理案件中要以事实为根据，以法律为准绳。这就要求任何一件案件的裁判都必有法律依据，而不应“根据法律的有关精神和政策”为依据。裁决必须以有法律约束力的规定为依据。法律规定的基本原则是有法律约束力的、法律明文规定的“法律精神”，当然也就可以作为判决的依据。

第三，这是由商标法的特点决定的。任何法律都具有稳定性、强制性和滞后性。商标法也有这些特点。同时，作为私法，商标法律关系还具有复杂性、广泛性和活跃性。这就决定了一方面法律规定难以囊括各种商标法律关系，另一方面经济生活是发展的，新的关系会不断涌现。因此，商标法不可能对各种商标关系都一一作出规定。商标法的民法性质决定了商标活动奉行“法不禁止皆可为”。客观地经济生活要求商标法对法律没有明文规定的商标关系进行调整。在这种情形下，判断当事人的行为以及作出判决，都要靠基本原则。基本原则的要义就是弥补法律调整的不足。

在各国司法实务中，引用基本原则对案件进行判决是被法律认可的。在我国司法实务中，山东省高级人民法院曾援引诚实信用原则对“莒县酒厂诉文登酿酒厂瓶贴装潢不正当竞争案”作了二审判决，[16]纠正了一审作出的“侵害注册商标专用权”的判决。

第五节　商标法律关系

商标法律关系是由法律所规范的商标关系，是商标关系的法律化。商标关系与法律规范的结合是商标法律关系生成的前提。商标关系是因商标的占有、使用、收益、处分等行为而产生的一种经济关系。合理解释商标的含义，有助于正确理解商标法律关系。

一、商标的含义

目前，人们对于商标的认识大体上是一致的。有的认为，商标，又名

"品牌"，俗称"牌子"，源于英文的"Trademark"和"Brand"，是一种标示商品或服务来源的标记。有的认为，商标是指商品的生产者、经营者或者服务的提供者为了标明自己、区别他人在自己的商品或服务上使用的可视性标志。有的认为，商标乃为制造商或配销商用以表彰其所制造或配销之商品的标志，目的在于与他人所产销之商品有所区别，以便在商场上发挥公平竞争之效用。世界贸易组织《知识产权协议》第15条第1款规定：任何能够将一企业的商品或服务与其他企业的商品或服务区分开的标记或标记组合，均能够构成商标。《欧共体商标条例》第4条"可构成共同体商标的标志"规定：共同体商标可以由能用书写表示的任何标志，特别是文字，其中包括人名、图案、字母、数字、商品形状或其包装组成，只要这些标志能够将一个企业的商品或服务同其他企业的商品或服务区别开来。法国知识产权法典（立法部分）第一章第711－1条规定：商品或服务商标指用以区别自然人或法人的商品或服务可用书写描绘的标记。日本商标法第2条规定："本法中所谓商标，系指由文字、图形、符号，或立体图形，或它们的组合，或它们与色彩的组合（下称'标志'），系指如下所列：(1) 以生产、证明或转让商品为业者在其商品上所使用的标志；(2) 以提供服务或证明为业者在其服务上所使用的标志（前款所列情况除外）。"我国与德国、美国的商标法均没有对商标作出定义。商标法律关系是研究商标法的起点。这个范畴涉及商标法的核心内容，包括主体、客体和权利义务。

二、商标法律关系的界定

法律关系是法律规范在指引社会行为、调整社会关系的过程中所形成的人们之间的权利义务关系，是社会内容与法律形式的统一。法律规范主要是原则、规则和概念三个要素的统称。依据法律关系理论，商标法律关系是商标法律规范在指引商标行为、调整商标关系过程中所形成的商标权利义务关系。商标法律关系具有以下内涵：其一，它是商标活动的社会关系；其二，它是商标主体之间的人际关系；其三，它是商标主体间的权利义务关系；其四，它是商标关系的法律形式化；其五，它是国家保障的商标活动秩序；其六，它是商标关系的思想化与意志化。因此，商标法律关系不是一个独立的实体，而是商标关系在法律上的表现形式，商标关系构成它的实体内容。商标法律关系的性质不能由它自身来决定，而是由商标关系的归属来决定。商标的无形财产属性决定了商标法律关系既是意志关系又是财产关系。

有学者认为，商标法律关系可称为商标法调整的对象，即因商标注册、使用、管理和保护商标专用权而发生的各种社会关系。具体包括：第一，因商标注册而发生的社会关系。这主要是因商标注册行为和事实所产生的，既包括注册申请人与商标主管部门之间因注册申请而发生的申请与审核关系，也包括注册申请人与其他利害关系人之间因商标注册而发生的商标异议、商标权争议等社会关系。第二，因商标使用而发生的社会关系。这主要是因商标权的转让或许可发生在转让人与受让人之间或许可人与被许可人之间的社会关系。第三，因商标管理而发生的社会关系。这主要是政府主管部门因实施管理职能与商标使用者及其他利害关系人之间发生的社会关系。包括因商标的续展、转让、使用许可而产生的管理关系，对商标使用的管理关系以及商标的印制管理关系。第四，因保护商标权而发生的社会关系。这主要是指因商标侵权行为而发生的侵权人与被侵权人之间的社会关系。这种观点是以我国现行商标立法为依据的，反映我国商标法律关系的特点，但不能完全反映商标法律关系的一般规律的全貌，缺乏普适性。

法律关系一般由主体、客体和权利义务三个方面构成。商标法律关系的主体是人。这里的人包括自然人、法人和其他组织。具体表现为公民（个人或数人）、公司、企业和其他经济组织、政府管理部门等。商标法律关系的主体是商标权利的享有者和义务的承担者。一般包括商标所有人、商标使用人、商标许可人、商标被许可人、商标转让人、商标受让人、商标移转人、商标被移转人、商标印制人、商标登记机关、商标评审机关、商标仲裁机关、商标审判机关等。凡是商标法律关系的主体，都应具有能够依据商标法享有权利和履行义务的法律资格，即权利义务能力，简称“权利能力”。具有权利能力的人要独立地享有权利、行使权利、履行义务，还必须具有行为能力。行为能力分为完全行为能力、限制行为能力和无行为能力三种。对于自然人，权利能力与行为能力是分离的；而对于法人，权利能力与行为能力是一致的。

商标法律关系的客体是指主体的意志和行为所指向、影响、作用的客观对象，也是商标法律关系主体间发生权利和义务联系的纽带。商标法律关系的客体具有三个基本特征：其一，是对主体的“有用之物”；其二，是主体能够控制或部分控制的“为我之物”；其三，是独立于主体，在认识上可以与主体分离的“自在之物”。商标法律关系客体表现形式多样，可以概括为商标、商标权利、商标行为。就商标而言，可以包括注册的和未注册的商标。就商标权利而言，可以包括商标所有权、商标使用权、商标许可权、商标强制许可权、商标续展权、商标诉讼权、商标异议权、商标评审权、商标质权等。就商标行为而言，可以包括商标注册行为、商标登记行为、商标评审行为、商标异议行为、商标使用行为、商标许可行为、商标移转行为、商标印制行为、商标诉讼行为、商标仲裁行为、商标侵权行为，甚至包括商标行政管理的不作为。

三、我国商标关系法律调整的现状与反思

商标的设计、使用、转让、许可、移转等行为首先是一种事实行为，这种行为是否受到法律保护，则有不同的观点。有的主张对于使用的事实应当给予法律保护，而有的主张即使有了使用的事实，如果没有向政府提出登记注册，则不予保护。由此便形成了“非注册商标”和“注册商标”两大类型。对于非注册商标，除驰名商标外，一般不予保护；而对于注册商标则必须进行法律保护。

多数学者认为，我国《商标法》以注册商标关系为调整对象，以保护商标专用权为己任。这种立法模式虽从 1982 年《商标法》延续至今未曾动摇，然其缺陷日益明显，甚至与《商标法》的价值目标和条款设计相抵牾。因此有必要在修法时作出适当调整，将调整对象从“注册商标关系”调整为“商标关系”，将保护范围由“商标专用权”修改到“商标权”。具体理由是：

《商标法》“保护商标专用权”之规定，不仅不符合我国《商标法》对未注册商标给予适当保护的现实，在理论上也值得商榷。从商标权的权利内容来说，即便是商标注册人，其所享有的权利也是一系列权利，其中包括商标使用权、禁用权、标记权、续展权、处分权和商标异议权等。“商标专用权”仅仅是商标禁用权的另一种表述。然而，禁用权虽然是商标权中最重要的内容，但绝非商标权的全部。用“商标专用权”来代替商标权，存在以偏概全的逻辑错误。从权利主体的角度而言，商标权既可通过申请注册等方式原始取得，亦可通过继承、转让和许可等方式获得。在商标的普通许可和排他许可中，被许可人享有商标使用权和收益权等，但这些权利绝不是专用权。如果《商标法》只保护商标专用权，将置非独占许可人于不顾，显然也不合理。

从语义学角度考虑，“商标法”，顾名思义，就是有关调整商标关系的法律。如果将《商标法》的调整对象缩小到“注册商标关系”，就显得名不副实。如果《商标法》坚持现在的调整对象，就应更名为《注册商标法》，这显然行不通。由此倒推，《商标法》调整对象仅限于注册商标，亦为不妥，应扩大到全部商标关系。

将《商标法》的调整范围，从注册商标关系扩大到商标关系，只要在制度上略作补充，在语言表述上稍作调整，即可实现。从制度层面而言，我国《商标法》需进一步明确未注册商标的权利，这可借鉴英国、加拿大、澳大

利亚、日本、意大利等国家《商标法》中的先用权制度，赋予商标在先使用人满足特定条件时继续使用该商标的权利。从语言表达角度而言，用“保护商标权人利益”来替换“保护商标专用权”，用“商标权”代替其他条文中的“商标专用权”。这样表述，一方面符合国际上通行的表达习惯，另一方面也具有较强的包容性：在权利内容上，它既包括了商标专用权，也涵盖了其他权利；在商标类型上，它既涉及注册商标权利人，也为保护未注册商标提供了空间；在权利主体上，它既针对商标所有人，也囊括了商标被许可人。我国台湾地区“商标法”历史上一直使用“商标专用权”的表述，在1999年修订时，用“商标权”取而代之。这种“修法”动向可以作为“商标权”比“商标专用权”更妥当的有力注释。

“商标专用权”之表述既然已不合时宜，我们应以科学发展的态度，用“商标权”取而代之，以彰显立法的严肃与严谨。

四、商标法律关系的运行

商标关系的发生与变化必然引起商标法律关系的发生与变化。这种现象主要表现为商标法律关系的发生、变更与消灭。所谓商标法律关系的发生，是指商标法律关系主体之间形成权利义务关系。如商标注册行为产生商标注册人与行政机关之间的管理关系，商标许可行为产生商标权人与被许可人之间的关系。商标法律关系的变更，是指商标法律关系的主体、客体、权利义务等要素的改变。如商标权因转让、移转导致商标权人的变更，商标的许可使用导致商标占有权、使用权和收益权的变化，商标的续展导致所有权期限的延长。商标法律关系的消灭，是指主体之间权利义务的终止。如许可期限届满，导致许可人与被许可人之间关系的终止；商标权期限届满，导致商标权人与管理机关之间管理关系的终止；商标被提出异议，异议成立的，商标权被撤销；不当使用商标或非法使用商标，导致商标权被撤销或责令停止侵权。商标法律关系的发生、变更或消灭，是由一定的商标法律事实引起的。这些事实是指客观原因和条件，表现为法律事件和法律行为。立法把一定的事件和行为确定为具有法律效果的事实，从而使这些事件或行为引起的社会关系具有法律关系的性质，获得法律的承认和保护，便把实现商标法的价值的任务落到实处。法律事件包括社会事件和自然事件。社会事件表现为社会变迁或社会变革。自然事件主要是指自然灾害、偶然事件以及人的生命的终结。法律行为分为国家行为和当事人的行为。国家行为包括立法、执法、司法。立法可以使既存的社会关系成为法律关系，还可以使现有法律关系发生变更或消灭。执法和司法创立、改变、废止法律关系的情况也是相当普遍的。法院的终审判决可以使一个诉讼法律关系消灭，使新的法律关系产生或旧的法律关系复原。当事人行为包括积极行为和消极行为、合法行为与不法行为。他们是使法律关系产生、变更、消灭的常态法律事实。

五、商标权与版权、专利权、制止不正当竞争权之间的关系

（一）商标权与版权

商标是由文字、字母、数字、图形、色彩等要素构成的。任何一个商标，就其具有可识别性来讲，受到商标法的保护；而就其要素或要素组合来讲，又可以作为作品受到版权法的保护。在此情况下，一件商标上可能存在两种权利，一个是商标权人就该商标所享有的权利，另一个是他人对商标标识作为作品而享有的版权。作为商标权人，要注意并处理好自己权利与他人权利之间的关系。否则，可能承担不必要的甚至是非常巨大的损失。这里列举几个典型案例加以解释。[17]

1997 年北京市第一中级人民法院判决了“景阳岗酒厂”案。根据案情，画家刘继卣作有《武松打虎图》组画，山东省阳谷县景阳岗酒厂未经许可将其中的第 11 幅修改后放入自己的商标中并取得了商标注册。刘继卣的法定继承人以商标侵犯版权为由提起了侵权诉讼。法院经过审理认定侵权成立，责令停止使用并赔偿损失。国家商标局依据法院判决撤销了该注册商标。

1997 年上海市高级人民法院判决了“三毛集团”案。根据案情，著名漫画家张乐平在长期的创作生涯中创造了一个大脑袋、圆鼻子、头上仅有三根头发的“三毛”形象。被告江苏三毛集团未经著作权人许可在其产品、广告和商业标记上广泛使用“三毛”形象。此外，被告还在 1995 年 11 月至 1996 年 2 月间，就 34 类商品向国家商标局提出了含有“三毛”漫画形象的商标申请。至案发时，已被核准 31 类。法院经审理认定，被告的行为侵犯了他人的版权，应停止在产品、企业形象上使用“三毛”形象。随后，国家商标局撤销了被告在 31 类商品上注册的“三毛”商标。

上述两个案例说明，商标所有权与商标标识的版权归属不同，商标所有人应妥善处理有关版权问题，如获得使用许可、向版权所有人支付报酬等。在商标所有人同时是版权所有人的情况下，如果商标被他人跨国注册，商标所有人可以借助保护版权来保护商标权。

（二）商标权与专利权

表面上看，商标权与专利权保护的对象存在很大差异，两者之间似乎没有多少关联。然而，商标并不仅仅是某个商品的品牌，而是商品的质量、成

分、外观设计、包装、售后服务等的集中体现，或者说是商品之声誉的集中体现。消费者在市场上认准某一商标而购买商品，所认准的实际上是该商标所体现的质量、成分、外观设计、包装，以及生产或提供商品之厂家的信誉。显然，隐藏在商标背后的这些因素与专利权所保护的技术发明密切相关。新产品或新方法的发明，对现有产品或方法的改进，以及就产品外形作出的新颖而美观的设计等，都会提高某一商品的质量、性能、外观和售后服务等，进而提高相关商品的信誉，赢得更多的顾客和利润。

此外，依据专利法保护的新产品，有可能借助商标权延长其竞争能力和市场效应。譬如，当某一企业就一项新产品获得专利权后，在专利权的有效期内，该企业不仅可以生产和销售相关的专利产品，而且可以有意识地在市场上为专利产品创立品牌。当专利权届满后，从专利法的角度来说，由于同类厂家都可以自由使用该项技术生产同一产品，可以说原有厂家与其他厂家处于同一起跑线上。但从商标权的角度来说，原有厂家又处于领跑阶段。因为，原有厂家已经在市场上为相关产品创出了品牌，在市场上占有了相当的份额，具有较强的竞争力。在某些情况下，原有厂家甚至可以凭借已经创出的品牌占有如同该产品未丧失专利权条件下一样的优势。这实际上是用商标权的方式延续了对该项技术的有效保护。

（三）商标权与制止不正当竞争权

制止不正当竞争权是经营者制止他人违反诚实经营的竞争行为的权利。与不正当竞争的范围相适应，制止不正当竞争权的分类非常广泛。由于不正当竞争具有时代性商业伦理特征，因此，随着工商活动的发展和商业伦理价值的变化，不正当竞争的形式不断出新。制止不正当竞争的权利又是一项变化发展性权利。[18]

从《巴黎公约》的角度来看，不正当竞争行为有4种之多，商业标识的假冒、虚假宣传、商业诋毁和侵犯他人商业秘密。此外，《知识产权协议》还就驰名商标的保护规定了反淡化的内容。这在有些国家见之于商标法，而在大多数国家则见之于反不正当竞争法。

制止不正当竞争权与商标权的关系如同冰山与海水的关系。凡商标法不予规范的商业标识性权利，都可以在反不正当竞争法中找到受保护的依据。在商标标识权利保护中，制止不正当竞争的权利具有兜底的作用。在司法实践中，如果某人认为自己享有一项商业标识权利，就可以在商标法或者其他商业标志法中寻找，如果这些法律规范中没有明确规定，则可以寻求反不正当竞争的救济。而若反不正当竞争法也没有明确规定的有关权利，则意想中的权利就不属于知识产权，而属于其他财产权。

参考文献：

[1] Mishawaka Rubber &WoolenMfg. Co. vs S. Kresge Co., 316 U.S. 203, 205 (1942).

[2] Millingt vs. Fox, 3 Myl. & C. 352 (1838).

[3] 冯晓青. 商标法之立法宗旨研究 [J]. 长沙理工大学学报（社会科学版），2008 (2).

[4] 从商标法立法宗旨看待解百纳之争 [EB/OL]. [2010-11-17] http：//finance. sina. com. cn/roll/20080814/11525199934. shtml

[5] 刘春田. 知识产权法（第二版）[M]. 北京：高等教育出版社，2003：246～248.

[6] 吴汉东等. 知识产权法（第二版）[M]. 北京：北京大学出版社，2002：240～241.

[7] 曾陈明汝. 商标法原理 [M]. 北京：中国人民大学出版社，2003：78.

[8] 张玉敏. 权利丧失原则 [J]. 科技与法律，2003 (4).

[9] 郑成思. 知识产权论 [M]. 北京：法律出版社，1998：471～475.

[10] 冯涛. 我国商标法原则的反思与体系构建 [J]. 江苏大学学报（社会科学版），2009 (6)：15～18.

[11] 丛璐. 商标法中的功能原则研究 [D]. 北京：中国政法大学，2007.

[12] 董玉鹏. 梯次保护原则：论商标作用的两面性与商标法的梯次保护原则 [EB/OL] [2009-10-16]. http：//www. civillaw. com. cn/article/default. asp? id=16225

[13] 张文显. 法哲学范畴研究 [M]. 北京：中国政法大学出版社，2001：59.

[14] 刘得宽. 民法诸问题与展望 [M]. 北京：中国政法大学出版社，2002：80～83.

[15] 梁慧星. 民法总论 [M]. 北京：法律出版社，1996：240～241.

[16] 莒县酒厂诉文登酿酒厂瓶贴装潢不正当竞争案 [J]. 最高人民法院公报，1999 (3).

[17] 李明德. 知识产权法 [M]. 北京：社会科学文献出版社，2007：49～50.

[18] 李明德. 知识产权法 [M]. 北京：社会科学文献出版社，2008：51.

第二章

中国商标立法的现状与趋势

第一节　商标法的产生与发展

一、世界商标制度的起源

商标是基于生产经营过程中创造性活动和经验积累而产生的一种权利，也可以说是以智力活动的成果为基础而产生的一种权利，这种权利必须由法律直接确认，受到法律的保护，从而形成商标法律制度。在智力成果与法律形式相结合的商标法律制度中，商标法是它的基石，商标法确立了商标法律制度的基本规范，是建立商标法律制度的基本依据。

商标制度的产生与近代的商品经济密切相关。例如，在英国1618年的一个商标判例中，涉及一个布商假冒另一个布商的商业标识，法庭就此下达了禁止令。通过判例解决有关商标的争执，反映当时英国的商品经济已经发展到了一定的程度。随着商品经济的进一步发展，近代商标制度经历了从征税标记向商品标记的过渡阶段。世界上最早的商标保护的单行成文法是1803年法国的《关于工厂、制造场和作坊的法律》。1804年《拿破仑法典》首次肯定了商标作为无形财产与其他财产权一样受同等的法律保护，开创了近代的商标制度。1857年法国制定的《关于以使用原则和不审查原则为内容的制造标记和商标的法律》，确立了商标注册制度，是最早的成文商标法。此后，西方各主要经济发达国家相继制定了商标法律。英国于1862年颁布首部商标法、1875年颁布注册商标法，瑞士于1890年颁布商标法，美国于1870年、德国于1874年、日本于1804年制定了统一的商标法。中国香港地区的贸易繁荣使其于1873年从欧洲大陆直接引进了注册商标制度。

在19世纪后期，随着西方国家纷纷制定或颁布商标法，资本主义商品经济的一体化，产生了协调各国商标制度，对商标提供国际保护的必要，一些国际性条约应运而生。现代商标制度以1883年缔结的《巴黎公约》为起点，商标作为工业产权的保护对象，被纳入了多边工业产权国际保护的范围，商标制度开始步入现代阶段。主要的国际立法有：1891年《商标国际注册马德里协定》（以下简称《马德里协定》），1891年《制止商品产地虚假或者欺骗性标记马德里协定》，1957年《商标注册用商品和服务国际分类尼斯协定》，1966年《保护原产地名称及其国际注册里斯本协定》，1973年《商标注册条约》，1973年《商标图形国际分类维也纳协定》，1981年《保护奥林匹克会徽内罗毕条约》等。其中，《巴黎公约》主要属于实体法，规定商标的独立性原则、商标的分类保护等。而《马德里协定》及其议定书主要属于程序法，规定商标的注册程序、授权以及保护期限等。

为了适应商标国际保护的需要，各主要发达国家纷纷制定并修改现代意义的商标法。英国1938年颁布商标法并于1986年修订；美国1946年颁布《兰哈姆法》并于1988年修订；联邦德国1968年颁布商标法并于1979年修订，1990年德国统一后对商标法进行调整；法国1964年颁布《商标及服务商标法》，并于1975、1978、1991年修订；日本1959年颁布商标法，1978年修订；韩国1990年修订商标法。

世界贸易组织《知识产权协议》是继《巴黎公约》之后，协调各国商标保护的又一个国际公约。根据协议，世贸组织成员必须遵守《巴黎公约》的实体性条款，在此基础上，协议对商标保护作出了一些特殊规定，强化了商标保护。

20世纪后期，随着一些区域性市场的建成，出现了一些介于国际公约与双边条约之间的区域性的商标保护条约。如比利时、荷兰、卢森堡三国于1971年设立比荷卢统一商标局，制定《比荷卢统一商标法》。1988年欧共体理事会发布了《缩小成员国商标差异指令》，1993年制定《欧共体商标条例》。通过统一注册、统一生效，缩小了商业成本和行政成本，提高了商业效率和行政效率，增强了商标权利的保护力度和范围。1993年美、加、墨《北美自由贸易协定》中有关商标保护的规定也具有协调价值。

二、世界商标制度的发展

在对外贸易不断发展，国际经济全球化的背景下，各国的商标制度发生了十分明显的变化。这既有维护商标权人利益的动因，也有保护消费者利益的考虑，还有促进本国经济发展的考量。各国商标制度的变化与发展主要表现在以下几个方面。

（一）商标权客体逐步扩大

商标权客体范围的逐步扩大具体体现在：第一，服务标志纳入到商标法的调整范围。1883 年缔结的《巴黎公约》首次将商业标志保护从商品商标扩大到服务商标。紧随其后，美国 1946 年《商标法》第 3 条作出同样的规定。运用商标法保护服务标志是一种最可靠的方法。通过注册，服务标志的所有人获得商标权，可以对抗任何第三人的非法使用。对任何仿冒、假冒服务标志的行为，商标权人都可以要求停止侵害。第二，新型商标被列入商标“家族”。早期的商标主要是制造商标、销售商标、服务商标，随着经济生活复杂化，为了保护一些在消费者心目中享有较高声誉的商标，对付形形色色的商标假冒行为，维护消费者利益，各国纷纷立法，增加受保护的商标类别，主要有集体商标、证明商标、联合商标、防御商标、驰名商标。第三，注册标准呈降低趋势。商标的本质特点在于区别性。一般要求商标具有显著性。不具有显著性的地理标记、国家名称、说明性文字、基本图形等文字、图形不能作为商标注册。但近年来多数国家立法更加注重商标的实际使用效果，降低了对商标构成要素的要求。一些标记本身不具有识别性，但通过使用逐步具有区别性的，也能够获得注册。如欧共体 1998 年《共同体商标规程修正建议》第 3 条、第 15 条和《知识产权协议》第 15 条均作出这样的规定。

（二）淡化商标使用与商标注册、商标权维护之间的关系

第一，在商标权取得制度上，传统的“使用主义”放松了对商标使用的要求。传统的使用主义要求以商标的实际使用作为注册条件，未获使用的商标不得申请注册。美国是商标使用主义的代表。在美国联邦商标法立法之前，商标保护所依据的是普通法上的侵权制度。商标一经创设并使用即可获得商标权。

虽然这种制度比较公平，但由于要证明最早使用的事实比较困难，纠纷可能久拖不决，因此后来在各州立法中，有的采用了注册主义。1946 年制定的联邦商标法对内采用了使用主义，但对外不排除注册主义。对于与美国缔结了有关条约的国家的国民，只要在其所属国进行了商标注册，即可申请在美国注册而无需具备商业上使用这一注册条件。由此，形成了内外有别的授权制度。这一制度受到理论的批评。之后，美国司法实践中采纳了“象征性使用”标准来弥补上述不足。学者认为，这种使用形式有虚假交易之前而欠缺实在性。于是，1988 年联邦商标法修正案采取了“意图使用”标准。

民事主体只要有善意的使用意图，即可根据美国商标法进行注册，无需具备实际使用的事实。“意图使用”标准可以增加商标的确定性，而且可以消除本国人和外国人的差别待遇。但是，采用这一标准可能会导致有人故意申请却不使用，从而妨碍他人注册。因此，在适用时须防止他人为投机取巧故意注册商标成为“商标银行”而妨碍他人使用商标[1]。为此，美国在立法中补充规定：该使用必须具有善意的目的；必须为使用的声明；禁止“意图使用之申请的转移”，以防止他人通过这种申请注册商标达到出售商标的目的。从美国商标法的发展历程可以看出，将商标使用作为商标权取得条件的限制已有所松动。这与采用注册主义的国家的立法更为接近。对此，《知识产权协议》第15条第3款给予了肯定：成员可以将“使用”作为可注册的依据，但不得将商标的实际使用作为提交注册申请的条件，不得仅因为自申请之日起3年内不主动使用而驳回注册申请。

第二，商标使用与商标权维持之间的联系更为宽松。在采用严格使用主义的国家，商标的使用是商标权取得的要件或注册的要件。而在采用注册主义的国家，商标的使用是维持商标权的必要要件。因此，各国立法者比较重视商标的使用，以防止他人故意抢注商标而垄断商标资源损害他人利益。为了给市场提供公平的竞争环境，多数国家在立法中明文规定，如果商标权人在一定期限内不使用商标，则商标主管机关有权撤销该商标。但由于商标注册后商标权人可能因各种原因不能及时使用商标，为防止商标被撤销，宽限期被法律规定下来，从而淡化了商标权维持与使用之间的联系。《知识产权协议》第19条对此作了规定。各国商标法的一个重要发展动向是更加重视对商标权人意思自治的尊重，在商标使用的时间和方式上规定得更加灵活和务实。

（三）申请注册程序便利化、国际化

简化商标申请注册程序是保护商标使用者利益，发挥商标功能的最佳途径。许多国家都在试图采取各种改革来完善商标注册制度。第一，扩大商标注册申请主体。传统商标注册制度仅允许经营者申请注册商标，即“先经营后申请注册”。这是传统“使用主义”的做法。对于开业之时就需要使用商标的经营者来说，这一制度显然是一个障碍。因此，考虑到这给意图从事经营者带来不便，一些国家逐渐允许未从事经营的人申请注册商标，同时采取缴纳商标注册费和超期不用即撤销的办法来限制当事人恶意注册商标。欧共体1988年《共同体商标规程修正建议》第2条的规定体现了这一便利做法。第二，通过国际协调，方便商标在其他国家注册。商标注册的地域性阻碍了贸易的国际化。国家间订立的《马德里协定》和《商标注册条约》在一定程度上打破了商标注册的地域性限制，促进了商标的国际化。依据《马德里协定》，凡《巴黎公约》成员国国民在本国申请注册后，可向日内瓦世界知识产权组织国际局申请国际注册。注册被批准后，由国际局公布并通知被申请保护国。如果被申请保护国不予注册保护，则必须声明理由。注册申请人可以就此向该国主管机关或法院提出申诉。如果被申请保护国不拒绝给予保护，则国际注册就在该国生效。如果注册申请人母国在国际注册后规定期限内撤销注册，则直接导致国际注册的撤销。与《马德里协定》相比，《商标注册条约》的规定则有更大进步。该条约不要求在国际注册之前必须先办理国内注册，也没有《马德里协定》规定母国撤销注册则国际注册随之撤销的限制。这样更有利于保护商标使用者的利益。第三，区域性统一商标法不断颁布，趋势不断增强。有了商标国际条约，为什么还要制定区域性统一商标法呢？尽管国际商标条约的缔结方便申请人在他国进行注册，并受到一定程度的保护，缓和了贸易发展与商标属地主义之间的矛盾，但申请人所取得的依然是各缔约国的商标授权，缔约国对是否给予其商标保护仍有自由斟酌权。因此严格来讲，在一国可以注册的商标未必能在他国取得注册，即使能受保护，商标的保护程度也由保护国的国内法而定，这种国际保护方式依然会妨碍国际间商品与服务的流通。所以，以 1993 年《欧共体商标条例》为代表的统一商标法得以制定并有效实施，实现了真正意义上的国际一体化保护。

（四）商标权范围不断扩大，以适应打击假冒商标，保护商标权益，规范市场秩序的需要

第一，扩大侵权行为的制裁范围，将制裁范围从直接侵权扩大到间接侵权。美国 1984 年《商标仿冒法》规定：任何人故意或者意图交易仿冒的商品或服务以及明知为仿冒商标而使用于此等商品或服务或与此等商品或服务相关者，均应受到刑事制裁。按照《欧共体商标条例》第 8 条的规定，商标权人不仅有权禁止他人未经其同意以营利为目的在相同或者类似商品上、包装上、商业文书上、广告上使用与注册商标相同或近似的图样，而且有权禁止他人的下列间接侵权行为：(1) 凭有上述图样的商品作出要约、交易，或为此目的而持有，或提供有上述图样的劳务服务；(2) 输入或者输出有上述图样的商品。第二，加大对驰名商标的保护力度。鉴于驰名商标的侵权更易使消费者对商品或劳务发生混淆，《巴黎公约》首先将商标保护从一般商标扩大到驰名商标。越来越多的国家在本国商标法中专门规定了驰名商标的认定和保护办法，授予该商标的使用者不仅享有普通商标权人的权利，而且享有某些特殊的利益，即有权禁止他人在非类似商品或劳务服务上以可能引起混淆的方式使用与驰名商标相同或类似的标记。如《欧共体商标条例》第8条之规定。第三，放松了对商标转让的条件限制。按照传统商标立法模式的要求，商号应随商标一并转让。随着商标权从以表示商品或劳务来源为中心的人格化演化为以保证商品质量为中心的财产权，从保证商品质量的角度出发，许多国家修订本国商标法允许商标权自由转让，但要求受让方保证使用该商标的商品或服务的质量，以保护消费者利益。如《欧共体商标条例》第17条之规定、《知识产权协议》第21条之规定。

（五）适当限制商标权，以协调、平衡商标权人的私益与社会公益

《欧共体商标条例》规定，商标权人不得禁止第三人依商业惯例使用下列文字或图形：（1）使用自己的姓名或地址；（2）就商品或者劳务的种类、特征、数量、用途、价值、来源地、商品制造日期或劳务提供日期及其他特征所作的说明；（3）在必要的情形下，以商标说明商品的用途或劳务的用途。另外，商标权用尽制度、商标权人使用商标的义务等规定，也是对商标权的限制。法律之所以这样规定，其意图在于避免商标权人在行使权利时妨碍社会公众的日常生活。《知识产权协议》第17条规定：成员可以规定商标权的有限例外，诸如对说明性词汇的合理使用之类，只要这种使用顾及了商标所有人及第三方的合法权益。

（六）不断加大对侵犯商标权行为的制裁力度

商标侵权行为严重损害商标权人、消费者利益，破坏市场交易秩序，因此，各国政府加大对商标侵权行为的打击力度。第一，打击范围从直接侵权行为扩大到间接侵权行为。第二，制裁措施从民事制裁、行政制裁扩大到刑事制裁。如美国1984年《商标仿冒法》第1052条之规定。第三，侵权救济措施多样化。首先，立法完善对受害人的民事救济措施。除采用停止侵害、赔礼道歉、修理、恢复原状、赔偿损失等一般民事救济措施外，增加惩罚性赔偿。如根据《美国商标法》第35条之规定，原告方有权要求被告作出以下赔偿：（1）被告人从侵权行为中获得的收益；（2）原告所受一切之损失；（2）诉讼费用。估算损失时，法院可根据案情，作出高于实际损失3倍以下裁决。其次，规定受害人享有对仿冒商品及仿冒工具的销毁请求权。如《美国商标法》第36条之规定。这使得商标权的效力范围不仅及于商标权人自己所用的商品或服务，而且及于侵权人所用的商标及与之相关的一切物品。在这里，显然商标权的效力优于侵权人对其侵权物品的所有权。再次，法律允许受害人向法院申请禁令以防止损失扩大。如《美国商标法》规定了三种禁令制度：单方面扣押禁令、临时禁令和永久禁令。在临时禁令期间，如果被告若从事任何商标仿冒行为，将构成藐视法庭程序罪。

二、中国商标制度的起源与发展

(一) 起源与发展

我国近代商标制度始于 20 世纪初期。1902 年《中英续议通商行船条约》、1903 年《中日通商行船续约》和《中美通商行船条约》以不平等条约的形式分别规定赋予外国人商标权。1903 年清政府颁布《商标注册试办章程》，该章程主要是保护帝国主义在华利益，同时在一定程度上保护与发展近代民族工业。但由于历史条件的限制，该法没有得到实施。1923 年北洋政府颁布《中华民国商标法》和《商标法实施细则》，并设立商标局。1930 年国民政府颁布《商标法》和《商标法实施细则》，其主要内容几乎全盘照抄外国商标法的条款。

新中国成立前，一些革命根据地制定了商标法，如 1946 年苏皖边区政府制定的《商品商标注册暂行办法》、晋察冀边区政府制定的《商标注册办法》，1949 年陕甘宁边区政府制定的《商标注册暂行办法》、华北区人民政府制定的《华北区商标注册办法》等，为新中国商标法的制定奠定了立法基础。

新中国成立后，特别是改革开放以来，我国政府制定了比较完备的商标法体系。1950 年政务院批准实施《商标注册暂行条例》，并颁布《商标注册暂行条例施行细则》。1963 年国务院颁布《商标管理条例》，同年，中央工商行政管理局公布了《商标管理条例施行细则》。1978 年 9 月，国务院决定设立国家工商行政管理局，下设商标局。

1982 年 8 月 23 日，全国人大常委会通过了《商标法》，于 1983 年 3 月 1 日起施行，1983 年 3 月 10 日国务院发布施行《商标法实施细则》。1983 年国家工商行政管理局发布了《商标印制管理规定》。1982 年制定的商标法是新中国的第一部商标法，因为在旧中国也曾制定过商标法。1982 年是中国改革开放的初期，社会经济发展进入一个新的历史阶段，建立能反映当代特点并体现商标本质特征的商标法律制度就成为一种客观的需要。先制定一部新的商标法，是整个制度建设过程的起点和基础。1982 年制定商标法时，在客观上有立法的需要，但是在实践上有局限性，调整范围仅限于为商品商标，还有若干规定带有改革开放初期的色彩。

我国继 1980 年加入《建立世界知识产权组织公约》和 1985 年 3 月 19 日成为《巴黎公约》成员国之后，1988 年 11 月 1 日正式采用《商标注册用商品和服务国际分类》和《商标图形国际分类》，1989 年正式加入《马德里协定》。为了适应国际条约的要求，强化商标保护力度，1988 年修订了《商标法实施细则》，1985 年国家工商行政管理局发布了《商标印制管理暂行规定》并于 1990 年 10 月 1 日起施行了新的《商标印制管理办法》。1982 年以后，商标法又经过 1993 年和 2001 年两次修改，得到进一步充实、完善。中国商标法的制定和修改都是有深刻的原因和积极的背景的，这是中国商标法律制度在现实的发展中逐步充实、提高、完善的过程。

按照 2001 年商标法现行的内容分析，它的立法目的归纳起来就是：确立适应中国改革开放所需要的商标法律制度，在明确建立社会主义市场经济体制的目标后，就是建立这个体制的商标法律制度；确认表现为商标的智力成果的权利，用法律手段保护这种权利，也就是建立知识产权保护制度，通过制定商标法，并逐步地完善，澄清过去对商标的不符合市场经济要求的许多误解，引入有现代商标特点的一系列行为规则。上述三点就是商标法立法的基本目的，在商标法的立法指导原则和各项具体规定中都将体现这个基本目的。其立法指导原则集中体现于这部法律的第 1 条。既然列为法律条文，则表明这些原则是法定的、必须遵守的。其中包括：(1) 加强商标管理。商标的确权和使用，必须实施依法管理，而这种管理应当是有效的，形成一种适应商标特点的强有力的管理秩序，因此商标立法必须贯彻这项原则。(2) 保护商标专用权。商标法的制定就是要确认商标专用权，保护这种权利，这是商标法律制度的核心，必须将其作为一项立法指导原则。(3) 促使生产、经营者保证商品质量和服务质量。保证质量，这是商标的重要功能之一，但是这种保证功能是与商标的特点结合在一起的，商标表示商品的一定品质，商品品质不佳，人们会循着商标追踪其来源。在商标法中，将促使商标发挥保证质量的功能作为一项指导原则。(4) 维护商标信誉。商标凝结着商品的信誉和该商品生产经营者的信誉，这种信誉不是凭空获得的，而是通过许多智力活动与创造性的生产经营而形成的，商标信誉应当受到法律的保护，这与保护商标专用权是一致的，应当作为商标立法的指导原则。(5) 保障消费者的利益。商标有识别性，包括对商品来源的识别和商品品质的识别，商标获得了消费者信任，商标的所有者就应以诚信的原则维护商标信誉，不得利用商标欺诈消费者，使用商标损害消费者。其他任何人也不得利用商标损害和欺诈消费者。这是商标立法中必须贯彻的一条指导原则。(6) 保障生产、经营者的利益。商标是一种财产权利，依法取得这项权利的，就应受到保护。生产、经营者所依法拥有的商标，以及与之相关的合法权益，在商标法律制度中应当予以承认和加以保护。对于这种合法权益的保护与对消费者利益的保护并不冲突，而对与其他生产、经营者之间关系的调整则是应有的原则。(7) 促进社会主义市场经济的发展。可以说这是制定商标法的出发点和落脚点，也是中国商标法律制度中所应有的总的原则。商标从商品经济中产生，在现代经济中获得高度发展，是社会主义市场经济所不可缺少的重要工具，商标权利的产生，商标功能的发挥，商标管理的实施，都应当在法律中体现社会主义市场经济发展的要求，成为促进发展的积极力量。

为了适应建立社会主义市场经济体制及实施《巴黎公约》等国际商标公约的需要，1993 年进行了第一次商标法修订。主要内容包括：第一，适应加入《巴黎公约》的要求，将商标的保护范围由商品商标扩大到服务商标。第二，禁止将地名作为商标使用，避免因滥用地名引起消费者误认，损害消费者利益，避免通过商标注册垄断地名资源。但对于修法之前已经使用地名作为商标的历史遗留问题，采取不溯及既往的原则，承认已注册的地名商标的法律效力。第三，增加商标注册审查的补正程序。商标注册审查的补正程序不受商标争议规定的限制。对违反商标禁用条款或采取不正当手段取得注册的商标，可以适用商标注册无效裁定程序，由商标局或商标评审委员会予以撤销。第四，扩大侵权行为的范围，加大惩治侵权行为的力度。在列举的侵权行为中，增加了“销售明知是假冒注册商标的商品的”行为；修改了“伪造、擅自制造他人注册商标标识或者销售伪造、擅自制造的注册商标标识的”行为。同时对侵犯商标权的刑事责任作了相应的规定。此外，《关于惩治假冒注册商标犯罪的补充规定》还扩大了犯罪主体范围，加重了处罚假冒商标犯罪的量刑幅度。

新世纪新阶段，我国经过多年艰辛的谈判，加入了世界贸易组织，国内市场需进一步开放，商标等知识产权保护水平需进一步提升。在此背景下，不管从国内发展，还是从对外开放的角度来看，修改商标法都已成为迫切的需要。主要表现在：中国的社会主义市场经济有长足的发展，改革不断深化，商标方面积累了许多适应市场经济要求的经验，需要体现于法律制度中。中国加入世界贸易组织，承诺实施《与贸易有关的知识产权协定》，对现行商标法需要作出若干相应的修改。中国先后参加了一些有关商标的国际条约，承担了有关的国际义务，在国内法上应当作出反应。1982 年至 2001 年的近 20 年中，中国商标的申请量、注册量成十倍地大幅度增长，经济发展和扩大开放都需要有更为完善的商标法律制度。

理论研究认为，2001 年商标法修订的主要内容集中于以下几个方面。第一，扩大保护对象，放宽注册条件。第二，拓宽注册申请人范围，允许自然人申请注册。第三，规范注册程序，合理界定商标权的归属。当出现同一日申请又在同一日使用的情况时，可以裁定商标共有或一方给予另一方适当补偿以换取商标权的独自享有。对于外国人或外国企业在中国大陆申请商标注册，应允许其自行委托商标代理机构。第四，明确商标的转让条件，增加有关商标权质押的规定。第五，增加规定商标权的限制规范。依据《知识产权协议》第 17 条的规定，商标权的行使不得妨碍他人对姓名、地名、说明性词汇等词语的使用。第六，补充有关域名的规定。依据世界知识产权组织《保护驰名商标条款》草案第 6 条规定，将与驰名商标相同或者相近的标记作为域名进行恶意注册的行为，属于模仿驰名商标的行为。我国司法实践将该行为视为侵犯商标权行为。立法应授权商标权人撤销该域名的请求权或者将其转为己有。第七，增加当事人对商标行政裁决的司法救济权。

《商标法》第二次修改涉及了商标权主体范围、地理标志、驰名商标和司法审查等。这是一次重要的、幅度很大的修改，修改内容为 47 项，修改后的商标法由修改前的 43 条增至 64 条，而原有条文亦有多处修改。修改内容主要有：扩大商标保护范围，将集体商标、证明商标纳入商标法；商标注册申请人范围扩大，自然人可以注册商标，两人以上可以共同申请注册商标；商标的基本条件和注册条件更为清晰并增添了新的要求；商标构成要素增添了新内容，准予注册立体商标；增加对驰名商标保护的内容，确定了驰名商标的基本标准；增加了关于优先权的条款；明确规定商标注册申请应当真实、准确，可以在法律许可的范围内更正错误；保护现有的在先权利，制止恶意抢先注册；取消行政机构的决定、裁定为终局决定、裁定的规定；增强了对商标专用权司法保护、行政保护的法律措施；完善了商标转让的有关规则；增加了有关对执法者的监督的规定和执法者应当遵守的行为规则的规定；完善了关于商标管理体制的规定；增加了有关商标管理部门工作程序、工作效率的规定。此外，还有若干修改的内容，连同上述修改内容将在分析商标法的一些基本规范时一并阐述。总之，商标法经过大幅度的修改，将大大推进商标法律制度的完善，促进市场经济的发展，在现实的经济生活中发挥积极的、广泛的影响。人们应当重视这次修改，当然更要重视修改后的商标法的基本规范。

历经两次修改的《商标法》在保护商标权人合法权益、鼓励公平竞争、维护市场秩序和促进经济发展等方面起到了重要作用。

从我国知识产权法的法律渊源来看，大陆地区适用的知识产权法主要有四个层次：一是最高立法机关、最高行政机关制定的法律、法规，最高司法机关作出的司法解释。如《商标法》、《商标法实施细则》、《知识产权海关保护条例》、《关于诉前停止侵犯注册商标专用权行为和保全证据适用法律问题的解释》、《关于审理商标民事纠纷案件适用法律若干问题的解释》。二是我国缔结和参加的国际条约、公约。三是地方国家立法机关和行政机关制定的地方性法规、规章。四是自治条例。从立法形式来看，有综合性的法律、法规、国际公约、条约，如《民法通则》、《反不正当竞争法》、《合同法》、《建立世界知识产权组织公约》、《知识产权协议》，也有专门性的法律、法规、地方性法规、国际公约、条约等。

（二）评价与反思

中国商标制度的百年史，是一个从“逼我所用”到“为我所用”的法律变迁史，也是一个从被动移植到主动创制的政策发展史。从清朝末年到民国政府50年的时间里，我国商标制度处于“被动性接受”阶段。自19世纪末叶以来，从清朝政府实行新政向西方学习到北洋政府、民国政府取材外国法进行移植，商标法律无一不是被动立法的结果；从新中国成立到中国加入世界贸易组织（WTO）前的50年间，我国商标制度则处于“调整性适用”阶段。这一时期，我国经历了从计划经济到市场经济的转型，商标制度处于“法律本土化”的摸索阶段：前30年在计划经济体制下，商标制度强化管理功能，主要依赖一些行政规章保护知识产权；后20年在市场经济体制下，商标立法工作得以“拨乱反正”，建立健全了商标法律体系，并与国际规则靠拢。从中国加入WTO到现阶段，我国商标制度进入到“主动性安排”阶段。近10年来，中国站在战略全局的高度，致力于商标制度建设，并通过制定和实施国家商标战略，有效利用商标制度，以此作为缩小与发达国家的差距，实现跨越式发展的政策抉择。[2]

中国改革开放的30年，亦是中国商标法制建设的30年，其大致经历了重建、发展和完善三个阶段：

第一，恢复重建阶段。自20世纪70年代末国家实行改革开放政策以来，我国法制建设重新起步，商标立法工作进入一个新时期。从80年代初到90年代初，我国先后颁布了《商标法》（1982年）、《反不正当竞争法》（1993年）等，初步建立了商标法律制度体系。这一时期的商标立法，主要考虑本国国情，处于较低水平的短暂“过渡期”。商标权保护标准不是很高，但符合本国经济发展现状。

第二，快速发展阶段。自20世纪90年代初至新世纪初年，我国商标立法工作进入“快车道”。中国在加入世界贸易组织前，全面修订了《商标法》（1993年、2001年），使我国商标保护标准和水平达到了知识产权国际公约的要求。中国仅用了10多年的时间就实现了从低水平到高水平的过渡，完成了从本土标准到国际标准的转变，其重要动因是：第一，国际社会的压力。随着中国对外开放和对外贸易的发展，双边、多边知识产权冲突不时发生。1992年《中美知识产权谅解备忘录》的形成，客观上加快了商标法修法进程。而在“国际贸易知识化”的体制下，知识产权保护成为国际经贸领域的基本规则，中国不得不顺应“知识产权国际化”的潮流，在参加WTO的同时加入《知识产权协定》(TRIPS)。第二，自身发展的需要。中国作为新兴的工业化国家，加强商标保护是推动经济发展的内在要求。在制度安排方面由被动到主动，是经济增长型国家的必要选择。可以说，中国商标立法，正是通过法律制度的现代化去推动品牌的现代化。

第三，基本完善阶段。自参加WTO、全面修法之后，中国商标立法开始进入一个战略主动期。为了进一步加大知识产权保护力度，推动知识产权制度建设，中国于2004年、2005年分别成立了“国家保护知识产权工作组”和“国家知识产权战略制定工作领导小组”。2006年1月，胡锦涛总书记在全国科学技术大会上提出建设创新型国家的战略目标。同年5月，胡锦涛总书记在中央政治局集体学习时强调：“加强知识产权制度建设，提高知识产权创造、运用、保护与管理能力，是增强自主创新能力，建设创新型国家的迫切需要。”2008年6月，国务院发布《国家知识产权战略纲要》。为了顺利实现纲要所确定的战略目标，我国迎来了新一轮商标立法、修法高潮，其主要任务是：第一，启动现行法律修订工作，以此适应后TRIPS时代知识产权制度变革需要和网络技术条件下商标权保护需要。除对《商标法》再次进行修正外，还要对《信息网络传播权保护条例》、《反不正当竞争法》等作出首次修订。第二，对一些专门法律、法规进行清理，使其体系化、系统化和合理化。目前散见于诸多法律规范性文件中的商号以及特殊标志的相关规定，有待整合，以制定《商号法》、《特殊标志保护法》。以此为契机，建立符合国际商标制度发展趋势、体现我国商标保护优势的新制度体系。

中国用了不到20年的时间，走过了西方国家一两百年才能够完成的商标立法进程，这个成就是举世瞩目的。中国商标法制30年的历史表明，进入新世纪以来，我国商标立法已经摆脱了被动移植的局面，从“调整性适用”进入到“主动性安排”阶段。我国商标立法和保护事业正在揭开新的历史篇章。

1. 商标权的国际对策

商标国际保护制度，兴起于19世纪80年代，现已成为国际经济、贸易领域中的一种法律秩序。在当代商标国际保护体系中，WTO及其《知识产权协定》发挥了主导作用，它正式确定了商标与国际贸易的合法关系，将商标保护纳入新国际贸易体制之中。学者将其概括为两个“一体化”：一是商标国际保护标准在缔约方之间的一体化。立法的一体化，寓意着商标保护的基本原则与标准在全球范围内的普适性。各缔约方在保护标准上的一致性，与商标保护水平的高低并无绝对的关联性。与商标国际保护制度的草创阶段不同，现有的国际公约包括《知识产权协定》以及《因特网公约》等所确定的最低保护标准，体现了权利的高度扩张和权利的高水平保护，更多地顾及和考虑了发达国家的要求和做法，在很多方面超越了发展中国家的经济和社会发展阶段。二是商标国际保护体系与国际贸易体制的一体化。《知识产权协定》的形成与实施，即是依赖缔约方的国家强制力和世界贸易组织的国际强制力，将缔约方所承诺的商标保护与缔约方参加的国际贸易体制紧密联系起来。可以说，在经济全球化的国际社会中，商标保护既是发展中国家参与国际贸易体制的先决条件，也是发达国家维持其贸易优势的法律工具。这就导致了国际商标领域国家间的利益失衡和权利冲突。

在商标国际保护方面，中国作为一个发展中国家，既担心高水平保护超越现阶段国情，又不得不面对国际社会带来的压力。在 20 世纪 90 年代初期和中期，中国商标立法的国际化进程，主要受到中美双方冲突的影响。1992 年 1 月、1995 年 3 月和 1996 年 6 月，中美之间达成三个谅解备忘录。其中，前一个谅解备忘录，主要涉及知识产权保护标准，其形成表明中国接受了美国的要价，基本上按照美国标准来修改本国法律；后两个则主要涉及知识产权法的实施，相关备忘录主要是针对侵权与保护而达成的协议。在中国加入世界贸易组织前后，中国商标立法走向国际化的动因则来自《知识产权协定》的要求。中国接受包括商标保护在内的国际贸易新规则，按照国际通行的标准提供商标保护，有着自身的利益考量：第一，乌拉圭回合谈判实现了发展中国家的某些利益诉求，因此发展中国家接受《知识产权协定》，不是完全的让步而是有偿的交换；第二，商标保护不仅是一种国际经贸秩序，而且也是新兴的工业化国家自身发展的需要。中国正是在这种历史背景下，接受《知识产权协定》并加入世界贸易组织。

我国商标制度在其国际化进程中，有以下几项举措值得关注：(1) 国内规范与国际规范的接轨。自 1980 年正式加入《建立世界知识产权组织公约》以来，中国已陆续加入了多个商标国际公约，主要有《巴黎公约》(1985 年)、《马德里协定》(1989 年)。中国根据本国国情和国际发展趋势，依据国际公约规定，制定和完善各项商标法律、法规，至今已形成适应自身发展需要且符合国际标准的商标法律体系。(2) 国内机构与国际组织的交流。中国重视与相关国际组织的交流与合作，已经参加了 WTO、WIPO、APEC 等国际组织在商标领域的各项活动。同时，还建立了“中欧知识产权对话机制”、“中美知识产权工作组”、“中日韩知识产权双边及三边对话与合作机制”，并与巴西、墨西哥、东盟等国家和地区开展多种形式的交流与合作。(3) 国内人员对国际立法的参与。中国于改革开放之初启动商标立法之时，主要国际商标制度已经建立和完成，在以往的立法过程中，中国对国际立法的被动接受多于主动参与。进入20世纪90年代以后，在关税与贸易总协定的多边贸易谈判中，中国积极参与了这一谈判过程，并为推动《知识产权协定》的形成作出了努力。自新世纪初年以来，中国以更加积极的姿态参与国际法规则的制定，例如在《知识产权协定》的修改以及地理标志保护的谈判中发挥出重要作用。

中国作为WTO的后来者，参与商标国际保护体制的举措是值得肯定的。但是长期以来，在WTO的框架内，西方国家主导着商标国际规则的制定，中国与其他发展中国家一样只是接受者，充其量是参与者。在未来国际商标制度的变革过程中，我们应注意发挥建设性作用，努力成为国际规则的制定者。一方面，主动参与WTO新一轮的多边贸易谈判，推动现行国际商标制度的改革。针对《知识产权协定》的不足和缺陷，提出符合国际商标制度变革方向的思路和措施，着力解决商标保护中出现的公共利益问题、限制商标权滥用问题等；另一方面，积极参与WTO体制外的国际造法活动，推动国际商标新制度的建立。

2. 商标权的保护水平

商标制度选择的基础是国情。根据国家不同发展阶段的不同发展需求，对商标权作出选择性政策安排，是以往西方国家的普遍做法。一般来说，在无外来压力干扰时，一国根据自身发展状况和需要来保护商标权是最为适宜的；在一国经济社会发展水平不高的情况下，从“低水平”保护到“高水平”保护的过渡也是非常必要的。在上述情况下，一国商标权的保护状况，不涉及“超高”或“过低”的标准评价问题。

中国商标制度建设，是在一个新的国际环境中进行的。中国仅仅用了十多年的时间，商标制度就实现了从低水平到高水平的转变，完成了从中国标准到国际标准的过渡。作为WTO成员的中国已经没有发达国家所经历的过渡期。正是由于上述原因，对于中国商标保护水平的判断，在政界、商界、学术界都存着广泛的争议。有人认为，我国商标权保护水平已达到国际公约规定的最低标准，是适合本国国情的，但距离发达国家的高水平保护还有一定差距；也有人认为，我国在商标权保护问题上存在着“超国际标准”问题，即现行商标权保护的一些规定，不适当地超出国际公约的相关要求；还有人认为，在中国加入世界贸易组织之后，商标权保护须遵循国际标准，讨论商标权保护水平“过低”还是“超高”并无意义。

关于商标权保护水平认识的差异，其原因在于评价标准的不统一性，即不同的人从不同的角度会得出不同的结论。确定中国商标权保护水准，应结合国际因素和国内因素综合考量。所谓国际因素，是指用以衡量一个国家知识产权保护水平的国际参考因素，主要包括国际公约确定的保护标准以及其他国家立法规定的保护标准；所谓国内因素，是指用以衡量一个国家商标权保护水平的国内参考因素，主要包括该国的政治、经济、技术等因素。

从国际层面，我们可以对中国商标权保护水平作出如下评价：(1) 与国际公约所规定的最低保护标准相比，我国商标权保护水平不低。国际公约所确定的商标权最低保护标准，是各缔约方必须接受的立法底线。发展中国家对此尽管有所争议，但在加入国际公约之后，就必须以此为据来制定或修改本国法律。我国在加入世界贸易组织前后，对商标法律、法规进行了全面修改，在立法精神、权利内容、保护标准、法律救济手段等方面强调促进自主品牌创新的同时，做到了与《知识产权协定》以及其他商标保护国际规则相一致。因此就立法而言，那种指责我国商标权保护水平过低的观点并不能成立。(2) 与发达国家商标立法相比，我国商标权保护水准尚有一定差距。发达国家的科技、经济发展水平远胜于发展中国家，一般会超出最低保护标准，寻求更高水平的商标权保护。他们或是采取单方保护模式，由国内法自行决定；或是采取双边、多边协商机制，由相关国际条约规定（如欧盟已经实施的统一商标注册制度）。我国商标权保护水平，奉行的是国际公约最低保护标准原则下的一体化，而不是追随发达国家的“西方化”或是“美国化”，那种以美国标准或西方国家标准来评价中国商标权保护水平，是极为不当的。但是，与亚洲、非洲等一些发展中国家相比，我国商标权法律体系完备，保护水平较高，其立法走在发展中国家的前列。

从国内层面，我们可以对中国商标权保护水平作出如下判断：(1) 从纵向来看，商标权保护水平逐步提高。改革开放之初，我国颁布了商标法，以适应社会发展的需要。进入新世纪后，顺应知识经济的时代要求，我们又确立了信息网络传播权、放宽了商标的注册条件，加大了对商标侵权的惩罚力度。总体而言，我国是在社会、科技、文化和经济不断发展的基础上逐步提升商标权保护水平，两者是基本适应的。(2) 从横向来看，商标权保护存在行业、区域方面的不平衡。国际公约所规定的商标权保护水准，往往高于发展中国家的实际承受能力。

在中国社会的语境中探讨中国商标权保护问题，“超高”保护还是“过低”保护的主要判断标准，显然是社会经济发展水平。不同的社会经济发展水平对商标权保护的要求有所不同。一般而言，社会经济发展水平较高的国家着力品牌创新，对商标权保护要求高，也有能力承受和调适商标制度缺陷带来的负效应；而社会经济发展水平较低的国家则相反，不仅其品牌创新的重要性较低，且很难承受和调适商标权高水平保护带来的负效应。就现阶段而言，中国对知识产权保护水平的制度选择，其基本依据是本国的社会经济发展状况。

就个别规定来说，虽存在着高于国际规则，超出承受能力的问题，但总体说来，我国商标权保护水平，既符合国际公约的最低保护标准，又与本国经济社会发展水平相适应，一般并不存在"超高"保护或"过低"保护的问题。

3. 商标的行政管理

我国目前有多个部门负责商标的行政管理。商标权由国家工商行政管理总局商标局负责，制止不正当竞争权由国家工商行政管理总局公平交易局负责，地理标记权由国家质量监督检验检疫总局负责，国际贸易中的商标权由商务部负责，与进出境货物有关的商标权由海关总署负责。

在商标权保护实践中，中国形成了行政保护和司法保护"两条途径、并行运作"的商标权保护模式。多年来，商标行政管理部门在各自领域开展了卓有成效的工作：(1) 开展商标保护专项执法活动。在我国的商标行政执法体系中，专项执法活动是其一大特色。专项执法活动可以集中执法资源，针对某一时段、某一地域进行大规模、高效率的执法行动。迄今，我国已经进行了多次全国性质的商标保护专项执法活动，包括：多个国家部门联合开展展会知识产权保护的"蓝天"行动；公安机关在全国开展打击侵犯知识产权犯罪的"山鹰"行动。(2) 工商行政管理部门查处多起严重的典型商标违法案件，有力地打击了商标违法经营活动，整顿、规范了市场经营秩序。(3) 建立高效、合理的商标海关保护机制。中国海关在商标保护领域加强工作力度，强化行政执法力度。中国海关被"中国外商投资企业协会优质品牌保护委员会"评为最有效率的知识产权行政执法机关。

国际上对我国商标执法尚有批评之声，我国执法状况确实逊于立法水平。但是也要看到，我国商标行政执法的作用在许多方面已超越了《知识产权协定》的要求。在商标权保护方面，2000—2005 年，全国查处侵权案件 17.4 万件，向公安机关移送涉嫌犯罪案件 559 件，犯罪嫌疑 560 人。其查处案件数量及执法力度为国际社会所瞩目。我国商标行政管理及执法，虽然取得显著成绩，但在体制及机制上仍然存在一些问题。

(1)"管"、"罚"主体同一化，缺乏监督。我国商标权管理体系的主要特点是行政管理与行政执法一体化，商标权管理机构不仅仅享有商标注册职权，同时还进行商标权案件的调解、裁决及商标权违法行为的查处。商标权的管理授权主体同时也是执法主体，集管理和处罚职能于一身，使得其在行政执法时缺乏监督。今后一段时期，我国传统的商标权司法保护和行政保护的“双轨制”模式要逐渐向前者倾斜，并对行政管理体制进行改革。首先，在理念上，管理体制内应增加“服务”因素。新世纪以来，我国致力于建设服务型政府。因此，我国商标权行政管理机构应整合现有资源，建立商标权预警应急机制，发布重点领域的商标权发展态势报告，对可能发生的涉及面广、影响大的商标权纠纷、争端和突发事件，制定预案，为个人、企业甚至行业的商标权需求提供服务。其次，在措施上，执法手段应增加“非强制性”内容。我国商标法赋予执法机构以罚款、没收等极具强制性的行政处罚措施，以惩戒违法。在未来管理体制变革的过程中，行政机关可以主动采取劝告、说服等非强制性措施，这可以降低行政成本、提高执法效率，并能使公权对私权的干预程度降低。

（2）部门设置分散化，缺乏集中。在我国，商标权的行政管理工作由若干个部门来负责，各部门分别管理某一领域的商标权。这种管理模式的优点在于分工较细，职责分工较为明确，但会导致行政管理的成本过高。目前世界上大多数国家都对商标进行集中管理。目前我国商标权行政管理机构设置多、职能分散。这一状况应在国家机构改革中得到改变。

（3）保护标准多样化，缺乏统一。由于商标权行政管理机构的职能不同，往往造成“政出多门”，制度不一。有时，由于知识产权管理机构职能的不同，造成权利的冲突。例如“金华”作为火腿商标被金华市之外的一家浙江企业在国家商标局取得商标权，而作为火腿的地理标记被金华市火腿协会在国家商品检验检疫局取得地理标记权。两项知识产权虽然都是经国家主管机关授权的，但权利主体不同，两者不可避免地会产生冲突。

推动知识产权管理体制改革是今后一个时期的重要任务。日前公布的《国家知识产权战略纲要》，将“深化知识产权行政管理体制改革，形成权责一致、分工合理、决策科学、执行顺畅、监督有力的知识产权行政管理体制”作为战略重点，但改革之路任重道远，仍需要我们不懈努力。

4. 商标权司法体制

改革开放30年来，我国商标权审判事业取得了重大进展，审判职能不断强化、审判领域不断拓展、审判质量不断提高。在我国加入世贸组织以后，商标权司法保护受到国内外前所未有的高度关注，各级法院妥善处理各种复杂商标权纠纷，依法保护当事人的合法权益。其司法保护成就主要表现在以下方面：一是建立了有特色的商标权审判体制。20 世纪 90 年代以前，我国没有专门的知识产权审判机构，而是将知识产权案件分散在民事、刑事和行政案件中分庭审理。1993 年，北京市中级人民法院尝试将知识产权民事和行政案件划归到专门审判庭，至此我国有了首个知识产权审判庭。2000 年 10 月，最高人民法院率先在其内部进行机构改革，将原知识产权审判庭改建为民事审判第三庭。最高人民法院和地方高级人民法院都已设立民事审判第三庭，与此同时，在各省、自治区和直辖市政府所在地的中级人民法院也相应设立了知识产权民事审判庭，我国已经建立了最高人民法院和地方法院三级知识产权审判机构，并以中高级法院知识产权为主的审判格局。目前，知识产权审判体制改革的方向是：建立民事审判、行政审判与刑事审判合一的专门知识产权法庭。商标民事纠纷、行政纠纷与刑事案件统一由知识产权法庭审理。二是健全与完善了商标权审判规范。司法解释在我国商标权审判工作中发挥了很大的作用。司法解释总结了人民法院以往的审判经验，既有程序性的规定，又有实体性规定。最高人民法院于 2007 年发布了我国第一个涉及不正当竞争案件审理的司法解释；最高人民法院、最高人民检察院于 2007 年出台了相关司法解释，进一步加大商标权刑事司法保护力度，降低商标侵权犯罪认定的“门槛”。此外，最高人民法院还于 2008 年制定了《关于审理注册商标、企业名称与在先权利冲突的民事纠纷案件若干问题的规定》。这些司法解释或规定，为充分发挥人民法院的审判职能作用提供了有力的司法保障。三是进行了有质量、有效率的商标权审判活动。2004—2007 年的数据表明，目前我国商标权案件大幅度增长，审理范围不断扩展，结案率逐年上升，二审改判率逐渐下降，再审率不断降低。

我国的司法体制在裁决争议、化解纠纷、制裁侵权等方面发挥了重要作用。但是，现行商标案件审判模式因循传统的民事审判方法，其程序配置、审判标准以及证据规则等都有待适时变革。

(1) 关于审判程序配置问题。审判程序的脱节是目前存在的一个主要问题。首先，民事程序和行政程序的衔接。依照现行规定，行政机关查处案件可以责令停止侵权，但不能就赔偿问题作出决定，当事人可以对确认侵权的行政决定提起行政诉讼，对相应的赔偿问题提起民事诉讼。这在客观上导致同一法律关系分别由不同机关经不同的程序处理，既浪费法律资源，又可能出现裁决冲突。同时，在商标权的确权诉讼中，通常是由私权的利害关系人提起，商标评审委员会只是被动地裁决。由商标评审委员会代替一方作为被告，实际上重复一方当事人的诉讼请求。法院对这种具体行政行为一般只能撤销发回重作，不能直接变更；商评委重新作出后，可能当事人仍然不服而又起诉，因此形成循环诉讼。

其次，民事程序和刑事程序的衔接。在涉嫌犯罪的知识产权案件中，我国实行传统的“先刑后民”原则。这样，在同一案件中可能出现刑事程序和民事程序对侵权的不同认定，在刑事程序中判决犯罪的，而在民事程序中却不认为侵权。同时，对此类案件实行“先刑后民”，当公安机关立案后，诉讼中的民事程序即中止诉讼，案件久拖不决，从而造成司法资源的浪费。

关于审判程序配置的问题，已经引起了广泛的关注。我国《国家知识产权战略纲要》提出，“完善知识产权审判体制，优化审判资源配置，简化救济程序。研究设置统一受理知识产权民事、行政和刑事案件的专门知识产权法庭”。

（2）关于审判标准问题。统一法官裁判尺度，减少当事人对司法公信力的质疑，是商标案件审判面临的重大问题。由于中国经济发展程度不同、地域性差别较大，不仅各地案件审判的数量和质量不同，而且会因为收入水平、相关市场规模等因素的不同而出现审判标准不统一。在地域管辖上，权利人倾向于在经济发展水平较高的地方起诉，以求获得更高的赔偿数额，侵权人则会选择管辖权异议，导致案件久拖不决。此外，地方保护主义也会使审判标准不统一而产生不公平的现象。以驰名商标的司法认定为例，国家规定县级以上的中级人民法院可以认定驰名商标，但目前存在的问题是各地法院争相认定驰名商标，由于各地法院在商品经济发达程度及主观认知程度上的不同，驰名商标认定标准极不统一。

对此问题我国可以通过提高审判级别的办法加以解决。有人主张将最高人民法院作为上诉法院以统一审判标准，但是我国有严格的级别管辖制度，如此改革肯定困难重重。我国可以借鉴有些国家的办法，在适当的时候设立专门的上诉法院，以克服这一弊端。

（3）关于诉讼证据问题。目前我国的知识产权诉讼中，在庭前证据交换、举证时技术鉴定的委托和专家证人等方面都还存在较大问题。

由于商标案件审判工作的专业性很强，不少案件涉及复杂的法律关系和技术背景。法官由于知识背景的因素，很难对案件中的技术性问题作出判断，不得不在审判中引入专家证人。最高人民法院《关于民事诉讼证据的若干规定》第 61 条首次以司法解释的形式在我国的诉讼制度中确立了专家辅助制度。由于缺乏必要的规范加以指导，专家辅助人制度在实践中存在不少问题。因为专家辅助人由当事人聘请参加诉讼活动，其作用是帮助当事人就专门性问题的证据进行说明和审查，难免会出现偏颇，法官不能直接引用其证言裁判。

我们可以借鉴其他国家的做法，建立知识产权审判专家证人制度。在许多情况下，并不是每一起知识产权案件的技术争议都要通过专家鉴定才能解决，有的案件法院通过技术咨询或者技术论证，就能查明相关技术事实，得出相关结论；当案件审理遇到技术性问题时，法庭可以聘请专家证人，其意见经双方当事人质证后，即可以此为事实依据作出裁判。此种形式，体现了公正性，保持了证人的中立地位。

总之，我国的知识产权审判制度脱胎于传统的民事审判，随着知识产权法律制度的日益完善和知识产权审判的专业性、技术性特征的日益加深，其存在的问题也在逐渐显现。对此，我们不应因循守成，而应适时通变，积极寻求知识产权司法体制的变革之路。

5. 商标权的运用效果

知识产权制度在西方国家孕育与成长已有三四百年时间。在近代社会，商标权是欧美国家促进经济发展的法律工具；在当代社会，商标权则成为创新型国家保护贸易利益、提升国际竞争力的战略政策。

中国对商标制度的选择，主要是从自身发展需要出发，相关法律在经济社会发展中发挥了重要作用。但是，中国商标法创建时间不长，缺乏西方国家那样的过渡期，因此从政府到企业对制度建设准备不及，制度运用经验不足。这是我们必须正视的重要问题。

我国商标制度运行总体来说是健康的，正效应是明显的。这表现在品牌创建能力提高，商标注册申请量全球第一。我国注册商标年申请量从1980年的7.6万件跃升到2007年的76.3万件，连续6年位居世界第一。至2007年，国家工商总局商标局认定的驰名商标已达到1004件，产生了诸如“海尔”、“红旗”等一些具有国际影响力的商标。地理标志保护为农副产品带来的附加值达到产品价格的10％－20％。截至2006年，我国已对600多个产品实施了地理标志保护，涉及产品价值近5000亿元。商标对我国经济与社会发展的作用是明显的，但其贡献率尚比较有限，不能过于乐观。从授权数量来看，中国的确为商标大国；但就资产质量而言，远不是商标强国。商标是商品的“脸”，是产品质量与信誉的体现。中国企业商标数量非常可观，但知名品牌不多。在国际知名品牌的排行榜单上，中国企业商标无一进入100强，进入500强的只有12家。就外贸而言，中国出口企业200强，70％以上是定牌生产、加工贸易。在合资企业，90％以上是使用外国投资方的品牌。

商标的有效运用，既涉及商标权主体（即企业）的培育，又事关一般社会条件的成就。这就是说，影响知识产品生产、传递、利用的基本条件必须具备。如果上述条件得不到满足，商标权的社会功能就达不到立法者预期的效果。中国商标的有效运用尚缺乏以下要素，解决这些问题是商标运用“化弊为利”、“兴利除弊”的重要路径：一是建立以品牌创造为导向的一些公共政策。包括文化教育政策、产业经济政策、对外贸易政策等。作为政策决策主体的政府，其任务在于制定和完善政策，统一和协调政策。在过去较长时间里，商标权在经济、文化和社会政策中的导向作用不甚明显，今后应在国家商标战略实施中得到加强。二是发达的中介机构及其良好的社会服务。商标中介机构包括咨询、代理、检索、评估、诉讼等社会中介组织。是否拥有健全、成熟的中介服务体系，也是衡量商标制度是否完善的标志。目前，美国一年的品牌授权使用金额超过 1050 亿美元，这些交易都离不开中介服务活动。与发达国家相比，我国的商标中介机构存在着数量较少、类型发展不均匀、质量参差不齐、服务水平不高、服务内容单一等缺陷，尚不能满足商标有效运用的需要。

第二节　中国区际商标制度

一、香港地区的商标法

香港知识产权制度可以划分为 1997 年回归前的制度与 1997 年回归后的制度。遵照《香港特别行政区基本法》的规定，香港具有独立的立法、司法和终审权。

（一）1997 年回归前，香港的商标权制度的渊源与特点

香港回归前，其知识产权法的主要渊源有英国的商标法、本地制定的商标法、普通法系的商标法和适用于香港的国际公约或条约。英国商标法中适用于香港的成文法主要是 1949 年制定的《注册外观设计法》。在判例法的适用上，香港颁布的《英国法律适用范围条例》强调：普通法和衡平法的原则均在香港有效。香港《最高法院条例》也指出：在一切民事案件中，普通法和衡平法应由高等法院执行。此外，香港法院在审理诉讼时，也可以直接援引英国上议院和枢密院司法委员会的判例。因此，普通法的判例也是其商标制度中不可缺少的部分。

在成文法中，商标法是唯一由香港本地制定的知识产权法。至于判例法方面，在英国普通法的基础上，香港法院在审判实践中发展了本地的判例法。从 1905 年起，香港法院开始建立案例记录制度，逐步形成本地的判例

法，至今，积累的案例汇编（HK Law Report）已经有100多册，收藏于最高法院图书馆。涉及知识产权法的判例中，以商标侵权和诉讼居多。

香港法院在处理商标法律纠纷时，如果没有英国和本土的判例可资援用，则会参考其他普通法系国家的判例，如英联邦或美国的判例法。当然，香港接受或承认此种判例的前提是该国对普通法的解释与香港法院的原做法是基本一致的。

适用于香港的主要国际公约、条约都是在英国加入后，以适当的形式再适用于香港的。涉及商标权的国际公约和条约主要有：《巴黎公约》。香港是WTO成员，因此TRIPS协议对香港具有约束力。

香港回归祖国前，其商标法的主要特点是：第一，直接沿袭英国商标法。从整体意义上讲，香港对商标权的保护，与英国法律具有不可分割的联系，是英国商标法效力的延伸。第二，具有本地特色。香港除了适用英国法作为取得商标权授权或权利确认的实体法和程序法之外，还特别颁布实施了一系列辅助性法律，以方便这些权利在香港的具体实施。因此，香港商标法形成了既有英国法的规定，也有香港具体立法保护的制度安排。再次，非独立性制度。香港的商标制度不是一个完整而独立的制度。最后，不完全符合香港本地的实际需要。英国商标法的制定，没有义务考虑香港的实际需要，因而其立法不可能以香港的利益为依归。

（二）香港回归后的商标制度

依照“一国两制”的原则，既有在香港保持原有法律制度基本不变的必然性，又有考虑香港本地知识产权的需要，法律本地化和制定新法律的必要性，同时还要遵循国际条约的要求，以遵守法律义务并保持与国际社会的一致性。基于这些因素，香港建立的新知识产权制度，较好地协调了香港本地与英国、中国内地知识产权制度的关系，既有“一国”后的原则改变，又有“两制”下的保持其连续性、兼容性、特别性的不变，充分体现了“一国两制”的原则。香港新知识产权制度的渊源包括：得以在回归后保留的原香港成文法和普通法；新制定的法律；适用于香港的国际条约。

1. 香港《商标条例》

根据《基本法》的规定，香港原有法律予以保留。1997年以前实行的《商标条例》是由香港立法局于1955年制定的，其基本内容涉及了注册商标的申请、审批、管理和保护，是知识产权法中唯一能够独立于英国相关法律而成立和有效运行的法律。还有作为《商标条例》实施细则的《商标规则》（Trade Mark Rules），《商标紧急条例》、《商标紧急规则》和《商标说明条例》（Trade Descriptions Ordinance）等都是香港商标法的组成部分。这些立法由于是香港本土的立法机构所制定的，属于“香港原有法律”，在删除那些违背《基本法》的内容后，都可以继续在香港实施。另外，原香港法院积累的判例，依照《基本法》也得以保留并继续有效。这样也就保持了香港原有的法律模式。

2. 香港适用的国际公约

根据中英联合声明及其附件一和《基本法》的规定，1997 年前已经适用于香港的国际条约，一般继续适用。如果这些条约是以香港名义加入的，则以“中国香港”的名义继续保留，比如香港是世界贸易组织的成员；对于以英国名义加入后，指定适用于香港的条约，如果中国也是该国际条约的成员，则该条约继续对香港有效，只是需要由中国政府通知该条约对香港的适用。比如《巴黎公约》就是 1997 年 6 月 6 日由中国政府通知 WTO 总干事，上述公约自 1997 年 7 月 1 日起适用于香港特别行政区。对于中国缔结或加入而香港没有加入的国际条约是否适用于香港的问题，根据中英联合声明，由中央人民政府根据香港的情况和需要，在征询特区政府的意见后决定。

（三）香港新商标制度的特点

香港新商标制度具有以下几个特点：一是保持了原有知识产权制度的连续性。香港立法机构通过本地化或重新制定的方式，将英国法的立法体例、原则和内容保留了下来。二是符合《基本法》的规定，体现了“一国两制”原则，建立了独立的商标制度。香港法的普通法性质不变，与祖国大陆的欧陆法特点相区别，形成“一国两制”。在内容方面既不同于英国法也不同于祖国法，形成独立的商标制度。2006 年香港自行制定新规则，打击网上侵权行为，加强在港商标保护。三是商标权保护标准进一步与国际接轨。《巴黎公约》适用于香港不是基于主权国家的加入行为而产生的效力，而是根据该公约第 24 条的规定，回归前基于香港与英国的关系，回归后基于香港与中国之间的关系，由中国于 1997 年 6 月 6 日通知 WTO 总干事，使该公约自 1997 年 7 月 1 日起适用于香港特别行政区。

（四）香港商标注册制度的价值

在商标注册制度出现以前，企业的商标主要通过普通法受到保护。在成文法规定的商标注册制实行以后，未注册商标仍然受到普通法的保护。但是，由于注册商标受到普通法与成文法的双重保护，明显地处于优越地位。

其一，就权利的产生而言，注册商标可仅以其注册事实本身作为商标权确立的依据，毋需证明该商标在多大程度或多大范围上使用，是否取得一定信誉。商标注册的事实，产生一种“积极”的效力，可以直接地确定权利的范围，即在某一指定商品或某类商品上专有地使用某一商标。而未注册商标表现出的权利效力是“消极”的、被动的或间接的。

其二，在商标权的保护上注册商标有明显的优点。当注册商标被他人在指定商品上非法使用时，商标权人可立即要求其停止使用，并提起侵权诉讼。在诉讼中，注册这一事实成为基本的证据，并据此可以获得简单、迅速的救济。而未注册商标被人侵犯时，只能依普通法进行“仿冒”诉讼。原告在法庭上首先要证明其商号或商品已在公众中建立起声誉，而顾客已将有关商标与原告的商品自然地联系在一起，如果没有这种声誉，顾客就不会将原告的企业或商品与别人的企业或商品相混淆，而且，原告还须证明确实有顾客在被告的仿冒行为下受到欺骗，或有可能受到欺骗，误将被告的商品当作原告的商品购买，而被告在出售这些商标与原告商标相同或近似的商品时，未明确告知顾客这些商品不是由原告生产或经营的。这种证明即使能令法官接受，也已付出很大代价。商标注册则避免了上述的困难。在商标侵权诉讼中，作为注册商标权人的原告举证责任只是向法庭出示其注册证书和证明被告非法使用商标的事实，而被告如欲推翻起诉的理由，须承担较重的举证责任。所以，在商标权的保护上，注册制度发挥了更强有力的作用。

其三，商标注册制度的实行，使政府对商标使用的管理规范化和系统化。这对建立完善的产业秩序无疑是十分重要的。但是，尽管有以上种种好处，商标注册仍然是一种自愿的行为。法律没有必要令所有商标在使用前都要经过注册。而且注册申请要经过多项审查，并非每项申请都能获准注册。注册商标只是成千上万的使用中商标的一部分。

二、中国香港商标法与内地商标法的异同

香港回归后，随着内地和香港经济关系的不断发展，各项合作和交流的日益深化，许多内地企业或自然人纷纷到香港投资。但因商标保护的地域性特点和不法之人的投机心理，内地投资者在香港遭受商标侵权的情况时有发生，且损失严重，内地数百件知名品牌在香港集体遭抢注事件已对相关人员敲响了警钟，作为对企业举足轻重的无形资产，商标这一重要知识产权的在港保护问题越发重要。

中国香港有着自身独立的商标注册制度，在中国（内地）或世界其他地方已注册的商标，并不会自动在香港地区生效，如需得到在香港地区的知识产权保护，还须依据香港知识产权法例办理有关手续。而香港商标法因受英美法系的影响，在很多地方与秉承大陆法系的内地商标法有不同之处，使得内地投资者在港保护商标时问题重重。

（一）两地商标法基本情况

香港商标法是参照英国商标法制定的，属英美法系。曾于 1954 年、1964 年、1977 年、1980 年、1984 年、1986 年、1987 年、1990 年颁布过商标法令、条例、决议、规则、通告等多个法律文件，后大幅度修改商标法，如取消了 A、B 簿商标注册、将商标有效期改为 10 年等，但仍保留英国商标法大致的轮廓。香港现行商标法有于 2003 年 4 月 4 日实施的《商标条例（第 559 章）》和于 2003 年 4 月 4 日实施的《商标规则（第 559A 章）》。

我国内地对商标的立法保护晚于香港，1963 年 4 月 10 日国务院公布了《商标管理条例》，已经废止。《中华人民共和国商标法》自 1983 年 3 月 1 日起施行，1993 年 2 月 22 日、2001 年 10 月 27 日进行了两次修改。《中华人民共和国商标法实施细则》1983 年 3 月 10 日由国家工商局发布，于 1988 年 1 月 3 日、1993 年 7 月 15 日、1995 年 4 月 23 日经国务院批准进行了三次修改。《中华人民共和国商标法实施条例》于 2002 年 9 月 15 日起实施。

（二）香港与内地商标法的异同

基于商标法的自身属性和两地法制发展的实际情况，香港商标法与内地商标法在程序上和实体上主要有如下共同之处。[3]第一，商标注册申请基本程序大致相同，都是经过查询（检索）、申请、费用交纳、形式审查（受理申请）、实质审查（检索及审查）、公告、异议（第三人反对）及注册等程序。第二，商标权的实体规定上也有许多共同点。如商标要有显著性；商标保护有效期为 10 年；三年不使用可撤销；受《巴黎公约》保护，享有优先权和驰名商标特殊保护；商标权可进行转让、变更、许可；对商标侵权行为进行民事或刑事制裁。

随着香港与内地各项交流的密切发展，香港商标制度逐步与内地商标制度不断融合，但作为普通法系的香港商标法与大陆法系的内地商标法仍有一定区别，而这些区别或多或少地影响着内地投资者的商标权益在港的保护：第一，使用原则与注册原则的区别。香港的商标法以使用原则为主，注册原则为辅；而内地的商标法以注册原则为主，使用原则为辅。第二，获取商标权时间的计算方法不同。虽然香港商标权的有效期与内地商标权的有效期都为 10 年，但在两地商标权的取得时间却不同。在香港商标权的取得时间系从提交商标注册申请之日计算，而内地商标权的取得时间却从商标被核准注册之日起计算。第三，自然人申请商标限制不同。香港商标法和内地商标法都允许自然人申请商标，香港对自然人申请商标没有特殊限制，但内地商标法从 2007 年 2 月 12 日起，对自然人申请商标开始设定一定的限制，以自然人名义申请商标注册的，需提供个体工商户营业执照等相关材料。第四，实践中所需时间不同。在香港从申请到取得商标权的时间约需 6－9 个月，而在内地从申请到取得商标权的时间约为 2 年或更长时间。第五，商品或服务选择要求不同。在香港一次商标注册申请可根据商标注册用商品和服务国际分类表选多类商品或服务，写明商品或服务时可填整个类别的商品或服务；而根据内地商标法只能一类一标一注册，选择商品或服务也只能在一类项下最多选 10 个商品，否则加收费用。第六，防御商标规定的不同。防御商标是商标所有人在不同类别的商品或服务上注册若干相同商标，主要使用的商标为基础注册商标，其余为防御商标。香港商标法明确规定了可申请防御商标，更加有利于保护驰名商标，而在内地防御商标只是学理概念，尚未成为法律规定的概念。第七，代理制度的区别。依据香港商标法，其他国家或地区的权利人可以委托任何人士、合伙商行或公司在商标注册处的任何法律程序中以商标代理人身份行事，只要代理人有在香港的住所或业务地址；而外国人或者外国企业在中国内地申请商标注册和办理其他商标事宜的，应当委托国家认可的具有商标代理资格的组织代理。第八，主管部门及权利不同。香港主管商标注册的部门是中华人民共和国香港特别行政区知识产权署商标注册处；中国内地主管商标注册的部门是中华人民共和国工商行政管理总局商标局。香港海关是唯一有权查处商标侵权行为的机关，我国内地查处商标侵权行为的机关一般为各级工商局公平交易部门。

综上，随着世界经济的不断发展和法治的进步，大陆法系和英美法系的交流也日益密切，出现了相互借鉴、逐步融合的趋势，分属于英美法系的香港商标法和大陆法系的内地商标法中许多规定也在不断的发展中渐渐趋于一致。虽然两者的商标法律有关规定有不少的共同点，但在现阶段二者尚存在着不可忽视的区别，对于内地到香港投资者或相关人员来说，清楚地把握两地商标有关制度的异同，更有利于保护企业应有的商标权益，更有利于让该权益的保护为企业在激烈的市场竞争中保驾护航，从而创造巨大的经济效益和市场价值。

三、内地香港品牌知识产权合作制度

内地香港品牌知识产权合作制度始于中央政府与香港政府在香港签署的《〈内地与香港关于建立更紧密经贸关系的安排〉（CEPA）补充协议五》（以下称“补充协议五”）。“补充协议五”于 2009 年 1 月 1 日起正式实施。该补充协议在知识产权保护领域增加合作内容的同时，增加“品牌合作”作为贸易投资便利化方面新的合作领域。

“补充协议五”明确，为进一步加强商标领域的交流与合作，国家工商行政管理总局商标局与香港知识产权署成立商标工作协调小组，作为双方固定的联系机制，加强两地在商标注册业务和商标保护工作等方面的交流与合作。

“补充协议五”指出，双方认识到，品牌合作对于推动两地经济发展和促进两地经贸交流具有重要意义。双方同意加强在品牌领域的合作，并在联合指导委员会的指导和协调下，建立有关工作组。双方同意，将加强两地在品牌领域的交流与沟通；在品牌保护的法律法规制定和执行方面交换信息；加强在培训、考察、出版刊物等方面的合作；通过网站宣传、展会推介、举办研讨会等多种方式加强两地品牌的推广促进活动。

四、台湾地区商标法

台湾地区商标制度是在继承“中华民国”在大陆制定的商标法的基础上，为适应时代发展要求而修订、新定所形成的比较完整的制度体系。特别是在 20 世纪 90 年代后，台湾商标法进行了实质性调整。同时，为了应对高新科技的应用而进行保护性立法，形成显著的特色。公平交易法就是保护性立法的典型。

台湾地区 1991 年颁布《公平交易法》，以维护交易秩序与消费者利益，确保公平竞争，促进经济的安定与繁荣。该法规定了不公平竞争的具体行为、管理机构、损害赔偿和罚则等。

20 世纪 90 年代后，台湾地区商标制度变化的新特点主要有：修订频次多，频率快，内容多，法律规范变化大；更新商标法律制度，完善法律规范体系。商标制度日益同国际标准接轨，寻求国际地位。

台湾现行“商标法”同“专利法”、“著作权”法一样，也是从中华民国的商标法中演变而来的。中华民国的商标法于 1930 年公布施行，在大陆时修订了 9 次，在台湾修订了 5 次，其中 1972 年对商标法体例作了一定的调整，修正的内容主要有：确定先申请主义，明确防护商标制度，对商标的移转加以限制，增订侵害他人商标专用权赔偿责任的规定，增订有关审查人员或当事人回避的规定。1983 年的修订明确商标以图样为准，扩大了商标的使用，增列“正商标”的规定，对侵害商标专用权的犯罪行为延长刑期并提高罚金数额。1985 年的修订增订法院可以设立商标法庭或指定专人办理商标诉讼案件。1989 年的修订确立了专业商标代理人制度，扩大仿冒商标商品没收范围。20 世纪 90 年代后，1993 年和 1997 年又进行了两次详细、全面的修订。1993 年的修订是台湾商标法的一次重大转折，修订内容之多、层次之深、涉及的法律关系范围之广都是前所未有的。此次修订，删除了岛内居民申请注册的商标图样必须以中文为主的规定；删除了提出异议者必须为利害关系人的限制，以符合公众审查的意旨；删除了商标专用权的转移应当与营业一并办理的规定，简化了商标注册申请费的规定，明确了公告期满的次日为商标注册日，明定商标专用权以所指定的商品为限，明定商标采用国际分类标准，明定商标专用权可为质权标的物，明定商标专用权当然消灭的原因，明定了服务商标（标章）的定义及其使用方式，增订了证明商标（标章）及团体商标（标章）的规定，增订了优先权的规定，增订了善意先使用人的免责规定，放宽了对商标授权的限制。1997年的修订侧重于以下几个方面：扩大了优先权适用的范围，增列了仿冒商标的有关物品并予销毁的规定，增订了商标法申请延展注册的缓冲期日，补充了对商标识别性意义的规定，修正了普通使用不受商标专用权拘束的规定，修正了消极注册要件的规定，修正了商标专用权当然消灭的规定。

四、两岸商标保护合作机制

（一）两岸商标合作的意义与现状

自20世纪80年代开放台商赴大陆投资以来，台商在大陆的投资规模和领域日益扩大，两岸经贸交流日益紧密，合作层次日益提升。面对新形势，如何加强两岸在商标领域的合作，构建两岸商标合作机制，为两岸经贸交流合作创造良好的环境，成为亟待研究的课题之一。

1. 两岸商标合作的意义

据统计，截至2007年年底，大陆累计批准台资项目75146个，累计吸收台湾直接投资457.6亿美元。有关统计显示，2007年两岸贸易总额达1244.6亿元。两岸经贸交流合作已达到相当的规模和层次，合作的领域也从单纯的商品、资金往来等初级阶段领域扩展到包括商标在内的知识产权领域。未来两岸经贸交流合作将更加密切，并呈现出规模更大、层次更高、发展更快的新趋势。因此，构建两岸商标合作机制，促进两岸经贸关系健康发展，具有重要的意义和广阔的前景。

海峡两岸合作保护商标权是两岸经济贸易发展和科技交流的客观需要。相互合作实现海峡两岸商标权的有效保护，既有必要性，也有可能性。

首先，大陆和台湾在法律制度体系上，都属大陆法系，所制定的法律在很大程度上受德、日等国的影响，因此其法律形式的宏观方面，包括法律渊源、法律分类、适用法律技术是一致的。两地法律体系的差异是微观方面的，即在具体的法律名称、法律制度和具体法律规范上的差别。

其次，商标法是知识产权法律体系中唯一的纯财产性质的法，政治性不强，同时，商标权的非技术敏感性为海峡两岸合作保护商标权提供了现实条件。而海峡两岸商标法的立法宗旨又都有保护注册商标专用权人的利益、保护消费者的利益及维护市场公平竞争秩序的内容。

第三，海峡两岸都是TRIPS的缔约方，为了使自己的商标法更加符合TRIPS的要求，增加贸易机会，在各自的商标法中都规定了诸如：优先权制度、驰名商标保护制度、商标注册制度等，都在向国际化标准靠拢，因而海峡两岸在商标权保护方面的差异缩小，使得商标制度在总体上已非常接近或相同。为使对商标权的保护不致扭曲而是促进大陆和台湾相互间经济的发展，应抓住这个历史契机，更多地进行可操作层面的改善，促进海峡两岸合作保护商标权。

第四，全球一体化的要求，为海峡两岸合作保护商标权提供可能性。统一的市场同时也要求商标法制渐趋一致，为了适应这一要求，在19世纪末20世纪初，世界范围内，关于保护商标的法律就出现了相互合作、统一保护的迹象。大陆和台湾是许多全球或地区经济组织的成员，成员内的商品服务自由流通迫切要求商标法制的一致，使得海峡两岸相互合作保护商标权有了经济上的动因可能。

第五，在大陆，国家工商总局商标局从1985年起就正式受理“台湾居民”在大陆提出的商标注册申请，在申请资格方面，台湾工商业经营者和大陆工商业经营者一视同仁。保护台商在大陆的注册商标专用权，凡属侵犯台湾商标注册人在大陆的注册商标专用权的行为，商标执法机关同样予以严厉查处。而在有关两岸交流的文件指导下，大陆和台湾在立法或司法上均相互承认对方民商事法律在本法域内的效力，其中当然也包括各自的商标法律制度。这些规定和实际保护等做法，为海峡两岸相互合作保护商标权提供了一定的现实基础与可能性。

2. 两岸商标合作的现状

1988年，国家工商局商标局开始接受台商商标申请。到2005年，台资企业在大陆的商标注册申请达12万多件，已注册商标达63143件。台资企业的驰名商标、著名商标数量也逐年增加。统一、宏基、富士康、旺旺、明基、康师傅等一大批台湾品牌纷纷进入大陆市场。大陆在扶持台资企业创名牌的同时，在保护其商标权益方面也进行了有益探索，有力地维护了台资企业的合法权益。在台湾地区，大陆著名的中华、海尔、同仁堂、五粮液、泸州老窖等商标，也成功地取得了商标专用权。2006年11月，来自海峡两岸商标品牌领域的著名专家学者参加了在厦门举办的首届海峡两岸商标品牌论坛。2007年1月，两岸商标论坛在台湾成功举办。2007年12月，福建省首个综合性商标信息平台——“福建省实施商标战略信息平台”正式启动。两岸商标领域民间合作与交流跨入一个新的阶段。

近年来两岸经贸关系发展迅速，但是在商标交流与合作、商标保护等方面也存在一些问题。主要表现为：

其一，两岸驰（著）名商标屡遭抢注。两岸商标法律制度都对驰（著）名商标提供了相应的保护，但由于未实现商标信息共享，造成驰（著）名商标屡遭抢注。在大陆遭抢注的台湾商标包括长寿烟、日月潭、阿里山、池上米、新竹米粉、金门贡糖、西螺酱油等。在台湾被抢注的大陆商标也不少，如五粮液、两面针、娃哈哈、椰树、联想、红塔山、农夫山泉、黄鹤楼、石狮等。抢注行为给商标权利人造成很大的损失。

其二，部分驰（著）名商标在两岸注册时阻力重重。造成这一问题的主要原因是两岸商标法律制度存在差异。例如，台湾的建德商标在大陆申请注册时，因为《商标法》规定县级以上行政区划的地名不得作为商标申请注册，而建德是浙江省的一个地名，因此被驳回；后来申请人以变通方式申请注册，才获得核准。首例在大陆以地名注册的台湾商标金门高粱酒也曾遭遇类似问题。由于台湾烟酒专卖制度与大陆不同，台湾公营酒厂习惯以地名作为企业名称及商标名。当金门酒厂向商标局提出商标注册申请时，因为金门是地名和已有台商抢先注册金门王商标的原因，遭到驳回。此后经多次协商，有关部门根据台湾酒品商标名的实际情况，采取灵活措施，认定金门高粱酒商标在两岸具有一定的知名度，是具有其他含义的商标，准予注册，并撤销了金门王商标。由于台湾商标制度的原因，大陆的驰名商标女儿红在台湾申请注册时，被认为是黄酒的通用名称而遭拒绝。五粮液的 W 图形商标在台湾被抢注后，四川省宜宾五粮液集团公司向台湾有关方面提出异议，因台湾现行的商标规定与大陆有关法律存在差异，最终五粮液集团的异议被驳回。

其三，两岸间的假冒侵权行为时有发生，处理难度大。由于两岸知识产权保护信息不完整，台湾知名商标及大陆驰（著）名商标被假冒侵权的案例屡见不鲜。如金门高粱酒就曾被个别台商在大陆恶意抢注、仿冒，他们以低于正品一半的价格销售冒牌酒，扰乱市场秩序。因为当时正规的金门高粱酒在大陆尚未获得商标注册，工商部门难以对侵权者依法查处。

（二）构建两岸商标合作机制的思考

如何消除目前两岸商标合作的障碍，促进两岸经贸关系健康发展？关键在于构建全新的两岸商标合作机制。为达到这一目的，可以分两步走：一是通过设立两岸商标合作试验区等手段，为两岸商标合作积累经验；二是在试验区成功之后，在福建全省乃至更大范围内推广经验。设立两岸商标合作试验区的首选地是厦门（如果台湾当局同意，在厦门和金门两地同时试验，可取得更全面的经验），主要理由是：第一，厦门在历史、文化、风俗上与台湾有很深的渊源，大陆开放台商投资后，引进的第一家台资企业就落户厦门。截至2007年年底，厦门已经聚集了3169家台资企业，合同利用台资累计约84.5亿美元，实际利用台资累计约54.9亿美元。第二，厦门设有三个国家级台商投资区，分别是海沧、集美和杏林。厦门在承接台湾劳动密集型、资金密集型和高新技术产业转移中发挥着重要作用。第三，厦门市多年来在保护台商合法权益、改善投资环境、提高服务质量、为台商排忧解难等方面积累了许多成功的经验。厦门市各级工商部门充分发挥职能作用，坚持两手抓，即一手抓执法维权，严厉打击各种商标假冒侵权行为，保护台资企业的商标专用权；一手抓服务，主动加强指导，鼓励台资企业实施商标品牌战略。2004年，正新商标被国家工商总局商标局认定为中国驰名商标，是福建省第一个台资企业通过认定驰名商标扩大保护范围的案例。灿坤电器、翔鹭化纤等台资企业的商标，也先后被认定为厦门市著名商标和福建省著名商标。第四，厦门具有海峡西岸经济区的政策优势。2006年3月，发展海峡西岸经济区写入国家“十一五”规划，已经上升为中央的战略部署。2006年12月22日，国家工商总局出台《关于支持海峡西岸经济区建设的意见》。2007年，海关总署、科技部等有关部委和金融机构也相继出台了支持海峡西岸经济区发展的有关措施。

构建两岸商标合作机制，要抓住重点，总体推进。第一，完善商标交流机制，为两岸商标合作提供理论支持。要定期举办两岸商标品牌合作论坛、海峡两岸商标学术研讨会，成立两岸商标品牌合作机构，通过建立商标注册部门联系人制度等方式，及时沟通两岸有关商标的政策法规信息，引导商标社团组织和企业加强合作与交流，为构建两岸商标合作机制提供理论支持。第二，建立两岸商标信息共享平台，努力消除信息不对称。通过签订两岸商标合作协议，对两岸驰（著）名商标给予同等保护。同时，建立两岸商标注册部门信息交换制度，完善两岸商标信息网络建设，重点是完善商标注册、驰（著）名商标查询等信息数据库，实现资源共享。第三，整合社会资源，形成两岸商标维权齐抓共管的局面。成立由政府主导，各品牌企业参与，商标专业人士协助的两岸商标品牌维权鉴定中心。工商部门要进一步建立通畅的与企业沟通、联系的渠道，充分发挥企业在商标维权工作中的主观能动性。引导两岸消费者积极参与商标维权和监督工作。制定商标侵权举报奖励措施，引导两岸品牌企业设立奖励基金。目前厦门市消费者保护协会与金门消费者保护组织已共同建立了两地保护消费者权益协作机制。我们可利用这个平台，设立专门的商标维权模块，方便两岸企业及消费者的商标投诉和举报。第四，培育两岸商标中介机构，发挥其积极作用。比照《内地与香港关于建立更紧密经贸关系的安排》（CEPA）的有关规定，尽早放开台湾商标代理机构在大陆设置机构的限制。引导两岸商标中介机构为两岸企业提供全方位、多层次的服务。强化两岸商标中介机构的交流，加强商标合作研究。研究的重点除加大对企业商标的保护力度外，还应包括加强对地理标志的保护。

（三）两岸商标合作的制度框架

海峡两岸虽有相同的历史文化背景，但由于政治制度及经济发展水平的不同，随着时代的变迁，造就了两岸法律制度上的差异。其中大陆与台湾各自颁布实施的商标法，分属两种社会制度下不同的商标权法制，并且根源于不同的法理和不同体系的商标法学基本理论。两岸商标权立法中对某些商标权保护所涉之基本问题的具体规定，亦有一些差异。随着两岸科技文化与经贸交往的深入发展，正确认识其差异与分歧，寻求公正合理的有利于两岸交流的解决差异与分歧的法律和政策途径，为两岸人民的经贸往来提供全面充分的商标权法律保护，已成为我们亟须解决的重要问题。

为保障海峡两岸人民权益，促进两岸经济、科技与文化发展，海峡两岸关系协会与财团法人海峡交流基金会就两岸知识产权（智慧财产权）保护合作事宜，经平等协商，2010 年 6 月 29 日海峡两岸关系协会会长陈云林与台湾海峡交流基金会董事长江丙坤分别代表大陆和台湾在重庆签署了《海峡两岸知识产权保护合作协议》。其中涉及多项商标合作制度。具体内容如下：

1. 合作目标

双方同意本着平等互惠原则，加强商标、著作权及植物新品种权等两岸知识产权（智慧财产权）保护方面的交流与合作，协商解决相关问题，提升两岸知识产权（智慧财产权）的创新、应用、管理及保护。

2. 优先权利

双方同意依各自规定，确认对方商标权第一次申请日的效力，并积极推动作出相应安排，保障两岸人民的优先权权益。

3. 业界合作

双方同意促进两岸商标等业界合作，提供有效、便捷服务。

4. 协处机制

双方同意建立执法协处机制，依各自规定妥善处理下列知识产权（智慧财产权）保护事宜：（1）保护驰名（著名）商标、地理标志或著名产地名称，共同防止恶意抢注行为，并保障权利人行使申请撤销被抢注驰名（著名）商标、地理标志或著名产地名称的权利；（2）强化水果及其他农产品虚伪产地标识（示）之市场监管及查处措施；（3）其他知识产权（智慧财产权）保护事宜。在处理上述权益保护事宜时，双方可相互提供必要的资讯，并通报处理结果。

5．业务交流

双方同意开展知识产权（智慧财产权）业务交流与合作事项如下：（1）推动业务主管部门人员进行工作会晤、考察参访、经验和技术交流、举办研讨会等，开展相关业务培训；（2）交换制度规范、数据文献资料（资料库）及其他相关资讯；（3）推动相关文件电子交换合作；（4）加强对相关企业、代理人及公众的宣导；（5）双方同意之其他合作事项。

6．工作规划

双方同意设置商标权工作组，负责商定具体工作规划及方案。

7．保密义务

双方同意对于在执行本协议相关活动中所获资讯予以保密。但依请求目的使用者，不在此限。

8．限制用途

双方同意仅依请求目的使用对方提供之资料。但双方另有约定者，不在此限。

9．文书格式

双方同意交换、通报、查询资讯及日常业务联系等，使用商定的文书格式。

10．联系主体

本协议议定事项，由双方业务主管部门指定的联络人相互联系实施。必要时，经双方同意得指定其他单位进行联系。

本协议其他相关事宜，由海峡两岸关系协会与财团法人海峡交流基金会联系。

11．协议履行与变更

双方应遵守协议。本协议变更，应经双方协商同意，并以书面形式确认。

12．争议解决

因适用本协议所生争议，双方应尽速协商解决。

13．未尽事宜

本协议如有未尽事宜，双方得以适当方式另行商定。

14. 签署生效

本协议签署后，双方应各自完成相关程序并以书面通知对方。本协议自双方均收到对方通知后次日起生效。

本协议于2010年6月29日签署，一式四份，双方各执两份。

五、中国内地、香港、台湾现行商标法之比较

中国内地、香港和台湾都已成为世界贸易组织的成员，其必须在一定期限内逐步履行在TRIPS之下的义务，但是由于历史的原因，两岸三地商标法有很大的差异，对三者现行商标法的有关规定作出比较研究，无论是对三地区的民商事交往，还是对三地区商标法的一体化，都具有积极的意义。

（一）两岸三地商标法的基本关系

1997年7月1日香港回归祖国，与内地实行“一国两制”。依《中华人民共和国香港特别行政区基本法》，在不同基本法相抵触的情况下香港特别行政区原有的法律予以保留，香港特区拥有立法权和终审权。1998年1月15日最高人民法院审判委员会第957次会议通过《最高人民法院关于人民法院认可台湾地区有关法院民事判决的规定》，并于1998年5月26日起施行。该规定明确指出，台湾地区法院的民事判决在不违反一个中国的前提下将在大陆地区得到认可。1992年台湾当局颁布了《台湾地区与大陆地区人民关系条例》，其第74条规定内地裁决在不违背台湾地区公共秩序或善良风俗的情况下可向台湾法院申请认可及执行。其同年颁布的《台湾地区与香港澳门地区关系条例》对回归后的香港、澳门裁决则类推适用执行外国裁决的制度加以承认和执行。根据以上有关文件，中国内地、香港和台湾在立法或司法上均相互承认对方民商事法律在本法域内的效力，其中当然也包括各自的商标法律制度。中国内地、香港和台湾都是世界贸易组织的《与贸易有关的知识产权协议》（1993年）（简称TRIPS）缔约方，虽然三地都在TRIPS之下尽力使自己的商标立法符合国际统一实体法的规定，但由于TRIPS第一部分第1条成员义务的性质与范围第1项规定：“成员均应使本协议的规定生效。成员可在其域内法中，规定宽于本协议要求的保护，只要不违反本协议，但成员无义务非作这类规定不可。成员有自由确定以其域内法律制度及实践实施本协议的恰当方式。”这就是说三地由于种种原因其各自商标法律制度实施的“恰当方式”会有所不同。从而会产生在一个中国前提下的区际法律冲突。虽然三地在一个中国的前提下其商标法有整合的可能，但是由于三地无论在经济还是政治、文化方面的差异都太大，所以其整合只能是一个遥远的理想。而目前内地、香港和台湾商标法律制度共同构成了中国商标

法律制度的主体。在市场经济条件下，以及企业参与国际竞争的形势下，加强对内地、香港和台湾商标法律制度的比较研究，对于保护“大中华”企业的共同利益和增强企业的竞争力，具有十分重要的现实意义和深远的历史意义。

（二）两岸三地商标制度的差异

两岸三地都是 TRIPS 的缔约方，在各自的商标法中都规定了诸如优先权制度、驰名商标制度、商标注册制度等，有些制度在 TRIPS 之下已非常的接近或相同，这里仅就三者间差别较大的规定作出比较。[4]

第一，关于商标法律制度所保护的客体。

中国内地和台湾均以注册商标为主，不保护使用商标。中国内地的使用商标只是在申请注册时有优先权。而香港则实行商标注册制度保护和商标使用传统保护并行的“双轨保护制度”，因而保护商标的范围比较广泛。香港的注册商标又可分为 A 部注册商标和 B 部注册商标，A 部注册的商标需要高度的显著（distinctive）特征同时对其保护力度也很大；不符合登记册 A 部规定的商标也可被接纳在 B 部注册，一般来说 B 部注册的审查尺度没有 A 部严格，一些没有显著特征的商标虽不能在 A 部注册，但经多年沿用后亦可在 B 部注册。在 A 部注册的商标由注册日起满 7 年后，便不许再对其提起反对，但 B 部注册则没有此项保障。在注册商标持有人提起的侵权之诉中，如果是 B 部注册的商标，则被告只需提供证据证实两商标之间并不会产生混淆便可成立抗辩理由。对于没有注册的商标，香港普通法亦会给予法律保护，但商标持有人只能提起仿冒之诉同时他还必须证实其商标享有一定的商誉及仿冒人的行为导致商标持有人有实质的损失。要证实这两点往往并不容易，而且要花费的时间金钱亦不少。而且法律对于仿冒者规定的赔偿数额和制裁也远不及对于注册商标的保护力度。

第二，关于受保护的商标种类。

中国内地只规定了集体商标和证明商标的保护，台湾商标法则规定了对联合商标、防护商标、证明标章（证明商标）、团体标章（团体商标）的保护，香港商标法规定了防御商标、证明商标、集体商标的保护。内地的集体商标、证明商标和台湾的团体标章、证明标章及香港的集体商标、证明商标在申请注册的条件及保护方面的规定没有本质上的差别。联合商标为台湾的独自规定，按其“商标法”第 22 条第一款之规定，联合商标是指：“同一人以同一商标图样，指定使用于类似商品，或以近似之商标图样，指定使用于同一商品或类似商品，应申请注册为联合商标。”台湾的防护商标与香港的防御商标近似，但二者规定的条件相差很大。依台湾“商标法”第 22 条第二款之规定，防护商标是指："同一人以同一商标图样，指定使用于非同一或非类似而性质相关联之商品，得申请注册为防护商标。但著名商标不受商品性质相关联之限制。"可见台湾商标法对于要求注册防护商标的条件有二：第一，必须是使用中的商标，而且"使用"是指在所有申请注册的商品上使用；第二，同一商标图样用于非同一或非类似而性质相关联的商品（著名商标不受商品性质相关联的限制）。香港的《商标条例》第 60 条则规定在香港得申请为防御商标的条件是：第一，被申请注册为防御商标的必须是申请人拥有的"使用频密至变得极为驰名于香港"而如其被用于其他货品或服务则"可能会减损其就首述的货品及服务（其已频密使用的货品及服务——笔者注）所具有的显著特性"的已注册的商标；第二，"该商标可就任何或所有该等其他货品或服务而注册防御商标"。即以与其相关联的货品或服务申请注册；第三，其他相关联货品或服务的注册并不以使用或打算使用为必备条件；第四，若申请人已用该商标就某些货品或服务以其自己的名义申请了非防御商标的注册，该商标仍可就该等货品或服务而注册为防御商标；第五，"已就某些货品或服务而注册为防御商标的商标，可于其后就同一货品或服务而以该注册商标的拥有人的名义进行并非作为防御商标的注册"。比较台湾和香港商标法的规定，可见香港商标法除了要求注册为防御商标的注册商标必须是"使用频密至变得极为驰名于香港"的条件要比台湾商标法的稍严格外，在其他方面香港对于防御商标的申请注册所给予的优待远远超过台湾商标法的规定。而我国内地则对此没有任何规定。

第三，对于驰名商标的规定和法律保护。

台湾商标法除适用有关国际条约即 TRIPS 和对其他法域实行对等原则及其第 22 条第二款规定申请注册为防护商标，"著名商标"不受商品性质相关联之限制之外并无其他规定。内地商标法除适用有关国际条约及对其他法域实行对等原则外还在其第 14 条规定了认定驰名商标应考虑的因素，即：(1) 相关公众对该商标的知晓程度；(2) 该商标使用的持续时间；(3) 该商标的任何宣传工作的持续时间、程度和地理范围；(4) 该商标作为驰名商标受保护的记录；(5) 该商标驰名的其他因素。其第 13 条规定：就相同或者类似商品申请注册的商标是复制、摹仿或者翻译他人未在中国注册的驰名商标，容易导致混淆的，不予注册并禁止使用；就不相同或者不相类似商品申请注册的商标是复制、摹仿或者翻译他人已经在中国注册的驰名商标，误导公众，致使该驰名商标注册人的利益可能受损害的，不予注册并禁止使用。其第 41 条还规定对恶意注册的违反第 13 条之规定；或未经授权，代理人或者代表人以自己的名义将被代理人或者被代表人的商标进行注册；或商标中有商品的地理标志，而该商品并非来源于该标志所示的地区，误导公众的，但已经善意取得注册并继续有效的；或申请商标注册损害他人现有的在先权利；或以不正当手段抢先注册他人已经使用的商标的，若被损害的是驰名商标则该商标所有人对该等注册商标向商标评审委员会提起撤销请求的期限不受5年的时间限制。相较于台湾和内地商标法的规定，香港《商标条例》对驰名商标的规定是非常详细的。其首先对驰名商标拥有人的资格作出了明确的规定，即（1）任何巴黎公约国或世贸成员的国民，或以任何巴黎公约国或世贸成员为居籍或通常居住于任何巴黎公约国或世贸成员的人；（2）拥有香港居留权的人；或（3）在任何巴黎公约国、世贸成员或香港设有真实而实际的工业或商业机构的人，不论该人是否在香港经营业务或拥有任何在香港的业务的商誉。其次，《条例》明确界定“驰名商标”是在香港界域内的“驰名”而且考虑其是否驰名的因素有（包括但不限于）：（1）有关的公众界别对该商标的认识或承认程度；（2）使用该商标历时多久、使用的范围及地域范围；（3）推广该商标历时多久、推广的范围及地域范围，推广包括应用该商标的货品或服务的广告宣传或宣传以及在博览会或展览会是介绍该等货品或服务；（4）该商标注册或注册申请历时多久及注册的地域范围（仅限于该段时间及地域范围反映出该商标的使用或为人承认的程度的范围内）；（5）成功地强制执行该商标的权利的纪录，特别是关于该商标获外地主管当局承认为驰名商标的程度；及（6）与该商标有关联的价值。在此《条例》又明确规定：（1）“有关的公众界别”（relevant sectors of the public）包括（但不限于）——（a）应用该商标的货品或服务的实际或准消费者；（b）应用该商标的货品或服务的分销渠道所涉及的人；及（c）经营应用该商标的货品或服务的业界。（2）凡某商标已被决定为在香港至少一个有关的公众界别中驰名，则该商标须视为驰名于香港。（3）“外地主管当局”（competent authorities in foreign jurisdictions）指在香港以外的司法管辖区内的行政、司法或类似司法的机构，而该等机构在其各自的司法管辖区内，具有决定某一商标是否驰名商标或强制执行对驰名商标的保护的权限。第三，《条例》明确规定了对驰名商标权利的限制，即：第53条规定：凡任何在先商标或其他在先权利的拥有人已在一段为期5年的连续期间内默许在香港使用某注册商标，而该拥有人是知道有该项使用的，则该拥有人不再有权基于该在先商标或其他在先权利——（a）申请宣布在后商标的注册无效；或（b）（如该在后商标曾就某些货品或服务而使用）反对就该等货品或服务而使用该在后商标，但如该在后商标的注册申请是不真诚地作出的，则属例外。第63条规定：（1）在不抵触第59条（默许的效力）的规定下，有权根据《巴黎公约》获得作为驰名商标的保护的商标的拥有人，在有人于香港就相同或相类似的货品或服务而使用任何与他的商标相同或相类似的商标或当中主要部分与他的商标相同或相类似的商标，而该使用相当可能会令公众产生混淆的情况下，该拥有人有权藉强制令限制在香港就该等货品或服务而使用该商标。(2) 如对某商标的真诚使用在本条生效前已开始，第 (1) 款并不影响该项使用的继续。从以上的表述可见香港商标法不仅明确规定了驰名商标制度中主体的资格、对其权利的限制而且对有关的概念如“有关公众”作了明确的界定，这是台湾和内地商标法规定较为模糊的地方。

第四，关于注册商标的保护。

中国内地和台湾在商标的注册日期上均以该商标被有关部门注册之日起算，但香港则以注册申请的提交日期为其注册日期。在注册商标拥有人的权利方面，香港法律把注册商标规定为属非土地财产，同内地和台湾一样，权利人可使用、授权他人使用、继承、转让并防止他人对其注册商标的侵犯。不同于台湾和香港的商标法的是，内地商标法在规定了权利人的权利的同时于第 7 条规定：商标使用人应当对其使用商标的商品质量负责。第 45 条规定：使用注册商标，其商品粗制滥造，以次充好，欺骗消费者的，由各级工商行政管理部门分别不同情况，责令限期改正，并可以予以通报或者处以罚款，或者由商标局撤销其注册商标。由上可见，内地的注册商标持有人还有对其使用注册商标的商品质量负责的法定义务。而从深层的法律文化的角度来看，这就是说，在中国内地，注册商标还有一种暗含政府对其使用的商品的质量的一种官方认可的作用。这是港、台商标法律制度中注册商标持有人所不能享有的一种无形的商誉。从以上的比较可以看出，中国内地、台湾和香港虽然都已是 TRIPS 的缔约方，但三地在不同的政治、经济、文化的影响下，在商标的保护、注册等制度方面有很大的差别。三地商标法的比较研究无论对现实的贸易往来、立法借鉴，还是将来的法域整合都有积极的意义。

第三节　中国商标法的未来趋势

一、商标权保护任重道远

中国商标保护水平得到了全面提高，但是状况仍不容乐观。制假贩假犯罪活动在一些地方、一些领域仍是较为突出的问题。现在中国本土企业保护商标的意识有所增强，中国企业已经采取了一些较有力的措施保护自己的商标权。但是，没有完善有效的商标权保护制度，中国民族品牌的建立将无从说起。中国制造业在世界市场上的竞争力，以及在加入世贸组织之后日益国际化的国内市场上的竞争力，最终主要取决于中国产品提升品牌。

中国必须建立和完善适合中国国情的现代商标制度。尽管各个国家的商标制度存在一定的差异，但是全世界的产权制度大致有一个统一的构架，他们的精神是统一的，都具有三个本质特征：鼓励创新、反对仿冒，保护产权人的合法利益，调节利益主体之间的利益关系。现阶段，中国正处在向创新型国家迈进的历史时期，中国的商标制度应该是能够适应中国文化体系需求，又能够保证我们遵循世界商标规则的制度。迄今为止，中国政府一直在扎实地推进保护知识产权专项行动，以负责任的态度推动保护商标权的工作，应当承认，中国在保护商标权方面还存在一些问题，离国家的要求和社会的期盼还有相当的差距，但是这些问题正在受到重视，并不断得到解决。

二、商标法第三次修订的政策基础

中国商标申请量和审查量迅猛增长，截至 2009 年 9 月 30 日，中国商标注册累计申请量为 701.1 万件，累计注册量为 395.6 万件，均位居世界第一。[5]

中国自 1982 年制定《商标法》，目前已建立了相对完备的商标法律法规体系，但是随着经济的迅速发展，商标法也有待进一步完善，虽然已经历经 1993 年、2001 年两次修改，但是目前，中国所面临的国际国内形势有了很大变化，商标法的一些条款已不再适应新形势的发展需要。

《商标法》第二次修订以来，随着海内经济的不断发展和国际投资贸易的日益增长，企业更加重视商标对参与市场竞争的作用，各类商标申请量不断增长。以商标注册申请量为例：2005 年为 66.4 万件，2006 年则超过 70 万件。2002 年以前，在符合注册条件的情况下，一件商标申请至多需要一年半的时间，而目前则至少要两年半，对于 25 类等商品较多类别的申请，往往需要三年甚至更长的时间。当前，商标驳回复审一般需三至四年，异议复审和争议案件则长达五至八年。商标审查期限延长造成权利不确定和权属不清楚的实际后果，给海内外商标申请人的投资经营活动造成实际困难，并对经济贸易活动造成不利影响。

2006 年 3 月，世界知识产权组织（WIPO）在新加坡主持外交会议缔结了《商标法新加坡条约》，该条约是对《商标法条约》（1994 年）的修订和更新，两部条约相互关联又彼此独立。中国政府虽在最后文件上签字，但并未签署条约。而 2001 年《商标法》与两部条约相比也有差别，比如两部条约均采用的“一标多类”制度，《新加坡条约》所规则的可获商标注册的新类型、电子申请制度和未遵守时限的救济措施等。中国 2001 年《商标法》未涉及相关问题，与《新加坡条约》的要求还有很大距离。

基于当前商标申请量增长对审查造成的压力、《商标法》本身的若干缺陷及其与两部商标法国际条约的差别之处等，中国商标行政治理机构考虑修改《商标法》，于 2006 年 4 月 15 日公开了《修改稿》的征求意见稿，后又在汲取各界意见的基础上考虑进一步修改。

《商标法》的第三次修改工作，已于 2004 年启动，现已列入了国务院立法规划。这次修改，与 1993 年和 2001 年不同，不是被动移植、外力强加的结果，而是主动性的安排，是站在战略全局的高度，致力于商标法律制度完善，以期实现通过法律制度的现代化促进社会经济的发展。概而言之，《商标法》的现代化是第三次修改的目标和方向。

目前中国的商标法主要存在四个问题：商标注册的确权程序过于复杂；在维护诚实信用方面还有待加强；对商标侵权行为的惩罚力度与现在的经济发展形势不一致；在提高当事人方便程度上还有提升的空间。

第三次商标法修改将着力解决以上问题。从 2004 年商标法修改启动以来，经过长期的社会调研和专家研讨，目前已经确定了商标法修改的基本需求和修改准则，将从简化、完善商标注册确权程序；方便当事人；加强地理标志的保护；加强对商标代理行为的监管；加强驰名商标的规范和管理等六个方面进行，力求商标保护法律体系达到国际水平。

在扩充注册商标的类型方面。2001 年《商标法》第 8 条规则：“任何能够将自然人、法人或者其他组织的商品与他人的商品区别开的可视性标志，包括文字、图形、字母、数字、三维标志和颜色组合，以及上述要素的组合，均可以作为商标申请注册。”根据该规定，“可视性”是商标注册的必备要件，它强调商标是可为视觉所感知的标记，而音响商标、气味、动态商标等与非“视觉可感知”的非形象商标被排除在《商标法》之外。

随着市场竞争的日趋激烈，商标作为竞争工具的作用不断彰显，新类型商标相应出现。只要某种新类型商标可以发挥商标指示商品来源的功能和作用，就具有获得注册保护的事实基础。《商标法》修改草稿规定：“任何能够将自然人、法人或者其他组织的商品与他人的商品区别开的标志，包括文字、图形、字母、数字、三维标志和颜色，以及上述要素的组合，或者其他可以书面描述的标志，均可以作为商标申请注册。”该定义去除了“可视性”的要求，扩大了商标注册的范围，从而为听觉、嗅觉、触觉、动态等新类型商标，以及经过使用而获得显著性的单一颜色商标预留了法律空间。

在取消相对理由审查方面。根据修改草稿的规划，商标局在审查阶段将不再就相对理由进行审查，而仅审查商标的绝对显著性特征，将申请商标和在先商标相同近似而产生冲突的问题延后到审查之后由在先权利人在商标评审委员会启动异议程序或宣告无效程序解决。2001 年《商标法》规定，商标局不仅审查商标的显著性特征，也审查商标是否与在先商标构成冲突。对于与他人在同一种商品或者类似商品上已经注册的或者类似商品上已经注册的或者初步审定的商标相同或者近似的商标，商标局将予以驳回。根据修改草稿的规定，商标局在审查注册商标时，仅就申请商标是否违背了禁用条款，是否因描述指定商品或服务某一方面的特征而缺乏显著特征，是否违背了立体商标的特别规则以及是否对商标非显著部分明确放弃专用权等四个方面进行审查。这一制度安排的初衷显然在于减轻商标审查机关的审查压力，以解决案件积压问题。

三、商标法第三次修订的理论基础

《商标法》的第三次修改，被寄予了太多的情感与期盼。然而，《商标法》的现代化有各种不同的解读，理论界的有关专家从不同的角度发表自己的看法。[6]

吴汉东教授认为，商标法的改革应置于国际变革大势与中国发展大局之中。我国商标法修改应立足本土，顺应国际发展趋势，在实体规范上遵守国际公约关于最低保护标准的基本规定，在程序上借鉴国外立法先进经验，注重本土化与国际化的协调。商标法改革的目标在于确保商标法既符合中国国情，又达到国际水平。有鉴于此，商标法改革不仅要明确指导思想，具有国际视野和时代胸怀，兼涉促进经济与社会发展的战略政策考量；还要把握修法重点，在程序优化、权益冲突的协调以及对商标权的保护方面多做文章。

其一，确立商标法改革的指导思想。第一，国际视野与中国立场。知识产权保护已经成为当今经贸领域的国际规则，区域化、趋同化和国际化是知识产权制度发展的整体趋势。在商标法国际化的潮流中，中国作为相关国际条约的成员国，理应遵守公约；但作为发展中国家，商标修法亦应考虑本国的经济、科技与文化发展水平。中国现在是商标申请大国，但远非品牌强国。商标从数量上看相当可观，但附加值低，影响力小，高质量的驰名商标乃至国际知名品牌甚少。我国商标法修改应立足本土，顺应国际发展趋势，在实体规范上遵守国际公约关于最低保护标准的基本规定，在程序上借鉴国外立法先进经验，注重本土化与国际化的协调。第二，时代步伐与中国现实。当代商标法深受网络技术的影响。网络技术的发展给商标保护带来许多新问题，例如商标权地域性与因特网国际性的冲突，商标分类保护与网上商标权排他效力的矛盾，超文本链接、关键词搜索引起的商标侵权问题等。对于这些问题，我国现行商标法少有涉及或涉及不够，难以有效解决。其次，当代商标法重视对商标权的合理限制，亦即商标权与他人的正当权益或公众利益发生冲突，法律为了维护他人的合法权益，协调商标权与公众利益的关系，对商标权人权利的行使和保护作出的必要限制。目前，相关国际公约和国外立法例对商标权限制制度多有涉及，而我国商标法则鲜有规定。再次，当代商标法日益注重程序的优化和效率的提高。《商标法条约》的宗旨是通过简化和统一商标注册程序，使各国和地区的商标注册制度更加简洁。目前我国商标申请周期漫长，商标纠纷解决机制过于繁琐，严重影响了对商标权的保护力度和运用水平。第三，战略发展与中国目标。2008 年，国务院颁布了《国家知识产权战略纲要》。《国家知识产权战略纲要》在“战略目标”中提出，“到 2020 年，把我国建设成为知识产权创造、运用、保护和管理水平较高的国家。知识产权法治环境进一步完善，市场主体创造、运用、保护和管理知识产权的能力显著增强”。知识产权保护水平的提升和法治环境的优化有赖于知识产权法律法规的健全与完善。为此，《国家知识产权战略纲要》于“战略重点”中明确要“进一步完善知识产权法律法规。及时修订专利法、商标法、著作权法等知识产权专门法律及有关法规”。商标权是经营领域最重要的知识产权，商标法的修订应配合知识产权战略的实施进程，围绕《国家知识产权战略纲要》提出的战略目标，起到制度支撑与保障作用。

其二，商标法改革的重点内容。第一，优化程序。一是简化审查程序。我国商标注册的申请量连续 7 年保持世界第一，而商标的注册审查周期则长达 30 个月左右，商标审查积压和注册周期延长已成为影响我国商标事业发展的重要问题。这一问题的解决有赖于商标审查制度的合理修订。从域外立法例看，1993 年通过的《欧共体商标条例》将欧共体商标注册申请的审查范围限于第 7 条规定的驳回注册的五项绝对理由。瑞典与英国先后于 2006 年和 2007 年开始不审查相对理由，采用类似立法例的国家还包括法国、德国等。对此，我国商标法可以借鉴。二是简化确权程序。商标确权程序包括行政确权程序和司法确权程序。我国 2001 年的《商标法》对于商标申请驳回、异议、撤销三类案件，规定了行政二审和司法二审的四审程序。为此，必须简化商标确权程序，降低法律实施成本。从国外立法例来看，目前不少国家对注册申请的驳回不设行政复审，一些国家如德国对异议也不设行政复审程序；而德国、英国、日本等国的商标法则将不服一审判决的上诉范围限制在法律问题之内，使得多数商标司法确权案件只需一审即可结案。第二，协调冲突。商标法的修订要注意协调商标权与相关权利或利益的冲突。其中，权利冲突表现在商标与商号、地理标志、域名以及其他商业标识之间的冲突。关于商标权与商号权的协调问题，国家工商总局的执法意见和最高人民法院的司法解释均有所规定，但由于效力低、制度化不足，难以从根本上解决二者之间的冲突。因而有必要在商标法中增加相关的协调性条款。就地理标志而言，虽然《商标法》第 16 条和《商标法实施条例》第 6 条将其作为证明商标或集体商标加以保护，但是地理标志具有不同于商标的特殊性，如此简单规定无法协调商标与地理标志的冲突。而在网络商标权保护领域，域名与商标的冲突最激烈，如何缓解二者的冲突，亦是本次修法的重要任务。此外，商标权与他人的正当利益，特别是社会公众利益之间也存在冲突。这一冲突引发了限制商标专用权的制度诉求。无论是国际公约、区域性协定还是他国立法均有关于商标权限制的规定，这些规定有助于规范商标权使用、保护他人合法权益和社会公共利益，具有合理性和正当性。第三，加强保护。就商标的行政保护而言，虽然《商标法》、《商标法实施条例》和《知识产权海关保护条例》分别就工商行政机关和海关关于商标的行政执法作出规定，但依然存在不少问题，如违法形式多样，驰名商标的行政认定缺乏透明度，著名商标与驰名商标形成冲突等。解决这些问题需要从立法上建立健全商标权行政保护机制。就司法保护而言，其所存在的问题如对侵权行为类型的列举不够、商标司法审查的范围过宽、期限太长以及关于诉权禁令的规定不详等，亦亟须立法修订予以完善。为此，必须改革行政保护程序，完善司法保护程序，并注重两个程序之间的协调，突出司法保护的主导作用。申言之，要重视商标司法保护与行政保护的双轨并行，协调好二者的关系，以司法保护为主导，辅之以行政执法保护。

张玉敏教授认为，《商标法》的改革应强调维护市场公平竞争。在立法目的条款中增加“维护市场公平竞争”的规定。

商标权作为一种排他性权利，具有无限扩张其范围的本性。无限扩张的商标权，必将限制其他竞争者的活动范围，可能伤害市场的竞争机能，遏制市场经济的发展，扭曲、阻挠市场的正常运作功能，消费者的利益也将因此而受到损害。为了维护公平竞争的市场秩序，保障国计民生福祉，需要适当地限制商标权，通过预留足够的商业竞争空间以维护市场公平竞争，实现商标权人与其竞争者之利益平衡。维持市场公平竞争，就成为商标法的价值目标之一。

从历史看，商标法的成长史可以说就是一部维护市场公平的历史。近代商标法确立了商标注册制度，商标抢注成为攫取他人劳动成果最便捷的方式，为制止这种不正当竞争行为，《巴黎公约》和各国商标法先后规定了制止抢注的条款。随着工业化大生产和国际贸易的发展，经营者采取各种不同的“搭便车”、“傍名牌”的方式。现代商标法对商标权的保护，从禁止来源出处的传统混淆，扩张到规制具有经济联系的间接混淆，甚至扩大到不存在混淆可能性但可能冲淡或不正当利用商标声誉的淡化行为。

商标法以维护市场公平竞争为使命，“维护市场公平竞争”之价值目标，犹如民法中的“诚实信用原则”，具有阐释法律、填补法律漏洞的功能，是商标立法、守法、执法和司法的帝王规则。但2001年《商标法》未明确将“维护市场公平竞争”作为商标法的立法宗旨。缺乏这种宣示性的规定，在缺乏法律明文规定或法律规定模糊，或者按照现行法律规定处理明显不当时，司法实践缺乏妥当处理案件的指南和方向。我国商标保护实践中所发生的一些偏差，不能不说与此有一定的关系。鉴于此，应当将维护市场公平竞争作为立法宗旨明确加以规定，并且这一立法宗旨贯穿于各项制度之中。

具体而言，首先要在商标法第1条中增加“维护市场公平竞争”之规定，这种规定表明了立法者的态度和《商标法》的价值取向。同时，在具体制度方面应作如下修改和完善：（1）完善商标注册实质条件的规定。2001年《商标法》中未充分体现对社会公共利益的呵护，为通过商标注册圈占社会公共资源留下漏洞。例如，第10条对地名商标的规定，为抢占地名商标垄断公共资源提供了方便条件；又如，商标法并未要求注册申请人申请注册之商标必须是申请人有权使用的商标，以致将他人已经使用的商标抢先申请注册时，只要被申请注册的商标不是驰名商标和有一定影响的商标，该申请就会得到支持，既违反诚信，又妨碍公平竞争。(2）重构商标注册、异议等的程序要件。2001年《商标法》未能充分有效规制恶意抢注和恶意异议行为，没有规定恶意抢注人和恶意异议人承担法律上的责任。建议商标法修改应要求注册申请人声明使用注册商标的意图和该商标注册不侵犯他人权利和正当利益，规定抢注者和恶意异议者应当承担赔偿对方因此所受损失的责任。(3）适当保护未注册商标。未注册商标同样凝聚了商标使用者的声誉，具有价值，不予以适当保护会助长不正当竞争，因此，《商标法》应当将未注册商标纳入保护范围，只要申请注册者知道或者应当知道该商标为他人在先使用的商标，就不应当给予注册，已经注册者，商标所有人在法定期限内可以提出异议或者申请撤销。(4）优化侵权判断标准。我国应当采纳国际通行的商标混淆理论。(5）强化故意侵犯商标权的法律责任，加大对侵权者的威慑力。(6）明确规定涉外定牌加工侵犯商标权的认定标准，保护加工企业的正当权益。

王莲峰教授认为，应推进《商标法》的体系化，商标和各种标识应统一于《商标法》体系内。《商标法》的体系化，是通过对现存立法的整合，形成科学严谨的体系。应当拓展现行《商标法》的名称，改为《中华人民共和国商标和其他标识法》。

随着市场经济的繁荣，人们交易的方式和内容日趋多样化，商标标示或者类商标标示在不断扩充。在这种背景下，《商标法》固守传统的商标范畴，似乎不合时宜。例如，商号的立法层次相对较低，商品特有名称的保护不足，域名的法律地位不甚明确，商品化形象立法的缺失等。这些问题，已经严重影响到各标识权利人的利益，人为地造成了各商业标识之间的不平等。为了从根本上解决这些问题，我国应当改造和整合现行立法，使商标和各种标识统一于《商标法》的体系之内。

随着知识产权制度的不断变革，在现代经济高度发展的背景下，商标法律制度自身也在发生着重大的变化。“商标法”一词从内涵和外延上已远远不能适应经济发展的需要，应该有“商业标识法”一词取而代之。国外的商标法是一个大的范畴，例如德国叫《商标和其他标志保护法》，俄罗斯联邦称为《商品商标服务商标和商品原产地名称法》，加拿大是《商标法和反不正当竞争法》，使用这些商标，可以涵盖商业标志、集体商标、地理标志，特殊标志。但是，不管名称如何改变，商业标识法隶属于知识产权法的性质是不变的。商业标识法律性质的定位，不仅有助于丰富和发展知识产权法的内容，而且有利于完善和扩充知识产权法的体系。

《商标法》的体系化，是通过对现存立法的整合，形成科学严谨的体系。一方面应当拓展现行《商标法》的名称，改为《中华人民共和国商标和其他标识法》。主要理由有两点：其一，科学性。该命名符合标识历史发展的轨迹，在包含商标法传统调整对象之外，又用“其他标志”涵盖服务标记、商品特有名称、包装和装潢、商号、商业外观以及域名和网络标记等新型商业标识，应该反映现实的要求，赋予了法律的可延伸性，可根据实际需要，增添相关标识。其二，规范性。采用《商标和其他标识法》命名，既保持了立法连续性，又有创新，与时俱进，同时符合法的名称三要素的要求，既有适应范围，又表明了法的内容和效力等级。另一方面，《商标法》的体系化，应当改革现行商标立法的结构和内容。《中华人民共和国商标和其他标识法》的立法结构体系应包含总则、分则和附则三部分。

关于总则的内容设计，在参考《商标法》第一章总则的基础上，参照德国商标法、日本商标法和我国台湾地区商标法等相关国家和地区的立法，借鉴《发展中国家商标、商号和反不正当竞争行为示范法》、《与贸易有关的知识产权协议》等国际公约中的体例和内容的编排，本文认为，《中华人民共和国商标和其他标识法》的总则应包含以下内容：立法宗旨、立法名称、立法原则、立法适用范围、商标和商业标识的保护范围、权利冲突的解决规则、商标和商业标识管理部门等。

法的分则是使总则内容得以具体化的条文的总称。在分则中，要体现该法体系和内容的完整性、规定的确定性和可操作性。就《中华人民共和国商标和其他标识法》而言，其分则部分，考虑到对传统商标法的传承以及对其他商业标识的保护，第二章规定保护商标和商业标识的条件；在第三章和第四章中，分别规定了商标注册程序、商标的转让、许可和质押等内容；第五章规定集体商标和证明商标，把这两种商标单列出来，一是考虑到这两种商标的特殊性，不同于一般的商标，二是这种立法体例参考了国外商标法及相关国际公约的规定，以利于对其进行保护；第六章把地理标志单列出来加以规定；第七章为商标和商业标识的保护，本章为上述商标和商业标识提供统一的法律救济途径以及规定侵权者应承担的法律责任等。

法的附则是法的整体中作为总则和分则辅助性的内容而存在的一个组成部分。《中华人民共和国商标和其他标识法》附则内容主要包括两部分：一是规定申请办理商标和商业标识事宜的，应当缴纳费用，缴纳费用的项目和标准，由国务院工商行政管理部门会同国务院价格主管部门规定并公布；二是规定了本立法建议稿生效的时间以及法律适用依据冲突的原则。附则作为总则和分则的辅助性内容，其存在对法的有效实施具有重要意义。

关于商标和商号的冲突解决问题，因为现有立法的缺失，因此，最高法院在2008年2月18日通过了《关于审理注册商标、企业名称与在先权利冲突的民事纠纷案件若干问题的规定》。商标权与商号权都属于“识别性标记权”。在修改商标法时，有几种模式可供选择。第一，因为商标权和商号权是平等的，可以明确增加企业的名称权和商号权保护的内容，或者规定，他人的企业名称是商标注册的禁止条件。第二，借鉴德国商标法的规定。在德国的商标法里，保护了商业标志，商业标志就包括商号，商标和商号被赋予同等的法律地位和同等的权利。第三，增加商标权限制的规定。为了防止商标所有人滥诉，可以要求商标所有人使用附加适当区别标志。可以将“正当使用”改为“合理使用”。第四，增加商业外观的法律保护。可以考虑吸纳商业外观在商业标记里的权利，商业外观也不同于传统的商品的装潢。

关于驰名商标反淡化制度的建立，我国立法可以追溯到1993年的商标法的细则，司法保护可以追溯到1985年我们国家加入巴黎国际公约。同时应该看到，立法是一个需要逐渐健全的过程。现有立法关于驰名商标的规定，未明确区分淡化和混淆这两个基本概念，所以，有建立反淡化制度的必要性。目前，德国在反淡化和混淆方面都有相关的规定，在这两个方面给予驰名商标全方位的保护。

关于商标确权程序机制的审视。我国在2007年，增加了司法审查，目前的格局是行政两审、司法两审，程序冗长繁琐，应删繁就简，确立商评委的准司法机构的地位，就商标注册程序设置为经行政一审、司法一审的两审终审模式。

邓宏光教授认为，商标法的改革需要对《商标法》调整对象进行合理调整。是否有利于促进经济建设和构筑新的社会秩序，成为修改和完善商标法的主要目标，也成为评判商标法律制度是否现代化的唯一标准。我国《商标法》以注册商标法律关系为调整对象，以保护商标专用权为己任。这种立法模式虽从1982年《商标法》延续至2001年《商标法》未曾动摇，然其缺陷日益明显，甚至与《商标法》的价值目标和条款设计相抵牾。第三次修改《商标法》时，有必要作出适当调整，将调整对象从“注册商标法律关系”调整为“商标法律关系”，将保护范围由“商标专用权”修改到“商标权”。

2001年《商标法》第1条规定“为了加强商标管理，保护商标专用权，促使生产、经营者保证商品和服务质量，维护商标信誉，以保障消费者和生产、经营者的利益，促进社会主义市场经济的发展，特制定本法”，明确提出保护对象是“商标专用权”。纵观整部法律，“商标专用权”共出现22次，其中13处使用“注册商标专用权”。虽然表述不完全统一，但含义明确，都是指商标注册人所享有的排除他人使用的专有性权利，未注册商标不享有专有权。从《商标法》的体例看，完全围绕商标注册、注册商标的使用和管理、注册商标的保护展开，注册商标成为贯穿《商标法》的主线，注册商标法律关系成为《商标法》的主要甚至是全部内容。

这种立法模式，在1982年《商标法》中不存在逻辑问题，因为该法严格贯彻未注册不保护的原则。根据该原则，只有注册商标权人享有权利，未注册商标的使用人完全不能获得任何保护。该规定成为商标抢注之不良风气盛行的制度缺陷。不法经营者通过抢先注册他人长期使用的未注册商标，以合法的方式攫取了他人的劳动成果，还可高举商标专用权的旗帜控告诚实经营者“侵害商标专用权”。这种绝对的“未注册不保护”的原则，饱受社会舆论的压力而慢慢松动。在1993年和2001年修改《商标法》时，逐渐加大了对未注册商标的保护力度。例如，现行《商标法》第31条规定“申请商标注册不得损害他人现有的在先权利，也不得以不正当手段抢先注册他人已经使用并有一定影响的商标”，未注册商标使用人对其商标享有了实质性的权利。更为重要的是，在2001年修改《商标法》时，增加了未注册驰名商标的特别保护条款，《商标法》第13条第1款规定："就相同或者类似商品申请注册的商标是复制、摹仿或者翻译他人未在中国注册的驰名商标，容易导致混淆的，不予注册并禁止使用。"未注册的驰名商标权人能够禁止他人在相同或类似商品上注册或使用相同或近似商标，从而达到了类似于普通注册商标的保护水平。《商标法》经过两次修改，对未注册商标的保护力度和水平已大大提高。《商标法》只保护"商标专用权"的结论，被未注册商标保护条款彻底粉碎。《商标法》再固守"为保护商标专用权"之表述，已属明显不当，应予修改。

《商标法》"保护商标专用权"之规定，不仅不符合我国《商标法》对未注册商标给予适当保护的现实，在理论上也值得商榷。从商标权权利内容来说，即便是商标注册人，其所享有的权利也是一系列权利，其中包括商标使用权、禁用权、标记权、续展权、处分权和商标异议权等。"商标专用权"仅仅是商标禁用权的另一种表述。然而，禁用权虽然是商标权中最重要的内容，但绝非商标权的全部。用"商标专用权"来代替商标权，存在以偏概全的逻辑错误。从权利主体的角度而言，商标权既可通过申请注册等方式原始取得，亦可通过继承、转让和许可等方式获得。在商标的普通许可和排他许可中，被许可人享有商标使用权和收益权等，但这些权利绝不是专用权。如果《商标法》只保护商标专用权，将置非独占许可人于不顾，显然也不合理。

从语义学角度考虑，"商标法"，顾名思义，就是有关调整商标法律关系的法律。如果将《商标法》的调整对象缩小到"注册商标法律关系"，就显得名不副实。如果《商标法》坚持现在的调整对象，就应更名为《注册商标法》，这显然行不通。由此倒推，《商标法》调整对象仅限于注册商标，亦为不妥，应扩大到"商标法律关系"。

将《商标法》的调整范围，从注册商标法律关系扩大到商标法律关系，只要在制度上略作补充，在语言表述上稍作调整，即可实现。从制度层面而言，我们《商标法》需进一步明确未注册商标的权利，可借鉴英国、加拿大、澳大利亚、日本、意大利等国家《商标法》中的先用权制度，赋予商标在先使用人满足特定条件时继续使用该商标的权利。从语言表达角度而言，在第一条中用"保护商标权人利益"来替换"保护商标专用权"，用"商标权"代替其他条文中的"商标专用权"。修改后的表述，一方面符合国际上通行的表达习惯，另一方面也具有较强的包容性：在权利内容上，它既包括了商标专用权，也涵盖了其他权利；在商标类型上，它既涉及注册商标权利人，也为保护未注册商标提供了空间；在权利主体上，它既针对商标所有人，也囊括了商标被许可人。我国台湾地区“商标法”历史上一直使用“商标专用权”的表述，在 1999 年修订时，用“商标权”取而代之。他们是否基于以上考虑，我们不得而知。但这种“修法”动向至少可以作为“商标权”比“商标专用权”更妥当的有力注释。

“商标专用权”之表述既然已不合时宜，就应以科学发展的态度，用“商标权”取而代之，以彰显立法的严肃与严谨。

孙国瑞教授认为，我国商标法自 2001 年完成了第二次修改至 2010 年已有近 9 年，其间国际国内经济环境发生了很大的变化，第二次修改后的商标法因此不可避免地又陆续暴露出了一系列问题。其中有部分问题是老问题，比如商标的申请程序、商标抢注等；另一些则是新问题，比如自然人申请商标注册中的不规范；驰名商标保护的异化；商标侵权法定赔偿额过低等。如果说我国商标法的前两次修改，特别是履行我国为了加入世界贸易组织所做的承诺而进行的第二次修改，均带有因为国际形势变化而为之的原因，那么，第三次修改应当说是为了变“中国制造”为“中国创造”，为了巩固我国经济环境的改善和保障我国综合国力的进一步提高而从事的积极主动的修改。

商标法第三次修改应当予以特别关注以下几个问题[7]。第一，遏制商标恶意抢注。2001 年《商标法》中对于遏制商标抢注行为已有明确规定，但这些规定的原则性很强，实际可操作性尚不足，第 31 条更是如此。商标法的修改应增加具体的条款，细化第 31 条中“不正当手段抢先注册”和“有一定影响的商标”的规定，以利于我国各级商标管理部门开展行政执法和人民法院的司法审判。第二，自然人申请注册商标的规范化。2001 年商标法增设了第 4 条关于“自然人可以申请商标注册”的规定，这本来是一件很“自然”的顺理成章的事情。但是，自 2001 年至 2010 年，国内接连有一些具有“高智商”的自然人大规模申请注册商标，然后将其注册商标在市场上大肆叫卖，商标法立法本意因此被歪曲。为了应对这种局面，国家工商行政管理总局商标局就自然人申请和使用注册商标推出了新规，对自然人不当注册和使用注册商标等现象进行了有效遏制。商标法的修改应将商标管理的行政法规和部门规章中的有关内容，有选择地移入商标法，从而使自然人申请和使用注册商标的行为更加规范化。第三，提高商标侵权的违法成本。第二次修改后的商标法，虽然增加了侵犯商标权的法定赔偿额，即第 56 条第 2 款中“侵权人因侵权所得利益，或者被侵权人因被侵权所受损失难以确定的，由人民法院根据侵权行为的情节判决给予五十万元以下的赔偿”为我国人民法院审理商标侵权案件时如何确定损害赔偿额提供了明确有力的法律武器，但该款规定的“五十万元以下”的法定赔偿额，在当时修法的时候就存在较大的争议。改革开放三十多年来，我国的经济发展迅速，市场竞争日益激烈，市场上出现的侵犯商标权的案件数量多，情节严重，尤以假冒他人注册商标的行为为重，侵权者不仅侵犯了他人的商标权，掠取了商标权人应得的市场份额，侵占了商标权人的利益空间，获取了大量的非法利润，而且严重损害了社会公共利益。无论是商标权人，抑或是消费者，都对假冒他人注册商标的不法行为深恶痛绝，必予严惩而后快。而“五十万元以下”的法定赔偿额无疑起不到严惩侵权者，震慑潜在侵权者，保护消费者权益，维护我国社会主义市场经济秩序的作用，甚至于被指责为“变相鼓励侵权”的法律条款。在新形势下再次修改商标法，加重对于侵犯商标权行为的处罚力度，提高商标侵权的违法成本应当是必须给予充分重视的问题之一。可以把侵犯商标权的法定赔偿额调整为 100 万至 200 万元为宜。第四，2010 年商标法第 5 条关于“共同申请和共有商标”的规定存在的必要性不大，建议在修改时取消该条款。此外，有专家学者提出，可以利用此次商标法修改的机会，解决商标注册申请案的审查期限太长、商标的恶意异议等问题，但这些问题并非是修改法律能够解决的问题，而是应该通过商标管理实践和司法实践环节解决的问题。

参考文献：

[1] 吴汉东，胡开忠．无形财产权制度研究［M］．北京：法律出版社，1997：455.

[2] 吴汉东．中国知识产权法制建设的评价与反思［J］．中国法学，2009（1）.

[3] 宋磊．中国香港商标法与内地商标法的异同［J］．法制与经济（下旬刊）2008（7）. 谭海华．内地、香港商标制度若干问题比较［EB/OL］［2010-11-17］．http：//www.fszjfy.gov.cn/program/=2635

[4] 王立．内地香港台湾商标法的沿革及商标权比较探讨［J］．法律适用，1999（6）.

[5] 中国将进行第三次商标法修改　力求达到国际水平［EB/OL］．［2010-11-17］．http：//www.china.com.cn/

[6] 学者共议中国商标法修改　如何走向现代化［EB/OL］．［2010-11-17］．http：//www.legalinfo.gov.cn/pfkt/content/2009-09/07/content_1149771.htm

[7] 孙国瑞．对我国商标法第三次修改的三点建议［EB/OL］．［2010-11-17］．http：//ip.people.com.cn/

第三章

商标战略制度

第一节 商标战略的制度化与规范化

知识产权的本质是一种经济和商业权利。因此，许多国家纷纷利用知识产权来强化自己的竞争优势，并把知识产权的创造和保护作为国家经济社会发展总体战略的重要内容。知识产权战略应运而生。

越是发达国家越是重视知识产权战略。自 1979 年美国前总统卡特第一次将知识产权战略作为国家发展战略提出后，知识产权战略就成为美国最重要的长期发展战略之一。从此，美国利用长期积累的知识产权成果，巩固和加强竞争优势，保持了综合国力的领先地位。

日本在 2002 年 3 月成立了知识产权战略会议，标志着日本“技术立国”战略向“知识产权立国”战略的转移。日本前首相小泉强调，创造、保护和运用知识产权是提高日本工业国际竞争力、搞活经济的重点之一。为此，日本制定了旨在运用知识产权恢复日本产业竞争力的“知识产权战略纲要”。内容涵盖知识产权创造战略、保护战略、利用战略、人才战略。2003 年 1 月，日本国会表决通过了《知识产权基本法》，将知识产权事务从部门主管事务上升为国家事务，为知识产权立国提供了法律保证。同年 2 月，日本内阁增设“知识产权战略总部”，由首相任部长，官房长官、科技大臣、文部科学大臣、经济产业大臣等内阁成员任副部长，成员包括全体内阁和若干知识产权专家、律师以及企业家。日本还在全国若干所大学内设立知识产权总部，以加强大学知识产权研究和管理。从 2004 年开始，还在法律大学研究生院充实知识产权教育。

面对发达国家在实施知识产权战略方面咄咄逼人的态势，发展中国家一方面迫于压力，另一方面也是为了适应国际知识产权制度发展的大趋势，着眼于长远发展，在纷纷加强知识产权保护的同时，更加注重结合各自的具体情况，通过加强对知识产权的创造、保护、商业化，积极创造和积累知识资产，增强国际竞争力，全面实施知识产权发展战略。基本做法表现在三个方面：一是扩大知识产权的保护范围；二是加快知识产权制度的国际化和区域化；三是加强知识产权执法。

第二节　国外商标战略制度及其借鉴

一、国外商标制度的变革和发展方向

（一）适应经济全球化，展开新一轮商标立法国际协调活动

为了适应经济全球化尤其是《知识产权协议》的发展和需要，欧盟、美国、日本等发达国家和地区结合自身经济发展特点相继修改商标法，并积极倡导和参与商标立法国际协调活动。2006 年世界知识产权组织制定了《商标法新加坡条约》，标志着新一轮商标立法国际协调活动的展开。[1]

随着澳大利亚向世界知识产权组织提交批准书，新加坡条约于 2009 年 3 月生效。该条约是在修改 1994 年《商标法条约》基础上形成的新条约，对新型商标、电子申请、商标实际使用以及缔约方大会等内容作出了新的规定。该条约的制定和生效，对国际商标立法的发展将产生重要影响，如国际商标法律体系进一步完善、国际商标立法广泛性不断增加、应对商标的未来发展以及国际商标管理体制的进步。国际商标立法的这些发展也将对我国商标法产生积极影响。

其一，国际商标法律体系之改进。

这主要表现在：第一，开始了商标法统一进程。随着经济一体化和国际贸易的发展，知识产权统一的要求不断提高。与专利法、版权法等领域相比，商标法领域取得的成果相对较小。世界知识产权组织（WIPO）管理的与商标有关的条约中，最重要的是《巴黎公约》，该公约的规则是国际商标法的原始渊源。商标国际立法还包括《马德里协定》及其《议定书》，但这两个条约并没有统一各国商标法的内容。

WIPO 在商标法领域作出了很大努力，1994 年《商标法条约》的制定便是这一努力的重要成果。该条约成为首部尝试统一各国商标法律的国际立法。该条约统一的内容主要是注册程序，包括注册的行政程序、注册维持程

序以及各国应当遵守的程序最低标准。该条约获得了广泛的认可，至今已有39个成员国签署了该条约。经过4年的讨论，1998年WIPO制定了《新加坡条约》。它既是对《商标法条约》的修订和发展，又是一部独立的条约，两者共同构成商标国际保护体系。

新加坡条约制定的目的在于创造现代化的、更加具有活力的国际商标法律体制，以促进国际商标注册体制的统一。《商标法条约》仅适用于可视商标，其他类型商标的申请程序由各国自行规定。这不仅造成申请程序的不统一，甚至在一国之内也不一致。而《新加坡条约》统一了各种商标的注册程序。此外，该条约还统一了商标申请表格和商标许可备案制度。新加坡条约所附的申请表格范本在缔约方法律中创设了函件提交的统一格式。同时，根据该条约第19条之规定，不管是否经过备案，被许可人获得的许可权利始终存在且不存在例外。这种禁止例外的规定，彻底统一了各国有关规定。

第二，尝试统一商标实体法。与统一程序法相比，实体法的统一比较困难。由于各国立场不同，为了促成各成员方达成一些共识，WIPO提出了《商标法条约》的修改与商标实体法分别进行的修法机制。虽然新加坡条约仍将程序法作为目标，但条约中有意增加了一些实体法内容。如条约首次对新型商标作出规定，将原本仅适用于可视商标的规定扩大至立体、全息图、动作、颜色、位置等新型商标。此外，新加坡条约对缔约方权力的规定也具有实体内容的性质。新加坡条约制定前期，各国均提出了统一实体法的建议。

其二，商标国际立法的广泛性增强。

第一，融合欧盟法与普通法的商标取得条件。在商标权获取方面，传统欧盟法坚持“注册原则”，而普通法坚持“使用原则”。《商标法条约》和《新加坡条约》包容了上述两个原则，在坚持“注册原则”的基础上，新加坡条约第3条（1）（a）（xvii）款规定，缔约方的法律可以要求申请人提交意图使用该商标的声明。第3条（b）款还规定，除上述规定外，缔约方的法律可以要求申请人提交商标实际使用的声明或证据。按照世界知识产权组织常设委员会的解释（SCT/8/2，SCT/11/4），如果一个申请人的商标已在商品或服务上实际使用，则可以基于这种实际使用提出申请。商标申请人也可以同时基于实际使用或未来使用的意图提出申请，例如，可以在一部分商品或服务上依实际使用提出申请，而在另一部分商品或服务上依未来使用的意图提出申请。新加坡条约这样规定，是为了与加拿大和美国的法律规定保持一致。

第二，体现发展中国家的利益诉求。新加坡条约应发达国家的要求增加了电子申请和新型商标的内容，而由于发展中国家互联网技术和设施比较落后，不能充分满足电子申请的要求，因此提出了一些不同意见。就此，条约专门规定，电子申请的规定不适用于商标代理人与他们的当事人之间的函件往来，以缩小电子申请的适用范围。此外，WIPO 制定的补充决议规定：新加坡条约不要求各缔约方必须实施电子申请或采用其他自动系统，也不要求缔约方必须对新型商标予以注册；发达国家应当为发展中国家和最不发达国家提供技术援助；WIPO 应首先为最不发达国家提供帮助。正是由于灵活地对待不同国家的商标法传统，并且照顾了发展中国家的利益，新加坡条约获得了更多国家的认同，并为今后国际商标立法确立了楷模。

其三，改革管理制度与建立高效的立法体制。

设立由各成员国代表组成的 WIPO 常设委员会，各成员国直接参加立法。常设委员会的设置使得某一领域的相关问题都可以由一个专门机构来负责，提高了执行效率。各成员方直接参与立法讨论，相互了解立场，达成协议也更为容易。在商标方面成立的商标、工业设计和地理标志常设委员会负责起草商标国际条约。新加坡条约创立了缔约方大会。大会拥有修改条约所附实施细则和申请表格的权力，有助于提高管理效率，增强条约的灵活性，弥补了《商标法条约》的不足。

（二）以提高效率为目标，推进注册管理体制改革

为提高审查效率，缩短审查周期，确保审查质量，各主要发达国家纷纷改进行政管理方式、财政运行政策以推进注册管理体制改革，提高工作绩效，应对日益增多的审查任务。此外，随着信息化的深入发展，各国特别重视采用现代网络技术改进工作方式，增加工作透明度、提高办事效率。世界知识产权组织在推进商标包容性工作方面也取得了积极进展，推出了国际商标公告电子周刊，提供了在线续展国际注册的新服务。

（三）加大对假冒商标行为的惩处力度

美国、欧盟等发达国家和地区不断从立法角度强化对商标假冒行为的惩处力度，有些国家甚至制定了专门的打假战略计划。各国海关行政保护措施以及刑事打击力度也逐步加强，商标侵权假冒行为受到全面整治。

（四）更加注重本国企业在全球市场中的商标保护

在对外交往中，各国在驻外使馆或独立的协会、商会中配置专门处理知识产权的专员，为大型跨国企业以及中小企业的全球利益服务。

（五）强化商标的公共教育

各国的知识产权公共教育做得有声有色，美国专利商标局的局长甚至为小学生讲授商标等知识产权常识，法国 2004 年利用各种媒体尤其是海报的形式掀起一场大规模的反假冒宣传活动，有力地震撼了违法犯罪分子。

二、美国商标战略制度

美国是当今世界创新能力最强、最注重知识产权保护的国家，其知识产权保护政策是根据本国科技和经济发展水平，以及国内企业发展需要而不断调整的。

美国商标保护由联邦和州两级体制构成。1870 年，美国制定了联邦商标法，但其真正生效的依据则是 1879 年联邦宪法规定的“贸易条款”。现行商标法是 1946 年制定的《兰哈姆法》。1996 年开始实施《联邦商标反淡化法》。在两级法律体制下，除了联邦商标法外，全美 50 州都有自己的商标法。

由于美国商标法以联邦法为主，所以在司法上联邦法院系统具有较多的司法管辖权。一般案件先由联邦地方法院进行一审，若当事人对判决不服，则可以上诉到联邦巡回上诉法院，甚至可以进一步上诉到最高法院。由于最高法院仅对具有典型代表意义的案件进行审理，所以，巡回上诉法院的判决具有关键作用。

根据 1982 年联邦法院改革法，联邦和各州法院系统均有商标司法管辖权，但联邦巡回上诉法院、哥伦比亚地区的上诉法院的判决更具权威性。

纵观美国两级商标立法，其法律特点主要表现在三个方面：第一，实行“在先使用”原则。这项原则源于宪法的“贸易条款”，即先有贸易和商标的实际使用，然后获得法律保护。“在先使用”是申请注册的先决条件。1988 年修改的商标法允许申请人基于使用的意图而使用商标，对“先使用原则”有所松动。依据在先使用原则，商标可以注册，也可以不注册。只要商标在使用状态，即使不注册也受法律保护，但当因受侵权而提起上诉时，必须提供使用在先的证据。而商标注册，表明了商标注册者特殊的权利。注册 5 年后，就不允许其他相同商标的使用者挑起各种争议。另外，注册后的商标所有人有权追究商标冒用者的法律责任并要求进行经济赔偿。如果商标没有注册，则其先使用者只能要求法院裁定商标的侵权者停止使用该商标，而不能要求赔偿经济损失。第二，联邦和州法保护的效力差异。一般来讲，未在美国专利商标局注册的商标，只适用所在州的法律保护，一旦受到侵权也得不到法定赔偿。而且如果它与某个在联邦注册的商标相抵触，则会丧失优先权并得不到优先保护。第三，联邦和州的两级法律都严格保护驰名商标，限制商标淡化行为。如 1947 年马萨诸塞州颁布了商标反淡化法，1996 年联邦政府颁布了商标反淡化法，主要规定了驰名商标的保护和使用原则，以及混淆、诋毁行为的法律责任，解决了与互联网域名有关的商标淡化问题。

联邦商标行政保护是通过专利商标局实施的。联邦专利商标局是隶属于联邦商务部的知识产权专门执法部门。目前，该机构实施企业化管理，目的是通过市场推动来提高审查服务效率，提供优质服务。根据专利商标局制定的“21世纪战略计划”，其发展方向是确保知识产权制度的不断完善，促进全球经济发展，鼓励创新投资，强化企业家精神，改善国民生活质量。为此，确立了以下工作目标：第一，提高专利和商标的审查质量，缩短审查周期；第二，积极加强电子化建设；第三，加强国际合作，促进全球知识产权保护体系的发展和完善。

除联邦专利商标局外，联邦贸易代表署、联邦贸易委员会、海关等政府机构也有相关管理权。贸易代表署负责知识产权方面的国际贸易谈判和“特别301条款”的执行，推动其他国家加强对美国知识产权产品的保护。“特别301条款”是指《1974年贸易法》第182条的规定（美国法典统一编目为第19卷第2242条）。有关知识产权保护的“特别301条款”是在《1988年综合贸易竞争法》中制定的，是针对知识产权保护和知识产权市场准入方面的规定。其核心是，以双边谈判和贸易制裁的方式迫使其他国家或地区保护美国的知识产权，准许美国的知识产权进入该国家或地区的市场。[2]根据“特别301条款”的规定，确定知识产权保护和知识产权准入方面不利的外国，有两个标准。一是外国的法律、政策和做法否定了对知识产权的足够而有效的保护；二是外国的法律、政策和做法否定了依赖知识产权保护的美国人公平地和公正地进入有关市场。

美国贸易委员会和海关负责对国外知识产权侵权产品的进口和销售的审查，并采取有效的边境措施。其法律依据主要是美国关税法“337条款”。

三、韩国新世纪的商标战略

随着知识经济的出现以及国际知识产权竞争的不断加强，韩国政府将建设知识型社会作为政府管理的目标，并实施21世纪知识产权战略。[3]韩国知识产权战略的核心内容是：将知识产权制度发展成为对创新知识和技术创造、产业化、商业化具有促进功能的系统化社会基础结构，同时，为全面应对经济全球化和高技术的快速发展带来的知识产权新问题，积极参与全球高效率知识产权制度的建立，采取积极措施实施知识产权战略。

修改法律，完善制度。为适应国际知识产权法律的保护标准，促进知识产权审查效率，加强知识产权保护，2001年韩国修改了包括商标法在内的知识产权法律。商标法的修改内容主要有：（1）为加入商标法公约，简化了对各种商标申请文件的要求，并按公约的产品分类制度对商品进行重新分类；(2) 为加入马德里协定，增加了与国际申请有关的申请和审查程序，设定相关条款提高知识产权局的国际申请和审查能力。

商标权保护力度加大。为了使国内知识产权保护符合国际公约和TRIPS协议的标准，2001年商标法强化了商标保护，重点治理假冒行为。(1) 提高罚款限额和刑罚刑期。最高罚款限额从5千万韩元提高到1亿韩元；最长刑期从5年提高到7年。(2) 明晰侵权赔偿计算标准。在侵权赔偿的损失额计算中，权利人的损失额等于侵权人的销售额乘以权利人的原价所得的应得利益总额，这样就使计算损失时可以比较容易掌握证据。(3) 在反不正当竞争法中，将在为合理事由情况下淡化驰名商标的行为视为不正当竞争。(4) 禁止非经商标权人许可商标代理人对商标的滥用。(5) 禁止对商标法条约成员国的国徽和国旗等标志的商业使用。(6) 多部门联合开展反假冒行动。韩国知识产权局、地方政府、检察院和警方合作，定期召开有关知识产权侵权治理的联席会议，合作进行全国范围内的打击假冒商品活动，取得了显著成效。为更好地实施打击假冒活动，知识产权局成立了假冒品举报中心，以方便对假冒生产和流通的举报。

创建优质的商标行政管理和服务。韩国知识产权局行政管理工作的目标是为国内外创新者提供优质高效的服务，鼓励技术创新，创造有利于国外直接投资和贸易发展的环境。为此，1999年7月，韩国实施了知识产权行政管理全面创新计划，确定了行政管理的若干项措施、重点课题和具体实施课题。经过多年的努力，韩国知识产权局已经具备世界一流的信息技术系统和审查工作效率。第一，全面实现知识产权行政管理的自动化、网络化。韩国知识产权局在2002年已经完成知识产权服务网络的全面改进，拥有世界最先进的自动化知识产权系统。申请人可通过互联网填写申请。除顾客特殊要求外，全部审查程序在线进行，知识产权公告内容可通过互联网进行免费查询和检索。

第三节　中国商标战略制度及其实施

一、中国商标事业发展状况及面临的问题

改革开放以来的30年中，中国的商标事业从立法到执法、从注册到管理取得了长足的发展，突出表现在以下几个方面。

其一，建立了相对完备的商标法律法规体系。1982年8月，中国颁布

了第一部知识产权法律《商标法》，2001 年，《商标法》第二次修订，国务院制定了《商标法实施条例》，国务院商标管理部门制定了《驰名商标认定和保护规定》、《集体商标、证明商标注册和管理办法》、《商标评审规则》，最高人民法院制定了《关于审理商标民事纠纷案件适用法律问题的解释》，从而建立起较为完备的商标法律法规体系。

在商标制度国际化方面，中国先后加入或签署了《建立世界知识产权组织公约》(1980)、《保护工业产权巴黎公约》(1985)、《商标国际注册马德里协定》(1989)、《商标注册用商品和服务国际分类尼斯协定》(1994)、《商标国际注册马德里协定有关议定书》(1995)、《与贸易有关的知识产权协议》(2001) 等与商标保护有关的国际公约，商标保护的国际化水平显著提高。

其二，建立了相对完善的商标注册和保护体制。中国实行全国统一的商标注册体制。自 1979 年恢复实行商标统一注册体制至 2007 年年底，国内商标注册申请总量达到 569.33 万件，累计注册商标总量达到 303.77 万件，是 1979 年注册商标量的 93.5 倍。其中，外国在我国注册商标数量达到 539965 件。2007 年，以中国为原属国提出的马德里国际注册申请 1444 件，在所有成员国中，中国连续 4 年居国际注册申请数量排名的第 8 位，截至 2007 年年底，累计达到 7109 件。[4]

中国实行行政保护与司法保护并行的双轨制。在商标行政保护方面，90%以上的商标案件都是由工商行政管理部门处理的。1993～2007 年，各级工商行政管理机关商标管理部门共查处各类商标违法案件 56.88 万件，其中商标侵权假冒案件 36.56 万件，行政罚款 27.46 亿元，移送司法机关追究刑事责任 1755 人。全国各级海关在进出口环节查处商标侵权案件也是中国商标行政保护的重要组成部分。

在商标司法保护方面，人民法院为了强化对商标权的保护制定了一系列司法解释，受理商标纠纷和刑事案件的数量也不断增长。公安部门的经济犯罪侦查工作作为联结工商、海关行政执法和法院刑事司法的桥梁，在保护商标权方面发挥了重要作用。

其三，建立了商标领域国际合作交流机制。加强商标领域的国际交流与合作，是国际商标界共同关注的问题。开展多层次、多渠道、多领域的国际合作，发挥我们在国际商标组织中的话语权，构建自主品牌走出去的平台，为走出国门，参与全球范围经济竞争的优秀品牌、展示品牌、保护品牌等提供指导和支持。

中国商标局现已成为世界上受理商标注册最多、受理地域范围最广的商标主管机构。我国已与欧盟、美国以及日本、东南亚一些国家都建立了相关的广泛联系，国际的商标同仁对中国商标的发展、商标保护的意识包括我们企业管理的水平，给予了很好的认可，对中国商标的发展充满了信心。2001年加入世界贸易组织后，形成了全方位、多层次、宽领域的对外开放格局，中国与知识产权国际组织以及贸易伙伴在商标领域的合作日益增加。中国在国际商标领域的作用日益明显，国际地位显著增强。

其四，建立了一支基本适应商标事业发展的各类专门人才队伍。中国已经初步培养了一批商标领域注册管理、行政执法、司法审判、理论研究以及中介服务的专门人才，基本适应了商标事业和经济发展的需要。

目前，商标事业发展的主要特征有如下表现：第一，全社会商标意识明显提高。《商标法》颁布实施以来，商标主管部门始终把商标法律知识的宣传和普及作为提高全社会商标意识的重要工作。越来越多的生产经营者和消费者开始关注商标。随着市场经济的快速发展和商标制度的日趋完善，全社会的商标意识有了明显提高，尊重和保护商标的社会氛围开始逐步形成。第二，商标注册申请量连年大幅增长，连续数年居世界第一。第三，注册商标保护要求越来越高。随着改革开放的深化和全社会商标意识的提高，商标保护工作得到了广泛关注和重视，普通公众和商标权利人对各类侵犯商标权的案件的关注程度不断提高，国内外要求更加充分保护商标权的压力不断增大。第四，驰名商标的经济和社会效益日益突出。随着市场经济的不断发展，国内企业对商标的重视程度越来越高，地方政府颁布实施了一系列培育、促进地方著名商标的规定，地方工商管理部门将扶持商标注册与保护作为一项重要的工作内容。国家工商管理部门已经认定1千多件驰名商标，随着市场经济的发展，商标尤其是驰名商标的作用已经广泛而深入地渗透到经济生活的各个领域，为企业的发展注入了无限生机。第五，农产品商标和地理标志促进农民增收成效显著。2001年加入世贸组织以来，世界农产品的市场竞争日益加剧，通过培育和保护农产品商标以及地理标志提高农产品的市场竞争力是商标工作的重要内容。截至2007年，农产品注册商标达到50万件，约占注册商标总量的16.46%。地理标志注册总数达到301件。农产品商标和地理标志的注册和保护带动了地方经济的发展，促进了农民增收。在商标监管和服务工作中，各地以农产品商标和地理标志作为联系企业与农户的纽带，形成了“公司+商标+农户”的新型产业化经营模式，提高了农民进入市场的组织化程度，对解决当前农业生产中普遍存在的规模偏小、经营分散、市场反应慢、无法形成品牌优势等问题发挥了积极作用。

改革开放30年来，中国的商标事业从小到大走过了一条不平凡的道路，从不懂商标，到了解商标、尊重商标、认识商标，全社会为商标的战略作出了自己的贡献。

中国的商标事业虽然取得了可喜的成就，但应清醒地认识到仍处于初级发展阶段，不能完全适应经济可持续发展的客观需要，还存在不少问题，突出表现在：第一，商标管理机制不能完全适应经济又好又快发展的需要，商标管理部门人才建设不能满足商标申请注册、评审和管理的需要；第二，商标执法力量不足，基层行政执法力量薄弱，各地执法水平存在差异，地方保护主义依然存在，地区之间、部门之间沟通协调机制有待加强；第三，商标代理行业监管立法滞后，缺乏对商标代理组织和商标代理人的有效监控和制约手段；第四，地区和行业的注册分布不平衡，国内企业面临来自国际企业的巨大竞争压力，国际注册数量依然偏低，国际品牌寥若晨星。目前我国40％以上的企业没有自己的商标，大量的企业有制造、无创造，有贴牌、无自主的品牌状况，企业只能依赖简单的加工贴牌生产，甚至仿造，在金融危机的寒流中纷纷倒闭。而一批国际企业获得自主的技术和品牌不仅有效地抵抗了危机，还趁机扩大了国内外的市场份额。上述问题是中国商标事业快速发展中出现的问题，也是前进中存在的问题。对待这问题，需要用发展的眼光、用创新的办法加以解决。我们要不断改革那些不适应经济发展的商标工作体制机制，进一步促进商标事业的繁荣发展，从而为经济可持续发展创造良好的商标环境。

二、我国商标战略的总体规划

（一）商标战略的基本指导思想

商标战略的制定和实施应以科学发展观为理论指导，坚持不断完善商标管理体制和机制，继续加大商标权益保护力度，着力营造公平公正、规范有序、和谐诚信的市场环境，显著提升国家的核心竞争力和综合国力，为建设创新型国家提供有力支撑，促进国民经济又好又快发展与和谐社会建设。

（二）商标战略的基本目标

修改现行《商标法》，建立相互匹配、程序完善、保护适度、便于操作的商标法律体系。最终实现对商标立法的动态调整，积极影响商标国际规则的修改和制定。

全面提高商标注册管理水平，形成一个快捷高效的注册管理体制，完全实现商标申请和商标审查电子化、网络化。2010年审查周期控制在12个月之内，实现30％的电子申请率。2020年实现50％以上的电子申请率，达到世界发达国家的注册商标效率和管理水平。

进一步完善商标行政保护和司法保护并行的双轨制，深入整顿和规范市场经济秩序。保持并进一步加大对商标权的保护力度，充分发挥商标权人主动维权的积极性，加大刑事处罚的威慑力，有力遏制假冒侵权泛滥的局面，使造假者从经济上不仅无利可图，而且要承担经济法律责任。健全符合国情的商标注册和保护体系，建立规范的商标秩序。

加强对农产品商标和地理标志的注册与保护，积极引导农民正确使用商标，并充分运用商标经济功能增加收入。商标工作向农村大力延伸，促进农产品进入国际国内两个市场。到 2020 年农产品商标占全部商标的注册比例提高到 20%。

面向全社会加强宣传和教育，大力普及商标知识，提高商标意识。在快速发展的经济大潮中，侵犯他人商标权的事情屡屡发生，说明我国全社会的商标意识需要进一步的提高，诚信体系建设值得加强。我们要从三个层次上提高全社会的商标意识、商标市场意识和商标法律意识，还有商标战略意识。运用传媒工具，发挥政府、中介机构、企业及社会各界的作用，共同创造尊重商标权的良好氛围，保证商标在市场经济中的基本调节作用。

（三）商标战略的主要任务和措施

全面完善商标法律法规体系。为建设诚信社会，维护公平竞争的市场秩序，营造有助于经济可持续发展的良好商标法制环境，需要不断修改完善商标法。(1) 围绕完善确权程序、加大保护力度、更好地服务当事人等目标，着力于减少商标确权纠纷的行政审级，提高效率。(2) 依照商标确权纠纷的民事纠纷属性，设计司法审查模式。(3) 进一步明确商标使用的价值和作用，制止恶意行为。(4) 解决商标与企业名称的冲突。(5) 加大处罚力度，强化商标保护。(6) 坚持以人为本，更好地为当事人服务。

建立能够适应经济又好又快发展所需要的商标管理体制和机制。建立能够灵活适应国际国内注册申请发展所需要的用人机制，使商标主管机关能够随着商标注册申请量的变化和趋势，根据效率原则灵活调整商标审查人员的数量，根据商标工作需要的特点确定人员录用条件。在保证审查质量的前提下，切实提高商标注册审查效率，杜绝商标注册审查和商标评审积压问题，为中外商标注册申请人提高便捷、高效的优质服务。建立有利于造就商标注册和管理专门人才的激励机制。实行专门的商标注册审查官制度以及其他与之匹配的专业技术考核机制。根据按劳分配原则和效率原则，制定合理的物质奖励政策。建立商标工作质量监督机制，完善工作能力和工作水平评价体系，提高工作人员的责任心，使质量监督机制成为激励机制的重要组成部分。建立能够保障商标规费使用的财务机制。增加相应资金，建立能够灵活适应市场经济条件的商标注册财政管理体制，为提高商标注册管理能力提供有力的经费保障。

加强商标行政执法和司法保护力度。充实基层商标行政执法力量，形成一支稳定、精干、高效的基层商标行政执法队伍。加强知识产权审判队伍职业化建设，选拔、培养专门的知识产权法官，充实审判力量。加大商标行政执法力度。开展经常性的商标权保护专项行动，集中打击商标侵权假冒行为。广泛推行商标授权销售制度，大力整顿商品零售市场。加强对商标印制行为的监管，从源头上遏制商标侵权假冒行为。加大对奥运会、世界博览会标志等特殊标志的保护力度。加大对广州商品交易会、深圳高新技术产品交易会等商品交易会和商品展览会中的商品监管力度。强化商标边境保护措施。继续加强进出口环节保护商标权的行政执法，采取各种边境管理措施，全面推行商标海关保护备案制度，有效制止商标侵权货物的进出口。加大对假冒注册商标犯罪行为的刑事惩处力度。工商、海关与公安部门之间以及行政执法部门与司法部门之间应进一步加强协作与配合，加大对假冒注册商标行为的刑事打击力度，提高案件移送工作效率，有效遏制假冒注册商标的犯罪行为。增强商标行政和司法工作的透明度。及时、准确、全面地公布商标法律法规、商标司法和行政工作状况、商标司法和行政执法的典型案例与办事程序等有关内容，并建立健全商标执法机关和社会公众之间畅通的沟通和交流渠道。逐步推行行政处理和司法判决结果公开。加强行政执法机关与商标权利人的联系。建立商标权利人商标权益的自我保护鼓励机制和打击侵权行为扶持机制。行政执法机关在依法查处商标侵权案件的同时，还要充分利用调解机制化解矛盾，维护社会稳定。

加快商标代理行政监管和行业自律。恢复对商标代理人的资质要求，制定《商标代理条例》。明确商标代理人员的资质条件、设立和注销商标代理机构的条件和程序，商标代理服务的范围以及违法行为应承担的法律责任等，加强对商标代理人的行政监督管理。

建立健全行业自律机制，使之发挥自我约束、自我管理的作用，帮助和支持制定行业自律规范，鼓励行业组织行使自律管理权力，维护行业自律的权威，对行业自律管理进行有效监督。加强对商标代理人培训和人才培养，提高代理人素质。充分发挥行业协会的优势，积极推动商标代理人国际交流合作，充分发挥中国商标代理人在国际经济和社会发展以及知识产权保护中承担的重要历史使命。

指导企业利用商标走出去参与国际市场竞争。政府应帮助企业制定和实施商标战略，以商标为资产纽带走集约化经营道路。政府各部门尤其是工商管理部门要下大力气培育、增强企业与社会公众的商标意识，营造重视商标、爱护商标的浓厚社会氛围，引导企业丰富商标内涵，增加商标附加值，提高商标知名度，创立著名商标和驰名商标。对中小企业要给予特别关注。大力宣传、普及商标国际注册知识，调动企业创立和使用自主商标的积极性和自觉性，引导企业积极进行商标的国际注册。鼓励企业在国际贸易中使用自主商标。鼓励和推动出口企业提高使用和注册自主商标的比例，实现与贸易水平相当的国际商标注册量。正确引导、积极支持企业海外维权。企业应当正确使用注册商标，要注意商标标识的统一性，突出宣传和使用企业的主要标识，尤其要注意不要淡化自己的主要商标。企业还要注意维护自己的商业形象，注意维护商标的纯洁性，从而强化商标的特定指向性。要对产品出口国的商标法律有充分的了解，学会用法律武器打击海外商标抢注行为和商标侵权假冒行为，维护自己商标的合法权益。

充分发挥农产品商标和地理标志在新农村建设中作用。完善地理标志相关法律制度和行政管理体制，理顺地理标志职能部门的职责分工，充分发挥地理标志在推动农村经济发展中的作用。加强对农民和涉农企业的商标法律宣传，积极引导农民进行商标注册。建立地理标志注册“绿色通道”，采取多种措施加快地理标志的商标注册工作。加强运用地理标志的宣传和推广。加大对农产品商标和地理标志的保护力度，严厉查处侵犯涉农商标权的行为。适时开展专项整治行动，切实保护农民的利益。政府部门要对农产品出口企业海外维权予以特别关注和支持。发挥各级农林主管部门在地理标志使用和管理中的作用。各级政府要加大财政投入，支持地理标志农产品的开发，形成多渠道、多元化的资金投入机制，以促进农产品地理标志注册与保护工作的开展，推动特色农产品和特色产业的发展。

建立功能强大的商标自动化技术支撑体系和公共服务平台。全面提高商标注册与管理自动化水平，采用计算机成熟主流技术，建立健全符合商标注册、管理、宣传要求、保证安全运行的技术支撑体系，满足实际需要。建立综合的商标数据中心，进一步减少必须保留的纸件数据集合，建立基于内容管理的全新的数据集合。建立完善的公共服务平台，全面提升中国商标网的工作信息和注册信息，对国内和外国公众提供更广泛的服务，增加透明度，成为人们了解中国商标事业的窗口。在丰富、深化中国商标网信息的同时，逐步建立更加完善的对外服务应答机制。

加大商标对外宣传和对内教育的力度。有计划地在全国范围内开展商标普法教育，使全民普遍养成尊重商标权和其他有关知识产权、自觉形成不买假货的消费习惯。将商标和商标知识列入学校教育的内容和各级党政干部培训计划。建设商标工作者在职培训基地。鼓励商标司法机构、商标行政执法部门、商标教学机构、商标法律服务机构、企业商标管理部门之间采用各种方式互通情况，加强交流，共同进步。注重和加强媒体对商标和其他知识产权的宣传，突出重点、注重实效地开展生动活泼的商标宣传工作。加大对外宣传力度，树立有力保护商标的良好国际形象。

加强商标国际交流与合作。在国际金融危机背景下，为了提高中国企业运用商标应对危机的能力、帮助中国企业更好地实施“走出去”战略，国家工商总局商标局在商标领域积极开展国际及与港澳台地区的交流和合作。商标局加强与世界知识产权组织、国际商标协会等国际组织的友好合作，开展了一系列多边、双边领域的商标国际交流，参加了 WIPO、WTO、APEC 的各种会议，与美国、日本、澳大利亚、瑞士等国知识产权部门进行了深入的交流，启动了中欧二期合作项目，并与日本商标局就有关事宜达成初步意向。尽管如此，切实贯彻知识产权战略，加强与各国驻华使馆知识产权部门的沟通协调，推动建立企业海外维权机制，推进商标战略实施这项战略性任务任重而道远。

在后金融危机时代，国家要根据扩大对外开放和实施“走出去”战略的需要，进一步加强商标领域的国际交流与合作，通过积极参与国际规则的制定，建立畅通的商标双边和多边国际交流渠道，将维护企业商标权益纳入驻外外交机构的重要职能等措施，扩大中国在国际商标领域的影响力，保护中国商标在各国的合法权益，为对外贸易和经济发展创造良好的商标保护国际环境。

三、实施商标战略的意义

商标是企业管理水平、商业信誉、服务质量的外在表现，是企业核心竞争力和商业信誉的重要载体，是企业参与市场竞争的秘密武器。知识产权是无形资产，世界经济全球人均财富 9.6 万美金，其中无形资产占 78%，超过了自然资本的 4%，也超过了生产资本 17%。同时，研究表明 85%的国家多有超过 50%的财富是来自无形资本，商标作为传统三大知识产权之一，是知识产权中生命最持久、与国家经济运行、企业生产和人民生活最直接相关的知识产权。

商标战略是知识产权战略的重要组成部分，驰名商标是企业的现实生产力、综合竞争力和前瞻发展力，对于企业来说是一笔重要的无形的资产和宝贵的财富。国家之间的竞争更多地表现为经济实力的竞争和国际知名品牌的竞争。而一个国家的经济实力也可以以拥有的驰名商标、国际品牌的数量上反映出来。国际上对全球四千家企业进行调查，品牌对企业创造经济利益发挥了50%，企业实施商标战略、创立驰名商标的过程也是企业从国内走向国际的重要保证。

商标不仅仅是企业的财富，而且是国民经济的重要战略性资源，同时也是国家综合实力的重要组成部分。创造性地运用和依法管理商标，不仅能促进企业自身的发展，同时也能带动地区经济的发展，推动国家经济社会全面发展。因此，应以科学发展观为指导，依据建设创新型国家的目标，紧密联系经济社会发展的实际，充分发挥商标工作在促进科学发展、服务经济社会建设大局的作用，从国家战略的高度统筹规划各项商标工作，全面推进商标战略的实施。

实施商标战略是落实科学发展观，建设创新型国家的要求。科学发展观要求必须把发展作为执政兴国的第一要务，以经济社会建设协调发展为中心，总揽全局，统筹规划，树立世界眼光，加强战略思维，在各项建设事业中统筹兼顾，把握发展规律，创新发展理念，转变发展方式，破解发展难题。按照科学发展观来全面规划商标事业发展，制定和实施商标战略，是时代的重任、历史的必然。

提高自主创新能力，建设创新型国家，是国家发展战略的核心，是提高综合国力的关键。实施知识产权战略是提高自主创新能力，建设创新型国家的有效手段。商标战略作为知识产权战略的重要组成部分，将在培育自主品牌和国际知名商标方面起到强大的推动作用。

推进商标战略是提高企业核心竞争力、增强自主创新能力的有效手段。商标作为重要的知识产权是品牌的核心手段，体现了企业不断发展的创新成果，是企业核心竞争力的重要组成部分。有研究表明，在市场份额中，20%的强势品牌占有80%的市场份额，20%的拥有驰名商标的企业为社会提供80%的经济贡献。这充分证明了驰名商标、知名品牌蕴含着强大的市场竞争力，商标是企业管理水平、商业信誉、服务质量的外在表现，是企业核心竞争力和商业信誉的重要载体，是企业参与市场竞争的秘密武器。我国已经涌现了一大批企业自主创新实施商标战略的企业在国际竞争中有了极大的提高。在全球范围内，华为70%的销售额来自于海外，包括海信企业，以及中国银行，还有我们国内的很多大型企业，它们的品牌、它们的副品牌在世界上已经被全球人们所青睐。如果说我们的企业品牌不强，人家抢注我们就没有意义，抢注从某种方面也是对你企业的一种挑战，也是看重我们企业的牌子。

实施商标战略，是加快转变经济增长方式的重要切入点。我国大部分地区发展方式粗放的问题依然突出。要解决长期以来，高投入、高消耗、高排放、低效益的这种增长方式，要坚定不移地实践科学发展观，努力提高发展的质量和效率。科学发展观是对过去发展方式的反思。如果我们仍然按照过去的方式来发展，中国的经济不可能持久，因为中国的能源、中国的材料、中国的资源不允许，所以说，必须要有新的发展之路，使我们国家的经济不断地发展、不断地前进。那么，知识产权、企业的自主创新，企业的商标战略，企业的技术管理、企业的经营管理都是为了实现企业自身发展的必然措施。因此实施商标战略，创立驰名商标的过程，就是企业转变发展方式的过程。

通过实施商标战略，进一步发挥商标在市场竞争中的作用，保障安全的消费环境；通过“商标富民”和大力支持服务业发展，有力保障农业、工业和服务业对经济增长的协同带动作用；通过引导企业实施商标战略，促进企业管理创新，有效推动我国自主品牌和国家知名商标的培育和成长，从而加快转变经济增长方式。

实施商标战略是统筹地区发展、统筹城乡发展的要求。推进商标战略已经成为衡量一个地区、企业发展水平和综合竞争力的一个重要标志。中国的品牌比较集中的沿海地区仍然占据主要，用商标战略带动一个行业一个地区的发展，当前以驰名商标品牌为代表的品牌经济已经形成一个强势的经济，在提高企业竞争力和开拓市场方面起到了重要的作用。但是，中国的服装、中国的鞋、中国的玩具到目前为止没有一个在世界上叫得响的商标、牌子。2008 年金融危机发生后，能够贴牌生产的企业受到了很严重的影响。

通过实施商标战略，进一步完善农产品商标、地理标志注册与保护，发挥农产品商标和地理标志证明商标、集体商标在促进农民增收、农业发展、农村进步中的作用，从而有效推动新农村建设；进一步发挥地缘优势和特色产品优势，促进区域经济发展。

实施商标战略是完善产权制度，健全现代市场体系的要求。通过实施商标战略，建立归属清晰、流转顺畅、保护有力的商标确权与保护体制机制，使商标权成为不容侵犯的财产权利，加快完善现代产权制度，促进统一开放、竞争有序的现代市场体系的形成与发展。

实施商标战略，打造驰名商标品牌是企业和国家摆脱当前国际金融危机的手段。改革开放以来，商标战略的实施起着非常重要的作用。2008 年一批驰名海外的商标在神州大地上崛起。我国 40%以上的企业还没有自己的商标，大量的企业有制造、无创造，有贴牌、无自主的品牌状况，企业只能依赖简单的加工贴牌生产，甚至仿造，在金融危机的寒流中纷纷倒闭。但是，一批企业获得自主的技术和品牌不仅有效地抵抗了危机，还趁机扩大了国内外的市场份额。

实施商标战略是拓展对外开放广度和深度，提高开放型经济水平的要求。通过实施商标战略，进一步扩大对外交流的渠道，提高交流的层次，把“引进来”和“走出去”结合起来，加快培育中国的跨国公司和国际知名品牌，提高产品的国际竞争力，不断提高对外开放的广度和深度，提高开放型经济水平。

四、发挥商标战略的引领作用

企业竞争成败，越来越取决于自主创新能力的高低，知识产权日益成为企业特别是高新技术企业竞争的利器和战略指引。品牌是商标的出身，商标是品牌的发力术语，商标蕴含着企业产品的质量、信誉、技术、理念等多种品质，是企业内涵的集中体现。[6]其体现了不断发展的创新成果，推动着市场竞争和管理创新，改变着人的消费和思想观点。

随着企业运用商标的能力和水平决定着企业的核心竞争力，而拥有国际商标的多少，已经成为衡量一个国家核心竞争力的标准。打造一批国际知名品牌是实现中国制造到中国创造的必由之路。因此，充分发挥商标战略的引领作用，为商标权人战略性地使用商标，创造一个公平、竞争的商标法制环境，引导商标使用人带领性地应用商标来促进创新和发展。这是中国商标管理部门责无旁贷的责任，也是中国商标管理部门努力追求的目标。

目前，我国已经基本形成了符合国际规则，体系比较健全，内容比较完备的商标法律法规体系，并加入了保护工业产权巴黎公约、商标国际注册马德里协议等多个与商标有关的国际条约。为我国发展国际贸易和国际投资创造了良好的商标保护环境。改革开放以来，随着经济的发展，我国商标注册量迅猛增长，截至 2007 年底，我国商标注册申请总量达到了 569.39 万件。已注册商标的总量达到了 303.8 万件，商标注册量连续第 6 年世界第一位。

国家工商总局商标局进一步加大了对商标保护的力度，截至 2007 年 8 月，国家工商总局商标局共认定知名商标 1234 件，在认定的基本商标中，绝大多数都是消费者和相关公众耳熟能详的商标。2007 年国家工商总局商标局加快地理商标的审查力度，目前地理标志的总量达到了 363 件。2007 年各级管理机关积极探索建立长效机制，商标行政执法的力度不断加大，商标所有权得到了有效的保护。全国的工商行政管理机关，共查处商标案件 103 万件，依法追究行政责任案件 229 件，人数 228 人。商标侵权案件数和罚款总额分别统计增长 26.27%和 26.46%。

通过世界知识产权组织，国际局制定的商标国际注册为 23.68 万件，累计注册量为22.3万件。我国商标国际注册情况一定程度上也凸显出中国品牌经济意识落后于世界水平的现实。也就是说我国的企业向国外申请注册商标是7100件，而国外的企业向我国申请注册商标是22.3万件。也由此可见，在我国进一步加强商标保护，推动企业实施商标战略，通过创新提高核心竞争力，仍面临着诸多的挑战。首先国内商标侵权的案件仍有发生，在部分地区仍然存在。其次，我国自主品牌的发展仍很薄弱，与我国在世界经济贸易中的地位很不相称。第三，一些企业的商标意识不强，不少企业缺乏商标保护意识，商标管理尚未成为企业管理的重要内容，尤其在一些是在跨国并购企业中，中国企业吃亏不少，在实施“走出去”战略的过程中，我国的企业在国外的商标注册和保护状况不尽如人意。中国知名商标在海外遭到抢注事件层出不穷。打造一批拥有自主知识产权知名品牌，国际竞争力优势较强的企业已经成为我国经济发展战略中的一项重要内容。大力实施品牌战略，国内开发具有自主知识产权的知名品牌已经成为全面增强自主创新能力的重要措施。

知识产权在经济社会发展中发挥着越来越重要的作用。只有通过有效的知识产权的保护，让一些创新成果得到有效的尊重和利用，让一切创造活力竞相迸发，让一些创新的才华得以充分的施展，才可以实现我国经济社会又好又快的发展。

发挥商标战略的引领作用，要引导企业创新，引导企业把商标战略纳入企业发展的总体战略。指导企业提高商品制造、研发、应用的能力，引导企业注重把自身信誉和商标相结合。培育商标的独特性和特色，形成品牌的互动，提高商标在市场和消费者心目当中的认知度。积极引导企业研发新的商标，加强企业商标研发的工作。鼓励企业培育商标专业人才，建立商标管理部门，做好国内外商标的注册维权等方面的监控和预警的工作。完善对跨国并购活动的商标制度，在企业实施“走出去”的时候，鼓励企业通过马德里体系注册商标，利用商标法发展和保护自己。

发挥商标战略的引领作用是要推动增长方式的转变，国家行政机关将创造更加优越的条件，发挥商标无形资产的利用效率，重组和优化产品结构、产业结构，促进经济结构调整和增长方式的转变，为企业在更大范围、更高领域、更高层次上参与国内外的市场竞争的优势。

发挥商标战略的引领作用是要强化对商标保护权的保护，国家行政管理机关，将继续构建以商标注册人自我保护为主体，行政和司法保护相结合，社会公众参与的商标权益保护体系。让企业增强商标保护意识，主动维护商标权益，创新商标保护技术手段，不断提高自主商标的保护能力。加大对商标专用权行政执法的力度，积极探索长效相关机制，保护企业的创新成果。加强与有关部门的沟通与协作，进一步规范案件办理工作。

创新才能发展，品牌成就未来，国家工商行政管理部门应继续以科学发展观为指导，努力做到监管与发展，服务与威权执法的统一，全力实施商标权的实施，更好地发挥商标权的作用，做大做强中国商标。

五、实施商标战略的行政机制

（一）工商行政管理部门实施商标战略的措施

为了落实《国家知识产权战略纲要》对实施商标战略的要求，国家工商行政管理部门于2009年制定了《关于贯彻落实〈国家知识产权战略纲要〉大力推进商标战略实施的意见》。这份关于商标战略的国家级政策文件的出台，反映了对当前商标注册、运用、保护和管理在经济发展中的重要作用的深刻认识和把握，是对未来发展作出的科学设想和中长期规划。文件明确了商标战略目标，即到2020年把我国建设成为商标注册、运用、保护和管理水平达到国际先进水平的国家。商标保护制度更加完善，企业自主商标拥有量进一步增加，企业管理和运用商标的能力明显增强，全社会的商标意识普遍提高。文件提出了商标战略任务：全面完善商标法律法规体系，大力推进全方位商标政策体系构建，创新和完善商标注册管理体制机制，分类指导和支持市场主体实施商标战略，加大对商标权利人和消费者合法权益的保护，充分发挥农产品商标和地理标志在统筹城乡发展、区域发展中的推动作用，规范发展社会中介服务体系，加快商标注册管理与公共服务信息化建设，加大商标宣传教育力度，大力培养各类商标专业人才，扩大商标国际交流与合作。这一部门规章规定了四个方面的重点内容。

一是加大对商标权利人和消费者的保护。国家商标战略提出，要加大商标行政执法力度，严厉打击假冒等侵权行为，维护公平竞争的市场秩序，切实保护商标权人和消费者的合法权益。依法保护是有效实施知识产权战略的关键。根据商标法规定的行政与司法保护的双轨制要求，国家商标战略要求努力推进商标监管工作的“四个转变”，即监管领域由低端向高端，监管方式由粗放向精细，监管方法由突击性、专项性整治向日常规范监管，监管手段由传统向现代化的转变。有关部门除有计划、有重点地开展商标保护专项行动，集中打击严重侵权、群体性侵权以及大规模假冒等影响大的商标侵权行为外，还将创新日常监管方式，建立和完善长效监管机制，如将商标侵权信息纳入我国社会信用体系等。为充分发挥行政机关在解决商标纠纷中的作用，国家商标战略提出，要完善商标侵权投诉渠道，规范立案标准和程序；

加强对案件的督查工作，切实保障举报人各项合法权益；充分利用调解机制，保障权利人合法权益。

二是明确将商标审查周期控制在1年之内。近年来，我国商标申请量成倍增长，2008年达到70多万件。与此同时，商标审查、注册机构的年审查能力长期以来只有20万件。由此形成的商标注册申请大量积压、商标审查注册滞后问题，引起社会广泛关注。国家商标战略明确提出，要加强商标注册管理，提高商标审查效率，缩短审查周期，保证审查质量。到2010年年底，彻底解决商标注册申请量大幅增长造成的积压问题，商标审查周期控制在12个月之内。从2008年开始，国家工商总局商标局一直致力于解决该问题。2008年全国共完成商标审查70万件，商标审查周期由以前的36个月缩短到30个月；2009年完成商标审查130万件，审查周期进一步缩短到19个月。除了提高商标审查效率，国家商标战略还提出，要适应国际国内商标注册申请发展需要，完善商标审查、审理、备案登记、撤销及公告制度，完善商标审查质量管理体制，提升依法审查商标水平，力争在2012年商标工作达到国际水平。

三是着手进行商标法的第三次修改，完善商标法。作为国家商标战略的首要目标，到2020年，我国商标法治环境将进一步完善，商标法律法规体系健全。为实现这一目标，国家商标战略确定，要加强商标法制建设，推动立法立规进程，特别是要加紧修改、完善商标法。我国20世纪80年代颁布的商标法中部分条款已无法与国内外经济发展形势相适应。修改、完善商标法的主要目的是，缩短商标注册审查周期，完善商标确权程序，防范恶意申请，加大商标保护力度，防止商标权滥用，使修改后的商标法既符合我国国情，又与我国承诺履行的国际义务相一致。国家商标战略实施总体上分为三个阶段，其中第一阶段，即2009年至2010年的重点任务之一就是修改、完善商标法。2009年我国对商标法的修改工作已完成论证阶段，并形成了初稿，完成了送审稿修改程序。

四是积极引导企业进行商标国际注册。针对我国出口企业中拥有自主品牌比例过低的情况，国家商标战略提出，要大力宣传、普及商标国际注册知识，引导企业在国际贸易中使用自主商标，积极进行商标国际注册，逐步提高自主商标商品出口比例。实施商标战略是拓展对外开放广度和深度，提高开放型经济水平的要求。通过实施商标战略，将加快培育我国的跨国公司和国际知名品牌，提高我国产品的国际竞争力，不断提高我国对外开放广度和深度，提高开放型经济水平。国家商标战略同时鼓励企业积极应对海外商标纠纷，运用当地法律和国际规则制止海外商标抢注行为和商标侵权假冒行为。我们将建立企业海外商标维权投诉协调机制，畅通海外维权投诉和救助渠道。今后将充分发挥各级政府及有关主管部门职能，发挥商标中介组织、行业协会优势，建立有效的争端维权信息联络机制；充分利用多边、双边商标领域合作机制、商标主管机关商洽等形式，保护我国企业在国外的合法商标权益，为我国对外贸易和经济发展创造良好的国际环境。

《国家工商行政管理总局关于贯彻落实〈国家知识产权战略纲要〉大力推进商标战略实施的意见》提出了以下战略目标、任务与组织实施措施。

1. 明确目标和任务

到2020年，把我国建设成为商标注册、运用、保护和管理水平达到国际先进水平的国家。商标法治环境进一步完善，商标意识深入人心，市场主体注册、运用、保护和管理商标的能力显著增强，企业创新成果和合法权益得到有效保护，商标战略对经济发展、文化繁荣和社会建设的促进作用充分显现。具体目标是：（1）商标保护制度更加完善。商标法律法规体系健全，与我国经济社会发展需要相适应的商标行政管理体制和运行机制确立。商标注册申请快捷方便，注册审查及评审科学高效，商标注册管理体制达到国际先进水平。商标权保护状况明显改善，商标使用行为更加规范，侵犯注册商标专用权行为显著减少。商标在构建统一、开放、竞争、有序的现代市场体系中发挥重要作用。（2）企业自主商标拥有量进一步增加。我国企业国内和国际商标注册数量稳步增长。国内注册商标总量与我国总体经济规模相适应，市场主体拥有注册商标数量进一步增加；国际注册商标数量与我国的对外贸易地位相适应，拥有自主商标的出口产品和服务所占对外贸易份额大幅提升。商标成为我国企业参与市场竞争和实施“走出去”战略的有力支撑。（3）企业管理和运用商标的能力明显增强。企业商标管理制度进一步健全，对维护商标权益的投入大幅度增加，运用商标参与市场竞争的能力明显提升，商标成为更多企业的核心竞争力和提高经济效益的重要因素，进而成为国家核心竞争力和综合实力的重要组成部分。通过“商标富农”、“商标兴企”发展品牌特色经济，成为我国转变经济发展方式、统筹城乡区域发展的重要手段。培育、发展一大批在国内外市场占有率高的知名商标。（4）全社会的商标意识普遍提高。各级政府高度重视商标工作，尊重劳动、尊重知识、崇尚创新、诚信守法的知识产权文化逐步形成，符合社会主义市场经济特色的商标文化基本建立。知识产权意识深入人心，自觉抵制假货的健康消费理念进一步增强。商标知识日益普及，各类商标专业人才队伍得到大力发展。尊重和保护商标的社会环境、文化环境、法治环境日臻完善。

主要任务是：第一，全面完善商标法律法规体系。加强商标法制建设。

推动立法立规进程，加紧修改《商标法》，缩短商标注册审查周期，完善商标确权程序，防范恶意申请，加大商标保护力度，防止商标权滥用。进一步完善地理标志保护法律制度。研究商标评审机构向准司法机构转变问题。及时制定、修订与商标法相配套的法律法规，解决商标注册和行政执法中遇到的实际问题。提高商标立法质量。加强商标立法前瞻性研究，充分反映社会各界诉求。增强立法透明度，拓宽企业、社会中介组织和社会公众参与立法的渠道，使修改后的商标法既符合我国国情，又与我国承诺履行的国际义务相一致。

第二，大力推进全方位商标政策体系构建。强化商标在经济和社会政策中的作用。大力支持各级政府和有关部门以商标为抓手推动行业、地方经济发展，制定和实施相关经济社会发展政策。推动制定和实施地区和行业商标战略。推进自主创新与自主商标培育工作。针对不同地区发展特点，完善商标扶持政策，培育地区特色经济，促进区域经济协调发展。积极配合产业政策、区域政策、科技政策、贸易政策等与商标战略的有效衔接。支持建立健全重大经济活动知识产权审议制度。支持建立重大科技项目的知识产权工作机制，开展商标权获取和保护全程跟踪服务。促进形成核心自主知识产权，通过商标有效保护创新成果。支持在对外贸易中加强商标管理，建立和完善国际争端协调解决机制。

第三，创新和完善商标注册管理体制机制。一是加强对商标注册与管理工作的统一领导。适应商标战略实施的需要，进一步深化商标行政管理体制改革，形成权责一致、分工合理、决策科学、执行顺畅、监督有力的商标行政管理体制。二是加强商标注册管理，提高商标审查效率，缩短审查周期，保证审查质量。完善商标审查、审理、备案登记、撤销及公告制度。完善商标审查质量管理体制，提升依法审查商标水平。适应国际国内商标注册申请发展需要，到2010年年底，彻底解决商标注册申请量大幅增长造成的积压问题，商标审查周期控制在12个月之内。力争在2012年，商标工作达到国际水平。按照国家完善公务员分类管理制度的总体要求，建立和完善适应实施商标战略需要的商标审查人员管理制度。进一步完善商标审查工作激励机制。三是进一步完善公正、高效、科学的商标评审制度。充分借鉴国外的先进经验，逐步理顺商标评审工作体制机制，全面提升商标评审效率与质量，提高在商标确权领域解决纠纷和化解矛盾的能力，充分保障商标权人和社会公众的合法权益。按照国家完善公务员分类管理制度的总体要求，建立和完善适应实施商标战略需要的商标评审人员管理制度。进一步完善商标评审工作激励机制。四是加强行政执法体系建设，健全商标执法管理体制。努力推动各级政府树立商标意识，加强商标保护，营造良好的市场监管执法环境，加快统一、开放、竞争、有序的全国大市场的形成。各级工商行政管理机关根据商标工作需要，设立商标管理机构，配备相应人员。充实商标行政执法力量，形成一支稳定、高效的商标行政执法队伍。加大商标办案指导力度，建立更为快捷的侵权案件批复机制和办案信息沟通机制。完善区域联合执法与协作制度，形成打击商标侵权假冒行为的合力，增强执法协作效能。建立预警应急机制，加强对涉及面广、影响大的商标纠纷、争端和突发事件的应对和处理。

第四，分类指导和支持市场主体实施商标战略。一是引导和推动市场主体在经济活动中使用和注册商标。指导企业在开展经营活动前进行商标信息检索，积极防范风险。二是大力提高企业管理和保护商标的水平。鼓励和帮助企业建立商标价值评估、统计制度，制定商标信息检索和重大事项预警等制度，完善对外合作商标管理制度，提高自我维权的意识和应对商标纠纷的能力。引导和帮助有条件的企业设立商标管理部门。三是推进企业实施商标战略。全面提升企业创立自主品牌意识，加强商标运用和应对竞争的能力，以商标整合企业的技术、管理、营销等优势，形成自身的核心竞争力。引导企业改进竞争模式，加强技术创新，提高产品质量和服务质量，丰富商标内涵，增加商标附加值，提高商标知名度，创立知名品牌。支持企业以商标权许可、质押等方式开展经营活动，充分开发利用商标权的市场价值。四是引导和鼓励企业实施“走出去”战略。支持企业提高对外开放水平，积极参与国际竞争。大力宣传、普及商标国际注册知识，引导企业在国际贸易中使用自主商标，积极进行商标国际注册，逐步提高自主商标商品出口比例。鼓励企业积极应对海外商标纠纷，运用当地法律和国际规则制止海外商标抢注行为和商标侵权假冒行为。畅通海外维权投诉和救助渠道。五是积极搭建交流平台，开展面向企业的商标管理经验交流和宣传培训，分类指导各类企业。大力扶持符合经济社会发展需要的自主知识产权创造与产业化项目。研究制定企业品牌培育制度，规范企业商标注册、运用、保护、管理工作。深入开展各类商标试点、示范工作。建立试点追踪调查体制，全程评测试点企业商标战略实施情况。鼓励商标管理和运用水平较高的企业积极发挥示范作用，总结推广先进经验。

第五，加大对商标权利人和消费者合法权益的保护。一是加大商标行政执法力度。严厉打击假冒等侵权行为，维护公平竞争的市场秩序，切实保护商标权人和消费者的合法权益。有计划、有重点地开展商标保护专项行动，集中打击严重侵权、群体性侵权以及大规模假冒等影响大的商标侵权行为。

加大农资商标保护力度。加强展会知识产权保护。切实解决企业字号与商标的权利冲突。创新日常监管方式，建立和完善长效监管机制。将商标侵权信息纳入我国社会信用体系。二是充分发挥行政机关在解决商标纠纷中的作用。完善商标侵权投诉渠道，规范立案标准和程序。加强对案件的督查工作，切实保障举报人各项合法权益。充分利用调解机制，保障权利人合法权益，化解社会矛盾，维护社会稳定。三是建立和完善行政执法机关之间、行政执法机关和司法机关之间的联系配合机制。加强与海关等行政机关的执法协作，形成协调统一的商标行政保护体制。加大对侵犯注册商标专用权犯罪行为的刑事案件移送力度。加强与公安机关以及司法机关之间的协作，进一步规范和完善涉嫌商标犯罪案件移送工作制度，提高案件移送工作效率，有效遏制侵犯注册商标专用权的犯罪行为。四是加大驰名商标保护力度。在商标注册、评审和管理工作中严格依法认定和保护驰名商标，保护驰名商标企业合法权益。

第六，充分发挥农产品商标和地理标志在统筹城乡发展、区域发展中的推动作用。一是深入开展“商标富农”工作。加强对农民、农村经济组织和涉农企业的商标法律宣传，积极引导农林产品商标、农林业服务商标以及地理标志证明商标、集体商标的注册，提高农林产品附加值，增强市场竞争力。大力推进有机农产品、环境友好型农产品商标注册，促进提高农林产品质量，保障食品安全。大力推行“公司＋商标（地理标志）＋农户”产业化经营模式，进一步提高农民进入市场的组织化程度，充分发挥商标在农林业现代化、产业化、规模化中的作用。及时总结推广各地“商标富农”工作经验。二是加大涉农商标和地理标志注册、运用与保护工作的力度，支持具有经济潜力的涉农商标及地理标志产品及时进行商标注册。加快农林产品商标和地理标志注册工作。切实履行行政监管职能，督促证明商标所有人认真履行管理义务，加强对地理标志产品专用标志使用情况的检查，维护地理标志产品市场信誉，促进具有地方特色的自然、人文资源转化为现实生产力，促进区域经济发展。

第七，规范发展社会中介服务体系。一是加强对商标代理组织和代理人的行政监督管理。抓紧制定《商标代理条例》。建立商标代理组织、代理人信用记录、信用等级评价和失信惩戒等监管制度。二是建立健全商标代理行业自律制度。制定商标代理行业自律规范，发挥自我管理、自我约束作用。加强对行业自律管理的行政监督。加强对商标代理人业务和职业道德培训，提高代理人素质。支持开展商标代理行业国际合作与交流，提升商标代理人办理涉外商标申请和处理涉外商标纠纷能力。三是支持行业协会开展商标工作。充分发挥各行业协会的优势，促进行业商标信息交流，维护行业和组织成员的正当合法商标权益。加强对行业协会商标工作的监督指导。四是培育和发展市场化商标信息中介服务。鼓励社会资金投资商标信息化建设，满足不同层次商标信息需求。鼓励企业参与商标信息增值性开发利用。支持建设规范的网上商标交易平台，加强引导和监管。五是规范商标价值评估工作。与评估行业主管部门和行业协会加强沟通和交流，研究制定商标价值评估指导意见，推动出台商标价值评估操作规范，提高评估公信度。

第八，加快商标注册管理与公共服务信息化建设。一是全面提高商标注册与管理信息化水平。采用计算机成熟主流技术，完善商标注册管理自动化系统，保障系统安全运行。建立适应商标行政管理工作发展需求的决策支持系统和信息统计系统。建设全国商标监管信息发布交流平台。进一步完善适合我国检索方式与检索习惯的商标检索系统，探索实现商标图形自动检索。继续实施第三期自动化项目工程，进一步提高“无纸化办公”水平，完善商标注册电子申请技术，提高电子申请比例。二是大力完善信息化公共服务平台。在“网上查询、网上公告、网上申请、网上缴费”的基础上，全面提升“中国商标网”的窗口作用，健全注册信息和工作信息发布，为国内外公众提供更广泛的服务。完善咨询服务应答机制。支持和推动国家基础知识产权信息公共服务平台的构建。建设完整、高质量的商标、地理标志等数据中心。指导和支持各地区、各有关行业建设符合自身需要的商标信息库。建立商标史料馆。三是提升商标行政管理工作的透明度，增强全社会对商标注册和保护工作的了解。按年度制定和发布《商标战略发展报告》，及时公布商标战略实施情况。建立健全商标执法机关和企业、社会公众之间畅通的沟通和交流渠道。

第九，加大商标宣传教育力度。一是加强商标宣传，提高全社会商标意识，推进知识产权文化建设。建立政府主导、主管部门负责、新闻媒体支持、社会公众广泛参与的商标宣传工作体系。注重发挥新闻媒体的作用，开展生动活泼的商标宣传工作，大力弘扬以创新为荣、剽窃为耻，以诚实守信为荣、假冒欺骗为耻的道德观念。积极倡导消费者树立自觉抵制假冒伪劣产品的意识。加大商标普法教育力度。加大对外宣传力度，树立我国有力保护商标的良好国际形象。二是广泛开展商标普及型教育。支持高等院校有关专业开设相关商标课程，开展商标研究。在中小学开展树立商标意识的宣传活动。

第十，大力培养各类商标专业人才。一是制定培训规划，将商标法律知识列入党政领导干部、公务员、企事业单位、农业产业化组织管理人员、专业技术人员等的培训内容。二是推动建立商标人才培养基地。充分发挥国家工商总局行政学院作用，加强商标工作人员培训。积极利用高校和研究机构的教学力量，加强商标审查员和各级行政管理人员的在职培训。大力培训一线执法人员，形成轮训制度。推动商标司法机构、商标行政执法机关、高校商标教学研究机构、商标法律服务机构、企业商标管理部门之间加大工作交流，互通情况，促进共同提高。三是建立部门协调机制，统筹规划商标人才队伍建设。加快建设国家和各省商标人才库和专业人才信息网络平台。大力推进商标领域专业人才交流。

最后，扩大商标国际交流与合作。一是加强商标领域的对外交流合作。根据我国经济社会发展阶段，明确发展目标，制定切合实际的交流政策，解决自身发展中的问题。建立和完善商标对外信息沟通交流机制。充分利用世界知识产权组织、世界贸易组织、亚太经合组织、自由贸易区协定以及其他双边经贸和知识产权交流合作机制，建立与我国有贸易关系的国家之间畅通的双边和多边商标交流渠道。大力推进商标专业人员对外培训交流。积极参与国际商标领域的秩序构建，参与制定和修订商标国际规则，参与国际组织有关议程，扩大我国在商标领域的国际影响，维护我国的声誉和权益。二是建立企业海外商标维权投诉协调机制。充分发挥各级政府及有关主管部门职能，发挥商标中介组织、行业协会优势，建立有效的争端维权信息联络机制。充分利用多边、双边商标领域合作机制、商标主管机关商洽等形式，保护我国企业在国外的合法商标权益，为我国对外贸易和经济发展创造良好的国际环境。

2. 组织实施

第一，战略阶段规划。为保证在2020年全面实现各项商标战略目标，将战略任务进行统一规划和总体部署，按照国民经济和社会发展五年规划时段，将战略实施总体上分为三个阶段：第一阶段：2009～2010年在对各项任务进行分解，确定实施具体步骤的基础上，完成工作任务分工部署，确立各项战略实施体制机制，全面启动各项任务的落实。重点一是修改、完善商标法，二是探索和建立各项实施工作体制机制，三是确保商标审查2010年解决积压任务的实现，四是建立完善的地理标志保护制度，五是大力开展战略实施宣传，六是规范商标代理服务行业。战略实施取得初步成效。第二阶段：2011～2015年根据国民经济和社会发展“十二五”规划，在工作取得阶段性成果，总结前期经验的基础上，重点推进以下内容，一是大力提高企业商标运用、保护、管理能力，二是进一步普及公众宣传教育，三是完善商标审查、评审人员管理制度，四是提升信息化水平，五是完善法律法规。上述任务务求取得实质性突破。第三阶段：2016～2020年根据地区、行业发展情况，分类指导，综合平衡，提高完善。全面实现各项战略目标。

各战略分阶段内，制定年度实施方案，每年末总结评估年度实施情况。

第二，组织领导。(1) 国家工商总局成立商标战略实施领导小组，全面负责商标战略实施的组织领导工作。总局局长任领导小组组长，主管副局长任副组长，总局各有关司局、直属事业单位负责人为领导小组成员。领导小组下设办公室，商标局承担办公室职能，商标局局长任办公室主任。(2) 商标战略实施领导小组主要职责为：统筹规划商标战略实施工作，研究制定和调整商标战略实施意见以及年度实施方案；指导、督促、检查有关政策措施落实情况；协调解决商标战略实施过程中的重大问题；研究协调与商标战略实施工作有关的其他重要事项。

第三，责任分工。各有关部门的责任分工由商标战略实施领导小组确定。各省、自治区、直辖市工商行政管理局结合本地区特点和实际情况，自行制定或推动本地政府制定区域商标战略，落实总局各项工作要求，有效开展实施工作。

第四，经费保障。建立商标战略实施经费专项预算和拨付制度。保障战略实施工作的各项经费。

（二）商检部门实施地理标志保护战略的基本措施

第一，加大地理标志产品保护工作力度。

(1) 加强保护制度建设。《国家知识产权战略纲要》在专项任务和重点举措中对保护地理标志知识产权进行了明确部署，提出要完善地理标志保护制度，建立健全有中国特色的地理标志产品专门保护制度。各级质检机构要认真总结地理标志产品保护工作经验，着力推动地理标志立法工作。要结合地理标志产品保护实践，研究加强地理标志法制建设的方式方法，积极参与配合地理标志立法调研。要协调地方政府主管部门及行业协会，制定加强本地区地理标志产品保护力度的具体措施，组织生产企业深入学习地理标志产品保护的相关规定，依法加强保护产品的监督管理。

(2) 开展地理标志资源普查。各直属检验检疫局和省级质量技术监督局要组织调查本地区的地理标志资源，了解有关产品的生产历史、生产工艺、知名度及其与当地自然环境和人文因素的关联性是否符合地理标志产品的要求。要以资源普查工作为基础，加大开发保护力度，在开发中保护，以保护促进开发，通过开发保护，把地理标志资源优势尽快转化为经济发展的优势。要认真学习研究地理标志产品保护制度，开展对地理标志保护制度的宣传和指导，把符合地理标志保护条件的产品纳入申请范围，使地理标志保护制度成为地方经济又好又快发展的助推器，促进具有地方特色的自然、人文资源优势转化为现实生产力。

（3）完善地理标志产品保护体系，维护地理标志产品的特色质量。要进一步完善技术标准体系、质量保证体系和检验检测体系，切实保证地理标志产品的质量特色。当前，要重点加强地理标志产品技术标准体系建设的研究，形成以地方标准为主体的地理标志产品的技术标准体系，协助地理标志产品生产者和地方政府主管部门，完善已获批准的地理标志保护产品的技术标准，并开展地理标志产品保护示范区建设。要完善地理标志产品的检验检测体系，提升地理标志产品的保护水平。要建立健全地理标志产品的质量保证体系，实现全过程质量监管和溯源，及时总结推广好的监管模式，推动地理标志产品保护工作不断深化发展。

第二，加大知识产权执法打假和保护服务力度。

（1）开展“打击假冒，保护名优”活动。进一步推进实施名牌战略，组织开展区域整治活动，帮助企业争创名牌，形成地理标志产品的品牌优势。加大对名牌产品和企业的保护力度，加强对假冒厂名厂址、质量标志、名优标志等违法侵权行为的日常执法打假工作，加大对假冒品牌产品和企业违法行为的执法打击力度。

（2）组织开展地理标志产品的专项整治行动。协调地方有关部门和相关行业协会共同建立工作联系制度，开展地理标志专项执法打假活动。组织专项打击伪造、冒用地理标志和名称的违法行动，依法查处擅自使用或伪造地理标志名称的行为。

（3）开展“百城万店无假货”活动，组织地理标志保护产品参加“名牌进名店”活动，扩大地理标志产品的影响，防止假冒伪劣地理标志产品混入市场。

第三，广泛开展知识产权国际交流与合作。

（1）建立健全同主要贸易国家间与质检有关的知识产权合作与交流机制，加强合作交流。

（2）积极参与与质检有关的国际性和区域性国际组织的有关规则、标准修订活动。密切跟踪，积极参与 WTO《与贸易有关的知识产权协定》的谈判，特别是实质性地参与关于地理标志保护问题的谈判，积极反映我国对有关问题的立场。积极参与国际知识产权组织（WIPO）和国际植物新品种保护联盟（UPOV）的规则制修订活动和国际标准化组织（ISO）等标准化组织有关标准中的知识产权保护规则的制定，以维护我国权益。

（3）以 WTO 相关原则为指导，做好自由贸易协定中地理标志保护条款的谈判和在正常的双边合作中有关地理标志保护的工作。积极推动我国地理标志保护产品获得国外市场的认可和保护，防止其他国家滥用地理标志保护，侵犯我国相关产品享受应有的权利。在平等互利的原则下，对国外地理标志产品进行适当保护。

(4) 高度重视研究能力的培养和提高，认真组织研究国际上有关知识产权的法律法规和相关协议，分析国外知识产权保护的趋势及其对我国企业可能造成的影响，研究质检部门应采取的应对措施，为决策提供富有价值的参考。

第四，落实必要的保障条件。

(1) 制定规划和计划。要把知识产权保护列入重要议事日程，明确落实《知识产权战略纲要》的牵头部门、办事机构和责任人，制定中长期规划和年度目标，合理安排，统筹兼顾。

(2) 加强人才队伍建设。要因地制宜，广泛开展知识产权实务培训，将重点内容培训与普及性培训相结合，重点开展地理标志、标准中的知识产权、执法监督、知识产权国际合作等内容的培训，在全系统建立起保护知识产权的法律责任意识。

(3) 落实经费保障。质检部门保护知识产权的任务越来越重，各地质检机构要把落实国家知识产权战略的有关工作任务纳入经费预算，为开展质检领域的相关知识产权保护工作提供必要的保障。

六、实施商标战略的司法机制

(一) 充分发挥司法保护商标权的主导作用，切实保障创新型国家建设

大力加强人民法院商标司法保护体系建设，切实发挥司法保护商标权的主导作用。根据新形势新任务和我国知识产权保护的实际情况，《国家知识产权战略纲要》将“加强司法保护体系建设”、“发挥司法保护知识产权的主导作用”纳入国家知识产权战略重点。这是对我国司法在知识产权保护中职能作用的基本定位，也是从全局和国家发展战略的高度对我国知识产权司法保护工作提出的殷切期望和全新要求。人民法院贯彻实施国家知识产权战略，必须增强发挥司法保护商标权主导作用的自觉性和主动性，以保障和促进创新型国家建设为基本目标，高度重视并全面加强商标审判工作，充分发挥商标审判的职能作用，切实加大商标权司法保护力度，不断提高人民法院商标司法保护的整体效能，努力营造鼓励和引导创新的商标司法环境；必须大力解决影响和制约科学发展的突出问题，不断提高司法水平和司法效率，

及时出台司法解释和司法政策，建立健全商标权相关诉讼制度，大力完善商标权司法保护制度；必须着力构建有利于科学发展、符合商标案件特点的审判体制和工作机制，全面优化商标审判资源配置，整体提升审判队伍素质，大幅度提升人民法院商标司法保护能力。

充分发挥商标权审判的职能作用，全面加强对商标权的司法保护。以执法办案为第一要务，不断提高商标审判质量和效率，努力确保每一起案件都能够依法公正及时裁判并得到有效执行，增强商标权司法保护的公信力和权威性，切实体现法院司法定纷止争的终局作用，最大限度地维护人民群众的创新权益，实现商标权领域的公平正义。充分运用刑事、民事和行政三种审判职能，大力发挥商标案件审判整体效能，对商标权提供全面有效的司法保护。依法严惩侵犯商标权犯罪，综合运用各种刑事制裁措施，充分发挥刑事审判惩治和预防商标权犯罪的功能；依法调整涉及商标权的民事法律关系，合理界定当事人权利义务，积极采取民事救济措施，充分发挥民事审判解决商标权纠纷的主渠道作用；依法保护行政相对人的合法权益，监督和维护各相关行政主管机关依法履行各自职权范围内的商标行政执法和行政管理职责，充分发挥行政审判监督和支持商标行政执法保护的职能。

综合运用商标权司法救济手段，不断增强商标权司法保护的有效性。依法确定当事人应当承担的各种法律责任，积极采取各种救济手段，对商标权进行全方位的有效保护。通过判决赔偿经济损失和责令停止侵权、消除影响和赔礼道歉等，对权利人予以物质的与精神的、金钱的与非金钱的综合救济；通过终审判决和诉前或诉中临时措施裁定等，对权利人予以现实的和临时的司法救济；通过判处罚金、没收财产和采取民事制裁措施等，剥夺侵权人再侵权的能力和消除再侵权危险。特别是要突出发挥损害赔偿在制裁侵权和救济权利中的作用，坚持全面赔偿原则，依法加大赔偿力度，加重恶意侵权、重复侵权、规模化侵权等严重侵权行为的赔偿责任，努力确保权利人获得足够的充分的损害赔偿，切实保障当事人合法权益的实现。

及时明晰商标权法律适用标准，有效发挥司法保护商标权的导向作用。根据商标权司法保护中的法律适用需求，认真总结审判实践经验，及时发布司法解释，统一司法尺度，为确保法律正确适用和有效保护商标权及时提供操作性规范依据。深入调查研究，找准司法保护服务经济社会发展的结合点和着力点，通过各种行之有效的形式，明确司法政策，加强司法指导，积极引导经济社会发展。加快构建符合中国国情的商标权司法案例指导制度，充分发挥指导性案例在规范自由裁量权行使、统一法律适用标准中的作用，减少裁量过程中的随意性。依法受理并妥善裁决各种复杂疑难和新类型知识产权纠纷，及时为企业和社会提供价值判断和行为指引，规范和促进新兴产业发展。强化商标权裁判的说理性，充分公开裁判文书，实现审判全过程的公开，发挥司法裁判的教育和导向作用，促使当事人息诉止争，引导案外人自行解决类似矛盾纠纷。

努力加强人民法院与其他司法机关和商标行政执法机关之间的协作配合，推动形成商标权保护的整体合力。加强与公安、检察机关在商标权刑事司法程序中的配合，依法受理和裁判商标权刑事案件，切实加大刑事保护力度。加强与工商、质检、海关等行政主管部门在商标行政执法程序上的衔接，实现司法保护与行政保护的优势互补和良性互动。

（二）依法审理好各类知识产权案件，切实加大知识产权司法保护力度

统筹兼顾各种重大关系，确保《国家知识产权战略纲要》提出的商标专项任务在人民法院系统的贯彻落实，实现商标权审判全面协调可持续发展。一是处理好执行法律与服务大局的关系，既要坚持宪法和法律至上，履行法定职责，遵循司法规律、司法途径和司法方式，严格依法办案，做到公正司法，维护法律权威；又要强化大局意识和宏观思维，正确处理局部利益与全局利益的关系，努力实现办案法律效果与社会效果的有机统一，确保正确政治方向。二是处理好保护私权与维护公共利益的关系，既要强化私权保护意识和尊重私权保护规律，依法保护当事人的合法权益，通过保护私权实现激励创新的知识产权制度目标；又要合理界定知识产权的界限，服从法律为保护公共利益所设定的强制性规范，确保私权与公共利益的平衡，维护公共秩序。三是处理好依法保护与适度保护的关系，充分考虑和把握我国经济社会和科技发展状况，善于利用司法政策、自由裁量权和法律适用技术，使司法保护既合法又适度；既能激励品牌创新和经济发展，又有利于促进商标传播和运用；既能切实保护品牌成果和品牌权益，又能促进企业提高自主品牌创新能力。四是处理好保护权利与防止滥用的关系，既要加大商标权司法保护力度，严厉打击假冒、盗版等严重侵权行为，大力降低维权成本，大幅提高侵权代价，有效遏制侵权行为，切实保护权利人和消费者的合法权益，维护公平竞争的市场秩序；又要防止商标权滥用，依法审查和支持在先权、先用权、禁止反悔、合理使用等抗辩事由，制止垄断行为，依法受理和审查确认不侵权之诉和滥诉反赔之诉，规制滥用知识产权和诉讼程序打击竞争对手、排除和限制竞争、阻碍创新的行为，维护社会公众的合法权益。

加强商标权司法保护，维护商标信誉，推动形成自主品牌。通过商标案件的审判，支持和引导企业实施商标战略，促使其在经营中积极、规范使用自主商标，促进自主品牌的形成和品牌经济的发展。严厉制裁商标假冒、恶意模仿等侵权行为，严格适用侵权法律责任，切实保障商标权人和消费者的利益，维护公平竞争的市场秩序。正确把握商标权的法律属性，根据商标用于区别商品或服务来源的核心功能，合理界定商标权的范围，根据商标的显著性程度、知名度大小等确定保护强度和范围，准确认定商标侵权判定中的商品类似、商标近似和误导性后果。正确把握驰名商标司法认定和保护的法律定位，坚持事实认定、个案认定、被动认定、因需认定等司法原则，依法慎重认定驰名商标，合理适度确定驰名商标跨类保护范围，强化有关案件的审判监督和业务指导。妥善处理商标权保护与特定产业发展的关系，既注重保护商标权，又有利于促进相关产业的升级和发展。依法受理并及时处理好涉及地理标志和奥林匹克标志、世界博览会标志、特殊标志等案件。

依法制止不正当竞争，规范市场竞争秩序，推动形成统一开放竞争有序的现代市场体系。审理好仿冒知名商品特有名称、包装、装潢和虚假宣传、商业诋毁等不正当竞争案件，积极受理涉及企业名称（商号）、商业外观、计算机网络域名等相关新类型商标案件，制止一切非诚信的仿冒搭车行为，避免市场混淆和误导公众，切实维护权利人和消费者的合法权益，确保诚信竞争和有序竞争，促进社会信用体系建设。依法积极受理涉及注册商标、企业名称等与在先权利冲突的民事纠纷，遵循诚实信用、维护公平竞争和保护在先权利等原则，妥善予以裁决。准确把握反不正当竞争法的立法精神和适用条件，既要与时俱进，对市场上新出现的竞争行为，适用反不正当竞争法的原则规定予以规范和调整；又要严格依法，对于法律未作特别规定的竞争行为，只有按照公认的商业标准和普遍认识能够认定违反反不正当竞争法的原则规定时，才可以认定为不正当竞争行为，防止因不适当扩大不正当竞争行为方式范围而妨碍自由、公平竞争。对于既不存在商业秘密、又不存在法定和约定竞业限制的竞争领域，不能简单地以利用或损害特定竞争优势为由，适用反不正当竞争法的原则规定认定构成不正当竞争。

妥善处理商标权合同纠纷，维护交易安全，促进商标创造运用。尊重当事人意思自治，维护合同的严肃性和有效性，严格合同解除条件，依法制裁违约行为。依法合理掌握权属纠纷诉讼时效。本着尽可能降低交易风险和减少交易成本的精神，依法界定在转让、许可、质押等环节形成的法律关系和利益分配及责任承担。积极受理特许经营合同纠纷，妥善处理商标代理合同纠纷。

认真审查商标权诉前临时措施申请，及时慎重裁定，有效制止侵权。发挥诉前临时措施的及时救济功能，确保在法定时限内作出裁定并立即予以执行。对于商标和著作权侵权案件，尤其是假冒和盗版等显性侵权和故意侵权案件，注意积极采取诉前责令停止侵权措施。适度从严掌握认定侵权可能性的标准，原则上应当达到基本确信的程度。对于当事人起诉时或诉讼中提出的临时措施申请，要迅速审查并及时裁定和执行。对于证据保全申请，重点考虑证据风险和申请人的取证能力，及时作出裁定。

强化对商标权授权确权行为的司法复审，依法审查授权条件，统一和完善授权审查标准。在事实认定和法律适用上对商标等知识产权授权确权行政行为进行全面的合法性审查，既要给予行政主管机关对专业技术事实评判的适当尊重，又要对相关的实质性授权条件进行独立审查判断，切实依法全面履行司法复审的基本职责。加强与行政主管机关的工作协调与业务交流，促进审理和审查标准的统一与完善，提高相关案件的执法水平。努力提高审判效率，及时依法确认权利的有效性，保障权利维护和利益实现的时效性。

加强商标权行政司法保护，依法监督行政行为，支持依法行政。依法审理商标权行政案件，在合法性审查中既要保护商标权行政相对人的合法权益，又要维护商标行政管理秩序，依法支持行政机关制裁侵权行为，促进商标权行政保护。行政机关申请强制执行行政处理决定，经审查符合执行条件的，应及时裁定并予以强制执行。

加大商标权刑事司法保护力度，依法严厉制裁侵犯商标权犯罪行为，充分体现惩罚和震慑犯罪功能。依法受理商标权刑事案件并及时作出裁判，切实加大对假冒注册商标犯罪行为的打击力度，在依法适用主刑的同时，加大罚金刑的适用与执行力度，并注意通过采取追缴违法所得、收缴犯罪工具、销毁侵权产品等措施，从经济上剥夺侵权人的再犯罪能力和条件。配合有关部门，针对反复侵权、群体性侵权以及大规模假冒、盗版等行为，有计划、有重点地开展知识产权保护专项行动，遏制假冒盗版现象。统一和规范侵犯商标权犯罪案件适用刑罚的条件和标准，准确把握宽严相济的刑事政策。依法审理侵犯知识产权的刑事自诉案件，切实保障被害人的刑事自诉权利。

加强商标权审判监督，保障当事人申诉权，维护商标权司法公正。既要充分维护正确生效裁判的既判力，又要让符合法定条件的案件及时进入再审，确保公正司法和维护法制统一。统一裁定再审的标准，以生效裁判确有错误作为上级法院和本院依职权启动再审的标准，以符合法定再审事由作为依当事人申请裁定再审的标准。通过及时、规范的听证程序和耐心细致的审查说服工作，尽可能使当事人服判息诉，尽可能降低多次申诉的比率。努力提高审查的质量和效率，对于经审查申请书、答辩意见等足以确定再审事由是否成立的，可以径行裁定。

加大商标权案件执行力度，保障裁判权益及时实现，树立司法保护权威。健全知识产权案件强制执行机制，充分运用执行工作联动威慑机制，完善提级执行、指定执行、委托执行等措施，保证知识产权案件的切实执行，强化对诉前临时措施裁定的及时执行。对被执行人拒不履行停止侵权的生效裁判内容继续其原侵权行为的，除支持权利人依法追究其民事责任以外，积极协调公安、检察机关以拒不执行判决、裁定罪追究其刑事责任。

依法开展涉外商标权司法保护，保障对外开放，促进国际经贸合作。正确处理本国利益与他国利益的关系、对外关系与具体案件审理的关系、本国当事人与外国当事人的利益关系，始终坚持依法公正审判和平等保护原则，维护和提升我国司法良好的国际形象，优化经济发展外部环境。统筹国内国际两个大局，妥善处理与贸易有关的重大商标权纠纷，既确保遵循相关国际公约及国际惯例，也始终维护国家利益和经济安全。注意从个案中发现知识产权工作的薄弱环节和管理漏洞，通过司法建议和裁判说明等形式，对行政管理提出改进建议，为行业和产业提供行为预警，提高企业应对商标权纠纷的能力，延伸商标权司法保护效果。

（三）完善知识产权审判体制和工作机制，优化审判资源配置

积极探索符合知识产权特点的审判组织模式。按照《国家知识产权战略纲要》要求，研究设置统一受理知识产权民事、行政和刑事案件的专门知识产权审判庭，尽快统一专利和商标等知识产权授权确权案件的审理分工，优化知识产权审判资源配置，实现知识产权司法的统一高效。认真总结近年来一些地方法院开展的由一个审判庭统一受理知识产权民事、行政和刑事案件试点工作，以及采用扩大合议庭组成或知识产权民事法官参与知识产权刑事、行政案件审判的探索工作，深入调查研究，认真解决试点和探索工作中出现的问题，加强统一协调和工作指导，积极稳妥地加以推进。

探索建立知识产权上诉法院。按照《国家知识产权战略纲要》要求，加强与相关部门的沟通、协调和配合，根据完善知识产权案件上诉机制的要求，深入研究建立知识产权上诉法院的可行性和必要性，积极探索有关改革路径和模式，努力实现知识产权确权程序与侵权诉讼程序的有效衔接，简化司法救济程序，提高裁判效率，保证司法统一。

推动改革商标确权授权程序。积极配合国家有关部门，以简化救济程序为目标，研究商标评审机构向准司法机构转变的问题，积极推动相关法律规定的修订。

健全商标权多元纠纷解决机制。坚持“调解优先、调判结合”原则和“定纷止争、案结事了”要求，加大商标权案件调解力度，将调解贯穿于案件审理的全过程。高度重视在诉前临时措施案件和刑事自诉案件中的调解以及在商标权行政案件中的协调，加强审判工作与人民调解、行政调解、仲裁等纠纷解决方式的衔接，积极支持调解和仲裁机构以及知识产权援助中心等发挥处理商标权纠纷的作用，注意发挥行业协会、专业部门和专业人士等的沟通协商、参与调解的作用，扩大邀请协助调解的案件范围，努力提高诉讼调解率、和解撤诉率。

加强商标权司法保护宣传。采取各种形式大力宣传商标权司法保护，提高全社会商标权意识，推进商标文化建设。结合人民法院新闻发布制度，适时发布商标权审判中的重要新闻和典型案例，努力做到“4·26”世界知识产权日司法保护宣传常态化。坚持审判公开和透明原则，严格按照有关规定和要求，将生效裁判文书及时上网公开。定期选择有影响的案例，邀请人大代表、政协委员、专家学者、行业协会和有关部门的代表、外国政府和国际组织驻华机构代表等代表性人士和社会公众等旁听庭审，增进司法公开，接受群众监督，扩大社会影响。

扩大商标权对外司法交流合作。建立和完善商标权司法保护对外信息沟通交流机制，积极参与国际和区域商标权交流与合作，拓展交流深度，加大宣传力度，加深世界各国对我国商标权司法保护制度及保护状况的全面、客观了解。既要根据我国国情和发展需求开展商标权司法保护，又要有针对性地学习借鉴吸收国外有益司法经验。

（四）加强商标权司法解释工作，完善商标权诉讼制度

及时制定商标权司法解释。按照《国家知识产权战略纲要》要求，增强司法解释的针对性和及时性，针对审判实践存在的比较普遍和突出的法律适用问题，及时制定司法解释，明确司法原则和政策，统一司法标准，规范并细化自由裁量权的行使，完善商标权诉讼制度。强化司法解释的科学性和实效性，深入开展调查研究，广泛听取和征求各方面的意见，注意发挥学术团体、研究机构以及中介组织的参与作用，共同为完善商标权司法保护制度提供智力支持。发布关于驰名商标司法保护的司法解释，出台关于反垄断民事诉讼程序的司法解释。

建立健全商标权相关诉讼制度。按照《国家知识产权战略纲要》要求，与有关部门协调配合，针对商标权案件专业性强等特点，建立和完善司法鉴定、专家证人、技术调查等诉讼制度。完善商标权诉前临时措施制度，适时启动相关司法解释的起草工作。配合有关部门明确商标代理人的诉讼执业资质问题，推动有关部门研究建立相关律师代理制度。

调整完善商标权案件管辖制度。按照既方便法院审理和当事人诉讼，又充分满足品牌创新和经济社会发展对商标案件审判新需求的原则，统筹规划商标案件审判管辖体制。适度集中垄断案件和涉及驰名商标认定等特殊类型知识产权案件的管辖权；适当增加受理商标、不正当竞争和知识产权合同等一般知识产权案件的基层法院；经上级人民法院依法指定，具有一般知识产权案件管辖权的基层法院可以跨区域管辖同一上级人民法院辖区内的一般知识产权案件。

（五）加强商标案件审判队伍建设，提高商标权司法保护能力

进一步健全知识产权审判机构。各级人民法院要根据担负的商标案件审判职责和任务的客观需要，本着立足现实、兼顾长远的原则精神，加强知识产权审判庭的机构设置、人员编制和内设机构配置。在中级以上法院和具有案件管辖权的基层法院普遍建立知识产权审判庭，暂不具备独立设庭的中级人民法院，也应当建立或指定专门负责审理知识产权案件的合议庭。

大力充实商标案件审判队伍。采取切实有效措施，调整和充实商标审判法官队伍，提高法官队伍素质，强化审判和执行能力。注意从精通法律、外语基础较好、具有理工专业背景和一定审判经验的人员中选拔、培养专业法官，有效缓解案件持续增长与专业审判力量相对不足的矛盾。保持法官队伍的基本稳定，完善审判人才的专业结构，对于专业性和技术性较强的案件，尽可能由相对固定的合议庭和专业法官负责审理，重点培养一批社会认可度高的专业型、专家型法官。充分考虑审判和法官培养的规律，在工作量、业务考核等方面采用科学合理的业绩评价指标。积极开展与专业部门的人员和业务交流，鼓励东中西部法院之间开展各种形式的业务和人才交流。加大审判技能和专业知识培训力度，最高人民法院和各高级人民法院要制定长期培训规划，及时更新培训大纲，保证培训时间和质量，重点加大对中、基层法院和中西部地区法院审判人员的培训力度。

七、企业商标战略的制定与实施

企业商标战略，是指企业在一定时期内运用商标确定企业主要的及长远的目标任务和为实现这些目标任务所采取的商标运用方面的主要行动。企业商标战略，是一个集经济、法律、科技、治理、企业文化、公关、软科学等众多学科内涵的综合性系统工程，是企业开拓发展战略的基本内容之一。一个正确、合理的商标战略绝不是建立在人们的主观想象之上，而是从企业的内外条件出发，综合考虑企业发展战略的市场目标、市场环境等诸多因素，来确定商标的开发设计、使用、形象推广和争取购买者的目的。因此，企业商标战略的制定必须实事求是，切忌盲目性，应该把工作建立在切实的调查研究和合理科学的分析基础之上。提高商标意识，强化商标观念。商标是市场经济的产物，它被人们形象地称作商品的“脸”，商标是一种作为呼叫功能的听觉符号或作为识别功能的视觉标记，但它又是一个蕴含了重要商情信息的符号。一个小小的商标，对于消费者来说，就意味着具有一定质量水准的商品，人们认牌购货，从而在同类商品中进行选择购买。而对于生产者和销售者来说，商标则代表着企业的声誉、企业的形象，预示着企业商品的市场份额。凡是质量一流、深受广大消费者欢迎的产品，无不有着名牌的盛誉。好的商标又能直接促使商品销售量的增加，从而使无形的信誉转化为有形的经济效益。

（一）中国品牌走向世界的必备要素

哈佛大学商学院的汉斯教授在 1995 年曾经这样预言：“15 年前，各公司在价格上竞争，今天在质量上竞争，明天将在品牌上竞争。”在经济全球化的大背景下，中国企业在商品出口领域的现实状况印证了汉斯教授这一预言。目前，品牌已成为一种新的国际语言进入全世界的各个角落，并在国际商品贸易大舞台上扮演着越来越重要的角色。

美国《商业周刊》杂志与国际品牌集团 2008 年 9 月 19 日共同发布了“2008 全球最佳品牌排行榜”，可口可乐公司以 666.67 亿美元的品牌价值居首，而中国企业的品牌价值并未得到调研机构的认可，无一上榜。据了解，中国品牌在这份全球百强品牌名单中已连续 3 年难觅芳踪。

同方股份有限公司总裁助理、首席品牌官陆致瑛表示，近年来，世界经济开始进入品牌竞争的时代，品牌对国家经济发展的贡献度也在不断提高，中国名牌产品对经济增长的贡献率目前已超过 25%。同时，改革开放 30 年来我国已有约 170 万个品牌，其中有数以万计的中国名牌，但在全球品牌百强中却没有一席之地，这不免让人有些遗憾。“中国品牌的弱势与国家竞争力的逐步增强不能成正比”这一点表明，“品牌”正在成为中国经济和企业发展的一块短板。中国品牌要在世界知名品牌中占有一席之地，社会责任、自主创新、诚信这三大基本要素缺一不可。[7]

第一，“社会责任”助推品牌腾飞。

国内企业在 20 世纪 90 年代初开始重视品牌建设。随着改革开放的深入，国内市场涌现出大批各行业品牌产品。一些有竞争实力的企业开始有意识地开创中国的民族品牌，这些品牌不仅逐渐主导了国内市场，而且已开始走向国际市场。品牌的竞争格局，已由名牌产品与“杂牌”产品之间的竞争，转变为名牌与名牌之间的竞争、国内名牌与国际名牌之间的竞争。这期间形成了一些如家电行业的海尔、长虹、康佳、TCL，IT 行业的联想、清华同方、长城、浪潮等品牌为主流的民族品牌，他们的发展不仅有力推动了产业的发展壮大，也极大地促进了我国市场经济的繁荣。他们的崛起让越来越多的企业深刻体会到企业走品牌战略的重要性。

但做一个负责任的、具有全球化视野、并拥有国际影响力的全球“企业公民”也是中国企业走向世界必备的要求。“特别是在目前金融风暴的情况下，以及气候变暖的情况下，企业如何发挥自身的作用，更好地尽到社会责任，是我们关心的最大问题。”中国移动董事长王建宙在天津举办的夏季达沃斯论坛上如是说。美国安可顾问有限公司总裁兼首席执行官郭兰诗认为，社会责任日益成为跨国公司核心价值的重要组成部分，下一代全球500强企业的核心价值离不开社会责任。“承担社会责任不是一个两难的选择，企业赢利与履行社会责任可以同时做好。”

企业在追求发展的同时必须注重社会责任，特别是当一些非常事件的发生，常常是检验企业社会责任的试金石。据陆致瑛介绍，在2008年北京奥运会上、残奥会上，同方的RFID电子门票系统全面应用于四次开、闭幕式场馆实名制门票及其他比赛场馆的查验工作。与传统人工验票方式相比，同方RFID电子门票系统具有高效率、高准确性的突出优势。值得一提的是，RFID电子门票系统是将射频识别的非接触式门票首次应用于奥运会，这是几届奥运会想实现而没有实现的。现在，中国品牌——清华同方不仅实现了这一技术突破，并把该项自主技术和产品无偿地捐赠给了奥运会；同方威视为2008年北京奥运会及残奥会全部比赛场馆提供安防检测设备，以领先科技确保赛场安全。作为全球最大的集装箱、车辆检查系统专业供应商之一，同方威视拥有这些电子产品全部核心技术的知识产权，技术和设计理念均达到世界先进水平，产品覆盖全球60多个国家和地区，市场份额高达70%；在2008年北京奥运会开闭幕式万众瞩目的主场馆“鸟巢”内，同方水务还为全场观众每小时提供48吨健康直饮水……2008年北京奥运会期间，中国企业、中国品牌正凭借自身先进的技术、优质的产品和完善的解决方案，在充分诠释2008“科技奥运、绿色奥运、人文奥运”三大理念的同时，也在向世界展示中国企业的社会责任和品牌形象。

第二，“自主创新”打造世界名牌。

“改革开放30年来，中国经济取得了长足的发展，但由于缺少品牌，虽然对外贸易不断壮大，但效益并不是很高。”商务部产业司副司长周世杰表示了他的忧虑，“中国有170多类产品的产量居世界第一位，但是，却很少有世界水平的名牌。我们是典型的制造大国，品牌小国”。

2007年，中欧双边贸易额达到3561.5亿美元，比上年增长了27%，但来自欧盟内部市场协调局的最新统计数据却显示，中国大陆地区企业1996年到2008年8月间申请注册的商标只占欧盟受理总量的0.37%，2003年到2008年8月间申请的外观设计专利也只占0.69%。另外，仅2007年国家工商总局商标局受理的国外申请人在中国的商标注册申请就达到了10.3万件，比上年增加了6.1%。

对此，中国品牌研究中心主任王齐国指出，国内企业目前拥有自主知识产权核心技术的仅为万分之三；99%的企业没有申请专利；60%以上的企业没有自主品牌……“这就是中国品牌的现状。试想，一个连最基本识别标志都没有的企业怎么能够做成品牌?”

“眼见着我们提供大量土地、矿产资源、劳动力，甚至不惜破坏生态环境换回的不过是廉价血汗钱，而中国制造的产品贴上国外的品牌，外国人赚取的利润又何止我们的一倍两倍!”中南财经政法大学校长吴汉东对此痛心疾首。他认为，品牌的价值是以企业创新和研发为支撑的，归根到底，企业的创新能力决定了企业的品牌含金量。

“谁抓住自主创新，谁就拥有发展主动权和核心竞争力。”在激烈的市场竞争中，世界500强企业榜单近几年已有100多家企业先后退出，取而代之的是更多的新兴企业。世界经济论坛曾有调查显示，世界500强企业七成以上的产值来自科技创新和文化积累。

现阶段中国企业有一个共同特点就是处于“生存”与“打造品牌”的两难境地，然而今天发达国家的最重要标志之一就是具有强势竞争力的品牌。成功的品牌代表着一种话语和权力，拥有市场的唯一途径是拥有占据市场主导地位的品牌。对整个国民经济而言，品牌是国民经济健康发展的加速器；对企业而言，品牌是点金术。一个民族拥有一流的品牌，就意味着拥有了推动国民经济加速发展的巨大资产，拥有了支撑民族自信心的消费文化。

第三，“诚信”让中国品牌获得世界尊敬。

诚信是一种无形资产，它反映了企业的信用、实力和形象。从制度经济学的角度看，诚信的价值在于它可以极大地降低企业与其他市场主体之间的交易成本。随着市场经济的日益规范，诚实守信既成为企业经营的基本准则，也成为企业发展的基石。企业的信用高，将加快企业经济运行的速度，推动企业的有序运行。反之，企业如果没有信誉，其品牌形象必将受到极大损害，也无法实现企业的可持续发展。

诚信是企业发展的根本，同时也是企业不贴标识的商标。

首先，诚信是企业发展的生存条件，是市场经济成熟的标志，是社会稳定的基础。企业的生存与发展是以经济利益的最大化为目标，实现这一目标的根本，离不开企业诚信和社会诚信。市场经济对企业的发展是非常挑剔的，优胜劣汰对企业是自然选择，企业要站稳市场，必须经历市场的千锤百炼，否则“基础不牢，地动山摇”。我国改革开放30年来，在国际经济往来中信誉关系非常好，受到国际社会的赞扬，但一些企业在国内经济服务领域却存在不履行合同、金融欺诈、恶意拖欠、做假账坏账甚至携款外逃等现象，诚信防线遭到人为破坏。这种不恪守诚信规则的行为，不仅影响了企业诚信、社会信誉，很可能在竞争中被兼并、挤垮，直至淘汰。

其次，商标是产品的标签，让人一目了然，但产品的质量、性能则是内在的，人们往往看不见摸不着，它实际上就是产品诚信的内在含义。诚信让人永远铭记，虚假让人永远唾弃。人们常说“酒香不怕巷子深”，这说明“酒家”已取得消费者的信任，形成社会连锁认同。而以次充好、以劣充优、以假乱真，可能会一时蒙骗过关，其后果，轻者产品难销，重者破产倒闭。一个好企业、好品牌、好商标给人的记忆是永远的，代代相传。北京同仁堂信誉几百年经久不衰就说明这一道理。而一些老字号、老品牌晚节不保，也令人痛心疾首。

企业必须在追求股东利益最大化的同时，承担更多社会使命。基于这一认识，企业应一直将社会责任融入到公司整体发展战略之中。通过构筑诚信文化、营造与利益相关者共同发展的和谐环境以及积极参与公益事业等方式，全方位打造受尊敬的企业公民形象。随着全球经济一体化的发展，中国正在由制造大国向品牌大国崛起。还需要多长的时间，能达到我们期望的高度，这其中很重要的因素，取决于中国品牌的品质。

（二）企业商标战略的误区

从整体上看，我国企业的商标战略意识普遍低于西方发达国家，许多企业在如何实施商标战略方面存在着误区。

一是缺乏战略危机意识。短视行为是我国企业一个致命的通病，产生这一问题的直接原因是，企业经营者普遍存在的急功近利心理和企业的短视行为。在商标战略运用实施方面，同样也反映了无战略危机的状况。商标是实施商标战略的前提和基础，但是，我国很多企业根本就没有自己的注册商标。国家知识产权局2006年透露，我国国内拥有自主知识产权核心技术的企业仅为万分之三。99％的企业没有申请专利，60％的企业没有自己的商标。美国史克公司在世界各国注册的商标更是高达2.5万个。注册商标的拥有量是衡量一个企业生产经营水平和规模的重要参数，也是衡量一个国家知识经济水平的重要标志。在企业的初创时期，对商标战略的重视程度往往不够。但是，当企业已进入成长期，就应及时考虑和制定切实可行的商标战略，以便为日后的发展壮大奠定良好的基础。如果一个企业没有注册商标，就更谈不上实施商标战略。

二是对现有商标无所作为。尽管商标战略在企业的发展过程中作用巨大，但并不是所有的企业经营者都能充分认识到这一点。有很多企业虽然拥有了注册商标，但却不知道怎样制定和实施商标战略。由于企业的规模、行业、产品的市场占有率等不同，其商标战略的内容可能有所区别，但是那种缺乏明确的目标、没有系统、没有计划地顺其自然、无所作为式的商标战略却是十分危险的。应当指出的是，在制定和实施商标战略的过程中，大型企业的优势是极其明显的。诸如强大的企业规模、雄厚的资金实力、悠久的历史渊源、良好的品牌效应等，中小企业虽然在上述方面无力与大型企业一比高低，但仍有适合自己回旋的余地和空间，切不可自暴自弃，而应根据自身的实际情况，制定和实施切合实际的商标战略。因为当今世界知名企业都是从小企业成长而来，如果认为可以在企业发展壮大之后再考虑商标战略事宜，那只能是不切实际的空想。广东科龙集团在 20 年前是名不见经传的一个乡镇小企业，最终成长为中国大型电冰箱制造厂家之一，其成功的秘诀正是实施了包括商标战略在内的一系列行之有效的发展战略，这对中国众多的企业无疑具有极其深刻的启示。

三是无限夸大商标的功能。中小企业的生存和发展离不开商标战略的运用，但它仅仅是企业经营战略的一个组成部分，因此，不能无限夸大商标战略的功能，将商标战略看做是企业发展的灵丹妙药，指望其能够治好企业发展中出现的各种“疑难杂症”，甚至起到起死回生的作用，这样无疑是在用企业的前途作赌注，其后果十分严重。商标战略是企业品牌战略的重要组成部分，而企业的品牌战略又同其广告战略紧密结合在一起。如果超越中小企业自身的承受能力，过度依赖商标战略，甚至为创造轰动一时的品牌效应，盲目投放巨资进行品牌宣传，不仅达不到预期的目的，甚至会给企业带来灾难性的后果。如 1996 年，秦池集团以 6666.6 万元的天价，夺得中央电视台黄金档位“标王”称号；1997 年又以 2.3 亿元的不可思议的价格，再次夺得黄金时段“标王”称号。“秦池”希望借助中央电视台这个全国最大的媒体迅速提升其产品的知名度，大肆宣传秦池商标，促使其品牌产生巨大的轰动效应。然而，秦池集团孤注一掷，用自身无法承担的巨额资金去争夺所谓的“标王”，不仅使企业背上了难以承受的巨额债务，最终也使企业的生产经营陷入严重的债务危机、信用危机之中，其教训极其深刻。

（三）企业商标战略的实施

实施商标战略是一项庞大的社会工程，也是一项系统工程。因此，政府、企业在战略实施过程中都负有义不容辞的责任。企业是市场的主体，在实施战略过程当中，它具有特殊的主导作用。

贯彻国家知识产权战略纲要，为企业实施商标战略，增强自主创新，争创驰名商标品牌，是政府应该做的工作。为创建我国自己的国际知名品牌，发展民族自主品牌，弘扬民族文化，帮助企业实施走出去的战略，中华商标协会要通过各种形式，包括技术创新、市场定位、商标管理、商标运用、商标推广、商标国际化和商标保护方面来指导企业制定商标战略的发展规划，进一步健全各项商标制度，保护实施商标战略与计划。同时，要配合企业的文化。一个企业的商标品牌规划得好不好，能不能实施自己的战略目标，关键是要看企业的文化，企业的文化主要体现在诚信文化、法律文化、创新规划等等。如果没有很好的企业文化，牌子创出来也会倒掉，有了好的企业文化，牌子不仅能够保持下去，而且能够不断地创新、提高和创造更高的企业品牌。

创新是一个民族进步的灵魂，是一个国家兴旺发达的不竭动力。企业商标权的创造应该从以下几个方面着手。[8]

第一，转变意识。一要意识到专利不是知识产权战略的唯一，商标同样重要，不能厚此薄彼。二要认识到贴牌生产（OEM）不是长久发展之计。从GE到LG，从松下到东芝，从西门子到伊莱克斯，从飞利浦到惠而浦，等等，当今世界几乎所有的家电名牌都有在中国生产的产品。中国正在成为全球家电生产的“大车间”，中国制造风靡全世界。然而贴牌生产有其致命的缺陷：企业无法获得核心技术，从而丧失了核心竞争力；利润微薄，不利于企业长期发展，加工者从中赚取的是很少一部分的加工费，利润不超过20%；缺失自主品牌的建设，永远是为他人作嫁衣。有品牌者得市场，有市场者得天下。中小企业学会品牌经营，从无牌到有牌、从贴牌到创牌，努力打造自己的国际品牌，实现从“中国制造”向“中国创造”的转变。

(1) 强化商标保护意识，熟悉商标保护规则。意识是行动的先导，企业只有首先树立起商标保护意识，熟悉商标保护规则（当然包括商标的国内保护规则和国际保护规则），才能主动地利用商标保护规则，积极打击商标侵权行为，充分维护自己的合法商标权益。但目前有些企业商标意识比较薄弱，没有注意到商标的重要性，有的企业不及时申请商标注册，造成自己使用的商标被他人抢注，把好不容易开拓的市场拱手让人；有的企业不注重商标专用权的保护，使企业形象受到损害，给自己造成不必要损失；还有的企业不顾产品质量，盲目扩大商标使用范围，或自行许可其他企业使用，结果损害了商标的声誉，导致知名商标贬值。

（2）树立强烈的创牌意识，切忌崇洋媚外。从某种程度上说，我们中华民族今天的实力，就是以“中国制造”为基础的，以拥有一定数量和质量的商标为特征的。我们很多企业也有很多一流的产品，可就是不善于在自己的产品中注入、提高附加值，不仅自己的商标罕有人知，自己产品的价格也低人一等。我们也曾打造出许多的国有品牌，如“洁银”牙膏、“雄鸡”电池等等，尽管它们在合资时作为股份投入合资企业中，但外商利用雄厚的资本，买下了企业控股权的同时，也把握了原企业商标的专用权。在实际运作中，外商把原企业的商标束之高阁，只使用他们自己带来的洋商标，长此以往，原商标也就难觅踪影了。

（3）增强商标注册意识，强化商标注册工作。首先，坚持商标先注册后使用的策略。我国主要采用“注册在先”原则（即只有在同一天使用时，采用使用在先原则）。也就是说，即使是某商标的创始人，只要他没有注册，任何人都有权以同一商标注册。假如企业的商标先使用后注册，则轻易被他人抢注；假如商标注册和使用同步，既有被驳回的可能，又有被他人假冒的危险。只有商标先注册后使用，才有利于企业进行有效的广告宣传和商标专用权的保护。精心选择设计，展示商标魅力。商标是市场学、传播学、商品学、心理学、语言学、美学、广告学于一体的创造性的人类聪明的结晶。企业商标的选择设计是打开商品市场的有力武器。一个好的商标选择与设计是一个企业形象的代表，一个企业的精神风貌。因此，企业决策者对商标的选择设计在竞争中发挥的作用，应引起高度的重视，注重商标对选择策略的运用，不能仅仅凭自己的爱好、喜好而定。商标设计稿子出台后，要加强对商标的发布、测试以及信息反馈，最后选定反馈效果最佳的商标设计。首先，商标的选择设计要有独特性，与众不同、特色鲜明的商标，会使顾客一目了然，过目不忘。像“联想”电脑、“飘柔”洗发水、“康师傅”方便面等都是不落俗套的品牌名称。同时，这也是现代社会“创新”观念的集中体现，在成熟的现代社会，人们对创新的期待很大，商标应当以独特的新面孔展现在消费者面前，会给人以耳目一新的感觉，给人以美的享受。相反，企业假如去模拟别人的商标，这不仅会侵犯他人的商标权和版权，甚至会毁掉自己的信誉。其次，注重商标的文化内涵，运用文化商标。文化商标是指由历史、文学、艺术、音乐、体育、科学等文化范畴内的词汇、图形或其组合构成的商标。中国具有悠久的历史和丰富的文化遗产。充分利用这一优势，进行文化商标的建设，已引起一些企业家的重视。他们纷纷将商标这一“商战利器”根植于文化的沃土里。在相关电视剧风靡之后，有一家酒厂向商标局申请注册“红高粱”商标，太原一家服装厂则提出了“慧芳”商标的注册申请。前者因违反了规定的禁用条款而被驳回，但企业重视文化商标的注册，由此可见一斑。再次，注重商标的形象设计如前所述，商标的形象设计要涉及法律、消费心理、美学、语言学等多个学科领域。一般来讲，是在不违反法律条件下尽量使商标具有显著性，商标越是与众不同，越是别具一格，就越能给消费者留下深刻的印象，当然不能太复杂、繁琐，易记、易看也是必不可少的商标选择条件。一个与众不同、布满感召力的商标，在设计上应该充分体现品牌标示产品的优点和特性，暗示产品的优良属性。Benz（本茨）先生作为汽车的发明人，以其名字命名的奔驰（BENZ）车，100 多年来赢得了顾客的信任，其品牌一直深入人心。那个构思巧妙、简洁明快、特点突出的圆形的汽车方向盘似的非凡标志，已经成了豪华优质高档汽车的象征。这个品名与品标的有机结合，不仅暗示品牌所标定的商品是汽车，而且是可以“奔驰”的优质汽车。

第二，制定长远的商标策略。众所周知，商标是企业信誉的象征，驰名商标是最好的推销员。然而，许多中小企业把傍名牌看成最好的生财之道。但这样做都是为他人作嫁衣，自己只能赚取微薄的加工费，高额的利润都进入商标所有人的腰包。企业的知识产权管理机构应该制定长远的商标战略。海尔集团就是做大做强的典范。海尔从“琴岛—利勃海尔”到“琴岛海尔”再到“海尔”三次演变，海尔集团成功创出自己的品牌，避免了为外商定牌加工的“打工”的命运。2004 年海尔品牌价值高达 612 亿元。国内外的经验都告诉我们，企业一定要使用自己的商标，甚至学会用别人的技术铸造自己的名牌，靠名牌占领市场，发展壮大。

第三，运营和保护商标权。知识产权是财产权，但是知识产权并不是财产，不等于利润。从企业经营的角度来看，知识产权无疑是企业重要的无形资产，不能孤立将其运用到生产活动上，而是要在把各种知识产权结合在一起组合加以灵活经营，以发挥最大效用。在市场的运作中，商标和工业设计扮演了重要的角色，他们是让消费者能够知悉产品或是服务来自某一公司，消费者能够分辨出类似产品或服务。商标能够让一项新产品成功进入市场，不管这项产品是否有足够的技术含量。比如，本田就是基于其商誉迅速进入美国汽车市场。在专利期限届满之后，商标还能延续企业的商业利益。1897 年 Felix Hoffman 为德国拜耳公司发现了阿司匹林并申请了专利保护。拜耳公司为了防止专利到期后无权主张这种药物的权利，于 1899 年 3 月 6 日正式注册了阿司匹林这一商标。这样就相当有了两层知识产权保护，成为一个成功的典范。创新是中小企业知识产权战略的核心，但是自主的知识产权不加以保护，听之任之后果就会不堪设想。轻则被别人分到市场一杯羹。更严重的被侵权者贼喊抓贼，许多中华老字号在国外被抢注反过来起诉我方侵权。其实，将知识产权合理经营是积极的保护知识产权，预防和解决知识产权纠纷是消极的保护知识产权，后者在下文的纠纷处理中要继续谈到。

加强商标工作，完善治理机制做好企业商标工作，争创驰名商标，对于开发产品市场，增强企业产品的市场竞争能力，提高企业经济效益，起着举足轻重的作用。作为商标拥有者和使用者的企业，当然应把商标工作作为企业治理的一个重要组成部分来对待。(1) 建立企业内部商标治理的各项规章制度商标工作是一项专业、尤其是法律性很强的工作，商标的设计使用应受到法律的严格限制。要保证企业严格依法使用商标，必须以一系列配套的规章制度作为保障，以免出现不必要的差错或漏洞，甚至违反商标法规定，使自己的权益得不到保护。对商标的使用、标识的印制、出入库，及商标档案的治理、废次商标的销毁等，都要建立制度，严格按照法定程序办理，从自身治理入手，杜绝商标侵权行为发生。(2) 设立专门的商标组织机构和专门治理人员商标工作专业性较强，没有专门机构和专职治理人员，是很难完成这项工作的。不加强企业内部商标治理工作，光靠工商行政治理机关从外部去强迫治理是不行的。我国大多数企业内部尚无正式机构和人员来专营商标工作，他们对政府部门（主要是工商行政部门）过分依靠，没有人专门研究并认真抓这项工作，从而造成商标使用违法等现象大量存在。只有设立专门组织机构和专门治理人员，才能及时发现问题并解决问题，保证自己商标使用行为的合法，保证企业商标工作的针对性，避免盲目性，避免商标纠纷的发生。(3) 强化商标维权意识，建立维权队伍。商标侵权行为不仅会鱼目混珠，造成市场秩序的严重混乱，损害消费者利益，而且会对商标权人造成直接损害。因此企业必须强化维权意识，严厉打击商标侵权行为。同时要加强市场治理，注重发挥营销网络和消费者的作用，拓展信息渠道，及时发现侵权线索，做好相关的调查取证、证据保全工作。并且要加强和执法机关合作，发现违法侵权线索要及时向工商行政机关投诉，或向人民法院提起诉讼，使商标侵权行为得到法律制裁。运用法律武器，防止法律规避。所谓法律规避，是指利用法律的空白或模糊之处，或者制造条件以利用法律对自己有利的规定，从而取得法律上的利益。

在市场竞争日益激烈的环境下，创立一个闻名品牌往往需要大量的人力、物力与财力的投入，因此有些企业就想走捷径，在商标的选择、使用与注册上，游刃于法律的规定之间，试图规避法律，达到目的。因此，如何预防和克服别人的规避行为，对商标权人来说，显得尤为重要。(1) 坚持申请在先原则。申请在先原则又称注册在先原则，我国商标法坚持商标申请在先原则。有的企业还未申请商标就急于把产品投放市场，即先行使用商标等闻名后才开始去申请注册，而此时，该商标很可能已被他人抢注了。在经济生活中不少企业因忽视商标的及时注册，而备尝苦果。如一向以“万家乐”系列产品独步国内市场的广东万家乐集团公司在为电器类商标注册“万家乐”商标时，发现自己使用已久的“万家乐”牌商标已被浙江某县的厂家抢先注册。最后，万家乐集团花了38万元的商标转让费，才拥有了“万家乐”商标专用权。一个当时只需花300元就可以注册的商标却付出了1000多倍的代价。所以，应坚持申请在先原则，将商标申请放在产品投放市场前或与产品开发同时进行，以防商标被别人抢注。(2) 使用有版权或专利权的商标。通常情况下，除驰名商标外，某商标在某商品上的使用，并不能排斥该商标在不相同或不相类似的商品上使用。这就为别人的法律规避提供了可能。但是，假如某商标是拥有版权或者外观设计专利权的标识，则就可以排斥别人的使用，因为该商标权人虽然不可以根据商标法来阻止别人在其他类别商品上使用同一标识，但是却可以根据版权或外观设计专利权来主张自己的权利，从而排斥别人对该商标的使用。同时，这样还可以阻止别人对该商标的抢注，因为别人在其商品上对该商标的任何形式的利用，都可能侵犯该商标权人的版权或外观设计专利权。(3) 注册使用联合商标和防御商标。联合商标是指同一个企业在同一或类似商品上申请注册两个或两个以上的近似商标，其中一个指定为正商标，与其他近似的商标一起构成具有防卫性质的联合商标。联合商标中任一商标的使用视为其他商标也在使用。(4) 及时申请商标续展注册。我国《商标法》第37条、38条规定：“注册商标的有效期为十年，自核准注册之日起计算。注册商标有效期满，需要继续使用的，应当在期满前六个月内申请续展注册；在此期间未能提出申请的，可以给予六个月的宽限期。宽限期满仍未提出申请的，注销其注册商标。每次续展注册的有效期为十年。续展注册经核准后，予以公告。”我国每年都有很多的商标到期，而办理续展注册的只是其中的一小部分，大部分商标都因所有权人没有意识到老商标的重要性，而轻易地放弃了商标权。这对我国企业来说，是一种巨大的损失。(5) 重视商标的国际注册。当今世界，经济全球化已成为不可阻挡的巨大潮流，正走向国际市场的我国企业，在选择和注册商标等方面，也就不能仅仅局限于国内，而应该有国际战略眼光。在国外申请最好通过国家商标局向世界知识产权组织（WIPO）的国际局提交国际注册申请，这样就可以避免逐国申请的麻烦，达到一次申请，在该公约的成员国中同时获得注册的效果。

第四节　中国商标制度的国际化目标

商标作为区别商品或服务来源的标志，是商品经济的产物，在现代经济社会发展中的作用越来越突出。当前，我国正处在新的历史起点上，大力开发和利用商标资源，对于转变经济发展方式，缓解资源环境约束，建设创新型国家，提升国家核心竞争力，满足人民群众日益增长的物质文化生活需要，具有重大战略意义。

改革开放以来，我国的商标工作得到了快速发展，基本建立了既符合国际规则、又具有中国特色的商标法律制度，基本建立了适应社会主义市场经济监管的商标注册和管理体制机制，基本建立了适应社会主义市场经济监管的商标注册和管理理论，基本建立了适应社会主义市场经济监管的商标注册和管理人才队伍，取得了商标注册申请量世界第一、商标注册申请审查量世界第一、有效注册商标量世界第一的显著成绩，成为世界第一商标大国。

为深入贯彻落实《国家知识产权战略纲要》，大力推进商标战略实施，更加充分、有效地利用商标资源促进社会经济更好更快地发展，形成一批拥有驰名商标、国际竞争力较强的优势企业，实现我国由商标大国向商标强国的转变，2008 年初，国家工商总局明确提出了商标注册与管理工作要实现“三五目标”的工作思路，即三年（2008 年至 2010 年）解决商标注册审查及评审积压、五年（2008 年至 2012 年）使商标工作达到国际水平。

2008 年，国家工商总局商标局共受理商标注册申请 69.8 万件，审查商标注册申请 75 万件，8 年以来首次实现商标注册审查量超过当年的商标注册申请量。2009 年，我国商标注册审查量于 9 月 15 日突破百万大关，达到 100.5 万件，并带动商标注册申请量创历史最高，预计全年将达 80 万件。“三五目标”实施两年来，解决商标审查和评审积压问题取得历史性突破，从根本上扭转了商标工作的被动局面，获得了国内外广泛关注和一致好评。为进一步明确未来三年商标工作的方向和具体任务，确保 2012 年使商标工作达到国际水平，国家工商总局制定了专门规划。

一、规划的指导思想

以邓小平理论和“三个代表”重要思想为指导，深入学习实践科学发展观，贯彻落实《国家知识产权战略纲要》，大力推进商标战略实施，从我国国情出发，全面总结我国商标工作取得的成就，充分借鉴国际上先进国家和地区的有益经验，坚持“监管与发展、监管与服务、监管与维权、监管与执法”的“四个统一”，进一步加强基础设施建设，完善商标法律法规，提高商标审查、评审质量和效率，加大商标保护力度，深化商标信息公开工作，提升社会公众服务水平，全面推动商标注册、管理和保护工作，力争到2012年使我国商标事业在保持自身特色的基础上达到国际水平。

二、规划的基本原则

坚持立足当前与谋划长远相结合。从商标工作发展的全局出发，既要着眼长远，加强基础建设，创新体制机制，完善法律制度体系，又要兼顾当前，着力解决实际工作中存在的突出问题。

坚持统筹规划与突出重点相结合。从商标工作发展的现状出发，既要注重整体规划，明确商标工作达到国际水平的具体目标和基本框架，又要注重分清主次，先后有序，有条不紊地开展各项工作。

坚持权利保护与服务大局相结合。从商标工作发展的本质出发，既要保护商标专用权，维护商标权利人的合法权益，也要维护社会公众的正当权益，服务经济社会发展大局。

坚持求真务实与创新发展相结合。从商标工作发展的规律出发，既要以事实为依据，以务实的态度总结经验、发现问题，也要以创新为指导，大胆拓展思路，开创商标工作的新局面。

坚持以我为主与国际合作相结合。从商标工作发展的趋势出发，既要立足国情，认识到商标工作与国外先进国家存在的差距，也要以我为主，有选择地吸收国外商标事业的先进经验和成熟做法。

三、规划目标

完善现行商标法制，建立先进、完备的法律制度。以科学发展观统领全局，充分利用当前国际上先进的立法技术和理念，充分吸收其他国家成熟的制度设计，结合我国国情，修改《商标法》和与之配套的法规、行政规章和规范性文件，使我国的商标法律制度能够适应我国市场经济发展和保护知识产权的新形势。

创新商标工作机制，实现商标工作的可持续发展。以制度化、规范化、程序化、法治化为指导，从商标注册、管理和保护的各个环节入手，更新工作理念，拓展工作职能，规范工作方式，转变工作作风，建立与经济社会发展相适应的商标工作长效机制。

提升商标注册、管理和保护能力，全面提高公众服务水平。进一步完善商标确权机制，建立数量与质量并重的商标审查和评审长效工作机制，确保商标注册审查周期控制在10个月以内、商标异议裁定和评审审理周期控制在20个月以内，不断提高商标审查和评审质量；创新商标注册管理工作体制机制，为实施商标战略提供制度化保障；加大商标专用权保护力度，充分发挥我国行政保护与司法保护“双轨制”的独特优势。

提高驰名商标认定和保护水平，促进企业创新发展。引导企业主动培育和认定驰名、著名商标，利用驰名、著名商标吸纳、聚集、组织社会资源，重组并优化产品结构、产业结构，拉动国内外消费增长，促进经济结构调整和经济增长方式转变，形成一批商标国际竞争力较强的优势企业。

全面推进商标基础设施和信息化建设。在努力建设具有国际水平硬件设施的基础上，进一步提高商标工作的信息化水平和透明度，用高科技的手段实现高效能的商标注册和管理，全面拓展商标电子政务的广度和深度，确保商标注册电子申请比例达到全部商标注册申请的85%，逐步实现无纸化办公和商标注册申请的电子互动。

四、实施措施

（一）加快立法进程，进一步完善商标法律制度

抓紧《商标法》的第三次修改工作。认真研究解决社会经济发展给商标法律制度所带来的突出问题，完善适应我国经济发展的商标工作机制和体制，进一步促进我国商标事业的繁荣发展，为我国经济可持续发展创造良好的商标法制环境，使《商标法》在简化和完善程序、方便商标申请人、加大商标专用权保护力度、加强商标代理机构监管、解决驰名商标有关问题等方面发挥更积极的作用。

抓紧《商标代理条例》的立法工作。探索建立健全商标代理行业协会自律制度；创新监管方式，考虑建立信用评价体系以实现对代理组织的动态监管；加强对商标代理人培训，提高代理人办理各类商标业务和处理纠纷的能力。

抓紧制定、修改与《商标法》配套的各类行政法规、规章及规范性文件。在《商标法》修订后，要尽快出台与之配套的《商标法实施条例》；适时对集体商标、证明商标、特殊标志等现行规章进行修改；适时针对商标注册、管理和保护出台规范性文件。

（二）建立完整、高效的商标审查和评审工作机制

建立商标注册审查员轮岗制度，使其熟悉商标审查工作的全部流程，达到一专多能、全程审查的国际水准，从根本上提高审查员的工作效率和专业

素质；适时引入一标多类、申请分割、审查意见书等制度；建立并完善商标审查、复核、审核的三级审查工作机制。

适时推行开庭审理，设立案件审理委员会负责讨论复杂疑难和有重大社会影响案件，设立合议组负责审理双方当事人的案件，设立独任评审员负责审理驳回复审案件；增加当事人和解程序，在驳回复审案件中采取同意书制度，鼓励复审申请人征得在先商标所有人同意；在双方当事人案件进入实质审理程序之前，给予当事人一定的协商期限。

（三）保持合理、稳定的商标审查和评审周期

对商标注册申请发展的趋势进行研究和预测。深入研究分析我国市场经济发展的总体形势及市场主体类型、数量的变化情况，准确了解新形势下我国经济发展对商标审查和评审的具体需要，对商标注册和评审申请量进行科学、合理的预测，并根据预测情况统筹安排商标审查和评审力量。

加快商标审查和评审速度，缩短商标审查和评审周期。在坚持商标审查和评审绩效机制的基础上，进一步充实、调整、加强商标审查和评审一线力量，细化审查和评审流程中各个环节所需要的时限，确保将商标注册审查周期控制在 10 个月以内、商标异议裁定和评审审理周期控制在 20 个月以内。

（四）完善商标审查和评审质量管理体系

积极探索参照 ISO9001 体系，通过对商标审查和评审各个环节进行全面控制，建立完整的商标审查和评审质量管理体系。强化商标审查和评审质量管理，提高全员质量意识，加大商标工作信息公开的力度、为社会公众提供更加优质的服务、为商标权利人提供更加有力的保护，提高社会公众对商标审查和评审工作的满意度。

全面确定商标审查和评审各个岗位的工作职责，确立质量目标，形成质量手册。在商标申请受理、注册审查、异议裁定和评审案件审理等业务流程中全面实施质量监控，制定相应的质检标准，并将质检标准、质检结果定期向社会公开；根据业务性质及人员水平，形成科学合理的确定抽检（查）范围和抽检（查）比例的工作规程；加强廉政风险管理，对商标审查和评审的各个岗位和相关人员施以有效监督、严格责任；将商标审查质量抽检合格率提高到 99％以上，评审裁决被起诉量与裁决总量的比例控制在 5％以内，商标行政诉讼的胜诉率保持在 85％以上。

（五）进一步加强商标行政执法

明确行政职能，加强执法力量。进一步明确职能，健全执法机构，充实基层执法力量，各级工商行政管理机关要做到商标监管与发展、与服务、与维权、与执法的统一，切实保护中外商标权人的合法权益，努力营造公平竞争的市场环境和公众放心的消费环境。

统一执法标准，提高执法水平。进一步统一商标行政执法法律适用标准，加强商标行政执法人员对法律知识、业务知识的理解和把握，切实规范执法程序，提高执法水平。密切与公安、海关、版权、专利等其他部门的协作配合，加强沟通和联系，形成执法合力，完善跨部门商标执法协作机制。

增强服务意识，加强行政指导。树立正确的执法理念，充分发挥行政指导的积极作用，加强对商标行政执法机关的指导及与商标权利人的联系，鼓励企业建立维护商标权益的机构，健全商标权自我维护网络，构建以自我保护为主体、行政和司法保护相结合、社会公众广泛参与的商标权益保护体系。

（六）加强农产品商标和地理标志的注册和保护

加强农产品商标和地理标志审查工作。继续坚持并完善地理标志注册申请单独排队、提前审查的“绿色通道”，使之进一步制度化、规范化、程序化和法治化。推行地理标志工作政务公开、信息公开，继续将地理标志注册申请材料目录、范本以及已注册地理标志名录等信息在国家工商总局官方网站上予以公布。

加大农产品商标和地理标志注册、管理与保护工作的力度，积极引导农产品商标和地理标志证明商标、集体商标的注册，大力推行“公司＋商标（地理标志）＋农户”产业化经营模式，进一步提高农民进入市场的组织化程度，充分发挥商标在农业现代化、产业化、规模化中的作用。及时总结推广各地“商标富农”工作经验。

（七）加强驰名商标、著名商标的认定和保护

启动驰名商标、著名商标的有关立法工作。从完善认定程序、细化认定标准、明确部门职责、强化事后监管的角度，修改《驰名商标认定和保护规定》，全面完善驰名商标认定工作，确立驰名商标的认定和退出机制；将著名商标认定和保护纳入《商标法》的范畴，按照公开透明、接受监督的原则，进一步统一认定标准、规范认定程序、完善监督体系，积极指导全国各地制定著名商标认定规则和程序，使地方工商行政管理机关的著名商标认定和保护工作尽快做到有法可依。

大力开展驰名商标、著名商标的培育和发展工作。要进一步加强向企业普及驰名商标、著名商标申报渠道和程序的宣传工作，并结合实际制定驰名商标、著名商标培育和发展规划，按照“培育一批、扶持一批、推荐一批”的原则，有针对性地采取培育引导措施，建立起衔接紧、后劲足、实力强的驰名商标、著名商标创建梯队，保证重点目标重点培育、重点突破，形成环环紧扣、层层递进的创建格局和工作态势，发挥行业协会的作用，做好驰名商标、著名商标的发展和培育的基础工作。

继续强化对驰名商标、著名商标保护力度。在日常监管和专项整治中将驰名商标、著名商标作为重点予以保护，通过打击商标侵权行为及宣传工作，使公众广泛了解驰名商标扩大保护的法律意义，从根本上有效保护商标权利人的合法权利，切实维护消费者的合法权益，进而有力地保障公平竞争、统一有序的市场经济秩序。

切实加强对驰名商标、著名商标的公益宣传。通过媒体公益广告、社会公众宣传等形式，调动行业协会积极性，向全社会普及驰名商标、著名商标的相关知识，切实提高国内外消费者对驰名商标、著名商标产品和服务的认可和信任，充分发挥驰名商标、著名商标对产品和服务的指示性作用。

（八）全面推进商标工作信息化建设进程

继续加强“中国商标网”的建设，充分发挥“中国商标网”作为商标政府信息公开第一平台的作用。及时发布和更新有关的商标信息，保证网上信息及时、准确、完整、真实；实现网上公告、网上查询、网上申请和网上付费，确保商标注册电子申请比例达到全部商标注册申请的85%；逐步将网上申请业务种类由目前只接受部分商标注册申请扩展到变更、转让、异议、评审等业务类型；逐步实现与世界知识产权组织国际局、商标注册申请人及后续业务申请人的双向电子互动，全面提高商标注册、管理与保护自动化水平。

建立高度智能化的商标审查和评审系统。努力实现商品分类的标准化和智能化，为扩大网上申请的范围和幅度创造条件；深入研究包括商标图像识别在内的更先进和效率更高的商标审查相关算法；建立以驳回复审网上申请为主要内容的评审服务系统；建立以提高效率和保证质量为目标的商标评审辅助系统，即建立商标评审流程管理系统、实现评审案件审理程序信息化、建立评审案件审理参照体系（典型案例库）、建立评审裁文分类库。

适时研发工商系统内部商标业务专网。实现商标数据库和企业名称数据库的连接整合；建立覆盖全国的商标案件数据库；构建商标申请人、代理人信用信息数据库；建立定牌企业的自行申报及网上公布系统；建立工商系统内部商标综合、办案文件的办公流程；建立与商标相关的法律文件数据库。

加强商标档案馆信息化、数字化建设。用现代信息技术手段和科学管理方法，解决商标纸质档案和电子档案的安全存放问题，建立以电子为主、纸件为辅的准确、完备的商标档案系统，实现商标档案管理手段现代化、档案资源信息化和档案利用科学化。

（九）大力提高为政府、企业和社会公众服务的水平

深化政务公开，提升服务水平。进一步增强信息公开责任意识，充实总局商标政务信息窗口的服务内容、完善服务形式、提高服务水平；研究分析并依法发布权威商标信息，为政府、企业和社会公众提供更好的信息服务；进一步推进基层商标执法政务公开建设，结合信息化要求，积极推进商标行政执法文书网上公开试点进程。

进一步规范商标咨询服务。提高专职接听咨询电话工作人员的服务意识和业务能力，逐步建立更加完善的对外服务应答机制，并就公众咨询频率较高的问题整理成书面答复口径在网上公布，进一步方便社会公众。

积极开展商标权质权登记，帮助企业拓宽融资渠道。各级工商行政管理机关要创造性地开展企业帮扶工作，积极支持企业将商标与金融等手段紧密结合，实现商标无形资产的资本化运作，切实帮助企业解决融资难问题。

（十）不断加强商标国际交流与合作

努力拓展国际交流合作的广度和深度，不断提高我国在商标领域的国际地位。继续加强与世界知识产权组织等国际组织及有关国家（地区）商标主管机关的交流与合作，参与制定与修订商标国际规则和国际组织有关议程，参与国际商标领域秩序构建，增强我国在国际商标领域谈判的话语权，从根本上维护我国国家利益；充分利用多、双边商标领域合作机制等形式，保护我国企业在国外的合法商标权益，为我国对外贸易和经济发展创造良好的商标保护国际环境。

积极应对经济全球化发展，鼓励、支持我国企业实施商标“走出去”战略。加强商标国际注册的宣传、培训和指导工作，全面及时掌握商标海外注册与保护的基本情况和信息；培养建立熟知商标国际法律制度的人才队伍，增强国内申请人商标国际注册意识，切实提高国内企业海外商标注册数量，支持企业在海外不断提升中国商标的形象；充分发挥政府及主管部门职能作用，发挥行业协会优势，调动企业主动维权的积极性，建立有效的商标海外维权和预警机制。

参考文献：

[1] 薛源．新加坡条约的生效对国际商标立法发展的影响［J］．知识产权，2009（5）：84～89.

[2] 李明德．“特别301条款”与中美知识产权争端［M］．北京：社会科学文献出版社，2000.

[3] 徐明华等．知识产权强国之路——国际知识产权战略研究［M］．北京：知识产权出

版社，2003：176.

[4] 李建中．实施商标战略，打造驰名商标品牌［EB/OL］．［2010-11-17］．http：//www. ic98. com/info/wujin/176/2009427/40739. Html.

[5] 李建昌．谈中国商标战略［EB/OL］．［2010-11-17］．http：//www. agri. gov. cn/jjps/t20090617_1293581. htm

[6] 李建昌．充分发挥商标战略的引领作用［EB/OL］．［2010-11-17］．http：//www. sina. com. cn/

[7] 张强．中国品牌走向世界必备的三大基本要素［EB/OL］．［2010-11-17］．http：//news. xinhuanet. com/theory/2008-10/20/content10223740. htm

[8] 戴华祥．谈我国企业商标战略的实施［J］．企业研究—策划财富，2004（3）.

[9] 国家工商行政管理总局关于贯彻落实《国家知识产权战略纲要》大力推进商标战略实施的意见（工商标字〔2009〕108号）

[10]《国家工商行政管理总局关于商标工作达到国际水平的规划（2008年至2012年）》

[11] 国家质检总局关于贯彻落实《国家知识产权战略纲要》有关工作的通知（国质检科〔2008〕374号）

第四章

集体商标与证明商标制度

在传统的知识产权领域，“商标”一词通常指的是商品商标，即赋予某个特定企业的商品以个性，使之与其竞争对手的商品区别开来的任何标志。然而随着商标理论和实践的发展，商标一词已不再限于传统意义上的商品商标，集体商标和证明商标等新的商标类型开始出现在诸多国家和地区的商标法律制度中，成为商标制度中极为重要的组成部分。

在我国，为适应《巴黎公约》对知识产权保护的要求，1994 年 12 月 30 日，国家工商行政管理局发布了《集体商标、证明商标注册和管理办法》(1995 年 3 月 1 日起实施)。该办法明确规定集体商标、证明商标与普通商标具有同等的法律效力。考虑到集体商标、证明商标的特殊性，该办法还对集体商标、证明商标的注册、使用及管理作出了有别于普通商标的特别要求与规定。国家工商行政管理局从该办法生效之日起受理集体商标、证明商标的注册申请。2001 年 10 月 27 日第九届全国人民代表大会常务委员会第二十四次会议通过了修改商标法的决定。修改后的《商标法》第一次将集体商标、证明商标纳入《商标法》的保护范围进行保护。该法第 3 条规定：“经商标局核准注册的商标为注册商标，包括商品商标、服务商标和集体商标、证明商标；商标注册人享有商标专用权，受法律保护。”集体商标和证明商标由此正式作为法定的重要商标类型被纳入我国商标法律中。为与新颁布的《商标法》相适应，国家工商行政管理总局于 2003 年 4 月 17 日发布了新的《集体商标、证明商标注册和管理办法》。由此形成了以《商标法》为主体，以《集体商标、证明商标注册和管理办法》以及其他法律法规为配套的集体商标、证明商标保护体制。但是由于我国集体商标和证明商标法律制度与其他一些拥有完善的商标法律制度的国家相比仍有不足，在内容上仍然不够明确，管理上也不够规范，致使集体商标和证明商标制度在实践中仍面临诸多障碍，其作用和价值的发挥仍不够理想。深入分析集体商标和证明商标自身的特质，探讨其他国家和地区对于这两类特殊商标保护的制度和实践经验，对于恰当地运用好证明商标和集体商标，充分发挥其价值，有效维护商标权人的合法利益，推动社会经济发展等方面都具有重要意义，值得加以认真研究。

第一节　集体商标的基本界定

一、集体商标的含义

由几个不同的所有人共同占有的某一个商标，叫做集体商标（collective mark）。在有些国家，也可能由一些企业的联合会作为代表去注册，有时由领导这些企业的政府机关代行注册。集体商标的作用是向用户表明使用该商标的企业具有共同的特点。一个使用着集体商标的企业，有权同时使用自己独占的其他商标。集体商标一般不许可转让。中国、美国、多数大陆法系的西方国家、一些东欧的国家和其他一些发展中国家的商标法中，都有给予集体商标以注册保护的规定。我国 2002 年的《商标法实施条例》，允许把地理名称作为集体商标注册。我国的一些翻译作品或翻译资料中，有时把集体商标与 combined marks 及 associated marks 译混了，造成了一些误解。

集体商标又称“团体商标”，是指以团体、协会或者其他组织名义注册，供该组织成员在商事活动中使用，以表明使用者在该组织中的成员资格的标志。集体商标是以各成员组成的集体的名义申请注册和所有，由各成员共同使用的一项集体性权利，它具有“共有性”或“公用性”，表示该组织成员经营的商品或者服务具有相互遵守某种共同标准或者共同性质而使用的特点。

集体商标是不同于一般商标的一种重要商标类型。一般商标的典型意义在于确认使用该商标的商品或服务来源于某个企业，以避免消费者产生混淆。而集体商标则被认为是用来表明使用该商标的企业之间存在着某种联系，共同作为某个合作团体或集体组织的成员，从而使其具有不同于普通商标的特殊性。我国《商标法》第 3 条规定，集体商标是指为团体、协会或者其他组织名义注册，供该组织成员在商事活动中使用，以表明使用者在该组织中的成员资格的标志。由此可见，集体商标是指某一组织的商标，而不是某一企业的商标。集体商标可以在商品上使用，也可以在服务上使用。集体商标的注册人即该组织是其成员的代表，注册商标的权利属于集体，由该组织的成员共同使用，不是该组织的成员不能使用。

二、集体商标的基本特征

集体商标具有不同于普通商标的特殊功能。集体商标不是用来区别一个主体与另一个主体的商品或者服务的标记，而是集体组织成员在与其营业有关的商品或者服务上共同使用的用来表明商品或服务的一般特征的标志。这与一般商标所具有的赋予某个特定企业的商品或服务以个性的基本功能明显不同。因此，集体商标所显示的不是个体特征，而是集体组织内各成员的共性特征。

集体商标的注册人与使用人相分离。在集体商标的注册方面，集体商标不属于单个自然人、法人或者其他组织，而是属于由多个自然人、法人或者其他组织组成的社团组织，它表明商品或服务来源自某一集体组织。一般情况下，这一集体多为某一特定的行会、商会等工商业团体或其他集体组织。因此，集体商标须以各成员组成的集体名义申请注册和所有，反映在集体商标的申请注册上，即要求只有具有法人资格的集体组织才可以提出申请，因为只有具有法人资格的集体组织才能以其集体的独立名义拥有商标权。

集体商标的注册人是集体组织，但该商标的使用人却并非该组织本身，如果该集体组织在由自己提供的产品或服务上使用商标，则该商标并不具有集体商标的性质，完全属于普通商标。集体商标的使用者是该集体的各个成员，非该组织的成员不能使用；每个成员都有平等使用的权力，成员间不存在隶属关系；同时又必须对其集体成员的使用进行监督，并对违反使用规则的成员进行处理。集体组织本身一般是不使用集体商标的。

集体商标注册人的资格条件较为严格。我国《商标法实施条例》第13条规定，申请注册集体商标，应当在申请书中予以声明，并提交主体资格证明文件。而《集体商标、证明商标管理办法》第4条规定更为明确，其要求凡申请集体商标注册的，应当附送主体资格证明文件并应当详细说明该集体组织成员的名称和地址。因此，国内申请集体商标的商标注册申请人必须是经依法登记的，具有法人资格的企业或事业单位。该企业或事业单位应为某一组织，可以是工业的或商业的团体，也可以是协会、行业或其他集体组织，而不是某个单一企业或个体经营者。另外，该组织还必须有当地工商管理部门出具的申请人主体资格证明，即申请人依法登记并具有法人资格的法律文书，可以是企业的营业执照，或事业单位、群众团体的依法登记注册的批准文件等，以证明自身符合集体商标申请的主体资格。

集体商标实行特殊的管理制度。由于集体商标属于集体组织，但又将其交由集体成员使用，因此在集体商标的使用和管理上存在不同于一般商标之处。其中最为明显的是要求集体商标均应制定统一的规则，详细说明成员的权利、义务和责任以及管理费用的数额和用途并将之公诸于众，集体成员应相互遵守并受到公众的监督。《集体商标、证明商标管理办法》规定，集体商标的使用管理规则应当包括：使用集体商标的宗旨；使用该集体商标的商品的品质；使用该集体商标的手续；使用该集体商标的权利、义务；成员违反其使用管理规则应当承担的责任；注册人对使用该集体商标商品的检验监督制度。集体商标注册人对该商标的使用应进行有效管理或者控制，否则若因此导致使用该商标的商品达不到其使用管理规则的要求，对消费者造成损害的，注册人应承担相应的责任。

集体商标权利的转移有特别的限制。集体商标一般情况下不能转让，如果要转让，需要满足特定的条件。《集体商标、证明商标管理办法》第 116 条规定："申请转让集体商标的，受让人应当具备相应的主体资格，并符合商标法、实施条例和本办法的规定。集体商标发生移转的，权利继受人应当具备相应的主体资格，并符合商标法、实施条例和本办法的规定。"

集体商标中集体与成员的关系具有复杂性。集体商标不得许可非集体成员使用。集体商标注册人的集体成员，在履行该集体商标使用管理规则规定的手续后，可以使用该集体商标。而当某成员退出该集体时，它就不能再使用该集体商标。当某一新成员加入时，它就可以因获得成员的身份而使用该集体商标了。这种成员身份是不可以转让的，以这种身份关系为基础的商标使用权也不得转让。当集体商标受到侵害而请求赔偿损失时，应包括集体组织成员所受的损失在内。

集体商标与地理商标之间具有一定的关系。地理商标可以作为集体商标注册。以地理标志作为集体商标注册的，其商品符合使用该地理标志条件的自然人、法人或者其他组织，可以要求参加以该地理标志作为集体商标注册的团体、协会或者其他组织，该团体、协会或者其他组织应当依据其章程接纳为会员；不要求参加以该地理标志作为集体商标注册的团体、协会或者其他组织的，也可以正当使用该地理标志，该团体、协会或者其他组织无权禁止。

使用集体商标的意义不仅在于表明某种商品或服务具有共同的特征，来自于同一个组织成员所生产或提供；而且有利于取得规模经济效益，扩大市场份额和影响力；同时也有利于发挥集团优势，维护团体信誉，保护团体及成员的利益。一个集体商标既表明商品和服务是由一个集体团体的某些成员生产或提供的，也表明这一特别团体的成员资格（《美国注释法典》第 15 编第 1127 条）。因此，有两种形式的集体商标：集体贸易（或服务）商标和集体成员资格商标。在商标所表明的来源，也就是集体团体中的某一成员的来源这个意义上，集体商标或服务商标属于传统商标；在生产者或提供者没有商标所有权，而商标所有权归该生产者或提供者都是其成员的团体所有的这个意义上来说，它们又不属于传统商标。由于集体成员资格商标根本不是用来表明来源的，因此集体成员资格商标完全不是传统商标。然而，集体成员资格商标和集体商标都有一个共同特征：该商标表明和某团体的关系。正是这一特点才主要被定为集体商标，也才与证明商标区分开来。证明商标一般证明某一产品的特点，而集体商标只是表明某一生产者和某一团体的关系。

三、集体商标保护的意义

集体商标的注册和使用受到法律保护，有利于创造该集体的信誉、扩大影响，集体商标的使用本身具有广告效益，有利于取得规模经济效益，扩大国内市场及国际市场的影响力。为了把中小企业力量集中起来，形成拳头产品，形成数量优势和质量统一管理，创立驰名商标，提高商品和服务的竞争能力，注册并使用集体商标，是非常必要的。这也是发达国家曾经采用过的成功经验。集体商标的使用及保护在我国的现实意义是，可以壮大集团优势，在国际竞争中可以弥补我国企业规模较小、力量不足的缺陷，以提高其在国际市场的竞争力，占领国际市场。只有实行注册保护，授予专用权，才有利于鼓励企业集团到国外注册，取得商标权的保护。

第二节　集体商标的运用与保护

集体商标具有不同于其他商标类型的重要特质和独特价值。而国外立法中对于集体商标的详细规定也从一个侧面证明了集体商标的重要性。在《欧洲共同体商标条例》中，集体商标即被单独专章规定，这充分反映了立法者对集体商标制度的重视。在 1976 年创立欧共体商标法的备忘录中即指出："由于共同体商标法将以相同的方式对各个行业的公司的商标予以规定，因而，除了传统保护的商标外，还必须对商标进一步分类，包括服务商标以及集体商标和保证商标，这些商标在未来将会日益重要。在共同体统一市场内，这些商标将成为促进贸易、产品质量标准化和提高、消费者信息来源的工具，并起到重要作用，尤其是对于中小型企业来说，对商标的联合使用是将其商业活动扩展到整个市场的唯一途径。”在我国，集体商标的价值利用是一个重要的需进一步研究的问题。

一、集体商标价值的理论研究

目前我国学术界关于集体商标价值的相关研究成果相对匮乏。基于对清华同方数据库的检索，截至2009年年底，以“集体商标”为题名的论文数量只有50篇左右，而以“集体商标”为关键词的检索结果也不过300余条，而在上述300多条检索结果中，也多是在对其他问题如地理标志问题进行探讨时涉及集体商标，并没有过多的展开。在为数不多的关于集体商标的讨论中也有部分关于集体商标价值的研究，代表性的论文主要有：

《集体商标战略设想》一文讨论了集体商标与普通商标相比较而体现出来的优势。论文指出，集体商标的优势在于：第一，集体商标的宽限期限大于普通商标。集体商标准许其组织成员使用时不必签订许可合同，普通商标许可他人使用时必须签订许可合同；集体商标失效后2年内，商标局不得核准与之相同或近似的商标注册，普通商标只需1年内商标局就可以核准与之相同或近似的商标注册。第二，集体商标的功能不同于一般商标。集体商标与普通商标均表明商品或服务的经营者，但集体商标表明商品和服务来自某组织；普通商标则表明商品或服务来自某一经营者。集体商标代表了一种团体，集团的声誉可以与其成员共享。集团可以代替其成员进行诉讼活动。这对于强化集体商标在权益保护方面的作用是大有益处的。第三，集体商标的使用有助于实现集团效益。集体商标的申请要提交使用管理规则。申请集体商标注册的，必须提交使用管理规则，成员违反其管理规则的要承担责任。集体商标的注册人有责任确保其成员符合一定标准（这些标准通常在关于集体商标的使用条例中规定）。作为团体的协会、行会，它能够更好地去保护团体的声誉，从而能够为作为成员的企业、农户提供更多时间、精力去从事生产。集体组织起到了监督其成员产品和服务质量的作用，这体现了集体商标在实现集团效益方面的优势。

《注册和运用集体商标是中小企业联合做强之路》一文探讨了集体商标对于中小企业发展所具有的积极价值。该文指出，日本在1990年制定颁布了《中小企业出口商品统一商标法》，规定中小企业可以组成团体，使用统一的集体商标，为日本中小企业走联合之路，形成规模效应，占领国际市场，起到了很大的作用。而在我国，我国中小企业已占全国企业总数的99%，集体商标的恰当运用对于中小企业联合做强具有重要价值。主要体现在使用集体商标有助于中小企业集中有限的资金，进行商标的广告宣传；可以扩大商标的影响和提高商标知名度，使消费者留下较深的印象；可以延长商标的使用期，使部分企业腾出力量研制、开发新产品，完成产品的更新换代，促进中小企业的长久发展。

《集体商标在发展农村合作经济中的作用》一文着力讨论了集体商标对农村合作经济发展的作用。文章认为，农村合作经济组织是社会化大生产的产物，也是在市场经济条件下实现农业现代化的客观要求。我国已经出现了诸多此类的合作经济组织，但这些组织仍普遍存在组织结构松散、凝聚力不强、不稳定的问题。解决这一问题可以借助于集体商标的注册和运用。首先，集体商标具有一人注册、多人使用的特征。它特别适合众多分户经营的农户使用，对农户生产的农产品具有独特的促销作用。它使用的人多，能使农产品分户生产的小规模，变成商品销售的大规模，容易产生市场竞争的规模效应和广告宣传优势，利于扩大农产品销售，增加农民收入。其次，集体商标是经济组织及其成员的统一的商业标志和共有的无形资产，注册时必须提交统一的集体商标使用管理规则。集体商标运用过程中的这种自律性规定对每个集体成员都具有约束作用和促进作用，可以增强他们的市场意识、产品质量意识和集体意识。这样集体商标便成为了合作经济组织强有力的经济纽带，可以较好地解决当前合作经济组织普遍存在的缺乏吸引力和凝聚力的问题。最后，我国允许地理标志作为证明商标或者集体商标注册。将地理标志作为集体商标注册，可以吸收证明商标的优势，又能避免证明商标的商标所有者与使用者之间的利益冲突。因此，通过将地理标志注册为集体商标，可以显著提高产品的知名度，有力促进传统特色农产品和地方经济的发展。

上述对于集体商标价值和作用的研究为我们揭示集体商标的价值提供了重要的参考和有益的分析视角。但是，由于目前理论界对于集体商标价值的研究整体上还处于较低的水平，集体商标价值的深入剖析仍旧是一个具有重要意义的课题。

二、集体商标的积极价值与消极价值

集体商标在经济和社会方面的价值体现在其提高经营者商品和服务的市场竞争力、维护行业共同利益以及国家经济利益的经济价值方面，同时也体现在其维护良好的市场经营秩序和形成良好的维权秩序的社会价值方面。由于集体商标本身的封闭性的影响，集体商标的运用既可能具有积极的价值，同时也可能产生某些消极的影响，故此处仅对集体商标价值利用中的这两个方面加以简要分析。

（一）集体商标的积极价值

第一，集体商标有助于发挥集团优势，取得规模经济效益。

集体商标具有不同于一般商标的特殊之处。一般商标的主要作用在于区别商品或者服务的提供者，体现的是个别主体产品或服务的个性特点，而集体商标却不是用来区别一个主体与另一个主体的商品或者服务的标记，而是集体组织成员在与其营业有关的商品或者服务上共同使用的用来表明商品或服务的一般特征的标志。因此，集体商标表明某种商品或服务来自于同一个组织成员所生产或提供，显示的是集体组织内各成员的共性特征。因此集体商标的运用有利于发挥组织的集团优势，取得规模经济效益，扩大市场份额和影响力。

在我国经济发展过程中，已经有诸多企业和组织充分意识到了集体商标具有的集团优势的重大价值。例如，为了加强顺德家电的区域品牌，提高集体品牌形象，自 2005 年起，顺德家电商会即开始着手申请注册“顺德家电”商标。到 2009 年 4 月，国家工商总局核准“ShunDe”等系列商标为“顺德家电”注册商标。通过国家工商总局认证后，“顺德家电”商标已共获五个国家认证，此前，顺德已成功在美国、德国、澳大利亚和法国注册了“顺德家电”商标。“顺德家电”集体商标的认证，对于顺德地区家电产品获得市场认可，开拓更广阔的市场具有重要的作用。再如，为促进企业经济的进一步发展，作为福建省重要的电线电缆生产地的南平市于 2009 年由南平市电线电缆行业协会申请并注册了“南平电缆”集体商标。据相关人士介绍，利用集体商标，可以把分散的中小企业力量集中起来，整合资源，发挥集团优势，弥补南平电线电缆业在全国行业规模较小的竞争劣势，打造出更叫响的区域制造品牌。而且集体商标的注册和运用还可以使中小企业搭乘上品牌“直通车”，改变中小企业分散注册商标时面临的成本高，后续投入难以保证以及申请驰名商标和著名商标难度大的弊端，从而发挥集体商标的聚集作用，成为中小企业顺利成长的孵化器。由这些案例不难看出，集体商标在不改变单个成员身份的条件下，通过共同使用统一的商标把所有单个成员的生产经营能力有效组合起来，形成数量优势，从而在显示规模效益，节约产品成本，保护产业，带动产业化经营，提高竞争力，创出品牌和规模效益方面起到积极作用。

第二，集体商标有助于维护行业共同利益。

我国法律规定，集体商标的使用必须提交管理规则。其内容包括使用集体商标的宗旨，使用该集体商标的商品的品质，使用该集体商标的手续，使用该集体商标的权利、义务，成员违反其使用管理规则应当承担的责任，注册人对使用该集体商标商品的检验监督制度等方面。由此可见，集体商标为行业内经营者行为提出了要求。经营者如果要使用该集体商标，必须首先符合相应的标准，并按照法律规定以及使用规则的要求承担相应的权利义务。而对于那些不能达到集体商标标准的经营者，则不能随意使用，否则会构成侵权。例如，2009 年 5 月份，镇江醋业协会状告镇江市恒仙调味品有限公司使用“镇江香醋”集体商标侵权。在该案中，镇江市醋业协会于 2007 年注册了“镇江香醋”集体商标，获得该商标的所有权，受到国家商标法的保护。为规范企业的生产经营行为，倡导行业自律，打击假冒伪劣，协会制定了“镇江香醋”集体商标使用规则，规定要合法地使用“镇江香醋”商标，必须是协会会员，并且必须符合协会检测标准、获得协会授权。镇江市恒仙调味品有限公司是句容一家制醋企业，作为本地企业，在未获得授权的情况下，即在自己生产的香醋使用“镇江香醋”商标，构成商标侵权。

第三，集体商标在保障地理标志方面具有特殊的价值。

我国商标法允许将地理标志注册为集体商标或者证明商标。《集体商标、证明商标注册和管理办法》规定，申请以地理标志作为集体商标注册的团体、协会或者其他组织，应当由来自该地理标志标示的地区范围内的成员组成。以地理标志作为集体商标、证明商标注册的，应当在申请书中说明下列内容：该地理标志所标示的商品的特定质量、信誉或者其他特征；该商品的特定质量、信誉或者其他特征与该地理标志所标示的地区的自然因素和人文因素的关系；该地理标志所标示的地区的范围。因此，将地理标志作为集体商标加以注册，既可以突破商标法规定的地名一般不得组成为普通商标的限制规定，同时也可以对特定地区以及相应产品起到独特的广告宣传作用。另外，由于集体商标的注册人即该组织是其成员的代表，注册商标的权利属于集体，由该组织的成员共同使用，不是该组织的成员不能使用，具有“共有”和“共用”的特点，将地理标志作为集体商标注册，则地理标志就会成为组织成员共有的权利，这有助于减少和降低商标使用中商标所有者与使用者之间的利益矛盾，有利于地理标志作用的充分发挥。

（二）集体商标运用可能存在的负面影响

集体商标的注册和使用具有重要的积极作用，然而，由于集体商标表明产品或服务来源于同一组织，因此一旦集体内个别成员的产品或服务出现问题，就可能迅速波及集体组织内的其他成员。例如，2003 年媒体以“病死母猪肉做太仓鲜肉松”为题曝光太仓肉松事件后，对当地肉松产业造成严重负面影响，厂家数量和肉松产量都急剧萎缩。虽然在此类事件中，其根本原因在于个别生产者商家不遵守诚信原则而导致的，但是由此也可以看出，如果在集体商标运用过程中监管不严，其可能导致的后果是极为严重的，需引起高度警惕。

三、我国集体商标价值利用中存在的问题

集体商标对于企业、地区的经济发展具有重要价值。企业（特别是中小型企业）可以通过集体商标有效的组织起来，形成集体合力，有利于创立企业集团信誉和整体竞争力，并能大大增强各企业抗衡市场风险的能力，从而获取最大的规模经济效益。因此，理论上，集体商标应该具有强大的生命力和良好的发展前景，也是我们应该大力提倡和善加利用的。然而在现实中，由于企业商标观念还比较淡漠以及企业之间诚信体系尚未建立等因素的不利影响，集体商标的运用和价值发挥还存在诸多问题，需要认真加以研究解决。根据我国集体商标制度实践，我国集体商标的价值利用主要存在以下亟待解决的问题：

第一，集体商标注册数量少，利用率低。集体商标注册数量的多少是对人们商标意识高低的一个重要反映指标。据统计，2006 年，中国注册商标总量已突破 277.4 万件，年申请量达 76.6 万件，连续五年超越美国位居世界第一。然而在数量如此巨大的商标注册申请量中，集体商标的申请注册数量却相对较少。据国家工商行政管理总局商标局网站的数据，自 1995 年 3 月 1 日开始受理集体商标注册申请以来，截至 2003 年年底，商标局共受理集体商标申请 252 件，核准注册集体商标 35 件。近年来这一数字虽有上升，但总体仍旧偏少。而在一些地方省市，集体商标的注册受人冷落也是一个颇值得注意的现象。例如在北方的牡丹江市，直到 2007 年才开始有三个部门进行集体商标注册申请，集体商标的注册未得到充分重视。这一状况说明，在我国商标法实施的具体实践中，集体商标的价值尚未被充分地认识和发挥。

与集体商标注册数量少相关联的另一问题是集体商标的利用率问题。近几年来，集体商标的利用率低已经成为一个严重影响集体商标价值作用发挥而亟待解决的重要问题。例如，在温州，作为已拥有 165 枚驰名商标、38 个中国名牌的品牌之都，多个注册下来的集体商标，却面临集体遭冷遇的境地——鹿城眼镜“lucoa 雷凯”、永嘉教玩具英文和图形商标、市服装协会的欧派中英文商标、市制笔协会的“WZWIN”英文商标和 WZPEN 图形商标等，这些年来，或被打入“冷宫”，或被束之高阁，集体遭受了冷遇。这种利用率低的现状对于集体商标价值作用的发挥的影响是极其严重的。

从目前集体商标的实践来看，导致集体商标注册数量少、利用率低，集

体商标“集体闲置”主要存在以下原因：一是集体商标运用中存在信用风险。集体商标具有集体注册、集体使用的性质。一旦行业内个别企业出现产品质量问题，那么其他使用集体商标的企业势必受到“株连”，使其多年的质量品牌和信用付诸东流。这种信用风险，使得大企业不愿意利用集体商标，而稍有能力的中小企业也自创品牌。二是集体商标的影响力问题。实践中由于诸多集体商标没有经过长时间的培育，在市场上的知名度不高，未来发展前途也难以预知，中小企业基于现实考虑，对集体品牌并不十分热心。三是在集体商标培育发展中的费用难题。一般来讲，将集体商标培育成品牌必须进行商标的推广工作，这需要大量的宣传费用支撑。但是这些费用如何在集体成员中进行分摊无疑是一个较难处理的问题。加上一些企业“搭便车”思想的影响，更是加大了这一问题解决的难度。因此上述种种因素的存在，使得集体商标的创牌之路步履维艰，集体商标的利用无法尽如人意。

第二，商标保护意识低，造成集体商标被抢注、侵权假冒现象严重。集体商标具有所有者和使用者不对等、使用者非唯一性的特点。这种情况导致集体商标在使用过程中容易出现经济学中所谓“免费搭车”现象，集聚在某一地区生产同类产品的众多企业共同使用同一商标，再加上商标维护的收益远远小于成本，过度开发利用甚至恶意造假欺骗的现象就极易出现，而原本应起到监控作用的商标“所有者”的保护意识以及其他原因不能及时到位，集体商标保护乏力，集体商标被抢注、侵权假冒的现象日益严重。例如，2005 年佛山一批集体商标遭遇抢注，如“西樵”纺织业被顺德某镇黄先生以个人名义抢注；“中国铝材第一镇”大沥镇的“大沥”二字，“中国内衣名镇”盐步镇的“盐步”二字，均遭遇集体商标抢注。这些集体商标一旦被抢注，再去申请撤销，其难度相当的大。因此，提高集体商标保护意识，强化集体商标保护手段是提高集体商标价值利用的重要内容。

第三，集体商标法律保护制度不健全。集体商标法律保护制度的健全是集体商标价值充分发挥的必要条件。在国外，考虑到集体商标所具有的特殊之处，许多国家都通过专门立法或者在商标法中以专章的形式对集体商标进行规范，起到了良好的效果。我国目前对于集体商标相关规定还存在诸多疏漏之处，急需进一步加以完善。

首先，集体商标救济的权利主体不明。在国外，为充分保护集体商标，许多国家都对集体商标诉讼主体进行了专门的规定。如《欧共体商标条例》第 70 条中规定，“有权提起侵权诉讼的人。第 22 条第 3 款和第 4 款关于被许可人权利的规定应适用于授权使用共同体集体商标的每一个人。由于未经许可使用共同体集体商标，使授权使用该商标的人遭受损失的，共同体集体商标所有人应有权代表他们请求赔偿”。《比荷卢经济联盟统一商标法》第26条规定：“为保护集体商标进行诉讼的权利，专属于该商标的所有人。在同样情况下，商标所在地人得要求赔偿因是项使用所遭受的损失。商标使用和监督章程，得给准予使用该商标的人与商标所有人共同行动之权，或者参与或干预所有人提起的诉讼或对该所有人提起的诉讼之权。同样，使用或监督章程得规定，所有人在单独进行诉讼时，也可以维护商标使用人的个人利益，并把使用人一人或数人所受具体损失的赔偿包括在他提出的要求中。”这些有关集体商标侵权诉讼主体资格的规定对于切实维护集体商标权利人的利益起到了积极作用。

在我国，如同对于证明商标的规定一样，我国商标法对于集体商标的侵权救济主体并未进行非常明确的规定。根据目前的法律规定，集体商标专用权受到侵犯时，注册人可以根据《商标法》以及《商标法实施条例》的规定，请求工商行政管理机关处理或者直接向人民法院起诉。可见，我国法律仅规定了注册商标被侵权时注册人的权利，但对于使用人的救济请求权并未进行明确规定。这造成了集体商标使用人在遭遇集体商标侵权时往往无法充分主张自己的合法权益，对使用人有效地使用集体商标产生了不利影响。

其次，地理集体商标管理主体上存在冲突之处。由于地理标志既可以注册为证明商标，也可以注册为集体商标，因此在证明商标上出现的地理标志证明商标与地理标志在管理主体上的冲突同样会在集体商标方面出现。国家工商总局商标局负责地理标志集体商标的注册和管理工作，国家质量技术监督局负责其审核、注册登记管理和保护工作，由此在我国形成了两套相互冲突的原产地名称保护体制，即地理标志集体商标与原产地域名保护体制。而在这两个机关之间，管理权限的不清晰以及由此带来的争执和冲突给商标管理工作带来明显的消极影响。

最后，配套法律规定不完备。集体商标的规范要求其他法律也必须给予配套保护。然而目前在一些法律中，配套的规定还有所欠缺。例如，有研究者对集体商标的刑法保护问题进行了探讨，指出我国刑法对集体商标的保护还存在不足，主要表现在对集体商标侵权行为构成犯罪的范围界定过窄以及注册服务商标没有列入保护范围等两个方面。而在有关的司法解释中，对于侵害集体商标的规定也相对粗疏。

第四，监督管理制度不健全。我国商标法及相关法规规定，申请集体商标注册的，应当附送主体资格证明文件并应当详细说明该集体组织成员的名称和地址，集体商标申请人应提交集体商标使用规则，并承担对于集体商标使用进行监督管理的职责。但是由于集体商标注册人的具体情况各不相同，加上法律对于集体商标注册人管理权限的性质以及具体过程规定不清，从而导致相关的监督往往无法落实。从注册人的情况来看，集体商标的拥有者可以是团体、协会或其他组织，其管理监督的能力存在较大差异。以食品类集体商标为例，目前我国食品类集体商标的所有人要么是国家质量检验检疫总局，要么是地方上分管产品质量的政府部门，民间协会、行业组织作为商标所有人，尚处于探讨摸索阶段。在集体商标实际运作过程中，就维护权限和合法证明力上，政府作为商标所有者时比较明显；相反，民间团体的管理力度与时效性等方面则效果较好。但因我国片面强调政府作为集体商标和证明商标的所有者，久而久之，使得它们成为远离商标家族“大陆”的“集体孤岛”。而从管理的过程来看，由于许多集体商标在运用过程中，或者缺少严格的标准，或者忽视对于集体商标的动态管理，使集体商标的监督管理无法进行或者流于形式。

四、解决集体商标价值利用问题的对策

（一）提高集体商标利用和保护意识

集体商标利用和保护意识的提高是集体商标价值得以充分发挥的观念性条件，也是改变目前集体商标注册数量少、利用率低的一个重要对策。在集体商标利用保护意识的提升方面，无论是作为企业还是地方政府，均有着广泛的发展空间。

就企业而言，企业是集体商标的最终使用者，也是集体商标品牌的创建者。因此，企业集体商标保护意识的提升对于集体商标价值的发挥意义重大。为此，企业应该树立正确的商标保护意识，了解和熟悉我国集体商标法律保护制度，掌握集体商标保护的国际规则，并以此为指导实施有效的包括集体商标在内的商标运用战略。

就地方政府而言，地方政府及其相关部门是集体商标宣传、实施的积极推动者，也是打击集体商标侵权行为的执法者，地方政府及其职能部门在维护集体商标方面的作用的发挥就构成了提升集体商标使用意识，强化集体商标保护的重要内容。具体而言应包括以下几方面的工作：第一，地方政府及其相关部门应把培育、保护集体商标作为推动经济增长方式转变、促进经济结构转型的重要方式，加强对培育、保护集体商标重要性、迫切性的宣传。地方政府及其职能部门应主动帮助、引导管理组织，提升集体商标知名度，扩大品牌影响力。针对企业申请集体商标的实际状况，切实加强集体商标申请注册的指导工作。例如，根据证明商标、集体商标注册时间较长的实际，应指导相关组织在申报的同时，先行使用。对于出口或有出口潜力的产品，

则要积极引导管理组织申请国际商标注册，以避免在出口国遭遇知识产权壁垒。通过上述手段，促使集体商标注册总量迅速提升。第二，地方政府及其职能部门应采取措施激励集体商标注册，完善集体商标的管理工作，扶持集体商标的发展，尤其是要支持和引导集体商标管理组织发挥桥梁作用，加强自我教育、服务和管理。第三，地方政府及其职能部门应充分发挥其作为执法者的职能，积极开展保护集体商标的专项执法行动，查处假冒集体商标的行为，维护集体商标权利人的合法权益。

（二）采取有效措施，化解集体商标运用中的信用风险

如前所述，集体商标信用风险的存在是集体商标注册数量少，利用率低的一个重要原因。为化解这一问题，需着力采取以下措施：

一是应加强集体商标的监督管理工作。一方面，集体商标注册人作为集体商标权利的代表者，应主动发挥作用，制定明确可行的集体商标使用行业标准，并承担起监督和控制集体商标的使用和维护集体商标体系的法律义务；另一方面，政府部门也应积极介入，通过查处假冒侵权行为，维护集体商标运用的良好外部环境。

二是应构建针对集体商标的动态管理机制。动态管理机制意味着对于集体商标使用权的资质认证不是终生的，可实行年检制度，并定期将年检结果公布于众。与此同时，还可依托信息化手段，导入信用评价监管机制，积极探索长效监管机制，建立与商标管理组织的打假协作机制，切实保护商标专用权，促进其健康有序发展

三是应引导企业在积极利用集体商标的同时，鼓励商标使用人注册自己独立的商品商标。从一些地方企业的实践来看，在集体商标之外注册独立商标不仅能提升企业形象，同时也能有效保护企业利益。例如，镇江市已经注册了“镇江香醋”集体商标，而镇江恒顺醋业集团在充分利用这一集体商标的同时，也非常注重自有品牌的创建和维护。经过多年努力，“恒顺”香醋渐渐为人熟知。在这种情况下，即使个别使用“镇江香醋”集体商标的厂家产品出现问题，其对恒顺的影响却微乎其微。因此，构建自主品牌，通过证明商标、集体商标与商品商标的组合使用，可以形成区域、行业和企业个性品牌“三位一体”的品牌运作体系，这对于降低集体商标使用中的信用风险是极为有力的。

（三）完善集体商标法律保护制度

针对我国集体商标保护法律制度上存在的不足，有研究者提出了相应完善对策，主要内容包括：体例上给集体商标制度列专门章节，明确集体商标民事诉讼的主体，扩大刑法保护范围，通过这些措施完善集体商标保护制度

的立法；明确地理标志集体商标与地理标志证明商标的选择；完善地理标志集体商标保护制度；加大法律解释力度，解决目前针对侵犯集体商标权犯罪规制方面存在的操作性的问题。这些建议具有较强的针对性，是进一步完善我国集体商标法律制度的有益参考。借鉴目前学界关于集体商标保护制度的研究成果，结合国外在集体商标保护方面的成功经验，笔者认为，我国集体商标法律保护制度的完善应主要考虑以下几方面的内容：

第一，明确集体商标使用人的救济请求权的主体资格。

《商标法》和《商标实施条例》针对一般商标的侵权案件设定了救济主体，但由于集体商标本身的特殊性，即集体商标的许可是针对其成员的许可，那么这种许可界定为何种许可，法律理论界和司法实践中都有不同的看法，由此导致《商标法》和《商标实施条例》的一般规定在实践中难于有效运用于集体商标的保护。尤其是其中救济请求权的主体问题更是如此。正如已有研究指出的，集体商标民事诉讼的主体的不明确是我国集体商标法律保护制度中存在的一个较大问题。笔者认为，这一问题的提出为我国集体商标法律保护制度的完善指出了一个重要的方向，但是需注意的是，民事诉讼方面主体不明确的缺陷实际是集体商标救济请求权主体不明确的情形之一，除此之外，在行政救济请求方面，这一问题是同样存在的，尤其是集体商标使用人的救济请求权的主体资格问题，急需在法律中予以明确规定。从法理和司法实践上看，集体商标使用人也是集体商标利用过程中的利益相关者，因此应当明确承认使用人在集体商标保护方面的请求权，以维护其合法利益，促进集体商标的有效保护。

第二，关于地理标志集体商标的法律保护问题。

地理标志是一种用以标示商品或者服务的来源的标志。鉴于地理标志对于商标或服务来源的指示作用，许多国家都对其加以法律保护。在保护的具体方式上，有的国家采用商标法模式，也有的国家采用专门立法模式。例如，《欧洲共同体商标条例》规定，地理标志可以作为共同体集体商标进行注册。《德国商标法》规定，地理标志由于其对产地的描述性不能作为个体商标注册，但是，可以作为集体商标获准注册。我国《商标法》则规定集体商标和证明商标都可以用来保护地理标志。《商标法实施条例》第 6 条第 1 款规定："商标法第 16 条规定的地理标志，可以依照商标法和本条例的规定，作为证明商标或者集体商标申请注册。"国家工商总局在 2003 年发布的《集体商标、证明商标注册和管理办法》对于地理标志作为集体商标和证明商标的事宜作出了进一步的详细规定。除此以外，我国制定颁布的《农产品地理标志管理办法》等也对地理标志进行了一定的规范。目前在地理标志保护问题上的主要争论在于在我国究竟采用哪种方式来加以保护。主要有以下三种方案：一种是主张利用地理标志集体商标对地理标志进行保护。主张这种方案的学者认为，地理标志与商标本质属性相同，都是商品的识别性标志，完全可以归入商标体系加以保护，不需要建立另外的制度，以节约立法成本。另一种是主张由国家质检总局制定专门法对地理标志进行保护。主张这种方案的学者认为，地理标志和商标的属性不同，地理标志是一种集体权利，具有永久性和不可转让性，商标法无法保护地理标志的这些特性，因此，应制定专门法来保护地理标志。第三种是主张通过《商标法》、《反不正当竞争法》以及建立专门的地理标志保护法来进行保护。

地理标志权是一项特殊的无形财产权，对地理标志给予全面综合的法律保护对于进一步充分发挥其价值具有重要意义。应当在现有法律制度的基础上，综合运用商标法、反不正当竞争法等法律来进行保护。商标法尤其是集体商标在保护地理标志方面的作用是不应被忽视的。理由在于：首先，如前所述，地理标志是一种用以标示商品或者服务的来源的标志。地理标志具有的这种指示商品或服务来源地作用与商标相一致，作为一种可识别性标志，地理标志完全可以纳入商标法中进行保护。其次，实践证明，我国采用商标法对地理标志的保护已经取得积极成效。截至 2005 年 10 月，国家商标局共受理地理标志商标注册申请 514 件，已经核准注册 129 件，其中外国 3 件，并取得了良好的经济效益。国家工商机关在对集体商标管理保护的过程中也已经创造总结出行之有效的制度，取得良好的效果。再次，通过集体商标模式便于我国的地理标志在国外获得保护。

有研究者指出，通过注册证明商标（集体商标）保护地理标志，可以利用《巴黎公约》和《马德里协定》及其《议定书》，方便地进行国际注册，寻求国际保护。而 TRIPs 为地理标志提供的保护仅限于制止原产地的虚假标示和《巴黎公约》第 10 条之二意义下的不公平竞争行为。对于葡萄酒地理标志，TRIPs 规定理事会应当进行谈判，以建立一个对葡萄酒地理标志进行通知和注册的多边制度，但是，迄今为止，该谈判并未取得实质性的进展。而且，由于地理标志保护涉及不同国家之间的利益冲突，很难协调立场，何时能够达成协议尚难以预料。《保护原产地名称里斯本协定》则因其保护条件过于严格，成员有限而在国际贸易中影响不大。因此，从在国际贸易中寻求最广泛的保护的角度而言，通过商标法保护地理标志，是一种明智的选择。这一观点无疑是极有见地的。

当然，由于具体制度的粗疏，我国商标法采用集体商标对地理标志进行保护在诸多方面还有待于进一步完善。例如，我国商标法目前虽允许将地名注册为集体商标，但是由于现行商标法仅仅禁止县以上行政区划的地名注册为普通商标，并不禁止不具有行政区划意义的地名注册为普通商标，这就使得非县级以上行政区划地名的地理标志仍有被注册为普通商标的可能。由于普通商标的专属性，地理标志一旦被注册为普通商标，将严重影响其作为集体商标的注册，也会对该地区的生产经营者的利益产生严重的影响。

第三，健全法律法规，加强法律解释。

健全集体商标制度以及其他相配套的法律法规对于加强集体商标的保护，提升集体商标的价值利用程度是极为重要的。一方面，应完善我国现有集体商标制度。例如，在集体商标的无效、可撤销以及合理使用等方面，我国现有制度还存在较大的发展空间。另一方面，与集体商标配套的制度支撑也是极为必要的。例如在反不正当竞争领域，与集体商标相关的制度也有进一步完善的必要。

除此以外，在实践中充分利用法律解释手段，及时应对实践中出现的新情况、新问题也是非常有必要的。针对前文提到的我国集体商标配套制度的不足，有学者即建议通过加强法律解释的方法来完善集体商标的法律保护。该学者提出，针对我国《刑法》对集体商标保护范围过窄的情况，建议通过立法和司法解释的方式将服务集体商标以及在同一种商品或服务上使用与他人的注册商标近似的商标，在类似商品或服务上使用与他人注册商标相同的商标的行为，或者在类似商品或服务上使用与他人注册商标近似的商标的三种侵权行为纳入刑法保护。而近年来，针对侵犯商标权的犯罪，我国司法部门已加大解释力度。如最高人民法院和最高人民检察院于2004年就办理侵犯知识产权应用法律若干问题作了解释，明确了“情节严重”、“销售金额数额巨大”、“件”等的具体含义，在实践中取得了良好的效果。

第三节　证明商标的基本界定

一、证明商标的含义

目前，对于证明商标的理解，既有理论界定也有法律规定。已故著名知识产权专家郑成思认为，所谓证明商标（Certificate Mark），是指附在商品上证明生产某产品的厂商身份、商品的原料、商品的功能或商品的质量的标记。吴汉东教授认为，证明商标是专为证明商品的产地、原料、制造方法、质量、精密度或其他特征的商标，一般由商会等团体申请注册，申请人对使用该商标的商品具有鉴定能力并承担保证责任。申请人以外的人，只要商品达到规定的具体标准，就可使用该商标。它通常为说明某种商品的质量而使用，以吸引消费者，如国际通行的“纯羊毛”标志、我国使用的“绿色食品”标志。证明商标不具有排他性，只要使用人的商品或服务达到证明商标的要求，就可以合法适用。

我国现行《商标法》第3条第3款规定：“本法所称证明商标，是指由对某种商品或服务具有监督能力的组织所控制，而由该组织以外的单位或者个人使用于其商品或者服务，用以证明该商品或者服务的原产地、原料、制造方式、质量或者其他特定品质的标志。”根据该条规定，证明商标可分为原产地证明商标和特定品质证明商标两类。原产地证明商标是经注册为证明商标的原产地名称的商标。特定品质证明商标是证明商品或服务的原料、质量或制造方法品质方面特性的标志。如“纯羊毛”标志、“绿色食品”标志等。根据证明重点的不同，证明商标也可分为三类：第一类是地理标志证明商标，即重点证明某商品来源于某地区，其特定质量、信誉或者其他特征，主要由该地区的自然因素或者人文因素所决定，例如“库尔勒香梨”、“黄岩蜜橘”、“楚门文旦”等；第二类是特定品质证明商标，即证明某商品或者服务在原料、制造方法、质量等方面满足一定标准，如产品具有某种质量，采用了某种制造方法等，例如“UL”标志、“纯羊毛”标志；第三类是证明商品的生产者或者服务的提供者达到某些标准，或者隶属于某组织或者协会。证明商标的基本功能在于证明使用该商标的商品或者服务具有特定的品质、符合一定的标准或者满足一定的要求，其区别商品或者服务来源的功能倒在其次了。

二、证明商标的特征

从证明商标的界定中，我们可以看出证明商标的基本特征。证明商标的内容恰恰是一般商标所不允许包含的内容。证明商标不是表示商品或服务来源于某个生产者或经营者，而是用以证明商品或服务本身的原产地、原料、制造方法、质量或其他特定品质的标记。正因为证明商标指明了该商品或服务所具备的某些特征，提供了质量证明，使其成为保护消费者利益的重要法律标志。商标注册人与使用人是分离的，即证明商标由某个具有检测和监督能力的组织注册，由注册人以外的人使用的商标。证明商标的所有人，与它所证明的商品或服务项目的产销人或经营人不能是同一人。就是说，不能自己证明自己的商品或服务项目的质量与功能之类。具体来讲，其基本特征主要有如下表现。

其一，证明商标具有不同于普通商标的特殊功能。普通商标的基本功能主要在于区别一定商品或服务来源于某个特定的企业，而证明商标的基本功能仅仅在于证明使用该商标的商品或服务具有特定的品质或者满足了一定的标准。就特质而言，证明商标仅需证明商品或服务具有该证明商标指明的特性，一般不需要证明其全部的特质。就标准来讲，使用证明商标的商品或者服务应当符合其所定的标准。如果证明商标表示商品的某种质量，则所有商品或者服务通常不应当低于该标准。证明商标所表示的商品或者服务质量是某种品质的最低质量，不像普通商品表示平均质量，也不是最高质量。另外，证明商标也可以是地理名称，而地名却一般不能作为普通商标申请注册。

其二，证明商标的注册人与使用人是分离的。证明商标注册人不得将证明商标使用于自己提供的商品或者服务上，而是由注册人以外的单位或者个人使用。这一点与普通商标明显不同。后者的注册人既可以自己使用该商标，也可以许可他人使用其商标。不仅如此，凡符合证明商标使用管理规则规定条件的，在履行该证明商标使用管理规则规定的手续后，可以使用该证明商标，注册人不得拒绝办理手续。另外，虽然集体商标和证明商标的注册人和使用人都是分离的，但是集体商标的“共有”“共用”特点明显强于证明商标。

其三，具有原产地性质的证明商标在构成要素方面也不同于普通商标。如我国《商标法》第 10 条第 2 款中规定，县级以上行政区划的名称禁止作为商标使用，但作为集体商标、证明商标组成部分的除外。以地名作为证明商标或其组成部分的，并不要求十分准确，它可以使简称，也可以是数个地名的组合。作为集体商标或证明商标组成部分的地名限于对特定地域进行描述，否则禁止使用。地理标志更强调其商品的地理来源。以地名作为集体商标或证明商标组成部分如果具有欺骗性，也是不允许的。

其四，证明商标的注册申请人不同于普通商标申请人。证明商标的注册申请人通常不能是个人，而应是专门的组织。如我国商标法规定，证明商标注册人目前大多是由对使用证明商标的商品或服务具备监督能力的非营利性组织注册，这些组织在注册时需要附送主体资格证明并拥有专业的技术人员和专业的检测设备。

其五，证明商标的使用不同于一般商标。注册申请需要递交证明商标的使用管理规则。规则的基本内容包括：使用证明商标的宗旨、条件、手续、权利、义务；该证明商标证明的商品的特定品质；使用人违反该使用管理规则应当承担的责任；注册人对于使用该证明商标商品的检验监督制度。而且证明商标的受让人应当具备法人资格且具有检测和监督能力。

证明商标在许多国家都可注册，不过未经有关部门的特别批准，不可转让。大多数发达国家以及发展中国家，均承认和保护证明商标。

三、证明商标与集体商标的联系与区别

集体商标与证明商标都是由一个主体所有而由多人同时使用的商标，这种商标的所有人与使用人分离、商标的使用人众多构成了两者基本的共同点。除此以外，集体商标和证明商标的所有人均有权对商标进行控制和监督，虽然证明商标的所有权人为了保证商品或服务质量的高水平和一致性，集体商标所有权人为了保证其对商标组织管理的一致性，但二者均得以依法对商标的使用进行控制和监督。这也是二者的共同特点。二者的主要区别则在于：

第一，封闭性抑或开放性的区别。虽然证明商标和集体商标的注册人和使用人是分离的，但这种分离的程度并不完全相同。集体商标只能由拥有该集体商标的成员使用，非集体成员不得使用，由此可见集体商标具有较强的封闭性。但是对证明商标来讲，其显著的特点恰恰是开放性。证明商标所有人多由非营利性的社会团体、国家机关等组织担任，本身不需要或无法使用证明商标。故证明商标只能由所有人以外的人使用，而且凡符合条件的人都能使用，具有开放性的特点。质量证明商标的开放性更强，不受地区包括国界的限制，任何人只要其提供的商品或服务符合规定的条件，注册人就不得拒绝其使用。因此，集体商标的使用者形成一个封闭式的俱乐部（club），而证明商标则是一个“开架商店”（open shop）。另外，在商标注册人能否使用该商标方面，证明商标也不同于集体商标。证明商标的主要功能是证明商品的特定品质的，其所有人的监督职责远比集体商标所有人的监督职责重，如果所有人自己也使用证明商标就等于自己监督自己的商品质量，因此证明商标的注册人不得使用该证明商标。

第二，功能不同。证明商标的功能是证明商品的原产地、原料、制造方式、质量或者其他特定品质，其作用在于告知消费者使用该商标的商品达到了注册人制定的质量标准或具备了某种特征。其中原产地证明商标表明一项产品来源于特定地方，该产品的质量或特征完全或主要取决于当地自然的或人为的特定因素，从而向消费者提供了一般商标所无法标示的质量保证，使该商品或服务具有了巨大的吸引力。集体商标则表明提供商品或服务的使用者属于同一组织，拥有某一组织的成员资格。集体商标的主要功能是表明商品或服务来源于集体组织而非某一当事人。因而使用集体商标，对于发展规模经济，发挥集团优势具有重要的作用。

第三，主体之间的关系不同。证明商标的注册人是一种集体组织，但更为重要的是证明商标的注册人必须对商品或服务的特殊品质具有检测和监督能力。证明商标的使用人是除注册人以外的其他组织，这些主体在履行证明商标注册人所规定的手续之后都可以在自己生产的产品或提供的服务上使用该证明商标。在注册人和使用人之间，双方是一种管理与被管理的关系，但这种关系没有集体商标所有人和使用人之间密切，因为证明商标使用人不是所有人的内部成员。集体商标注册以后，凡集体商标注册人的所属成员，在履行必要的手续之后均可使用该集体商标。法律特别规定集体商标不得许可该组织之外的成员使用。由于集体商标的使用人是集体组织的内部成员，因此两者之间的关系较证明商标注册人和使用人之间的关系更为密切。

第四，构成要件不同。证明商标、集体商标可以由文字、图形、字母、数字、三维标志和颜色组合，以及上述要素的组合构成。但《商标法》对普通商标的某些禁止性条款不能适用于证明商标和集体商标。例如，商标法规定不得以县级以上的行政区划地名作为普通商标，但是这些却可以成为证明商标和集体商标的组成部分。再如，商标法规定，不得将直接表示商品质量、主要原料、产地名称的标志注册为商标，这一规定能够适用于集体商标但对于证明商标却并不适用。因为关于质量、原料、产地等内容正是证明商标的必要构成要素和证明商标的意义所在。证明商标可将表示商品质量、主要原料、产地名称作为注册的基本构成要素，如“绿色食品”就包括绿色食品标志图形、中文“绿色食品”、英文“GREENFOOD”及中英文与图形组合等四种形式。

四、证明商标的法律关系

一般认为，证明商标的注册人，即是证明商标权的权利人。在美国、法国等国的法律中，注册人被直呼为“所有人”。但是，根据有关证明商标的法律规定，证明商标的所有人自己却不能使用该标志，证明商标所有人对证明商标的自行使用往往是导致该商标被注销的理由，并且法律往往禁止证明商标的转让。更重要的是，证明商标所有人不得拒绝任何具备该商标章程所确认的条件的人使用该商标。如此一来，这个所有人就有点名不符实了。

就原产地证明商标而言，其商业价值一方面源于某一地理区域特殊的自然条件，另一方面也源于该区域人们长期劳动的积累，其所形成的独特的自然条件与人文因素相结合的价值形态是难以再造的，它应当是该区域人们的共同财富。

反思证明商标的权利主体问题有重要的实际意义。从我国证明商标的实践来看，已经核准的原产地证明商标的使用情况很不理想，主要表现在“所有人”的地位遭到了漠视，众多的生产者、经营者不能理解他们的“共同财富”被某一主体独占，依然我行我素地自行使用已成为证明商标的地理标志。问题的核心就是要将证明商标的申请权、管理权和使用权回归权利人自己。

在证明商标制度的背景下，一般将注册人和使用人的关系描述成商标权人与商标使用人之间的关系，即许可人与被许可人之间的关系。但是，当明确了证明商标的真正权利人以后，只能说这种描述是牵强附会。

有学者指出当政府、政府机关或其他政府性组织作为注册人时，其是作为公法人，行使保护消费者利益，对某一行业或经济生活的某一方面进行调控的职权。注册证明商标，仅是行使职权的一种形式和手段。当社会团体作为注册人时，问题就有点复杂。如果注册人是行业协会，证明商标的注册是为了全体会员的利益，证明商标的使用人主要是协会的成员，注册人与商标使用人就是团体与成员的关系。在这种情况下，证明商标往往同时具有集体商标的性质。但是，当证明商标的注册人是其他社会团体（比如，科研机构、服务机构等）甚至是企业组织时，注册人与使用人的关系就值得思量了。笔者认为，对证明商标的注册人应当作严格的限制。对极少数确需国家从公益的角度进行管理的证明商标，注册人可以是商品原产地的当地政府，或与证明商标涉及的某类商品（或服务）有关的政府职能部门以及其他政府性组织。除此之外，只有那些真正能够代表某一行业或某一商品原产地区域大部分经营者利益的社会团体，才应当被允许注册证明商标。注册人应当是一个开放性的团体，允许所有符合其设立目的条件的经营者参加，其法律地位应当被明确为证明商标的管理人而非权利人。只有这样，才能理顺证明商标法律关系，证明商标才会被认同，证明商标制度才能发挥其应有的作用。需要指出的是，现在一些证明商标的注册人尽管在名义上也是行业或原产地区域性的社会团体，但往往缺乏代表性；有些社会团体的设立是地方政府主导下的产物，其性质根本不是经济性的自治团体。

证明商标权具备可转让性的前提应当是注册人对证明商标享有财产权。然而，不能将证明商标的注册人等同于权利人，注册人对证明商标不能拥有支配性的财产权。实际上，在证明商标存续过程中，注册人一般也不是将商标作为一种财产来经营而使其保值增值。当证明商标的注册人为法人时，注册人对其所进行的管理和监督，主要是从消费者利益、市场秩序等公法目的考虑；而当注册人为行业协会时，其对证明商标的管理是基于全体成员或其他经营者的整体利益，证明商标的价值大小也不取决于注册人。而且，由于证明商标制度一般禁止证明商标注册人的营利性使用，因此很难从商业价值的角度去衡量证明商标本身。更重要的是，由于证明商标与地域的密切联系以及其与消费者利益和与此有关的市场秩序的敏感关系，其可转让的余地很小。为此，美国、法国等国家的相关法律均禁止证明商标转让。

虽然证明商标被纳入普通商标法中统一管理，但其与普通商标之间存有重大差异。认清这些差异，不仅有助于我们认识证明商标的特质，而且，还涉及普通商标的具体制度、解决争议的原则如何适用于证明商标的实务等问题。

商标最本质的功能是区别功能，即区别不同的商品或服务。在这一点上，证明商标与普通商标是相同的。但是，普通商标的区别功能，直接指向商品的生产者或服务的提供者，商标权人通过不断提高产品品质和广告宣传等手段，在提高商标信誉的同时，也提高了自身的知名度。在此基础上，商标权人可以通过品牌延伸，使商标的信誉扩大到所有自己生产的商品或提供的服务上。而对证明商标来说，其区别功能指向的是产品的特点、品质，并不直接指向商品的生产者或服务的提供者。对消费者来说，认识证明商标，只是为了对商品的品质或来源进行辨认，不会也不能据此区别不同的生产者或服务提供者。如此，商标权人或使用人也无法通过品牌延伸策略扩大证明商标的使用范围。

普通商标对商品或服务的来源或品质的标示只能是间接的，否则，就会被认为缺乏显著性而不能注册。在我国，商标中含有县级以上行政区划的地名则构成商标法中的禁止使用的情形。与此相反，表明商品或服务的来源或品质，正是证明商标的应有之义，它既可以直接表明产品的品质（如纯羊毛标志），也可以直接表明产品的来源（如莱阳梨）；在表明产品来源时，可以不受行政区划禁用条款的限制，甚至国家名称也可以使用。

由于对主体的限定，证明商标的申请难以适用先申请原则。普通商标的审核除禁用条款和显著性要求以外，主要是审核申请注册的商标是否与他人已在相同商品或类似商品上申请的商标相同或近似。而证明商标则主要审查申请人是否具备必要的监督、检测能力和与特定地域、特定商品的联系。

普通注册商标的有效期限为 10 年，期满未依法办理续展手续的，将被注销。证明商标权作为一种权利，适用其他知识产权的模式对其进行期限限制在理论上并无不可。但是，我们不能不考虑这样做所可能引起的不适当后果。比如，我们很难想象“绿色食品”、“碘盐”、“绍兴老酒”、“景德镇瓷器”等证明商标因未办理续展手续而被注销。而且，商标法一般规定在商标被注销后的一定期限内，对与该商标相同或近似的商标申请，不予核准。那些影响较大的证明商标如果出现了一个管理失误，可能会带来难以弥补的后果。

第四节　证明商标的运用与保护

价值是客体的属性和功能与主体需要之间的某种关系，是满足和被满足的关系。证明商标作为一种特殊商业标志，能够满足社会多方面的需求。目前，理论界对于证明商标价值的研究，主要集中在证明商标的经济效果方面。如证明商标对发展农村经济的积极效果。有些学者对证明商标的价值作了一些理论分析。有学者认为，《与贸易有关的知识产权协定》是目前对地理标记规定得最为完善的国际条约。地理标记作为用来标明特定商品的来源地，在保护国际贸易秩序、维护消费者权益和产地声誉诸方面起了重要作用。有学者认为，当前一些企业陷入证明商标和集体商标使用困境，集体商标和证明商标相结合、以集体商标为主，可以完善我国实施商标原产地保护。综合有关研究，我们提出了证明商标若干价值。

一、证明商标的经济价值

商标作为品牌的载体，它在区别不同商品和服务的生产者或提供者的同时，还承载着经营者独特个性和商业信誉，是构成经营者无形财产的重要组成部分之一。在知识经济日益发展的今天，证明商标作为一种重要的商标类型，在企业、地区乃至于国家的经济发展和综合实力的提升过程中都具有重要的价值。这包括：

其一，证明商标有利于提高经营者商品和服务的市场竞争力。证明商标对于经营者所具有的价值首先体现在其对于经营者商品和服务的市场竞争力的提升方面。证明商标本身具有的指示商品和服务的质量的功能可以使消费者清楚简洁地判断商品的质量以及其他品质特征。较高的质量以及品质特征又无疑是提高经营者信誉、刺激消费者购买欲望的重要因素。例如，近年来，山东莱阳市工商局和有关部门积极推动莱阳梨主要产区种植大户，运用证明商标销售莱阳梨，取得了良好的经济效果。据统计，“莱阳梨”证明商标注册5年来，生产单位和生产者共使用防伪标志47000份，专用箱120余万个，销售莱阳梨1000多万公斤，辐射2000农户。使用“莱阳梨”证明商标销售莱阳梨，比不使用证明商标的每公斤价格提高了0.5—1.0元，总计为果农增加收入900余万元。

其二，证明商标有助于维护行业共同利益。我国法律规定，证明商标的使用必须提交管理规则。其内容包括使用证明商标的宗旨、该证明商标证明的商品的特定品质、使用该证明商标的条件、使用该证明商标的手续、使用该证明商标的权利义务、使用人违反该使用管理规则应当承担的责任、注册人对使用该证明商标商品的检验监督制度等方面。由此可见，证明商标为行业内经营者行为提出了要求。经营者如果要使用该证明商标，必须首先符合相应的标准，并按照法律规定以及使用规则的要求承担相应的权利义务。而对于那些不能达到证明商标标准的经营者，则不能随意使用该证明商标，否则会构成侵权。这对于加强行业监管，维护行业共同利益创造了条件。例如，2007 年 11 月 16 日，嘉兴市召开“桐乡杭白菊”证明商标新闻发布会，正式启用“杭白菊”证明商标，以进一步深化杭白菊行业长效监管工作。在该次新闻发布会上，嘉兴市向各新闻媒体通报了“桐乡杭白菊”证明商标的申报情况，并对首批 19 家杭白菊制品企业启用该证明商标进行授牌，标志着桐乡市将通过对源头产品的地域筛选这一方式，进一步深化杭白菊生产企业的长效监管。实践证明，桐乡“杭白菊”证明商标的使用和推广，有力地促进了杭白菊行业品牌战略和标准化战略的实施，推动了杭白菊无公害和绿色食品生产基地的发展，增强了桐乡杭白菊的市场竞争力。

其三，证明商标有助于国家经济利益的维护。在世界经济已迈入全球化的今天，国际产业分工已经不是传统的产品种类的分化，自主知识产权的核心技术、品牌与商标在经济发展中已经显示了越来越重要的作用。包括美国在内的一些经济发达国家已开始充分利用品牌与商标作为调动、配置资源的有力手段。在我国，充分利用证明商标对于我国国家经济利益的维护也具有重要价值。有论者就此指出，我国幅员辽阔，物产丰饶。众多具有中国特色的物产特产在地方经济发展中充当着经济支柱的角色，也构成了我国国家经济的一个重要组成部分。因此充分发展利用证明商标，对于我国丰富的地方特产和农业的产业化发展具有积极的促进作用，可以有力地促进地方经济和国家经济的发展。

二、证明商标的社会价值

当今世界，商标所具有的价值已不再仅仅局限于微观的企业利益和宏观的国家经济层面，商标本身所蕴含的丰富的秩序维护和权利保障等方面的社会价值逐渐凸显。而证明商标在这方面特色更为明显。

其一，证明商标有利于维护良好的市场经营秩序。证明商标是由对某种商品或服务具有监督能力的组织所控制，而由该组织以外的单位或者个人使用于其商品或者服务，用以证明该商品或者服务的原产地、原料、制造方式、质量或者其他特定品质的标志。证明商标要求商品或者服务应当符合证明商标所要求具备的特定品质或者产地。由此可见证明商标具有指示商品和服务的质量的功能。对于消费者而言，通过对证明商标的判断即可以清楚地了解该商品的产地或者其质量状况。证明商标制度让使用特定证明商标的经营者按照一致的、较高的质量标准从事生产和经营，并禁止那些未达到要求的经营者使用，从而保护了行业的竞争秩序。而在地理标志证明商标中，地理标志所在的地域范围内的产品生产者一般都能通过注册享有该地理标志的使用权，并由专门的监督与管理机构对于损害地理标志证明商标的行为加以制止，从而可以克服分散的个体在维权方面的障碍，有利于良好市场竞争秩序的形成。

其二，证明商标有助于形成良好的维权秩序。良好的维权秩序是法治社会的重要表现之一。证明商标对于良好维权秩序的形成的价值体现在两个方面：首先，证明商标有助于维护消费者利益。保障消费者利益是我国商标法立法的重要目的之一。2001 年对原商标法的修改显示了立法机关有意在商标法中淡化产品质量管理问题的发展方向。这使得保障消费者利益的立法宗旨在商标法中居于相对次要的地位。但是，相对于一般商标，证明商标制度对消费者利益的保护则是非常明显的。证明商标的作用在于标示商品的质量，其立法出发点是商品本身。而商品质量得到保障所带来的直接结果却是消费者利益的实现。因此，证明商标制度在确保商品质量基础上有助于消费者利益的维护。其次，证明商标的运用也有助于证明商标的注册人和使用人维护自身的权益。这是因为证明商标的注册人一般是地方政府或者行业协会等组织体。相较于个体商标权利人的维权行为，组织化的形态更有助于克服单个的商标注册人在权益维护方面分散、力量弱小的缺陷，也容易避免各种过激行为的出现。例如在农产品地理标志证明商标中，由于农产品地理标志的使用人一般是大量初级产品的生产者（农户），他们力量薄弱、分散，获取信息渠道较少，维权意识淡薄，也难以形成统一的维权力量。而通过注册为证明商标以后，农产品地理标志的注册人有权行使救济请求权，可以成为广大农户的利益代表。这无疑更有利于广大农产品地理标志使用人的利益维护。

三、我国证明商标价值利用中存在的主要问题

面对国内外激烈的市场竞争，我国许多企业也逐渐认识到了证明商标的作用和重要性。然而在实践中，由于认识上的诸多误区，企业在证明商标运

用过程中出现了种种问题，导致证明商标的价值无法获得充分发挥。

（一）证明商标保护意识缺失

这主要表现在证明商标抢注现象严重和商标注册意识淡薄两个方面。近几年，由于很多国内企业知识产权意识不强，对相关知识产权法律也并不十分清楚，致使诸多知名商标频频被外商抢注。据国家工商总局的不完全统计，每年商标在海外遭遇抢注案件超过100起，涉及饮料、家电、服装等多个行业。在诸多抢注案件中，证明商标是其中一大部分。例如，2000年4月，绍兴黄酒、绍兴老酒完成地理证明商标注册。然而当这一商标要在日本注册时，却发现绍兴酒、绍兴黄酒物语、绍兴花雕酒等商标已于1997年被日本公司抢注，这使得传统的绍兴酒面临冲出国门的尴尬。证明商标被抢注的现象说明我国企业在利用证明商标维护自身利益方面的意识还有待于进一步加强。

根据我国商标法的规定，向商标局申请商品商标注册，是自然人、法人或者其他组织取得商标专用权的必备条件。因此，是否注重采用注册手段是体现商标保护意识高低的重要标志之一。证明商标的运用同样如此。然而仔细考察我国证明商标注册的实际情况，我们却不难发现当前我国在证明商标的注册方面，人们的意识还处于相对较低的水平。例如，在我国，体现地方产品特色的地理标志蕴藏着巨大的经济价值。开发利用这些地理标志将对我国的经济发展产生不可估量的影响。然而有数据表明，在2006年以前，我国共注册的171件地理标志证明商标或集体商标，其中有32件是外国人注册的，国内注册仅139件；初步审定的25件地理标志中已核准注册和初步审定的外国地理标志就有17件，国内仅8件。到2007年，我国约有250多件地理标志商标获得商标局的注册，其数量仍旧偏少。大量地理标志既没有被纳入“地理标志”保护范畴，又没有纳入我国证明商标的保护范畴。由此不难看出在证明商标注册方面人们的意识还处于相对淡薄的状态。

（二）证明商标管理运用制度存在不当问题

我国商标法规定，国务院工商行政管理部门商标局主管全国商标注册和管理的工作。然而由于历史因素的影响，在证明商标的管理方面却存在着多个监管主体。这集中体现在原产地证明商标上。对于原产地证明商标，原国家质量技术监督局于1999年7月发布的《原产地域产品保护规定》和原国家出入境检验检疫局2001年发布的《原产地标记管理规定》及其实施办法中都有所规范。而在商标法明确证明商标制度以后，对于原产地证明商标的管理就存在多个机关，形成了国家工商总局商标局负责原产地证明商标的注册和管理工作，国家质量技术监督局负责原产地域产品的审核、注册登记管理和保护工作的状况。而在这两个机关之间，管理权限的不清晰以及由此带来的争执和冲突给原产地证明商标的管理工作带来明显的消极影响。对此，有学者认为，商标法属于国家法律，在位阶上高于行政规章。既然商标法已将地理标志的保护纳入证明商标制度，有关行政规章中与其冲突的规定即应失效，对地理标志双重管理的局面应当终止。

（三）监督管理措施不健全

我国商标法规定，证明商标的注册人应当制定证明商标的使用规则，承担对于证明商标使用的管理责任。但是由于对于证明商标注册人管理权限的性质以及具体内容并没有法律上明确的规定，导致证明商标注册人的监督力度不够。从实践的情况来看，证明商标的注册人既可能是政府、政府机关或其他政府性组织，也可能是行业协会或者其他社会团体（比如科研机构、服务机构等）。当不同的主体成为证明商标的注册人时，其所能运用的监督管理的措施及其强制力也会有所差别。如承担长城认证职责的中国电工产品认证委员会（CCEE）是中国国家认证认可管理监督委员会批准成立的一个社会团体。又如证明商标“浏阳花炮”的注册人浏阳花炮管理与发展中心是一个行业协会。这两个证明商标的注册人肩系着产品质量安全的监督职责，然而他们的管理权既没有行政机关的授权也无法律授权，不仅对其成员的管理流于形式，而且其制定的管理规定也对其商标的使用者没有任何强制力，对违规者来说就是一纸空文。

（四）证明商标法律保护机制不健全

其一，证明商标的主体资格及权利定位存在问题。我国商标法条例规定，申请注册集体商标、证明商标的，应当在申请书中予以声明，并提交主体资格证明文件和使用管理规则。这一规定要求证明商标的注册人应当是具体的组织，但对于更为具体的主体资格则没有进行进一步的明确。有研究者指出，从证明商标申请注册的实践来看，证明商标的注册申请人一般是政府、政府机关或其他政府性组织，也可能是行业协会或者其他社会团体（比如，科研机构、服务机构等）。当政府、政府机关或其他政府性组织作为注册人时，其是作为公法人，行使保护消费者利益，对某一行业或经济生活的某一方面进行调控的职权。注册证明商标，仅是行使职权的一种形式和手段。当行业协会作为注册人时，证明商标的注册是为了全体会员的利益，证明商标的使用人主要是协会的成员，注册人与商标使用人就是团体与成员的关系。但是，当证明商标的注册人是其他社会团体（比如，科研机构、服务机构等）甚至是企业组织时，注册人与使用人的就明显不同于前两者。因此如何理顺证明商标的主体资格，对于激发证明商标注册人的管理热情，充分实现证明商标的价值意义重大。

与证明商标主体资格相联系的另一个重要问题是证明商标注册人权利义务的均衡性问题。在TRIPS协议中，包括商标在内的知识产权的私权性质一再被予以明确。在知识产权的保护所具有的保护经营者的财产权、维护消费者权益、保障市场秩序等三项目的中，经营者的财产权无疑应是包括商标法在内的知识产权制度的出发点和重心所在。由此出发，证明商标注册人拥有的同样应当是属于专有性的民事权利。但是，我国商标法明确规定，证明商标是以原产地、原料、制造方式、质量或者其他特定品质为标志的，而非以经营使用者为辨别标志，证明商标更着重保护的是消费者权益和市场秩序。尤其是证明商标注册人虽为具有法人资格的组织，有管理权和许可使用权，但却不可将证明商标用于自身所有的商品之上。当集体商标、证明商标注册人没有对该商标的使用进行有效管理或者控制，致使该商标使用的商品达不到其使用管理规则的要求，对消费者造成损害的，根据我国《集体商标、证明商标注册和管理办法》，可由工商行政管理部门责令限期改正；拒不改正的，处以违法所得3倍以下的罚款，但最高不超过3万元；没有违法所得的，处以1万元以下的罚款。由此使得注册人承担的义务多于享有的权利。在这种情况，证明商标的注册人的权利义务可能会处于一种不均衡的状态，对于注册人的管理行为会产生消极的影响。

其二，证明商标转让制度不完善。在证明商标能否转让的问题上，向来存在不同的观点。有学者指出，证明商标权具备可转让性的前提应当是注册人对证明商标拥有财产权。然而，不能将证明商标的注册人等同于权利人，注册人对证明商标不能拥有支配性的财产权。实际上，在证明商标存续过程中，注册人一般也不是将商标作为一种财产来经营而使其保值增值。当证明商标的注册人为法人时，注册人对其所进行的管理和监督，主要是从消费者利益、市场秩序等公法目的考虑；而当注册人为行业协会时，其对证明商标的管理是基于全体成员或其他经营者的整体利益，证明商标的价值大小也不取决于注册人。而且，由于证明商标制度一般禁止证明商标注册人的营利性使用，很难从商业价值的角度去衡量证明商标本身。更重要的是，由于证明商标与地域的密切联系以及其与消费者利益和与此有关的市场秩序的敏感关系，其可转让的余地很小。为此，美国、法国等国家的相关法律均禁止证明商标转让。然而，我国《集体商标、证明商标注册和管理办法》对于证明商标的转让却是允许的，并作出了原则性的规定：申请转让集体商标、证明商标的，受让人应当具备相应的主体资格，并符合商标法、实施条例和本办法的规定。集体商标、注册商标发生移转的，权利继受人应当具备相应的主体资格，并符合商标法、实施条例和本办法的规定。由前文所述，证明商标的所有人必须具备专业的技术人员和检测设备，证明商标的转让对象只能是组织团体。这些规定明确了我国证明商标的转让的对象范围，但是关于证明商标转让的其他内容则缺少更明确的规范。例如，对于地理标志证明商标的转让问题，现有法律规定非常简略，不能满足实践需要。

（五）证明商标侵权救济制度不健全

我国商标法律中对于证明商标注册人和使用人之间的法律关系没有进行细致的规定。《商标法》第 53 条规定："有本法第 52 条所列侵犯注册商标专用权行为之一，引起纠纷的，由当事人协商解决；不愿协商或者协商不成的，商标注册人或者利害关系人可以向人民法院起诉，也可以请求工商行政管理部门处理。"根据这一规定，证明商标专用权受到侵犯时，注册人可以根据《商标法》以及《商标法实施条例》的规定，请求工商行政管理机关处理或者直接向人民法院起诉。但证明商标使用人能否提请救济，该法规定的并不十分清楚。关键的原因在于该法条中的"利害关系人"是否可以包括证明商标的使用人这一点无法确定。《最高人民法院关于审理商标民事纠纷案件适用法律若干问题的解释》第 4 条规定，"商标法第 53 条规定的利害关系人，包括注册商标使用许可合同的被许可人、注册商标财产权利的合法继承人等。"而依据该解释第 3 条，商标使用许可包括独占使用许可、排他使用许可和普通使用许可三类，在发生注册商标专用权被侵害时，独占使用许可合同的被许可人可以向人民法院提起诉讼；排他使用许可合同的被许可人可以和商标注册人共同起诉，也可以在商标注册人不起诉的情况下，自行提起诉讼；普通使用许可合同的被许可人经商标注册人明确授权，可以提起诉讼。证明商标使用人似乎并不在这一解释所列举的许可类型中。由此来看，证明商标使用人的请求权实际上无法得到法律和司法解释的明确承认。这导致在遭遇到证明商标侵权案件时，进行权利救济的主体不够明确。除此以外，因商标使用权人违反使用管理规则造成他人损害，由谁来对受害人进行民事赔偿，这一点在现行法律中也不甚明确。而在侵权救济的成本分担以及赔偿分配等方面，也尚无具体的规则。

总之，由于我国《商标法》及其实施细则、实施条例对证明商标的规定比较简略，而《集体商标、证明商标注册和管理办法》又主要是从行政管理的角度对证明商标进行规定，导致证明商标的法律保护还存在种种疏漏。这种法条规定的模糊与疏漏构成了证明商标价值利用方面的重大制度障碍。

四、证明商标保护的意义与侵权行为

（一）保护意义

证明商标对于保证产品质量，创立知名品牌，提高商品或者服务的市场竞争力，促进经济发展具有重要意义。保护证明商标既具有重要的经济意义，又是维护国家经济利益的需要，更是经济发展的要求。

保护证明商标是创立知名品牌，提高产品市场竞争力的需要。证明商标有几个功能，一是介绍功能。即介绍商品或者服务具有较高品质，这种品质是与众不同的，或者是达到某一特定标准的；二是引导功能，即通过证明商标告诉消费者，使用证明商标的商品或者服务已经通过检测，消费者可以放心的消费；三是保证功能。根据《集体商标、证明商标注册和管理办法》规定，使用证明商标的商品或者服务给消费者造成伤害时，证明商标注册人要负连带责任。因此，消费者使用带有证明商标的商品，可以获知商品信息，在消费的同时也获得一定的安全保障，容易对商品产生信任。一旦商品或者服务使用了证明商标，商品或者服务就在质量和售后服务上有了保证，商品或者服务在创立知名品牌时就有了质量基础和信任基础。相对于未使用证明商标的商品或者服务，使用证明商标者多传递了一些信息，多提供了安全保障，竞争时，就必然处于优势。

保护证明商标是满足人们生活水平不断提高的需要。随着经济的不断发展，人们生活水平不断提高，生活需求也不断提高，如吃菜要吃“绿色食品”，吃盐要吃“加碘食盐”等。怎样满足人们的这些需求呢？证明商标是证明商品或者服务的特定品质的，如果商品或者服务使用证明商标，人们在购物时直接就能了解商品或者服务的特性。证明商标为满足人们生活需求提供了一条途径。

保护证明商标是维护国家经济利益的需要。我国幅员辽阔，物产丰饶，有许许多多地方特产。这些特产在许多地方充当经济支柱角色，并形成了富有市场竞争力的特色经济。特色经济不仅是地方经济的重要组成部分，而且还是我国国家经济的一个重要成分。如果不对特色经济加以保护，就会流失国外，或被国外同类经济超越。多年实践证明，注册原产地证明商标，可以保护地方特产。

保护证明商标也是全球经济一体化和农业产业化的需要。目前，世界许多国家都将证明商标纳入法律保护范围。随着我国加入世界贸易组织，我国经济将与国际经济融为一体。在这种大趋势下，如果别国在保护证明商标而我国却不保护，我国就无法适应新的经济形势，就无法真正与国际经济融为一体。从国内经济发展上看，我国正在全力推进农业产业化进程。农业产业化必须依靠农产品知名品牌的参与。保护证明商标，就能促进农产品名牌的创立；同时，保护证明商标，使众多的生产者、销售者使用统一品牌，就能促使农业生产规模化、经营一体化。

（二）证明商标侵权的形式和特点

研究证明商标侵权形式，对于界定是非，正确处理问题具有重要意义。经调查，现阶段侵犯证明商标专用权的形式主要有以下几种：

未经注册人许可，在同一种商品或服务上或者类似商品或服务上使用与证明商标相同或类似商标。同普通商标专用权一样，证明商标专用权是一种独占性、排他性的权利，任何未经注册人许可，在相同或者类似商品上使用与注册证明商标相同或者近似商标的行为是商标侵权行为。对这种商标侵权行为，应依据《商标法》第 38 条（1）项规定予以查处。

销售明知是假冒注册证明商标的商品。如果销售者明知商品上使用的证明商标是假冒的，仍然进行销售，销售者行为构成销售假冒注册证明商标商品行为，应依据《商标法》第 38 条（2）项规定予以查处。

伪造、擅自制造他人注册证明商标标识或者销售伪造、擅自制造的证明商标标识。证明商标标识只有权利人才能制造，如果伪造证明商标标识，或者未经权利人许可就制造证明商标标识，或者销售伪造、擅自制造的证明商标标识的，都属于证明商标侵权行为，应依据《商标法》第 38 条（3）项规定予以查处。

在产品或产品包装物上突出使用与原产地证明商标相同或非常近似的名称。原产地证明商标首先是一个地理名称。地理名称是社会共同财富，任何人都可以使用。但是，如果地理名称以原产地证明商标注册了，他人就不能再任意使用了。如果使用人使用时模仿被核准注册的原产地证明商标，在产品或者产品包装物上突出使用与原产地证明商标相同或者近似的地理名称，其行为也属于证明商标侵权行为。

恶意将证明商标作为企业名称使用。商标与企业名称属于不同范畴，通过不同法律规范来调整，但是，如果在明知证明商标已经注册的情况下，为了利用证明商标来提高企业知名度，仍然将证明商标登记为企业名称，这种行为是不正当竞争行为，也属于证明商标侵权行为。

使用证明商标不按规定缴纳费用。证明商标特点是一人注册，多人使用。根据《集体商标、证明商标注册和管理办法》，使用是被许可使用人的权利，缴费是被许可使用人的义务。使用证明商标，必须依据约定缴纳费用。被许可人不缴纳费用，也是对注册人权利的一种侵害。

证明商标侵权形式非常复杂。由于证明商标的复杂性和特殊性，在研究侵权问题时，不能只局限于商标法列举的几种侵权形式，对一些违反证明商标管理规则的行为，也应考虑在证明商标侵权形式之内。尤其值得一提的是，原产地证明商标占证明商标总数的大部分，其侵权问题更复杂，侵权也呈现出特别的特点，譬如同一个地区侵权人比较多，并且分散，侵权人在证明商标注册前就已经使用多年，查处时问题多，矛盾尖锐，比较敏感；单个侵权行为涉及的侵权金额比较小；侵权方式是产品上或产品包装上使用与证明商标相同或近似的文字，这些文字有可能是当地的地名，或者是当地习惯使用的文字，或者是当地历史上沿用下来的文字等。研究和保护原产地证明商标时，应充分考虑历史原因。

五、防范侵权，保护证明商标的法律措施

针对证明商标价值利用方面存在的问题，在借鉴国外证明商标保护的成功经验的基础上，我们认为，证明商标价值的充分发挥还需要从商标保护利用的意识提升、管理运用的措施完善以及法律制度保障的健全等方面进行完善。

（一）提升证明商标保护利用的意识

证明商标价值的充分利用，首先离不开人们对于证明商标价值的正确认识。因此，提高证明商标的利用程度，首先需要运用多种手段提高证明商标注册人和使用人在商标保护利用方面的相关意识。观念是行为的基础。商标保护意识的增强有利于公民和社会组织形成正确的权利义务观，并在人们作出行为选择时予以正确的引导，从而有利于证明商标价值的充分发挥。在实践中应注意以下两个方面。

一是要强化证明商标保护意识，熟悉证明商标保护规则。如前所述，证明商标的恰当运用，对于企业、地区乃至于国家的经济发展和社会发展都具有重大的意义。在证明商标的保护方面，首先应该树立正确的商标保护意识，并以此为指导实施有效的证明商标运用战略。为强化证明商标的保护意识，与证明商标相关的商标保护规则的了解和熟悉将是一个非常重要的前提性工作。作为证明商标的注册人和使用人不仅应熟悉我国证明商标保护的基本制度，而且也应熟悉证明商标保护的国际规则。只有这样，才能既自觉地遵守证明商标保护规则，又能主动利用证明商标保护规则，打击商标侵权行为，充分维护自己的合法商标权益。

二是要提高证明商标注册意识，加强证明商标注册工作。在商标专用权利取得方面，当今世界上绝大多数国家采用“注册在先”的原则，即在相同

或类似商品或服务上，只有先提出商标注册申请的人才能享有商标权。我国现行的是以商标自愿注册为主，强制注册为辅的商标注册制度。而由于商标权具有地域性特点，在实行商标“注册在先”原则的国家，在我国申请注册的商标，在该国不会自动生效，必须依该国商标法律制度或该国与我国签订的双边或多边国际条约申请注册后方可取得商标权。因此在商标运用过程中必须充分认识商标注册对于商标专用权的取得所具有的重大作用。证明商标的价值利用也是如此。在证明商标运用的过程中，必须遵循“品牌营销，商标注册先行”的重要准则，对于具有重大价值的可注册为证明商标的称谓、名称应及时申请注册，以获得证明商标的专用权，同时避免被他人抢注。

（二）完善证明商标的管理和运用措施

证明商标的管理和运用是证明商标价值充分发挥的过程。在这个方面，完备有力的管理运用措施对于证明商标价值的发挥意义重大。

一是明确证明商标的管理主体及其权限。正如前文所述，证明商标管理主体以及职能权限的不清晰是导致证明商标管理不力的一个重要原因，尤其是在原产地证明商标的管理方面更是如此。因此，针对目前对于原产地证明商标多头管理的现状应做适当调整。笔者赞同前文有关学者提出的意见，建议在我国商标法的第三次修改中，应明确商标局对于原产地证明商标的管理主体地位，商标局的权限应集中于对于证明商标注册人的主体资格的审查以及相关注册事项等方面。

除明确对于证明商标的行政管理主体以外，赋予证明商标注册人以较大的管理自主权也应成为证明商标管理主体完善的一个重要方面。我国商标法及条例目前主要集中于证明商标注册人接纳证明商标使用人的义务性要求。如我国商标法实施条例规定，以地理标志作为证明商标注册的，其商品符合使用该地理标志条件的自然人、法人或者其他组织可以要求使用该证明商标，控制该证明商标的组织应当允许。《集体商标、证明商标注册和管理办法》进一步规定，凡符合证明商标使用管理规则规定条件的，在履行该证明商标使用管理规则规定的手续后，可以使用该证明商标，注册人不得拒绝办理手续。这些法律规范主要明确了证明商标注册人接纳证明商标使用人的义务性要求，但是对于注册人的管理权限并没有非常明确的规范。从提高证明商标注册人管理注册商标的积极性的角度考虑，我国法律应对证明商标注册人的管理权限予以明确。尤其应明确证明商标注册人对于商品质量的控制权限，在出现证明商标被滥用或非法使用时，证明商标注册人有权予以禁止。

二是强化证明商标注册人对证明商标的宣传、监督和指导义务。证明商标注册人是证明商标的权利人，担负着监督和控制证明商标的使用和维护证明商标体系的法律义务。为充分发挥证明商标的价值，证明商标的注册人应积极承担起证明商标的宣传、监督和指导义务。实践证明，证明商标的宣传与监督对于其价值的发挥意义重大。通过宣传证明商标，可以提高证明商标的知名度，增强商品的竞争力。而通过对于证明商标的监督，则可以真正确保商品质量符合证明商标的要求，进一步提升证明商标的附加价值。以真皮标志为例，2009 年年初，中国皮革协会针对近年来皮革企业自身发展过程中形成的粗放经营、低附加值的数量扩张型模式等深层次的问题，进一步转变思路，创新思维，再度诠释了真皮标志新内涵——“环保、诚信、品质、时尚”的几个方面，并督促企业践行。在环保方面，不仅要求真皮标志产品采用天然皮革制作，还强调所用原材料及其生产过程必须符合环保要求；在诚信方面，不仅要求真皮标志企业诚信经营，而且所有佩挂真皮标志的产品均需提供良好的售后服务；在品质方面，不仅要求真皮标志产品是优质精品，还强调其生产过程要认真履行社会责任，符合循环经济理念；在时尚方面，不仅要求真皮标志产品在设计和创意方面领先潮流，还强调要充分展示皮革制品作为天然商品的时尚魅力。同时，为强化真皮标志的影响力，中国皮革协会组织举办了多种活动。如 2009 年 3·15 消费日举办了“3·15 真皮标志走近消费者活动”，近距离宣传真皮标志、推广真皮标志企业，引起了很大的反响。在 2009 年 4 月底，又在北京推出“2009 年度真皮标志排头品牌”，为行业树立新一批的品牌榜样。这些措施的采用对于扩大真皮标志这一证明商标的价值起到了非常积极的作用。由此可见，强化证明商标的宣传和监督，是扩大证明商标的影响，促成证明商标体系的建立，实现证明商标的价值的不可或缺的重要方式。

（三）健全证明商标法律保护制度

证明商标价值的充分发挥离不开有效的法律制度的保障。完备的法律制度既能够为证明商标法律保护意识的提升提供充足的制度基础，又能够为证明商标提供更加充分的法律保护，因此，针对我国证明商标法律制度存在的不足进行相应的完善，是促使证明商标价值发挥的又一重要方面。

一是明确证明商标的主体资格及有关权利义务。证明商标的主体资格的不清晰和有关权利义务的不均衡是影响证明商标价值利用的一个重要方面。对于证明商标的注册人的主体资格，我国目前限定为组织体，但是更为具体的规定则相对缺乏。有学者研究证明商标注册人的具体情况后指出，不同性质的组织在申请注册证明商标时，其目的是有差异的。例如，当政府、政府机关或其他政府性组织作为注册人时，其是作为公法人，行使保护消费者利益，对某一行业或经济生活的某一方面进行调控的职权。注册证明商标，仅是行使职权的一种形式和手段。如果注册人是行业协会，证明商标的注册是为了全体会员的利益，证明商标的使用人主要是协会的成员，注册人与商标使用人就是团体与成员的关系。对于证明商标注册人的资格，该学者认为应作严格的限制。极少数确需国家从公益的角度进行管理的证明商标，注册人可以是商品原产地的当地政府，或与证明商标涉及的某类商品（或服务）有关的政府职能部门以及其他政府性组织。除此之外，只有那些真正能够代表某一行业或某一商品原产地区域大部分经营者利益的社会团体，才应当被允许注册证明商标。注册人应当是一个开放性的团体，允许所有符合其设立目的条件的经营者参加，其法律地位应当被明确为证明商标的管理人而非权利人。

另外，也有研究者指出，应当允许个人注册证明商标。该论者认为，允许个人注册可以提高证明商标注册的数量与积极性，能够大大促进证明商标知识的宣传作用，对于证明商标的发展与保护也有积极作用。美国 1946 年《兰哈姆法》也规定："注册可由个人、国家、州、市等提出，其对请求注册的标志的使用享有合法的支配权，不管其是否拥有某个工业或商业营业所。"因此，只要个人能够合法的对证明商标进行控制，并能够拥有对证明商标的使用进行检测和监督的能力，该能力可以由个人通过其所控制的公司企业等组织达到，则商标局可以允许其注册。为了防范、控制允许个人注册证明商标带来的证明商标被滥用注册的风险，国家应当制定相应的标准，对属于自然人的申请者的经济能力、行为能力、信用、国籍等方面订出一个标准，再配合与组织机构注册证明商标相似的所应承担的义务和相应的监督控制机制。个人注册证明商标亦是可行的。我们认为，美国对于个人注册证明商标的允许是和美国的法治传统和较完善的商标制度相适应的。在我国商标制度还未充分完善的状况下，允许个人注册证明商标，将可能导致相应的注册数量的激增和滥用权利的可能，因此应予以慎重考虑。

二是完善证明商标转让制度。证明商标是一种重要的商标类型，也是注册人所拥有的重要的民事权利之一，因此我国法律规定允许证明商标在法律规定范围转让既符合法理，也契合了证明商标的本质。而从我国证明商标的运作实践来看，也确实存在着证明商标转让的需求。但是，由于我国商标法对于证明商标转让的规定过于简单，仅仅要求申请转让集体商标、证明商标的受让人必须具备相应的主体资格并符合商标法、实施条例和管理办法的规定，这种较为简单的规定明显不能满足证明商标转让的实际需要，应进一步予以完善。

在证明商标转让方面，首先应当坚持现有制度中对于受让人资格条件的限制。从证明商标本身的特质出发，对证明商标的转让提出较一般商标更为严格的要求是非常有必要的，这将有利于维护证明商标的信誉，也有利于消费者权利的保护。证明商标受让人只有具备对于商品质量的检测监督能力，才能真正担负起维护证明商标正常运作和作用发挥的职能。因此在转让证明商标时，应由转让和受让人共同向商标局提出申请，经商标局审查核准，并予以公告，转让行为方能生效。

在证明商标转让时，应对转让前原来的使用人对于继续使用证明商标的权利予以明确。原证明商标的使用人之所以有权使用该商标是因为其产品质量等达到了规定标准，符合证明商标使用的管理规则，因此只要证明商标的原使用人能够继续保证商品的质量符合证明商标的要求，愿意遵循证明商标的使用规则，那么转让行为对原使用人应不产生影响，也不应要求原使用人重新获得证明商标受让人的再次许可。

针对地理标志证明商标的转让应制定更为特殊的规则。地理标志证明商标是与产品的产地紧密联系的，这种使用地域的有限性使得地理标志证明商标的转让原则上应在相应的地域范围内进行。如果对含地理标志的证明商标的转让不作特殊的限制性规定，含地理标志的证明商标便可能由当事人轻而易举地转让到地理标志所标示的地区之外的区域。受让人受让后若在自己的产品上使用该商标，便极易引起公众对产品产地的误解，这对于地理标志证明商标的价值发挥会产生非常不利的负面影响。这种情形在一些案例中已经有所体现。例如，在金华火腿商标案件中，由于历史原因，1979 年金华县食品公司注册的金华牌火腿这一在现在看来具有典型的证明商标特质的商标，在 1983 年被转让到浙江省食品有限公司（原浙江省食品公司），使得含地理标志的商标“离乡背井”，到了地理标志所标示的地区之外，由此引发的金华火腿商标争议，使得一个千年品牌惨遭重创。商标大战无休止地进行，既损害了已传承千年的民族精品，又影响到地方局部利益和国家文化遗产的国际形象。

三是健全证明商标侵权救济制度。针对前文提出的我国证明商标侵权救济制度存在的缺陷，笔者认为，在我国商标法将来的进一步修改中，应着重考虑建立以下制度：

首先，应明确证明商标使用人的救济请求权。我国商标法以及条例对于证明商标的侵权救济作了规定，允许商标注册人向工商行政管理机关提出处理请求或者直接向人民法院起诉。但是对于证明商标使用人是否享有救济请求权则没有予以明确。笔者认为，在证明商标侵权案件中，作为证明商标的注册人无疑是拥有请求权的，但是，证明商标被侵权的事实对于证明商标的使用人的利益同样会产生不利的影响，甚至会损害使用人的合法权益。因此，当证明商标受到侵权侵害时，作为利益受损的证明商标使用人同样应享有救济请求权。应当允许使用人能够和证明商标注册人一样行使商标权利，获得法律规定的救济。

其次，在证明商标使用人违反使用管理规则造成他人损害时，应明确规定证明商标使用人的民事责任及注册人民事追偿权。《集体商标、证明商标管理办法》规定，集体商标、证明商标注册人没有对该商标的使用进行有效管理或者控制，致使该商标使用的商品达不到其使用管理规则的要求，对消费者造成损害的，由工商行政管理部门责令限期改正；拒不改正的，处以违法所得 3 倍以下的罚款，但最高不超过 3 万元；没有违法所得的，处以 1 万元以下的罚款。这一条款明确了证明商标注册人在未尽管理控制义务时的赔偿责任，但是对于什么是有效的管理和控制，对于因使用人不遵守使用规则而致人损害时的法律责任等问题都未予以明确，这无疑存在一定的疏漏。有研究者认为，我国立法应对证明商标使用人的民事责任承担作出规定，在赔偿上赋予被侵权人请求救济的选择权，即：被侵权人可以视其方便选择证明商标注册人或证明商标使用人行使救济请求权；证明商标注册人对被侵权人作出赔偿的，有权向商标使用人追偿。这样做将证明商标民事责任附加于使用人之上，有利于督促其认真执行证明商标使用管理规则，确保商品和服务的质量；同时让造成损害的行为人承担责任也减轻了不直接使用商标的注册人的责任负担，符合民事法律诚实信用和公平正义的原则。这一见解是值得借鉴的。此外，对于“有效管理或控制”的具体标准也应进一步进行明确的规定，以增强其可操作性。

第五节　集体商标与证明商标保护国际立法

一、发达国家和地区保护集体商标和证明商标的立法

（一）法国集体商标和证明商标制度

法国是世界上第一个制定成文商标法的国家。法国早在 1857 年就颁布了《关于以使用原则和不审查原则为内容的制造标记和商标的法律》。在 1964 年进一步制定了具有现代商标法意义的《商标及服务商标法》。此后由于欧共体对于协调各成员国商标法提出了具体的要求，法国又对其商标法进行了多次修改，形成了较为完备的商标法律制度。

在法国商标法中，集体商标是指可以由任何人按注册所有人制定的使用章程使用的商标。集体商标适用于具有章程中列举的特点，尤其是具有独特品质、特性或质量的商品或服务。集体商标的特点是：集体证明商标只能由商品或服务的制造者、进口者及销售者以外的法人申请；集体证明商标申请应包括规定商标使用条件的章程；任何所有人以外的符合章程规定条件的商品或服务的提供者均得使用集体证明商标；集体证明商标不得转让、质押或作为任何强制执行的标的；但是作为所有人的法人解散的，该商标得依行政法院政令依法移转其他法人。注册申请不符合有关证明的法规的，即予以驳回。集体证明商标违反商标法规定的，检察机关或任何利害关系人可请求法院宣告其无效。

（二）日本集体商标制度

日本现行商标法是1959年4月13日制定的，一直沿用至今，期间也经历了多次频繁的修改。这些修改一方面使得商标法符合了日本经济发展的变化，另一方面也和保护商标的有关国际公约保持了一致。

针对集体商标，日本商标法的相关法律制度经历了一个较为复杂的变化过程。日本商标法曾较为详细地规定过集体商标制度，但后来取消了这项制度。取消的理由并不是集体商标不受保护，而是认为日本现行商标法确认了许可使用制度，可以取代集体商标制度。原来可以作为集体商标的所有人（社团）可以与集体成员（社团成员）订立许可使用合同，使社团成员区的商标使用权；另外采用许可使用比原先实行的手续复杂、注册费用很高的集体商标更简单方便，且能得到同样的保护。但是，在取消了集体商标制度以后，又出现了一些难以解决的问题。例如，有些地区性特产的营业者，在其经营的商品上使用的商标，只允许公法人申请商标注册。不应当仅允许特定的人取得商标注册，这是不公平的，这会损害整个地区的其他经营该商品的厂商的共同利益。若采用集体商标制度，则能妥善处理好这个问题。因此，日本于1970年制定了《中小企业出口商品统一商标法》，让中小企业在优质产品上使用统一的商标。由此可见，有了许可使用制度，并未完全取代集体商标制度，甚至没有使集体商标制度失去存在的价值。

1996年，日本修改的商标法又恢复了对集体商标的保护，并对申请注册集体商标的主体资格进行了限定。其主要理由是：第一，许可使用制度代替集体商标制度虽手续简单，且免交很高的集体商标注册费和续展费，但只允许特定的主体申请注册是不公平的。第二，保护集体商标，让成员在与其营业有关的商品或服务上统一使用相同的某一标记，可促进成员间的共同利益并增进商业信誉。第三，可协调与规定此制度的美国、英国、德国等经济发达国家之间的商标关系，推进国际间商标制度的发展。

（三）美国集体商标制度

美国商标法是在判例法的基础上逐渐发展起来的。美国在 1870 年颁布了第一部《商标法》。美国现行商标法是 1948 年颁布的《兰哈姆法》，此法于 1982 年进行了修改。该法对于集体商标和证明商标进行了一定的规范。

根据 1946 年《兰哈姆法》的规定，集体商标又可以分为集体商标或集体服务商标以及集体成员商标两种。根据美国法院的有关解释，“集体商标，或者集体服务商标是一种由‘集体’拥有（诸如协会、联合会、集团公司、母子公司或其他有组织的基团），而由其成员使用的商标。这一商标用来将该成员于其他非成员区别开来。‘集体’本身并不是用集体商标或者集体服务商标销售产品或服务。但是这一集体机构可以对成员使用的商标进行广告宣传。集体成员商标主要用来确定某一组织中成员身份的标志。该集体组织与集体成员都不是以商品识别为目的来使用集体成员商标的。使用这类商标的唯一目的就是用来表示某人是某一组织的成员身份。”

证明商标在美国 1946 年《兰哈姆法》中同样有所规定。根据该法，证明商标是指由标志所有人以外的一人或数人使用于其产品或服务上，以证明这种产品或服务的地区或来源、使用原料、制造方法、质量、精确度或其他特征的标志，或证明由某一团体或其他组织的成员在该产品或服务上从事工作或劳动的标志。其中，标志包括各种商标、服务标志、集体标志和证明标志，不论已否注册均可按本法注册。换言之，证明商标，包括原产地标记都可根据美国《兰哈姆法》由申请注册的商标的合法权利人进行选择注册。在注册人的资格方面，美国商标法允许个人、国家、州、市等提出注册申请，至于注册人是否拥有营业场所则并无限制。注册人对请求注册的商标的使用享有合法的支配权，经注册后的证明商标与普通商标一样享有美国联邦商标法规定的保护，但如果在证明商标的使用中虚假地将其所有人或使用人描述成该证明商标所使用的或相关的物品的制造者或销售者或者是服务者，则不在此列。根据美国《兰哈姆法》规定的申请和程序应尽可能与普通商标注册中的有关规定相一致。在证明商标的使用、监督与控制方面，当注册人未尽到规定的义务时，可以随时请求撤销证明商标，以保护消费者、企业的合法权益。未尽义务主要表现在注册人未能或不能合法地对该标志的使用实行控制，注册人从事了证明标志适用的任何物品或服务的生产或销售，注册人允许不是出于证明目的的对证明标志的使用和注册人歧视性地拒绝任何保持标志证明的标准或条件者证明或继续证明其物品或服务四个方面。（美国 1946 年《兰哈姆法》第 4 条）。联邦贸易委员会也有权按照相关规定申请撤销依法注册的证明商标。

（四）欧共体集体商标和证明商标制度

为了建立欧共体内部统一大市场，实现各成员国之间商品、服务、人员和资本的自由流动，欧共体自20世纪60年代以来一直致力于建立统一的共同体商标制度。1988年12月21日欧盟理事会通过了《协调成员国商标立法第一号指令》。指令第15条对成员国保护集体商标、证明商标提出了要求，但这种要求并不是强制性的。1993年12月20日欧盟理事会通过了《共同体商标条例》并于1995年3月15日生效，1996年4月1日正式运行。根据该条例前言部分的表述，共同体法律并不能取代各成员国的商标法律，而是要在协调和保持各成员国商标制度的基础上创建一个在整个欧共体范围内都有法律效力的共同体商标。但这一条例对于欧共体各成员国以及其他国家商标制度的影响将是显而易见的。

《共同体商标条例》第8章以“共同体集体商标”为题专门针对集体商标作了规定。这一条例的显著特点在于其不区分集体商标和证明商标，但也将证明商标包含在内。条例规定，共同体集体商标是提出注册申请并能将团体成员的商品或服务与其他企业的商品或服务区分开，由该团体作为商标所有人的共同团体商标。可以提出集体商标注册申请的团体包括商品的制造者、生产者、销售者或服务的提供者组成的团体，该团体依据法律的规定具有完全的权利义务能力，能够以自己的名义订立合同或实施其他法律行为并能参加诉讼。此外，公法人也可以申请注册集体商标。因此，欧共体对于集体商标所有人的团体性要求较为严格。在注册程序上，条例要求申请注册应符合该法规定的商标注册申请一般要求以外，申请人还必须提交集体商标的使用规则。使用章程应具体列明授权使用该商标的人、该协会成员的条件以及商标使用条件，其中包括罚则。条例还规定，共同体集体商标可以排他地包含表明商品或服务原产地的标志，但其所有人无权禁止第三人在商业中使用这些名称或标志，只要第三人的使用与其工商业真实活动相符，特别是，商标所有人不得起诉有权使用该地理标志的第三人。按照条例的规定，共同体商标注册后在欧共体全部范围内发生法律效力，对共同体商标不得在共同体范围内的局部地区转让、放弃、撤销、宣告无效或禁止使用。条例也对侵权诉讼作了规定，根据《条例》第70条第1款的规定，在侵权诉讼中，商标许可使用合同中被许可方的权利适用于依授权使用共同体集体商标的每个人。除此之外，对未经授权而使用集体商标致使该集体商标授权使用遭受损失的，共同体集体商标的所有人有权代表集体商标的授权使用人提出赔偿请求，而不必列出每个人的具体损失数额。对于共同体集体商标的使用要求，

《条例》规定，除非有不使用的正当理由，如果商标所有人在注册后 5 年内没有在规定的商品或服务上使用该商标，或者中断使用超过 5 年的，将要受到处罚。集体商标也可以因为违反商标无效的一般事由或者因集体商标所有人没有采取合理措施阻止商标以违反集体商标使用规则或其修订本规定的使用条件的方式进行使用而被撤销。这就要求作为集体商标所有人的团体加强对集体商标使用的监督、管理和对违规使用行为进行必要的制裁。

（五）英国证明商标制度

英国商标法来源于侵权法。英国于 1862 年颁布的第一部成文商标法并没有引入注册制度。现行商标法颁布于 1938 年，其后经历多次修改。

英国商标法对于证明商标进行了较为细致的规范。1938 年《商标法》第 37 条规定了证明商标完整含义：“某项商品的标志如果在贸易过程中适用于由某人证明商品原产地、原料、制造方法、质量、精确度或其他特征的该项商品，同未经过如此证明的商品区别开，则该标志应作为有关商品的证明商标，由该人以所有人名义在注册簿 A 部办理注册。”在注册人方面，英国《商标法》不允许从事保证商品贸易的人以其名义将一项标志注册为证明商标。证明商标注册人需要制定使用管理规章，在经商务部批准后再送至专利局备案。使用管理规章的内容包括关于商标所有人进行证明商品和授权使用商标的规定等内容。在证明商标的转让方面，英国《商标法》要求非经英国商务部同意，证明商标不得转让。对于证明商标注册人的权利，英国《商标法》规定，一旦证明商标注册人的注册生效，注册人即取得使用该商标于有关商品的专用权。未经商标所有人许可而使用与该商标相同或近似的标志，并且可能造成欺骗或混淆的，如未经许可将证明商标作为商标使用、将证明商标使用于其商品上或与商品有联系的实物上或者使用于向公众散发的广告、传单上，会使人误认该人具有商标所有人或根据使用规章授权使用的人使用证明商标的权利，均则属于英国法律规定的商标专用权受到侵害的情形。但与此同时，英国《商标法》也针对证明商标注册人的权利进行了一定的限制，规定了可以合理使用证明商标而不被认为构成侵权的诸种情形。主要包括：商标所有人或根据有关规章授权使用的人事先使用或者明示或默许同意在商品上使用证明商标，而事后未予清除或涂掉的；在证明商标注册的使用范围之外进行使用的，在当时如此使用是合理和必要的，是为了表明商品的从属关系，不论使用证明商标的动机或效果，都不外根据事实表明使用商标的商品是经商标所有人证明的商品。另外，一项证明商标如果是两个或更多的相同或近似的注册商标中之一时，他人合法使用其中商标的，也不得认为侵犯了证明商标注册人的使用权。

二、有关国际公约对于集体商标和证明商标的规范

一般认为，商标权具有严格的地域性，商标注册人享有的商标权，只在授予该项权利的国家领域内受到保护，在其他国家则不发生法律效力，如果需要得到其他国家的法律保护，必须按照该国法律的规定，在该国申请注册。商标权的地域性成为国际间商品和服务自由流动的重要保障。为了促进国际贸易，对商标权进行国际保护，除了签订双边条约外，一般是通过订立国际公约进行的，从 19 世纪后半期开始，一系列重要的有关保护商标权的国际公约先后签订，如《巴黎公约》、《商标注册条约》、《发展中国家商标、商号和不正当竞争行为示范法》等。这其中也包含着对于集体商标和证明商标的相关内容。

《巴黎公约》第 7 条第 2 款规定了集体商标。该公约规定，本同盟成员国约定受理属于社团的集体商标的注册，并保护之。只要该社团的成立不违反其原属国的法律，即使它们并没有工商企业。每一个国家得自行审定关于保护集体商标以及知其违反公众利益则拒绝给以保护的具体条件。但对任何没有违反原属国法律的社团的商标，不得以该社团在请求给予保护的国家之企业或未按该国法律设定为理由，而拒绝予以保护。

《商标注册条约》对于集体商标和证明商标也有相应的规定。该条约规定，“商标”是指商标和服务商标，并且包括《巴黎公约》(斯德哥尔摩议定书，1967 年) 第 7 条之一里的集体商标，以及证明商标。至于这种证明商标是否上述的集体商标，在所不问。对于集体商标和证明商标的注册申请程序，《商标注册条约》也作了一定的区别对待。如针对商标申请的拒绝，该条约规定，拒绝一般应根据与依该国本国法可拒绝给予商标国家注册的相同理由并按相同的范围拒绝，但这些理由不得同本条约和施行细则或对该国有约束力的《巴黎公约》最新规定有抵触，而且《巴黎公约》1967 年斯德哥尔摩议定书第 6 条也对依本条约注册的商标适用，只是须将所属国注册换为国际注册；或者根据该国际注册所有人无权享有国际注册或申请人无权提出国际申请的理由拒绝。如属证明商标，依据此款的拒绝只有在指定国国家主管机关依照施行细则的规定，由申请人在公告之日起 18 个月内收到时才能成立。关于集体商标和证明商标的使用规则，《商标注册条约》规定，任何缔约国都可以适用其本国法要求集体商标或证明商标的所有人向其国家主管机关提出一些证件或其他证明，特别要包括持有这种商标的协会或其他团体的章程和有关监督这种商标的使用的规则。

作为一部示范性的法律，《发展中国家商标、商号和不正当竞争行为示

范法》对于集体商标做了较为细致的规定，同时在该法中也对产地标记和原产地名称做了规定。该法第 1 条规定，“集体商标”是指被如此称呼的用来区别不同企业的商品或服务的来源或其他共同特点的看得见的标志，不同的企业在使用该商标时受到注册所有人的控制。“产地标记”指用来表示源于一定的某国家、一批国家、地区或地方的商品或服务的说明标志。“原产地名称”指一个国家、地区或地方的地理名称，用来指明来源于该地的产品，产业的质量和特点纯粹或主要取决于地理环境，其中包括自然和人为的因素。针对集体商标，该法较为细致地规范了集体商标的申请、注册、使用等方面的制度。在集体商标的申请注册方面，该法规定，如果在注册申请中不指定商标为集体商标，且如果该申请未随附经申请人证明的该商标使用章程的副本，集体商标的注册申请无效。这种证明不需要认证。此处的章程应订定集体商标所指定的商品或服务的共同特点或质量，以及该商标可以被使用的条件和可由谁使用；要订定根据该章程对商标的使用实行有效的管理；要对违反上述章程的使用确定适当的处罚等方面的内容。在集体商标的注册和公告方面，该法规定，集体商标在注册簿的特别部分注册，商标使用章程的副本附于注册上。根据该法所作的商标公告，应包括附于注册的章程的提要。如集体商标使用章程需进行修改，集体商标的注册所有人要把对商标使用章程的任何修改通知商标局。已经登记的修改的提要，根据第 42 条第 2 款予以公告。在集体商标的使用方面，集体商标的注册所有人自己可以使用该商标，但以其他经过核准的人根据使用章程也使用该商标时为限；这种人的使用视作由注册所有人在使用。在集体商标注册的无效方面，该法规定，有下列情形之一时，经任何有合法利益的人或主管当局的请求，法院在讯问注册所有人后，宣布集体商标注册无效：(1) 如果根据第 5 条、第 6 条或第 40 条商标是不应该注册的，但在判决时不复存在的理由不予考虑；(2) 如果商标使用章程违反道德或公共秩序；(3) 如果仅由注册使用人自己使用该商标，或者如果他使用或同意使用该商标违反这种使用的章程，或者以贸易对贸易界或公众在商标被使用的商品或服务的来源或任何其他特点上产生欺骗的方式使用或同意使用该商标，这种条件同样适用于当注册所有人知道而容忍这种使用，或由于管理不善而不知道时。如果前款第 (1) 项所规定的集体商标注册无效的理由仅存在于所注册的商标的部分商品或服务上，则仅就那部分商品或服务宣布注册无效。针对产地标记和原产地名称，为防止其被滥用，该法明确规定直接或间接对商品或服务使用虚假的或有欺骗性的产地标记，或对其生产者、制造者或供应者本身使用虚假或有欺骗性的说明行为以及直接或间接使用虚假或有欺骗性的原产地名称，或仿冒原产地名称，即使在产品上注明了真正的原产地，或该名称是以翻译的形式或随附诸如“种类”、“型类”、“样式”“仿制品”或类似用语时，均为非法。

综合上述对于其他国家以及相关国际公约或协定中对于集体商标和证明商标的规定可以看出，虽然各国对于集体商标和证明商标的具体规定有所差别，但仍有许多值得我国在集体商标和证明商标保护过程中充分借鉴的地方。

一是虽然各国法律存在差异，但是各国立法中，集体商标和证明商标的地位和作用正日益得以重视。反映在立法上，许多国家以及相关国际规则中都对集体商标和证明商标以专章的形式对其加以规定。我国现在在集体商标和证明商标立法方面，虽然商标法对于集体商标和证明商标有所规定，但主要的法律规范仍停留在行政法规层次，法律效力层级还相对较低。这种状况不利于提升集体商标和证明商标的法律地位和其作用的积极发挥。

二是在目前各国以及国际规则中，有关集体商标和证明商标的法律规则规定的都较为详细。例如在前述《发展中国家商标、商号和不正当竞争行为示范法》中，就较为详细地规定了集体商标的申请注册、公告、集体商标注册的无效等内容。而在《共同体商标条例》中，对于侵权诉讼以及使用要求的规范也极为细致。这种详细的规定无疑为集体商标和证明商标价值的充分发挥和权利人利益的保护创造了良好的法制条件，值得我们在将来的立法中加以借鉴。

三是从商标法的发展来看，对于集体商标和证明商标的区域化、国际化保护也是一个值得注意的重要方面。前述《共同体商标条例》即为商标保护区域化的一个范例。我国在集体商标和证明商标的保护方面也应充分注意这一发展趋势，并适当运用区域化、国际化的保护规则来维护集体商标、证明商标权利人的利益。

扩充阅读

保护“UL”证明商标专用权案

2002年10月10日，江苏省常州市工商行政管理局新北分局根据美国UL安全实验所投诉，对武进市广播器材厂进行了突击检查，现场查获了涉嫌侵犯美国UL安全实验所“UL”证明商标专用权的音响171套，包装箱540个。经查，当事人自2002年8月14日起，未经“UL”证明商标注册人美国UL安全实验所的许可，委托常州市五环纸业有限公司印制带有“UL”

标志的彩色包装箱 1535 个，用上述包装箱将本企业生产的音箱和外购的 DVD 组合包装为音响进行销售，至案发日止，共销售音响 824 套，销售收入 435916 元。此外，库存商品成本 35482.5 元。非法经营额共计 471398.5 元。

江苏省常州市工商行政管理局新北分局认为，武进市广播器材厂的行为已经构成了《中华人民共和国商标法》第 52 条第（一）项所述的商标侵权行为，依法作出如下行政处罚决定：1. 责令立即停止侵权行为；2. 罚款人民币 50 万元，上缴国库。

案件评析：本案是一起与证明商标有关的侵犯他人注册商标专用权案件。"UL"证明商标是美国以及北美地区公认的安全认证标志，是我国有关产品尤其是机电产品进入美国以及北美市场的重要通行证之一。目前，我国合法使用"UL"认证标志的企业已达 6000 多家，做好"UL"证明商标的保护工作对于提高我国出口商品的竞争能力有着重要意义。

资料来源：国家工商总局门户网站：www.saic.gov.cn，2003 年 09 月 18 日。

参考文献：

[1] 董涛．中华人民共和国商标法实施条例释义［M］．北京：法律出版社，2003：22.

[2] 王东岗．集体商标战略设想［J］．中华商标，2008（1）：17～19.

[3] 陈新．注册和运用集体商标是中小企业联合做强之路［J］．上海企业，2001（7）.

[4] 杨成均．集体商标在发展农村合作经济中的作用［J］．中华商标，2004（5）：43～44.

[5] 段煜第．顺德家电：全国首个区域集体商标［N］．深圳商报，2009-09-01.

[6] 集体商标能否助力南平电缆业"集团冲锋"？［N］．福建日报（经济新闻版），2009-08-12.

[7] 李美兵，陆智国．镇江市判决首例"镇江香醋"集体商标侵权案［N］．镇江日报，2009-08-25.

[8] 牡丹江中小企业局．集体商标注册，牡丹江市缘何受冷落？［N］．牡丹江晨报，2007-04-27.

[9] 肖新华．温州政府极力推广，企业漠视　集体商标集体遭冷遇［EB/OL］．［2010-11-17］．http：//www.efu.com.cn/data/2008/2008-12-05/256727.shtml

[10] 刁玉柱，柏景岚．"泛龙口粉丝现象"的原因及启示——谈集体商标与证明商标的使用保护［J］．合作经济与科技，2004（17）：48～49.

[11] 姚艺曲，刘三琴．如何应对集体商标被抢注［N］．南方日报，2005-12-09.

[12] 郭修申．我国集体商标保护制度的不足［J］．中华商标，2009（2）：10～13.

[13] 张玉敏．地理标志的性质和保护模式选择［J］．法学杂志，2007（6）.

[14] 李玉香. 现代企业知识产权类无形资产法律问题 [M]. 北京: 法律出版社, 2002: 74.

[15] 衣庆云. 证明商标法律关系 [N]. 中国知识产权报, 2007-03-20.

[16] 郑成思. 知识产权论 [M]. 北京: 法律出版社, 1998: 171.

[17] 吴汉东, 胡开忠. 无形财产权制度研究 [M]. 北京: 法律出版社, 2001: 451.

[18] 高光伟. 走进商标走进商标法 [M]. 北京: 人民出版社, 2004: 295~304.

[19] 王莲峰. 商标法学 [M]. 北京: 北京大学出版社, 2007: 184.

[20] 陈世平. 福建水果注册地理标志证明商标身价倍增 [M]. 中国果业信息, 2008 (5): 35~36.

[21] 宋才发, 付荣. WTO规则与中国原产地证明商标保护 [J]. 中南民族大学学报(人文社会科学版), 2004 (2): 73~76.

[22] 王海雷等. 申请一个证明商标, "莱阳梨"五年多卖900万 [EB/OL]. [2010-11-07]. http: //news. sohu. com/20060829/n245045241. shtml

[22] 桐乡启用"杭白菊"证明商标深化行业长效监管 [EB/OL]. [2010-11-12]. http: //www. sina. com. cn 2007-11-30

[24] 谢乐军. 证明商标保护中的几个问题 [J]. 中华商标, 2001 (6): 14~16.

[25] 黄莹. 浙江工商企业国际商标注册总数冠全国 [EB/OL]. [2010-11-10]. http: //www. wzlib. cn/ztsjk/jwZj/200705/28/. html

[26] 何敏. 机关法人能否成为商标申请人 [J]. 中华商标, 2006 (8): 59.

[27] 胡开忠. 商标法学教程 [M]. 北京: 中国人民大学出版社, 2008: 256.

[28] 杨丽. 金融危机形势下"真皮标志"带领品牌企业突出重围 [J]. 西部皮革, 2009 (7): 60.

[29] 黄家林. 证明商标法律制度探析 [D]. 厦门: 厦门大学硕士论文, 2009.

[30] 刘慧. 论含有地理标志的商标的转让、使用许可与移转 [J]. 天中学刊, 2007 (4): 38~41.

[31] 袁昌劲. 证明商标法律保护研究 [D]. 北京: 中国政法大学硕士论文, 2008.

[32] 王连峰. 商标法通论 [M]. 郑州: 郑州大学出版社, 2003: 129~130.

[33] 李晓民. 地理标志法律保护机制研究 [D]. 北京: 中国政法大学博士论文, 2005.

[34] 衣庆云. 论证明标志 [J]. 知识产权, 2005 (6): 17.

第五章

商标权投资与融资制度

第一节　商标价值评估制度

作为企业的核心竞争力，商标资产能给产品带来超越其功能目的的附加价值，对于企业的发展起着主导和支配作用。因此，如何认识商标无形资产的价值，进而最大限度地实现其潜在的巨大价值是目前迫切需要研究的问题。商标的评估关系到能否从数量上深刻把握商标资产，也关系到企业能否正确地对商标资产进行投资、利用和管理。

一、商标价值的构成

商标的价值主要是由成本价与商标的信誉价值所构成。一个商标投入使用要经过商标设计人员消耗的活劳动和物化劳动来完成，商标的获得要经过申请注册程序，这些成本价值是整个商标价值的基础。

商标的信誉价值即商标在市场上的知名度。它是由商标使用的时间、范围、商品销售市场、商品质量、消费者心理等因素所决定的，受使用该商标后商品销售价格和销售量的双重影响。在同一时期统一市场的条件下，商标的信誉价值也是可以计算的。即商标信誉价值是名牌商品的销售价格与同类普通品牌商品销售价格之差乘以同期销售量。[1]

此外，商标的权利价值和艺术价值与商标价值之间也存在着密切的关系，也是商标所有权评估的重要组成部分。

二、商标评估的意义

商标评估兴起于英美等国，它是随着资产评估工作及人们对产权及企业资产等认识的不断深入而逐渐发展起来的。

而我国是在 20 世纪 90 年代国有资产严重流失的情况下，为了查清国有资产的家底，才开始重视起知识产权的评估。我国内地首例商标评估，是 1993 年对青岛啤酒股份有限公司拟上市“青岛”啤酒商标的评估，评估值为 2.07 亿元。

近年来，商标在企业经营过程中作用的不断增强，其自身也在推销商品、拓展市场中形成一种不容忽视的无形资产，且作为长期资产的性质被越来越多的人所认识和接受。因此，商标评估的重要性也受到广泛的关注，它的意义主要体现在以下几个方面：

（一）商标评估有利于企业长远发展

当今社会，商标评估越来越频繁地出现在经济生活中。企业的股份制改造、合资、联营、兼并、拍卖、转让、资产抵押等大量活动，都需要对商标权进行评估。对商标进行评估，不仅有利于企业摸清自己的家底，而且还有利于企业确定未来的发展战略。1994 年北京嘉诚资产评估有限公司曾接受委托，将“全聚德”牌号的价值评估为 2.69 亿元人民币，这为全聚德集团公司在国内外投资及商标使用许可、转让提供了可靠的依据。

同时，企业的发展需要注入大量的资金。商标权评估后，可以凭法定评估机构出具的证书到银行申请商标权质押贷款。企业利用这笔资金，可以用来进一步提高产品质量，壮大生产和经营规模。

（二）商标评估有利于企业投资入股

商标权评估作价后，企业可以充分利用这一无形资产进行投资入股。对于出资方来讲，用商标权投资可以减少现金支出，以较少的现金投入获得较大的投资收益；可以扩大使用注册商标的商品或服务项目的生产经营规模，进一步提高商标信誉。对于接受商标权投资的企业来讲，商标权资本化可使其直接获得名牌商标的使用权，避免了自身开创品牌可能带来的风险和时间上的损耗，利用其获取的品牌迅速打开市场，扩大生产经营接受商标权投资，也可促使企业严格依法使用注册商标，提高经营管理水平和商品或服务质量，扩大经营范围，增强企业产品或服务的市场竞争力。

（三）商标评估有利于企业维护其合法权益

商标权评估后，在商标的侵权诉讼和商标的行政保护中，有利于企业对假冒侵权行为造成的损失进行量化、认定赔偿额，不仅为商标权人打假维权提供索赔依据，而且有利于维护企业的合法权益。

三、商标价值评估程序

企业进行商标评估首先要确定评估目的以及此次评估的基准日；其次确

定评估依据，然后根据被评估对象的情况确定应用哪种评估方法进行评估，最终计算出结果。通常操作过程如下：评估范围→评估目的→评估基准日→评估依据→被评估对象概况→评估方法确定→评估计算结果。

（一）明确商标评估的范围和对象

“商标评估”并不是评估有关商标作为标识的那些文字或图形设计本身的价值，真正要评估的是商标权本身。商标评估不仅仅是对商标“信誉”的评估，因为刚获得注册、尚未付诸使用的商标谈不上具有什么“商誉”，但却具有价值。但当商标已使用了一段时间，评估时就难以将它与商誉分开了。所以，商标权的价值具有两重性：即外在价值和内在价值。在商标设计、开发、注册、保护过程中形成商标的外在价值，具体表现在商标标识的显著度和外在印象上；在企业提高商标标识商品的品质及管理、营销过程中形成商标的内在价值，具体体现在商标标识商品的美誉度和满意度上。因此可将商标的设计、制作、注册、广告、法律保护费用等的总和作为其价值的下限，或者作为商标价值评估的起点，商标价值评估的主要对象，应该是商标所能带来的额外经济收益。

（二）根据商标评估的目的确定评估依据

在评估商标权以前，评估者要了解评估的目的，来决定评估的依据和恰当的评估方法。市场经济条件下，商标评估的目的可以归纳为：

1. 企业重组及合资前价值评估

企业的价值评估是当今企业重组和合资过程中最重要的部分，也是买卖双方交易谈判中的关键问题。而商标的评估可以用来作为协商交易价格以及其他交易安排的参考数据，合理确定各方出资或折股的确切数额和比例，并以此作为分配收益的依据。

2. 商标权直接转让

商标评估可以成为一种必要而有效的分析手段，它可以用于量化出售者出售目标商标、购买者购买目标商标的合理的最低和最高价格，以使双方达成公平交易。

3. 通过债务融资获取资本构成

通过对企业商标的合理估价，为合理确定租金、借贷金额、担保金额的水平提供依据，维护双方的利益。

4. 企业破产清算

通过对被清算企业商标价值的评估，能够更合理地核实企业资产的现实价值，对被清算企业的资产处置提供真实的价值依据，维护债权人、所有人的合法权益。

5. 商标许可

通过商标评估，可以有效帮助许可方了解与目标商标相联系的预期收益能力、产生现金流量能力以及经济寿命等，合理确定许可费数额或提成费率。

6. 纳税计划与执行

无论是商标转让、放弃、捐款、赠与、公司间的转让价格，都要估计内在的收入税和其他规定必须交纳的税款，为了按价纳税，比如财产从价税、遗产税和所得税的计划和执行，必须评估商标的和其他知识产权的价值。[2]

7. 侵权诉讼支持及争议的解决

从商标所有者的角度来说，商标评估有助于对假冒侵权行为造成的损失进行量化，为商标权人打击侵权提供有力支持。

明确商标评估的目的之后，确定评估基准日（评估中所采用的计价标准为评估基准日时的有效价格标准），由此可以选定评估依据。评估依据包括行为依据、法规依据、产权依据和取价依据等。行为依据，即希望进行商标评估的企业与专业评估机构签订的业务委托约定书。法规依据，即有关资产评估的管理办法及实施细则以及涉及商标权的各项法律法规。产权依据，即商标注册证、许可证、转让证及相关协议。取价依据，即商标所有方提供的资产明细表及财务会计、经营方面的资料；主要同类企业的财务指标；《资产评估常用数据与参数手册》；中国人民银行颁布的金融机构存贷款利率等。

（三）商标评估中参考要素（对被评估对象概况的分析）

1. 商标是否已核准注册

商标评估即是商标专用权的评估，而商标专用权是注册商标所有人专享的权利，只有注册商标的评估才有价值和意义，未注册商标虽然也体现一定的经济价值，但由于权属未定，法律不为其提供必要的保护（驰名商标除外），故而没有必要对其经济价值予以确权。因此，进行商标评估时首先必须要确认其是否注册、注册的国别、商标权人以及注册的范围。

2. 商标的使用情况

第一，商标在生产经营活动中是否仍在使用。根据我国商标法规定，注册商标连续 3 年停止使用，就会被商标局撤销。被撤销的注册商标，不再受法律保护，原商标所有人不再享有商标专用权。丧失了注册商标专用权，也就失去了商标评估的对象。

第二，商标核准注册的商品使用范围与实际使用范围是否一致。已经注册的商标，存在着其使用范围是否符合注册范围的问题。对于超出使用范围的部分，评估人员应给予特殊的考虑。

我国商标法第 37 条规定："注册商标专用权以核准注册的商标和核定使用的商品为限。"这意味着，商标权只有在核定的商品上使用时才具有法律效力，超出这个范围则不具有专用权。对于超出使用范围的部分所带来的经济收益不应计入商标权的预期收益额中。

第三，该商标上的附属权利情况。如果商标所有人已经许可他人使用该商标，或者已经用该商标作质押担保，由于该商标专用权受到限制，评估时则应适当扣除价值。但对于许可他人使用商标使得商标附加经济价值（例如知名度）有所提升的，应在评估时增加相应的价值。同时，之前每次的许可费也可作为商标评估的依据。

第四，商标产品的市场占有率及发展趋势。商标产品的市场占有率及发展趋势反映商标的市场领导力及其稳定性。市场占有率越大，商标所承载的"商誉"越高，其内在价值也就愈高。

3. 该商标是否已届满争议期

因世界大多数国家商标法都规定，对于已经获准注册的商标，从其获准注册之日起一定期限内为争议期。在该争议期内，任何人如果认为该商标的注册违反商标法的有关规定或者是采取欺骗手段或其他不正当手段取得注册的，可以向有关部门请求撤销该注册商标，我国商标法规定的争议期限为 5 年。在争议期间届满后，除"恶意"获得注册外，不得再对已获注册的该商标提出撤销要求。这样，已满争议期的注册商标和未满争议期的注册商标在价值评估上就会有很大的差距。

4. 商标是否接近续展期

接近保护期末的商标，其价值具有很大的不稳定性。依据通行做法，商标评估一般以年平均超额收益值乘以商标专用权的有效年数，这样，商标有效期限越接近续展期，商标的价值就越低；同时要明确，商标转让时若已接近续展期，应由哪一方再去办理续展手续。此外，还要注意，注册时合法的商标，续展时是否也合法，是否能获准续展。

5. 商标是否驰名

对于商标的评估，一般只能评价能带来超额收益的知名商标。名牌普遍具有较强的超价值创利能力。[3] 由于驰名商标受法律的特殊保护，其法律地位上的优势，普通商标不能与之相比。在实行注册主义的国家里，原则上只给注册商标予以保护，但对驰名商标而言，即使未注册也给予保护；对于驰名商标的保护可以扩展到非类似商品（服务）上。鉴于此，驰名商标在法律上受到特殊保护的优势使之在评估起点上应区别于普通商标，再加上驰名商标在经济上的价值与功能，其评估价值自然不菲。

6. 商标设计的艺术价值

好的商标同时又是一件艺术品，简洁大方、富有艺术性的商标能给人以美的享受，使公众乐于接受。具有显著性甚至含有某种寓意、富于特色的商标便于传播。因此，商标的艺术价值也是确认商标经济价值的内在因素之一。

以上这些参考要素是商标权买卖双方在评估时都应加以重视的。但对于卖方来说，他应该尽量回避可能不利于其商标价值的一些影响因素，而着重突出提升其商标价值的因素；而对于买方来说，他必须特别注意有关该商标权属是否明晰、是否稳定的问题，在规避风险的同时，也可将其作为压价的砝码。

(四) 现有商标评估方法及其选用

在商标评估起步较晚的我国，现有法规、规章往往要求照搬“有形资产”的评估方法，全部或基本把这些方法延用到商标评估中来。目前在商标稽核评估中，经常使用的方法有 3 种：

1. 重置成本法

重置成本法，即在现有的技术和市场条件下，重新开发一个同样价值的商标所需的投入作为商标权评估价值的一种方法。它需要把商标权主体的商标开发、设计、注册、有关广告宣传费用等的总和作为商标权的评估值。这种评估商标权的方法有一定的缺陷。首先，商标权是一种无形财产权，具有较强的专有性和独占性。两个商标权人分别就相同商标标识，在相同商品上享有专用权的可能性则微乎其微。从这个意义上讲，想找到商标的“重置成本”是困难的。其次，企业在申请商标注册时所花费的费用以及商标营销的支出，一般都已分摊到企业生产经营的成本中了。如果在为商标估价时再计一次，则这种“重复计价”的方式是否合理，也很值得商榷。

2. 收益现值法

收益现值法，指的是把有关商标的有效期内每年的预期收益，以适当的折现率折现，然后累加得出有关商标的现在价值。运用收益现值法进行资产评估时，被评估资产必须具有独立的连续提供未来收益的能力。

根据我国商标法的规定，注册商标的有效期为 10 年，期满可以续展，续展没有次数的限制。即商标权人只要遵守法律规定，可以永远拥有商标权。

在收益现值法中作为依据的“有效期”，只能是 10 年，而不是无期限。由此产生了问题，例如：按“收益现值法”对一个在临近续展前一年的驰名商标进行评估，可能估出的价值还不如一个刚刚获得注册、有效期还有 10

年的非驰名商标。这种计算结果显然是缺乏实际意义的，因为驰名商标已经在市场上建立了坚实的信誉，虽然有效期只剩下一年，但具有无限续展的可能性。而刚刚注册的商标存在较大的不稳定性，极有可能由于经营不善在第二年就“倒了牌子”。因此，收益现值法的评估，只在注册商标的有效期内进行评定，没有反映出商标连续使用的实际情况，有其一定的局限性。因而在使用该方法时要结合商标的续展可能性进行分析。

3. 市场比较法

市场比较法，即通过市场调查，选择一个或几个与被评估商标相同或近似（不是指标识图形近似，而是指有关商标所标示的商品或服务近似、商标权主体的条件近似、销售畅阻程度近似，等等）的已有较公认的成交价格的商标进行对比，估算出商标相应价值的方法。

这种方法在实践中操作很困难，因为特定的商标权的交易是不公开的，双方所成交的项目及条件常不为他人所知；即使有此商标权的交易信息可以获知，但可比性出入很大。因为每个企业的规模、赢利、产品质量、经营管理水平、售后服务和广告宣传等存在很大差异，无法作出科学、合理的资产对比和评估。

尽管上述三种对商标权评估的方法有一定的缺陷，但毕竟使无形资产的评估得以正常进行。现在使用较为广泛的是收益现值法和重置成本法。如何设置符合商标权特点的评估方法有待于理论的进一步研究。

4. 评估方法的选择

基于以上对各种商标评估方法的分析，结合企业评估商标的目的以及该商标自身的特性，对于商标评估方法的选取，可采取以下方式：

对于那些已经为使用它的企业带来超过社会平均收益的超额收益，并将在未来企业运营中继续产生超额收益的商标，它的价值是按其获利能力带来的超额收益确定的，而非本身“物化”价值决定的。依照这一特点，通过收益现值法测算商标权带给企业未来的超额收益，并计算其现值作为商标的价值，是比较适宜的。例如，企业重组、合并、以商标进行投资，商标的许可转让时的商标评估。

采用重置成本法评估是考虑构成无形资产的重置成本，主要是考虑创造该商标所支出的宣传、广告等推广费用等，而未将无形资产的获利能力纳入考虑，往往使得出的价值较低，但此方法的评估依据较为直观，比较适用于以无形资产摊销、质押、企业纳税以及计算商标侵权赔偿额为目的的评估。

另外，由于目前较为公开的商标交易市场主要是商标转让市场以及商标许可市场，所以市场比较法可以考虑应用于转让、许可时商标的评估。但应用市场法需要满足其前提，最主要的是两项：一是要有一个充分的市场，另一个是市场交易必须有可比性。然后需要建立商标转让及许可方面的市场交易的信息系统，以确保相关信息的充足。

第二节　商标权投资制度

商标具有不同于其他知识产权的个性，即由于它与商品、商标所有者之间的密切联系，一旦某一商标被长期使用物化于商品之上并形成了资产之后，它的作用就不再是仅仅局限于识别商品，而是代表一定商品或服务的质量，甚至是象征某一企业的商业信誉。因而对于企业而言，商标权是一项不可忽视的财富，应当重视对于商标权权能的有效实施，将商标权出资包括商标所有权出资和商标使用权出资，则是实现商标权权能重要途径之一。

一、商标权投资的财务制度基础

《企业会计准则第 6 号——无形资产》规定："本准则第三条规定，无形资产是指企业拥有或控制的没有实物形态的可辨认非货币性资产。无形资产主要包括专利权、非专利技术、商标权、著作权、土地使用权、特许权等。"新《企业会计准则——应用指南》附录也规定，"无形资产"科目用来核算企业持有的无形资产成本，包括专利权、非专利技术、商标权、著作权、土地使用权等。可见，企业拥有的商标权在无形资产科目核算。

在日常经济生活中，常有用商标权投资的情况。有学者认为，只有在投资双方已向商标局提交转让注册商标申请书，商标局发给被投资方相应证明并予以公告，则投资行为成立，企业可以按无形资产商标权摊销。

二、商标权投资（出资）的法定条件和程序

商标权是商标注册人的无形财产，具有不同于一般物权的特性。商标权人享有它，不是直接占有物质财富，只是以非物质形态享有的权利。商标必须使用于商品或服务之上才能实现其价值。商标价值的高低，必须依据其商品或服务的品质及社会对该商品或服务的评价而定。因而，商标权的运用远较一般财产权特殊和复杂。为了规范商标权的行使，现行法律、法规对以商标权作价投资的条件和程序作出了明确规定。

其一，企业以商标权投资，必须在有关投资文件中明确商标投资方式，商标作价数额，使用商标的商品品种、数量、时限及区域，商标收益分配，企业终止之后商标的归属等内容。

其二，企业以商标权投资前，应当委托经国家工商行政管理局核定的商标评估机构进行商标评估，提交商标评估报告及有关商标权投资文件，报送商标主管部门审查。商标主管部门对企业以商标权投资的审查，实行分级管辖的原则。在国家工商行政管理局登记注册的，由商标局审查；在地方各级工商行政管理机关登记注册的，由省级工商行政管理机关审查。商标主管部门应当自收到材料之日起30日内作出审查决定。对符合条件的，予以批准；对不符合条件的，予以驳回并说明理由。

其三，企业以商标权投资，被投资的企业在登记注册时，其章程应当就商标权转让登记事宜作出规定，并向工商行政管理机关提交商标主管部门的审查文件。未提交审查文件的，其商标权不能作为出资，对被投资企业不予核准登记注册。

其四，公司注册资本中以商标权等工业产权、非专利技术作价出资的金额不得超过公司注册资本的20%，国家对采用新技术成果有特别规定的除外，但必须经国家、省（部、委）科技主管部门鉴定或认定。商标权出资方和受让方应当于公司成立后半年内，共同向商标局交送《转让注册商标申请书》和《商标评估报告》各一份，附送原《商标注册证》依法办理商标权转让登记手续，并报公司登记机关备案。商标权转让登记因不符合法律、法规的规定，未能办理财产权转移手续的，则以该商标权出资的股东或者发起人，应当以其他出资方式补交作价数额，补交数额应当进行重新验证并出具验资报告。

其五，有限责任公司成立后，作为出资的商标权的实际价额显著低于公司章程中所定价额的，应当由交付出资的股东补交其差额，公司设立时的其他股东对其承担连带责任。原出资中的商标权应当重新进行评估作价，公司注册资本应当进行重新验证并出具验资报告。

其六，公司向外投资，除国务院规定的投资公司和控股公司外，所累计投资额（包括以商标作价投资额）不得超过本公司净资产的50%。所谓向外投资，是指以现金、实物、工业产权、专有技术作为出资而成为另一法律实体的所有者或债权人；累计投资额是指公司股权投资的账面总值；公司净资产又称所有权收益，是指公司资产减去公司债务之余额，包括股本、资本公积金、盈余公积金和未分配利润。

三、合资企业商标权投资法律问题

随着中国加入WTO，国际经济关系的发展和我国改革开放的深化，越来越多的外商投资企业进入中国，商标权出资是重要的一种出资方式，然而这些出资中，暴露出许多法律规定漏洞和冲突问题，为商标权资本化的实际操作带来了诸多障碍，如上海家化厂的“美加净”商标案、达能与娃哈哈关于“娃哈哈”的商标之争就是其中著名的两个案例。因此，为了避免出资双方合作出现纷争，以至于对簿公堂，合资企业以商标使用权出资应该特别注意以下法律问题。

（一）资本维持原则对商标权投资的约束

我国公司资本制实行的是资本维持原则，所谓资本维持原则，即要求公司维持与资本总额相当的财产，在公司成立后的动态过程中要保持实有资本额的相对稳定。商标权主体若选择“使用权许可”的方式进行出资入股，首先则在理论和实务上会与公司资本制发生冲突。我国《公司法》第28条规定，“股东应当按期足额缴纳公司章程中规定的各自所认缴的出资额”。第36条规定，“公司成立后，股东不得抽逃出资”。出资人以商标权的许可使用权出资与公司资本维持原则的冲突，体现在两个方面：第一，商标使用权的有效期如果短于公司的经营期限，则实质上相当于该商标权出资人变相抽回了其出资；第二，商标使用权的价值具有不稳定性，受影响的因素非常多。例如“三鹿奶粉”一度作为驰名商标，在三聚氰胺事件曝光后，“三鹿”商标价值严重贬损，成为毒奶粉的代名词，内部估价为100亿元，三鹿公司破产后，“三鹿”商标以730万被拍卖，无形资产贬值达99.923‰。一旦用作出资的商标权价值波动致使低于其出资入股时的评估价值，则亦与公司资本维持原则相悖。其次，与公司承担责任的要求相冲突。公司享有由股东出资形成的全部法人财产权，依法享有民事权利，承担民事义务。公司以其全部法人财产依法经营，自负盈亏。我国《公司法》第3条规定“有限责任公司，股东以出资额为限对公司承担责任，公司以其全部资产对公司的债务承担责任”。股份有限公司也“以其全部资产对公司的债务承担责任”。出资人以商标权使用许可方式出资，则接受出资的公司对该商标权不能享有最终处分权，那么当公司发生债务纠纷时，作为债务人的公司如何“以其全部资产对公司的债务承担责任”以及债权人可否对作为债务人资本组成部分的该商标使用权主张权利将成为一个棘手的法律问题。

商标使用权出资在公司资本制度上的法律障碍可以通过几种办法加以解决。其一，我国《公司法》第31条：“有限责任公司成立后，发现作为设立公司出资的非货币财产的实际价额显著低于公司章程所定价额的，应当由交付该出资的股东补足其差额；公司设立时的其他股东承担连带责任。”对这条法律规定，我们认为要作出扩大解释。出资人以商标权使用许可方式出资，如果出现该商标权的有效期短于公司的经营期限，或者在公司存续期间该商标权发生贬值，则应援引上述公司法规定，由该商标权出资人承担资本填补义务，公司设立时的其他股东对其承担连带责任。其二，我国工商、税务、审计等管理机关要加强监管，通过登记、年检、税务稽查、审计等手段，对用作出资的商标权使用许可期限短于公司经营期限的、用作出资的商标权在公司存续期间贬值的以及公司负债后运用该商标权清偿债务等问题，要求该商标权出资人续签合同、补交差额及承担有关责任，公司设立时的其他股东对其承担连带责任。其三，社会中介组织如会计师事务所、律师事务所要加强自律，严格遵守职业道德和职业纪律，自觉抵制社会不正之风，坚持事实求是的原则，不出具虚假的会计报告和法律意见书，防止虚假出资，损害投资企业、其他股东和社会公共利益。

（二）商标使用权投资合同备案

《商标法》第40条规定："商标注册人可以通过签订商标使用许可合同，许可他人使用其注册商标。……商标使用许可合同应当报商标局备案。"所以，对于以商标使用权出资，也无需办理商标使用权变更手续，仅需签订书面的商标使用许可合同，并报商标局备案。《商标法实施条例》第43条规定："许可他人使用其注册商标的，许可人应当自商标使用许可合同签订之日起3个月内将合同副本报送商标局备案。"国家商标局1997年8月1日颁布的《商标使用许可合同备案办法》中规定商标许可使用合同的备案为强制备案，但是备案仅具有对抗效力，而不具生效效力。

另外，《最高人民法院关于审理商标民事纠纷案件适用法律若干问题的解释》中，第19条规定："商标使用许可合同未经备案的，不影响该许可合同的效力，但当事人另有约定的除外。商标使用许可合同未在商标局备案的，不得对抗善意第三人。"根据最高人民法院的司法解释，商标使用许可合同未经备案的，不影响许可合同的效力，但当事人另有约定的除外（如当事人约定许可合同必须经过备案方能发生法律效力等）。如果商标使用许可合同未在商标局备案，则不能对抗善意第三人。现物出资办理法律上的财产权转移要求既要完成生效要件，又要完成对抗要件，所以，在商标使用许可合同签订生效后，出资人和公司还需要到商标局将合同备案才算是商标使用权出资履行完法律上的财产权转移手续。

实践中，合作双方出于种种顾虑，诸如保护合作企业商业秘密的需要，往往将简化了的商标使用许可合同提交给商标局备案，这样做势必会造成真实的商标使用许可合同与经备案商标使用许可合同不一致的冲突，如何解决该冲突将成为一个棘手问题，到底该适用经备案的合同？还是该适用反映双方真实意思表示的原合同？将一份简化了的商标使用许可合同进行备案是否构成规避我国强制性行政法律规范？法国达能与娃哈哈关于“娃哈哈”的商标之争就涉及一个关键问题：真实的商标使用许可合同与备案的合同不一致，双方合作出现争议，应当适用哪份合同，缺少统一的法律依据。

（三）商标使用权许可

在以注册商标使用权出资时，又可分普通许可、独占许可以及排他许可三种具体方式。普通许可又称一般许可，即被许可人可以使用许可人的商标，但不能排除许可人本人使用，也不能排除许可人再许可其他人使用。独占许可协议即独占许可合同，是国际许可合同的一种，即在一定的地域和期限内，受让方对受让的技术享有独占的使用权，供方和任何第三方在规定的期限内都不得在该地域使用该种技术制造和销售产品。为此，受让方需向供方支付相当高的使用费和提成费。在排他许可，除了许可人本人，只有被许可人可以使用许可人的商标。其独占程度比普通许可高，比独占许可低。

商标权人在确定以商标使用权进行出资的内容和方式时应当考虑以下因素。其一，如果该商标具有良好的声誉，而商标权人以后还要继续从事同类商品的生产经营活动，那么就不宜用完全的商标权出资，而应当用注册商标使用权出资；为了自己能够同时使用，商标权人也不能用独占使用权出资，而应当采取其他两种出资方式。其二，如果商标权人此前使用该注册商标比较顺利，并有稳定的收益，而其也希望在以后一段时间内获得较稳定的收益，就不宜用完全的商标权出资，也不宜用注册商标的独占使用权出资。因为这样就意味着其收益完全取决于被出资企业使用注册商标所产生的收益及被出资企业对利润的分配情况。如果用于出资的注册商标有巨大的市场价值，商标权人就不宜用完全的商标权和注册商标的独占使用权出资，这么做容易使该注册商标被闲置，市场价值被荒废，因为在只有一个企业使用该注册商标的情况下，它通常没有足够的生产能力去利用该注册商标所蕴含的声誉。如果商标权人和其他被许可人同时进行生产，该商标的市场价值会被更多地发掘出来。其三，如果被投资企业对商标有投入，则应该平等对待原有的商标和作为出资的商标，不应为了公司战略利益，故意将出资的商标打入“冷宫”。否则商标权人不宜以注册商标的独占使用权出资，这样容易导致其注册商标在出资期间得不到有效的宣传促进，使其注册商标在市场上的影响被削弱。上海家化厂的“美加净”商标案就是前车之鉴。另外，如果被出资企业同时使用多个商标，商标权人也不宜用注册商标的独占使用权出资，因为在这种情况下商标权人无法再对其注册商标进行宣传，而被出资企业也很难集中力量对这一种商标进行推广，从而会影响到该注册商标推广和市场占有率。

(四) 商标权出资评估作价

商标权出资评估作价方面，存在的主要问题是《公司法》的规定与外商投资企业法之间存在冲突。我国公司法与外资企业法中有关知识产权出资价值确定的规定不尽一致。如《公司法》第 29 条规定：股东缴纳出资后，必须经依法设立的验资机构验资并出具证明；《中外合资经营企业法》第 5 条第 4 款规定："上述各项出资应在合营企业的合同和章程中加以规定，其价格（场地使用权除外）由合营各方评议商定。"在这里，出资价值"由合营各方评议商定"的做法，与《公司法》"必须经法定的验资机构验资并出具证明"相冲突，内资公司与外资企业"各行其是"，在实践中为合营各方高估或低估出资价值骗取外商出资企业的优惠政策留下了隐患。实际上，在我国境内由外商出资的有限责任公司属于中国的企业法人，在中国境内从事生产经营活动，应当适用我国《公司法》。另一方面，我国外商投资企业法之间，在对用作出资的商标权评估作价方面的规定也存在差异。《中外合作经营企业法》第 9 条第 2 款规定："中外合作者的出资或者提供的合作条件，由中国注册会计师或者有关机构验证并出具证明"。《外资企业法实施细则》第 33 条规定："外国出资者缴付每期出资后，外资企业应当聘请中国的注册会计师验证，并出具验资报告，报审批机关和工商行政管理机关备案。"可见，在外商投资企业法中，对中外合资经营企业合营各方的出资价值允许"由合营各方评议商定"，而对中外合作经营企业的出资则必须"由中国注册会计师或者有关机构验证并出具证明"。外资企业"应当聘请中国的注册会计师验证，并出具验资报告，报审批机关和工商行政管理机关备案"。

因此，在立法上应把我国外商投资企业法与《公司法》的有关规定统一起来，强调由统一、规范的验资机构进行验资并出具验资报告，使商标权资本化步入规范化的轨道，使内资企业与外资企业在一个舞台上，同一规范体系下竞争；还有《企业年度检验办法》也应当明确规定，公司登记主管机关每年对企业年检时，必须对公司和外商出资企业作为注册资本组成部分的商标权进行检验，公司和外商出资企业的年检报告必须体现接受出资的商标权的运作状况。

第三节　商标权质押融资制度

对商标权质押融资，我国担保法、合同法早已作出明确规定加以认可。但由于商标价值的易变性、质押融资风险偏大以及各项相关制度的不完善，商标权质押融资方式一直没有得到很好的适用。2008 年国际金融危机发生后，为了更好地解决金融危机下企业融资难的问题，中央和地方先后颁布实施了一系列保障性政策措施，完善了商标权质押融资制度，商标权质押融资迎来了良好的发展契机。

一、商标权的可质押性

商标作为企业的商品或者服务的标志，在现代社会中已成为企业一种重要的无形财产，具有极大的经济价值。如 2005 年评估海尔的品牌价值达到 702 亿元人民币，自 2002 年以来，海尔品牌价值连续四年蝉联中国最有价值品牌榜首。同时，我国《商标法》第 39 条规定："转让注册商标的，转让人与受让人应当签订转让协议，并共同向商标局提出申请。受让人应当保证使用该注册商标的商品质量。转让注册商标经核准后，予以公告。受让人自公告之日起享有商标专用权。"由此可知商标专用权具有可让与性。我国《公司法》第 27 条规定，股东可以用知识产权出资，但法律、行政法规规定不得作为出资的财产除外。商标专用权是可以用货币估价并可以依法转让的非货币财产。商标专用权不仅具有财产性，而且也具有可转让性。商标专用权也是我国《担保法》中明文规定可适于质押的权利之一。因此，商标专用权应当具有"可质押性"。当然也有一些特殊商标，由于其与所有人的姓名或商号发生重叠等原因，为避免商品出处的混淆以及权利冲突的产生，法律应该规定这种特殊的商标专用权不得转让或者必须与商号同步移转。因此我国《担保法》第 75 条第 3 项规定："依法可以转让的商标专用权可以质押。"这里的限制性规定"绝非可有可无"。

商标专用权包括商标的使用权和商标的许可使用权。首先，商标使用权的内容包括：一是自主决定是否在自己的商品或服务上使用商标。既然是商标所有人的权利，商标权人自然有权决定是否在自己的商品或服务上使用商标。二是自主决定使用商标的方式。商标的使用方式是多样化的，包括用于商品本身上、商品包装上、商品的容器上以及商品交易的文书上，或商品宣传的广告上以及展览或其他业务活动中。商标使用权是私权，是无形财产权具备的权利质押的共同属性。其次，商标使用许可是商标所有人准许他人使用自己所拥有的商标专用权，并收取使用费，而他人获得该商标使用权并支付使用费。由此可知，商标许可使用权也是一种无形财产，具有极大的经济价值。商标许可使用权不属于禁止转让的权利范畴，法律虽没有规定，但从有利于社会经济发展出发，可以推定，商标许可使用权也是具有可转让性，同时商标许可使用权应属于我国《担保法》第 75 条第 4 项规定："依法可以转让的其他权利。"

二、商标权质押的法定条件和程序

（一）商标权质押的法定条件及缺陷

商标必须是依照我国《商标法》规定，向商标局提出申请，并由商标局核准注册的颁发的商标注册证的商标。商标专用权的客体是注册商标。由于《商标法》采取“自愿注册原则”和“在先申请原则”即由商标使用人决定是否申请注册的，只有注册商标才会得到法律认可和保护，从而享有商标专用权；未经注册商标可以使用，但不享有商标专用权。

出质人必须是该商标注册证上载明的申请人，或是由商标持有人书面授权委托的代理人。以自然人申请的商标专用权质押，必须是该自然人与质权人意思表示一致；以共同申请的商标专用权质押的，应该由共同申请人协商一致，并且应是书面同意，然后由其中一人作为代表与质权人共同协商意思表示一致，如果有一个人不同意，该商标使用权不能设立质押。因为不同意的申请人依照我国《商标法》规定，还有权行使商标专用权，这样就容易使商标专用权的价值减少，从而会对被设质的商标专用权造成威胁；以法人或其他组织申请的商标专用权质押的，必须经过公司董事会开会讨论决定或由全体合伙人开会决定，并且全体与会者应在决定书上签字。要以全体有权人同意签字为准，该商标专用权才能设立质押。

以团体、协会或其他组织名义注册，供该组织在商事活动中使用，以表明使用者在该组织中的成员资格的是集体商标。如果为本身的发展，而向银行出质贷款用于自身建设与发展可以设立质押，除此之外，集体商标的商标专用权不能出质。如果出质将会对社会造成不良影响。比如奥林匹克组委会把其某一商标专用权向其他第三人设立质押，到时债务人不履行债务，被设质商标专用权将会被拍卖、变卖，以所得到价款偿还。让这样的商标移转到其他人所有，将会给社会带来不良影响。还有证明商标是指由对某种商品或服务具有监督能力的组织所控制，而由该组织以外的单位或者个人使用于其商品或者服务，用以证明该商品或服务的原产地、原料、制造方法、质量或其他特定品质的标志。比如，农业部申请的“绿色食品”质量证明商标。绿色食品标志是一种特定质量标志，它专为证明出良好生态环境、无污染、无公害、安全营养食品之用。农业部设立中国绿色食品发展中心统一负责“绿色食品”标志的颁发和使用管理。由于证明商标具有特定含义和作用，决定了其不能质押。总的来说，一个商标专用权要来设立质押必须具备以下条件：一是必须经国家商标局核准注册的商标。二是必须由商标持有人书面同意或书面授权他人进行的。三是该商标出质后不会给社会带来不良影响。

目前法律对于用于质押的商标权的范围规定是模糊的。商标权包括商标使用权和商标所有权（完全的商标权）。用于质押的商标权是仅指完全的商标权，还是包括商标使用权呢？根据我国物权法和担保法相关规定，用于质押的权利是注册商标专用权中的财产权利。这种财产权利主要有两种形式，即转让注册商标的权利和使用注册商标的权利，其中后者又包括自己使用的权利、许可或禁止他人使用的权利。也就是说，我国的法律并未明确规定可用于质押的商标权是仅指完全的商标权，还是包括单纯的注册商标使用权。这种混沌状态很容易引起商标权质押纠纷。相关法律应当就用于质押的商标权的范围作出统一而明确的规定。基于质押担保的特点和商标使用权的复杂性考虑，相关法律应当将可用于质押的商标权的范围限定在完全的商标权上，即单纯的商标使用权不能用于设定质押。

（二）商标权设立质押的法定程序及缺陷

根据我国《担保法》第75条和第79条的规定，以依法可以转让的商标专用权质押的，出质人和质权人应当签订书面合同，并向其管理部门办理出质登记，质押合同自登记之日起生效。根据我国《担保法》的精神，设立商标专用权质押，除出质人与质权人应当以书面形式订立质押合同外，还应当在约定的期限内交付商标注册证。质押合同自商标注册证交付之日起生效，商标专用权质押合同是实践合同，除双方当事人意思表示一致外，还须实际交付标的物才能成立的合同。根据我国《担保法》第76条规定："质押合同自权利凭证交付之日起生效。"在订立质押合同之前，必须经过以下程序：一是出质人必须是该商标的合法持有人。二是应该到商标局指定的无形资产评估机构进行评估，然后以评估得出的价值为依据来为质权人的债权设立质押。三是出质人与质权人协议保证该设质商标保值或增值。因为商标专用权的价值必须靠不断地使用和打广告才能维持下去。

1997年10月6日，国家工商行政管理局发布的《商标专用权质押登记的程序》对商标专用权质押的有关问题作出了明确规定：一是质押申请。质押申请是出质人与质权人应当于订立合同之日起规定的期限内，向国家工商行政管理局商标局申请质押登记，并应提交法定文件。二是登记。登记机关应当于受理登记之日起规定的期限内，作出是否予以登记决定。符合登记条件的，由商标局发给《商标专用权质押登记证》，对出质人不是商标专用权的合法持有人、商标专用权归属不明确的，或权属有争议的等不符合法律规定的不予登记。三是质押登记的撤销、变更条件。

商标专用权质押的生效要件可以归纳为：第一，商标专用权质押的出质人必须是商标持有人。第二，质押必须由出质人与质权人签订质押合同。第三，质押办理登记，质权人可以领取《商标专用权质押登记证》。最后，出质人应将商标注册证交付质权人占有。

担保法和物权法虽然就商标权质押程序作了一些规定，但有些问题却没有明确，需要作相应的补充。首先，商标权质押是否存在质押财产移交的问题。与对待动产质押和其他权利质押的要求不同，我国法律并没有要求在以商标权设定质押时须将商标权的凭证移交给债权人占有。这样的规定并不合理：一方面，它模糊了抵押与质押的界限，因为抵押与质押在形式上一个最大的区别就在于担保人在设定担保时是否将担保财产移交给债权人占有。另一方面，它不利于债权人对出质人的不诚信行为进行控制。虽然商标权质押经过登记，可以起到公示的作用，但出质人仍然可能利用其持有的商标注册证书和对方当事人的疏忽从事一些有损于质权的行为。因此，我国的法律应当明确要求出质人移交准占有权，即将商标注册证书移交给债权人占有。其次，商标权质押的登记部门。依物权法和商标法的相关规定，商标权质押应当向国家工商行政管理总局商标局办理出质登记。这种做法并不是很妥当，因为相对于商标权的转让、商标注册人的名义或地址的变更、注册商标的使用许可等商标法规定的应登记事项，作为一种担保方式，商标权质押现象可能会更频繁地出现。如果统一由商标局就商标权质押事宜办理登记手续，一方面会使商标局的工作负担太大，同时也会增加商标权人办理登记手续的成本。将商标权质押登记的职责赋予设区的市以上的工商行政管理部门较为适宜。

二、商标权质押存在的问题及原因

与实物抵押和票据、提单、专利等权利质押相比，商标权质押的发展一直十分缓慢，甚至有的金融机构拒绝办理此项业务。如以“羊羊羊”闻名天下的恒源祥拿着有关部门评估价值 6 亿元的“恒源祥”的品牌，却无法获得上海任何银行的商标质押贷款。[4]商标权质押虽有个案出现，如 2002 年 10 月，中信福州分行让金得利集团董事长林永霖以其个人和企业的信用，加上该企业获得的中国驰名商标“金得利”作担保贷款 5000 万元给金得利集团。实际上早在 2002 年，广东发展银行就率先向不少温州民企推出了商标质押贷款，不过近两年多时间该行商标质押贷款申请量很少。2006 年 9 月 12 日重庆桐君阁股份有限公司将该公司拥有的“桐君阁”商标质押给浦发银行重庆分行涪陵支行获得贷款 2580 万元。但总体情况并不十分乐观。如青岛市自 2009 年 6 月出台商标质押政策至今，尚无一起成功实例；重庆市自 2009 年 8 月至 2010 年 1 月，仅成功放贷 1 起；2009 年前 10 个月，宁波市各大商业银行通过商标质押的形式，共放贷 16 笔，金额共计 5 亿元，平均每笔贷款额在 3000 多万，放贷对象均为规模较大的企业，如太平鸟、罗蒙等。真正有更多融资需求的中小企业，由于企业规模小，抵抗风险能力小，而且其拥有的商标也多半市值并不高，并不受银行的青睐，只能望洋兴叹。根据中国商标网公布的数据来看，2009 年 11 月 1 日至 2010 年 1 月 31 日止，全国一共有 70 家公司对其所有的 477 个商标权申请了质押贷款业务，贷款总额度约 300 亿元。

分析商标权质押存在问题的原因，可以归纳为以下几点：

一是商标权作为无形资产价值风险大。企业的业绩、经营方针和经营者的素质都会改变品牌的价值，都会使商标的价值产生巨大的波动，这些都让银行看到了商标价值的不确定性。而且，根据我国商标权的现状来看，一旦企业经营不善，企业的商标就不值钱。像“秦池”、“爱多”等商标，曾经是央视广告的“标王”，在企业真正出现困难时，曾经高估几十亿的品牌价值，价值贬值非常惊人。商标权质押的风险还表现为商标的撤销、商标权的有效期、多类商标、商标权许可等方面。

以抢注来的商标专用权设定质押的，因为该商标已是他人在先使用已有很高知名度，比如是他人驰名商标，因为驰名商标受到国家法律的特殊保护，尽管商标是分类别注册的，在某类没有进行注册，被他人抢注册成功，依据我国《商标法》规定，自商标注册之日起 5 年内，商标所有人或者利害关系人可以请求商标评审委员会撤销该注册商标。对恶意注册的，驰名商标所有人不受 5 年的时间限制。以已经注册的商标有争议的，可以自该商标经核准注册之日起 5 年内向商标评审委员会申请裁定。若以这样抢注来的商标专用权设质，这商标随时都会被申请撤销，这样质权人的债权安全保障系数降低，处于不安状态。

注册商标的有效期 10 年，以快要到期的商标专用权进行质押的，而被担保的债权的期限又比较长。如果注册商标的有效期届满，在续展期和宽展期内，商标持有人（出质人）不再办理续展手续，这商标专用权将会自动终止，这时商标专用权质押将是名存实亡，债权将会得不到保障，质权人有权责令出质人在法律规定的期限内办理续展手续，或提供价值相当的担保，或要求出质人提前清偿，或由质权人本人来代办理续展手续，质权人代办理续展后，质权人有权提前对该设质的商标进行拍卖、变卖以所得的价款先扣除代办理续展手续的费用，然后提前清偿或向与出质人约定的第三人提存。

商标持有人应把其在同一种或者类似商品上注册的相同或者近似的商标一并出质。根据《商标法实施条例》第 25 条规定：“转让注册商标的，商标注册人对其在同一种或者类似商品上注册的相同或者近似的商标，应当一并转让，未一并转让的，由商标局通知其限期改正；期满不改正的，视为放弃转让该注册商标的申请，商标局应当书面通知申请人。”由于商标专用权质权的实现方式主要是质权人通过拍卖、变卖设质的商标专用权取得价款来受偿的，所以实际上涉及商标专用权的转让问题。如果在商标专用权质押只出质其在同一种或类似商品上注册的相同或近似商标中某些商标。那么最后转让的也只是该交付占有的某些商标，这样对通过拍卖活动取得商标专用权也只是某些商标，而不能在某一种或类似商品上拥有商标专用权。对于通过转让取得商标的权利人是没有什么实际意义的。由此可知，注册商标质押的，商标注册人对其在同一种或者类似商品上注册的相同或者近似的商标，应当一并出质；未一并出质的，由商标局通知其限期改正。期满不改正的视为放弃该商标专用权的设质申请。用商标专用权质押保障债权实现，可能出现债务人到期不履行债务的情况，该设质的商标专用权会被变价，这时将会涉及商标专用权的转让问题。

一个商标专用权设质后，出现出质人以同样的标识在同样商品上又申请注册相同的商标。由于我国对商标专用权的保护是采取“申请注册原则”。出质人将其某一类别上申请注册的商标注册证交付质权人占有。但是依照我国《商标法》规定，只要是同一个申请人还是可以在同类别上申请同样的商标，取得同样的商标注册证。这样，通过设定质押占有商标注册证是没有什么实际上意义的。所以，出质人在设质期间内，不能以同样标识在同样商品上注册同样的商标，如果有注册的也应一并交付质权人占有。

根据《商标法》第40条规定，商标注册人可以通过签订商标使用许可合同，许可他人使用其注册商标。许可人应当监督被许可人使用其注册商标的商品质量。随着社会分工越来越细，已出现了经营品牌的企业，它自己不加工也不销售，它专门在全国乃至世界许可他人使用其注册商标。用许可使用中的注册商标设质，所得的许可使用费，应向与质权人约定向第三人提存。被许可人应当保证使用该注册商标的商品质量。商标持有人把许可中的注册商标出质，商标是靠广告和质量来保值和增值的。出质人负有监督被许可人正当使用设质商标的义务，由于被许可人不正当使用设质商标，使得设质商标的价值减少，出质人负有提前清偿或者提供价值相当的财产担保。

二是商标权质押贷款后管理困难。一般商标权转让都是发生在企业被重组、转让的情况下，而一旦企业出现重组、破产，随着企业法人的主体资格下降，商标的价值也会急剧下降，银行在贷后针对担保物的处置、变现都很困难。而且，根据商标法规定，商标权人连续3年不使用注册商标构成法定撤销的理由。即便约定的担保期少于3年，由于商标权的保值和增值主要依赖于使用，一旦由于企业的原因而导致长期闲置就会使其价值大幅降低，导致债务清偿难以实现。

三是国内缺乏权威的商标价值评估体系及机构。本来，商标所有人通过商标的创意、设计、申请注册、广告宣传及使用，使商标具有了价值，也增加了商品的附加值，商标的价值可以通过评估确定。但是，目前人们对以商标权为代表的知识产权还只是一个非常模糊的概念。国内的商标权价值评估还处于起步阶段，没有形成规范的价值评估体系，也缺乏权威的评估机构，评估标准不同，价值差异就很大，这对评估机构的权威性形成了很大的挑战。而且，由于商标权质押业务处于起步阶段，从事商标评估的中介市场并没有得到充分发展，以宁波为代表的许多城市都缺乏专业的商标价值评估机构，从而成为银行和企业无法达成共识的最直接障碍。

四是缺少相对完善规范的无形资产交易市场。质权为价值权，权利质押的目的不在于取得该权利，而是在质权实现时以该设质权利的变价款优先受偿，从而起到担保主债权的功效。因此，设质权利能否转让，直接决定着质权的实现与否。但是，相比较国际形势，目前我国国内无形资产市场不够活跃，相关的制度体系也不完善，商标权的专业交易市场更加缺乏，商标存在变现难的问题，企业一旦无法偿还贷款，银行不能像变卖汽车、房子那么容易将商标拍卖变现抵账，从而更加增加了银行的贷款风险。

五是地方政府推动及相关配套政策差距大。在积极利用国家商标质押政策的地方，制度效果明显，如江苏隆力奇集团有限公司以其“隆力奇”商标成功获贷5亿元，山东澳柯玛集团以其170件“澳柯玛”系列商标质押获贷6.1亿元，北京知名度较低的一个茶楼通过商标质押获贷800万元。在政策的大力扶持下，从金融危机爆发以来到2009年8月间，目前北京已有33家企业同银行达成商标质押贷款意向，合计人民币2.7亿元，其中2家企业已通过商标质押获得银行贷款1100万元，这个数据还在不断刷新。[5]与此形成对比的是，至今还有很多地方没实现商标质押贷款零的突破，出现了冰火两重天的现象。

三、商标质权的实现

（一）商标权质押后的使用和处分

质押后注册商标的使用要注意三个问题。其一，出质人自己使用的问题。我国法律没有明确规定这一私法领域的问题，应当通过当事人的约定来解决。如果当事人没有约定，应当基于质押担保的目的与功能进行处理。质押担保以标的物的价值确保债的清偿为目的，以支配担保物的价值为内容，其核心和基础是质物的价值。因此，在当事人没有通过合同予以禁止的情况下，如果出质人自行使用注册商标没有使该商标的价值减损的，就不会损害到质权人的利益，就不应被禁止。另外，如果不允许出质人在商标权质押设立后使用其注册商标，就会使出质人违反商标法规定的使用义务，导致其注册商标被撤销，从而既损害了出质人自身的利益，也不利于质权的实现。其二，出质人许可他人使用的问题。根据物权法的规定，出质人许可他人使用注册商标的要求有两个，一是经质权人的同意，二是其收益优先用于质权的实现。其中的关键是经质权人的同意，未经同意，出质人“不得许可他人使用”其注册商标。这样的规定难以发挥质押知识产权的经济效益，也不利于提高出质人的偿债能力。笔者以为，只要注册商标使用行为无损于质权所依赖的该商标的价值，就不应禁止出质人许可他人使用。其三，在解决出质人许可他人使用的问题时，还要妥善处理出质人在商标权质押前与他人订立的注册商标使用许可合同。目前我国法律对此没有明确的规定。笔者以为，如果质权人明知出质人已经订立了注册商标使用许可合同，却仍然接受以该注册商标设定的质押，出于诚信原则和社会秩序稳定的考虑，在质押设立后这种注册商标使用许可合同的履行就不应被禁止；如果出质人未将此前订立注册商标使用许可合同的情况告知质权人，甚至采取欺诈手段，致使质权人在不知情的情况下同意接受该注册商标作为质押标的的，注册商标使用许可合同的效力并不应因此而受影响，被许可人仍然有权要求出质人履行合同，但出质人对由此造成的质权人利益的损害应当承担法律责任，质权人也可以根据合同法的规定申请撤销质押合同。

质押后注册商标的处分也有三个问题需要注意。我国相关法律对于商标权质押后注册商标的转让问题作出了明确规定，但没有解决出质人在质押设立后通过其他三种方式处分其注册商标的问题。其一，商标权继承问题。依继承法的精神，继承人在继承遗产时不能拒绝遗产上的负担，必须在遗产价值的范围内清偿该遗产所负担的债务。对于已设定质押的商标权的继承，笔者以为可以有三种选择：一是继承人放弃对该商标权的继承，由质权人依法对该商标权进行处分以实现其质权；二是由法定评估机构对商标权的价值进行评估，由继承人以其财产评估价格为限对质权人进行清偿，并获得该商标权；三是依法对该商标权进行处分，用所得价款对质权人优先清偿，剩余价款由继承人享有。其二，商标权因合并而转移的问题。在出质人以其商标权设定质押后，出质人能否与其他企业合并，从而使该注册商标成为合并后的企业的财产呢？笔者以为，企业的合并是企业进行的一种综合性的变更，有多方面的价值，当然不应因其注册商标设定了质押而被否定。但是，质权人的利益也不应因合并而受到损害，如果质权人认为合并会损害其质权的，可以依相关法律要求出质人或合并后的公司清偿债务或提供其他担保。其三，商标权的放弃问题。商标权的放弃包括积极放弃（声明放弃或申请注销）和消极放弃（不办理续展注册手续）两种。商标权的有效存在是质权存在的基础，因此，出质人在质权的有效期间负有保证其商标权有效存在的义务，当然不能放弃其商标权。如果出质人未经质权人同意放弃其商标权，质权人应当有权要求出质人提供其他合适的财产设定质押担保，或由出质人对由此造成的质权人债权的损害承担相应的责任。

（二）质押后注册商标价值变动的处理

质押后注册商标价值变动的处理问题涉及注册商标价值的增加与减少。在质押期间，注册商标的市场价值可能会上升，这对于质押双方当然是好事，这里的问题主要是质押期间注册商标增加的价值的归属问题。基于质押的特点，质押财产在质押期间仍归出质人所有，质押财产在质押期间的收益和风险也应由出质人享有和承担。因此，注册商标在质押期间产生的增值，应当由出质人享有。

注册商标价值的减损主要有三种情况：其一，因出质人的原因导致注册商标的价值减损。出质人的下列行为可能导致质押商标权价值的减少：因其违法行为而导致其注册商标被撤销；因其商品或服务质量降低而导致其注册商标的价值降低；因其宣传力度的减小而导致其注册商标的价值降低。依《物权法》第 229 条之精神，对这一问题的处理准用该法有关动产质押的相关规定：质物因出质人的原因有价值减损之虞或危险而害及质权人的利益时，质权人有权要求出质人提供相应的担保；出质人不提供的，质权人可以拍卖、变卖质押财产，并与出质人通过协议将拍卖、变卖所得的价款提前清偿债务或者提存。但这一规定只能用来解决注册商标的价值有减损的危险、尚未减损的情形，如果注册商标的价值已经发生了减损的情形，该如何处理？笔者以为，这种责任当然应当由出质人承担，质权人可以通过要求出质人提供新的担保，或者要求出质人偿还债务等方式保障其债权的实现。其二，因质权人的原因导致注册商标的价值减损。注册商标的价值在质押后也可能因质权人的多方面的行为而减损。比如，质权人违反约定自行使用或许可他人使用出质人的注册商标，因所用商品的质量低劣而损害了该注册商标的声誉；又如，质权人未按照约定对注册商标进行必要的宣传，造成该注册商标知名度的降低。根据物权法的规定，质权人在质权存续期间，未经出质人同意，擅自使用、处分质押财产，给出质人造成损害的，或者因保管不善致使质押财产毁损、灭失的，或者未经出质人同意转质，造成质押财产毁损、灭失的，均应当向出质人承担赔偿责任；质权人的行为可能使质押财产毁损、灭失的，出质人可以要求质权人将质押财产提存，或者要求提前清偿债务并返还质押财产。这些规定虽然是直接针对动产质押的，但其所规定的情形同样可能发生在已经设定了质押的注册商标身上。因此，在我国法律未针对商标权质押作出直接规定之前，这些规定也可以参照适用于注册商标质押。其三，因其他人的原因导致注册商标的价值减损。比如，由于他人假冒注册商标，致使出质人的注册商标的声誉受损；再如，由于他人对出质人的商品或注册商标进行诽谤而使其注册商标的声誉受损。笔者以为，对于这一问题可以有两种救济方式：一是由出质人追究侵权人的侵权责任，所得赔偿金应当优先用于对质权人进行清偿；二是由质权人行使物权请求权和损害赔偿请求权，即一方面要求侵权人停止侵害，回复注册商标的状态，另一方面要求赔偿已经造成的损害，并将赔偿金用于担保其债权的实现。

（三）商标质权的实现

商标权质押的实现是债务人到期不履行债务时，质权人有权以该设质商标折价或者以拍卖、变卖该设质商标的价款优先受偿。《担保法》第 71 条规定：“债务履行期届满质权人未受清偿的，可以与出质人协议以质物折价，也可以依法拍卖、变卖质物。”还有根据我国《商标法》第 39 条和第 40 条规定，商标可以转让和许可使用。由此，商标权质押的实现方式有如下几种：一是设质商标的折价。设质商标折价是指质权人与出质人应当签订转让协议，并共同向商标局提出申请。由质权人依设质商标的价格取得设质商标所有权。设质商标在折价以后，如果设质商标折价后的价格高于债权数额，质权人必须向出质人返差额；如果低于债权数额的，质权人仍有权请求债务人清偿差额部分。二是设质商标许可给质权人使用。商标持有人通过签订商标使用许可合同，许可质权人使用设质商标，质权人与出质人约定的许可使用费来抵消债权，从而债权消失。三是设质商标的拍卖、变卖。设质商标的拍卖、变卖实际上是通过出卖方式来实现的。以所得的转让费来偿还债务，从而债权消失。四是设质商标许可给第三人使用。商标持有人通过签订商标使用许可合同，许可第三人使用设质商标，以所得的许可使用费来偿还债务，从而债权消失。

对于知识产权质权的实现方式，我国物权法没有直接规定，而是准用该法有关动产质权的实现方式的规定。但该规定在适用于商标权质押时有一些特殊问题需要注意。

一是以商标权折价清偿的问题。其一，对协议折价的限制问题。在折价清偿时，注册商标所折合的金额通常由出质人和质权人协商确定。但是，基于我国合同法有关无效合同的规定，有两种折价协议应当被禁止：一是损害社会公共利益的协议，再就是损害国家利益的协议。当出质人的财产不足以清偿其全部债务时，如果出质人与质权人对注册商标协商确定的价额过低，就会损害到对其他众多债权人的清偿；而如果出质人的财产属于国有资产，双方故意将注册商标折合的价额确定得很低，或者，如果质权人的财产属于国有资产，双方故意将注册商标折合的价额确定得很高，均会造成国有资产的流失。其二，对质权人受让商标权的限制。折价清偿的结果是质权人获得了质押的商标权。根据商标法相关规定，注册商标专用权是授予从事商品生产经营活动的自然人、法人或其他组织的，如果质权人不是从事商品生产经营活动的人，就不能取得商标权，也就不应通过折价受让质押商标权的方式实现其质权。另外，每一个商标权都要受到核定使用的商品范围的限制，如果质权人所经营的商品不属于质押的注册商标所核定使用的商品，那么质权人就不宜通过折价受让的方式取得商标权。因为这种折价受让的结果不符合商标局授予注册商标专用权的初衷，即使质权人在后来有可能取得相关商品的生产经营权，也会使注册商标的使用价值在较长的时间内被闲置。

二是商标权变价的问题。其一，质权人能否直接转让商标权？我国的相关法律虽然没有对注册商标转让人的资格作出规定，但根据商标法实施条例相关规定可以看出，商标权的转让人一般应指商标注册人。如果得不到出质人的配合，质权人将无法转让质押的商标权，这一问题的解决有赖于商标法作出配套规定。比如，可以在商标法或商标法实施条例中明确规定商标局可以依据商标权质押协议办理商标权转移手续。其二，如何确定商标权的市场价格？根据物权法的规定，在将质押财产折价或者变卖时，应当参照市场价格。但该规定对商标权的质押很难适用，因为每一个注册商标都有其很强的独特性，其市场价格是唯一的，不会有一个同类注册商标的市场价格可供比较。因此，在对商标权进行变价时，不宜以市场价格为标准，而是应当由法定的资产评估机构对被质押的注册商标的价值进行评估，并以此作为实现质权的依据。

四、解决商标权质押融资瓶颈的制度措施

商标权质押贷款瓶颈问题的解决，可以采取政策与法律两个主要手段。政府通过制定鼓励政策、完善法律制度，激励金融机构拓宽质押融资渠道。

一是建立健全与担保法相配套的政策。工商部门要为银企合作搭建平台，解决银行和企业之间的信息不对称，为银企搭建合作和交流的平台，组

织银企洽谈会，向银行推介一批成长型优质商标，推动建立银企之间的长效沟通机制；为金融机构了解有商标权质押贷款需求的企业情况提供便利服务，简化商标质押登记手续，建立商标质押登记快速通道。尤其是对银行不感兴趣的中小企业，可有条件地确定一两家进行商标权质押贷款试点工作，然后以点带面，逐步推广。

二是逐步引导建立规范的商标评估体系。各地政府和当地工商部门应该结合本地实际，引进业务能力强、资质正规的商标资产评估、代理机构，明确评估的流程与费用、建立中介机构评估服务规范。同时必须加强监管，严禁行业内出现夸大宣传、不正当竞争等情况，探索建立商标价值评估机构公信力评价标准，组建商标评估机构行业协会，并及时向社会公布评估机构的资质、信用等情况。加强对银行和企业关于商标权价值评估与质押融资的业务培训，为金融机构顺利发放商标权质押贷款打下重要基础。

三是逐步引导形成规范的商标交易市场，方便商标权质押的实现。政府要扶持商标交易市场的形成，要建立商场交易规范，公开商标交易程序，加强交易过程监管，引导规范商标交易网络平台，探索成立商标交易中介机构，严禁出现违法交易现象。此外，除了《物权法》中所规定的当事人协商执行方式外，可强化自我执行方式，通过拍卖、变卖等方式处置和变现权属质物，以保障质权人的优先受偿权。同时还要构建合理的提存制度，为质权人的质权保全提供物质保障。

四是探索建立相关制度发挥担保机构的作用。为减少质权人的风险，可以尝试探索担保机构在商标权质押融资中发挥作用：在完成商标权质押，取得质押权后，逐笔为借款人或担保人等当事人提供借款的连带责任保证担保，向借款人进行逾期贷款催收，配合对质物进行处置，包括拍卖、变卖以及法律诉讼等。

五是加强商标权的质押监管。商标管理局要建立统一的商标权质押登记和商标许可情况公示系统。系统采取电子登记方式，仅具公示意义，登记内容可供潜在质押权人以及公众查询。此外可以在此基础上探索将企业商标质押信用情况补充进企业信用信息，以供社会查询，严禁出现一标多押或者在押商标被交易等恶意欺骗行为，以及未经质权人同意，将商标许可他人使用的行为。

六是完善商标权质押立法。我国现行商标权质押制度还存在一些缺陷和漏洞。虽然现行立法确立了商标权抵押制度，并在实践中得到了一定的运用，但商标权质押的适用并未成为一种普遍选择的融资方式，其担保融资功能尚未得到充分发挥。其主要原因是商标权这一无形财产由于价值的不稳定性而设立商标权质押担保的风险较大。但我们认为，商标专用权作为经商标主管机关核准、在法定使用期内对注册商标所享有独占性、排他使用和处分的权利是一种无形财产，具有使用价值和交换价值。经过法定注册的注册商标，具有财产性和可转让性，这就为商标权质押承担担保功能提供了法理基础。其次，根据我国《物权法》第 223 条第 1 款第 5 项的规定，“可以转让的注册商标专用权、专利权、著作权等知识产权中的财产权”可以进行质押，这为商标专用权的可质性提供了法律依据。由此，商标专用权满足了质押标的必须具备的具有财产权性、适质性和可让与性三大要件。[6]既然商标专用权满足了质押标的必须具备的要件，那么商标权的无形财产的价值不稳定性便可通过制度的构造被克服，从而充分发挥其质押担保的融资功能，为中小企业特别是高技术产业的发展解决融资难的问题。所以，商标权质押的适用在我国未成为一种普遍选择的融资方式，其关键原因是在于我国现行商标权质押制度存在着缺陷，不足于有效克服商标权这一无形财产由于价值的不稳定性而设立质押担保的风险较大这一特性。深入检讨我国现行商标权质押制度的内容，其不足主要存在以下几个方面：

第一，商标权质押制度设计的个性化缺失。商标作为一种商业标志，其受法律保护的内在根源是信誉。[7]换言之，商标权的财产价值也主要体现在商标所表彰的商标所有者的商事经营中的商业信誉。那么，以商标权为标的设立的质押担保也就不同于以其他权利为标的设立的质押，更不同于以一般的动产质押：[8]首先，标的物不同。一般质押的标的物是动产和权利凭证，而商标质押的标的为可让与的商标中的财产权。作为商标权的标的的商标，是具有区别其他企业商品或服务功能的标记或标记组合，商标权是一种商业标识性的知识产权。其次，交付方式不同。一般质押的生效要件“采用移交占有生效说”，即将动产移交给债权人实际占有，作为质押的生效要件，未交付占有的质押不生效，权利质权的生效而权利质权，以交付权利凭证为一般原则。而商标权质押，采用双方当事人签定质押合同并向管理部门予以质押登记，商标权质押生效。再次，质物价值的稳定性和固定性不同。一般质押动产以动产或其他权利为标的，其价值具有相对固定性和稳定性，而作为商标权，由于受续展时间和地域性的限制，其价值具有不稳定，且附随该商标上的商品或服务质量的影响，给商标质权带来更大的风险。

正因为商标权质押在诸多方面不同于一般动产质押和权利质押，那么，商标权质押制度的设计就应该对这些特性作出具体化的回应。反观我国现行的商标权质押制度，《物权法》和《担保法》并未作出更多的规定，只规定了可以质押的商标权的范围、商标权质押设立的方式和生效的时间，以及其效力的部分内容，且两法的规定还有所冲突，其他方面以“权利质押除适用本节规定外，适用本章第一节动产质押的规定”而了之。由于商标权质押有诸多不同于动产质押之处，简单的规定商标权质押适用于动产质押的规定不利于立法的具体的适用。例如，商标权作为无形财产权，其财产变现方法必然有不同于有形财产在拍卖、变卖等财产的实现方式之处，这决定了不能照搬动产质押的实现方式，但我国现行制度还缺乏专门解决商标权质押的处置和实现问题的专门法律规定，这必然构成对商标权质押担保融资的限制。[9]而且，商标权质押作为商标权使用的形式之一，理应由关于商标的基本立法作出规定，但我国《商标法》及其实施细则对此的立法是空白的，这造成了立法之间的衔接困难，实践中不利于商标权价值的充分利用。

第二，现行商标权质押制度内容的模糊。正是由于我国商标权质押制度设计的个性化缺失造成了在制度上过多地依赖于动产质押，结果是立法过于原则而显得不周延，不足以为企业商标权质押制度的实施提供具体明确的操作准则，影响实践操作。

对于商标权质押的客体，我国现行法律的规定是“注册商标专用权”，那么防御商标、证明商标、集体商标等可否设置质押，以及未注册的驰名商标可否设置质押？如果说联合商标、防御商标由于其注册目的在于保护核心商标而不能单独转让不可单独设置质押，证明商标和集体商标由于商标所有人的资格有要求而不能转让也不能质押的话，那么未注册驰名商标由于其较高的无形财产价值而被立法给予较高水平的保护，现行立法仅将“注册商标专有权”作为商标权质押客体而排斥未注册驰名商标的质押资格，显然对于该驰名商标持有者来说失去了一个重要的担保融资的手段，也不利于彰显驰名商标的财产价值，是一种严重的资源浪费，可见，立法需要合理地明确商标权质押的客体。

商标权质押的出质人的范围法律也未明确，除了商标所有权人有权以其商标专有权出质外，商标被许可人可否作为出资人以其受许可使用的商标权质押担保？是否所有的被许可人都有资格？法律未置可否。对于出质人与质权人的权利义务，如是否重复出质问题等事关当事人权益的事项，立法尚付阙如，这必然徒增当事人之间的争议，影响商标权质押融资的实施。

第三，商标权质押制度配套制度的不足。商标权质押制度的有效实施，需要相关制度的配合，方能便捷地设立商标权质押、实现商标质权，有利于其融资功能的发挥，更好地提升商标权的财产价值。从实践来看，主要包括商标权质押登记、提存、评估、实现等配套制度。

依据《物权法》第227条第1款之规定，以注册商标专用权中的财产权出质的，当事人应当订立书面合同，质权自有关主管部门办理出质登记时设立，即商标权质押采取了登记生效主义。而在商标权质押较为发达的国家，商标权质押一般实行登记对抗主义，登记主要起到公示的作用，这与商标权质押不需要转移商标权凭证是一致的。我国所采用的登记生效主义人为地增加了质押设立的成本，不符合效率原则。再有，我国不同类型的知识产权质押有不同的登记机构，这给企业所拥有的注册商标专用权、著作权和专利权等知识产权打包质押的登记造成了麻烦，需要设立统一的知识产权登记机构，统一的登记程序，方便质押登记。

《物权法》第 227 条第 2 款规定了注册商标专用权等知识产权中的财产权出质后，出质人转让或者许可他人使用出质的知识产权中的财产权所得的价款，应当向质权人提前清偿债务或者提存。但我国尚缺乏法定的提存机关、提存的程序等规定，这必然会影响到商标权质押中提存的使用。

商标权由于其无形财产的属性而使其价值的评估成为商标权质押设立和实现的重要环节，直接关系到出质人和质权人的利益关系和商标权质押制度的实施。但我国目前商标权评估机构的专业水平、职业道德都不尽如人意，为收取更高的评估费用极易高估商标价值，导致欺诈和投机，损害质权人的利益。再加上商标权价值评估的不完善，商标权价值的评估从开始就出现潜在的风险，最终出现担保融资市场中拒绝商标权质押的使用的状况。所以，完善商标权价值的评估制度和体系是促进商标权质押制度有效实施的重要内容。

根据现行质押立法的规定，商标权质权实现的方式是协议折价、拍卖、变卖质押商标权所得的价款优先受偿。《商标法》第 39 条规定："转让注册商标的，转让人和受让人应当签订转让协议，并共同向商标局提出申请。受让人应当保证使用该注册商标的商品质量。"第 40 条第 1 款规定："商标注册人可以通过签订商标使用许可合同，许可他人使用其注册商标。许可人应当监督被许可人使用其注册商标的商品质量。被许可人应当保证使用该注册商标的商品质量。"按照该法规定，商标权的受让主体只能是与受登记的商品范围属于统一行业或者相关行业的生产者和经营者。而且，当质权人为金融机构时，实现商标权质押只能采用拍卖、变卖方式，而不能采取折价方式，因为金融机构受让质押的商标没有意义，也不符合商标法的相关规定。[10]因此，修改立法拓宽商标权质押实现的方式显得尤为必要。

为更好地发挥商标权质押所具有的促进担保融资、提升商标价值、完善担保体系等制度功能，立足于我国的实际的基础上，借鉴他国的有益做法，完善我国的商标权质押制度具有重要的理论价值和实践意义，特别对于当前金融危机环境下缓解中小企业融资难的问题更具有特别的意义。针对以上所分析的我国商标权质押制度存在的问题，现提出以下几点建议。

一是完善商标权质押的立法，以回应商标权质押的个性。首先，利用当前《商标法》第三次修订的机会，在《商标法》中“商标法使用”部分确立商标专用权质押制度，保持和物权法、担保法的衔接，减少法律适用中的冲突。其次，针对商标权质押制度内容的模糊，基于物权法刚出台而不易修改的现实，可通过司法解释的形式明确商标权质押的客体限于注册商标专用权和驰名商标中的财产权，防御商标和联合商标必须和核心商标一同质押，不得单独出质；再次，改登记生效主义为登记对抗主义，以注册商标专用权中的财产权出质的，当事人应当订立书面合同。质押自合同生效时设立，但非经登记不具有对抗善意第三人之效力。又次，对商标权质押的程序作出规定，以便于商标权质押担保的设立。最后，完善转质押制度。转质押是指质权人以自己的责任或经出质人承诺，为保护自己的债务，将出质人提供的质物提交给自己的债权人占有而设定的一个新的质押行为。这一行为基于两个债权债务关系而形成了一个质物上的两个质权并存。转质押的实质是质物的转占有。其法律属性则表现为质权人的一种权利。但对此权利各国和地区民法态度不一。日本、瑞士、我国台湾以明文加以认可；法国、德国民法消极地不置可否。学说则多持赞成态度。因为在理论上，从充分发挥质物的效用角度来看，质押以占有获得公示或公信，以商标专用权的担保价值或交换价值取得保障，旨在减少不安、促进交易，因而一物多重担保有积极的作用：不仅可以保障债权实现，而且促进社会经济的发展。在我国没有法律规定，为避免对物的单一主体静态占有的价值浪费，为促进社会经济的发展，经质权人与商标所有人协商同意签字，质权人可以用自己的质权来设立质押担保自己的债权。转质押的运作表现为：第一，责任转质押，谓质权大于质押存续期间，不经出质人同意，而以自己的责任将质物转质押于第三人，设定新质押，第二，承诺转质押，即质权人经出质人同意，为担保自己的债务，以其占有的质物为第三人再设定较自己质权有优先效力的新质权。该种转质的关键在于出质人同意，而出质人的同意实质上是对质权人以质物处分权的授予，因而质权人的转质行为之后果直接指向出质人，质权人除受转质权人的质权优先效力制约之外，并不因转质押而加重责任。对于转质押制度，我国《担保法》及相关法律都没有规定。从有利于社会主义市场经济的角度来思考，笔者建议在商标专用权质押立法时可以考虑把商标专用权质权的转质押写入法律。

二是完善配套制度，为商标权质押担保的实施提供制度服务。首先，建立统一的知识产权登记制度，统一登记机构、登记程序，规范收费，以便于以商标专用权、专利权、著作权等知识产权中的财产权的集合质押，提高质押登记的效率。同时，为保持与商标权质押登记对抗主义相一致，可充分利用互联网技术，建设一个全国统一的商标权质押公示系统，以便于公众查阅和知悉。其次，完善评估制度。针对商标权作为无形财产价值难确定的问题，可借鉴国外的规定，制定无形财产的评估专门法律和准则，规范商标权等无形财产的评估行为，并建立责任追究和损害救济制度，建立良性的商标权价值的评估机制，为商标权质押的设立和实现服务。

参考文献：

[1] [2] [3] 陈昌柏．知识产权经济学 [M]. 北京：北京大学出版社，2003：259，256，257.

[4] 任悟察．驰名商标为何做不得担保“恒源祥”品牌质押贷款遇红灯 [EB/OL]. [2009-10-02]. http：www. cyol. net/gb/zqb/2002-05/16/content_447496. htm

[5] 胡海燕．危机下商标质押融资升温 [EB/OL]. [2010-11-17] . http：//finance. sina. com. cn/roll/20090807/17476587898. shtml

[6] 史尚宽．物权法论 [M]. 北京：中国政法大学出版社，2000：390～392.

[7] 张耕．商业标志法 [M]. 厦门：厦门大学出版社，2006：12.

[8] 邵珠鹏．论商标权质押制度 [D]. 济南：山东大学学位论文，2008：8～9.

[9] 张绍华．商标权质押融资的风险及评估 [J]. 中华商标，2008 (1)：14～16.

[10] 王春．商标权质押若干问题 [J]. 中华商标，2006 (2)：55～57.

[11] 国家工商行政管理总局《注册商标专用权质权登记程序规定》(2009)

[12]《浙江省商标专用权质押贷款暂行规定》(2009)

第六章

中国商标海外维权制度

第一节　国际商标注册制度

一、申请国际注册商标的意义

申请国际商标注册具有重要意义。第一，可以防止被人抢先注册。世界各国商标法内容虽不尽相同，但都规定对注册商标所有权进行法律保护。中国许多企业过去对商标专用权意义认识不足，缺乏商标专用权保护意识。有的认为办理商标注册很麻烦，因而不愿到商品进口国去办理注册，有的认为等自己的商品出了名再注册不迟，还有的认为自己的商品还不够销，注册不注册一个样。

忽视商标注册的结果，是使中国一些经过几十年甚至上百年努力树立起来的名牌商标和传统商标被外商抢先注册或者假冒，轻易占有。如中国生产的在英国已打开销路的“火炬牌”打火机，其商标被瑞士商人抢先在英国注了册，中国“火炬牌”打火机因此被迫退出英国市场。上海“芭蕾牌”珍珠霜在国际上有良好的声誉，但未及时在销售国和地区注册，结果在中国香港、印度尼西亚、新加坡等地被外商抢先注册。我方为保护该商标的专用权，反而不得不花 20 多万美元从外商手中将此商标专用权买回。上海“英雄牌”金笔深受日本消费者的欢迎，但其商标被日本商人抢先在日本注册，从而要求我方按“英雄牌”金笔在日本的销售量向他支付 5%的佣金，致使我方在日本的代销商因无利可图而停止代销，我方为此付出巨大的代价。四川长虹电子集团既没有自己出口“长虹”品牌的产品到南非，也没有授权任何国内贸易公司向这个市场出口，但该市场上就发现了“长虹红太阳”彩电。而在印度尼西亚、泰国等地，“长虹”商标被国内的另一家电器生产企业抢注。用于电视机的“牡丹”、“PEONY”商标被荷兰销售代理商在荷兰、瑞典、挪威、比利时、卢森堡等五国抢注。“红塔山”、“阿诗玛”、“云烟”“红梅”等香烟商标被菲律宾商人抢注；“丰收”桂花陈酒在法国被抢注；“三角牌”、“金鸡牌”商标在智利被抢注。

因此，商标在国外注册不是可有可无的问题。凡是想把自己的产品打入国际市场的厂家，都应及早到国外注册商标，以便使自己的商品在销售国不被排挤，销售市场不被他人抢占。

第二，实现企业的自我保护。商标国际注册是为了取得商品销售国的商标专用权。商标注册了，其他人就不能在相同或近似的商品上注册或使用与自己商标相同或近似的商标了，从而可以防止侵犯中国企业在销售国的合法权益，也就争得了市场。同时，出口商品商标在销售国经过注册后，产生商标争议时便可提起诉讼，得到该国法律保护，取得胜诉。如中国“蝴蝶”牌缝纫机是出口东南亚和中国香港地区的重要商品，由于中国公司已在销售地及时申请注册，对仿冒者向该地法院提出控告，法院责成该仿冒者登报道歉。这就维护了中国商品在该地的权益，占领了市场。

第三，可以为创名牌打下基础。中国商标在国外获得有效注册后，就能长期稳定占领国际市场，扩大销售量，保持良好信誉，成为名牌商标，进而成为驰名商标。如不及时注册，被人抢先注册，结果虽用了大量资金做广告，也毫无经济效益，反而是帮了别人忙，给别人做宣传，为别人创了牌子。中国企业要在国际市场上占有一席之地，并且得到发展，进而挤进世界大企业的行列，必须制定自己的商标战略，重视商标的国际间注册，争创名牌，争创驰名商标，从而提高企业的竞争力和知名度，稳定国外市场，扩大国外市场。

与国外企业相比，中国企业到国外去注册的商标相对较少。1994 年年底，中国各外贸公司和有进出口权的工贸公司在国外的有效商标注册总件数仅为 9867 件，还不到万件。而日本的松下电器、东芝、日立、住友化学，美国的通用机械，德国的汉高公司，他们拥有的商标注册件数都是从千件到几万件，少数公司的商标甚至达到 6 万～7 万件。这就是说，中国全国在国外注册的商标还不如国外一个企业在国外注册的商标多。由此可见中国同发达国家的差距。因此，我们应当有一种紧迫感和危机感，应当努力。

二、国际注册商标的类型

（一）商标国际注册

商标国际注册（International Registration of Trademarks）是指《马德

里协定》缔约国的任何申请人，在其所属国办理了某一商标注册后，将该商标向世界知识产权组织（WIPO）的国际局提出申请，要求在有关缔约国注册，国际局将此通知有关缔约国达一年之后，该商标就被视为这些缔约国的注册商标，从而得到这些缔约国法律的保护。中国企业或个人均可申请商标国际注册。

在《马德里协定》，缔约国申请商标注册的申请人必须是该国国民或设有总部的法人，或在该缔约国有住所或有真实有效的工商营业所，才能够享受协定的利益，才有权申请商标国际注册。而申请人要通过缔约国主管机构申请国际注册，必须在该国先行注册。

《巴黎公约》确立的“国民待遇”原则、“优先权待遇”原则，为外国商标的申请注册及保护等提供了基本条件。在商标注册及保护方面，“国民待遇”原则规定每一个缔约国必须把它给予本国公民的商标保护同等地给予其他缔约国公民。非缔约国和国民，如果在缔约国国内有住所或者有真实有效的工商业营业所，也可以享有同缔约国国民同样的待遇，得到同样的保护。

“优先权”原则规定缔约国国民首次向一个缔约国提出商标注册申请以后，可以在一定期限内（6个月），向所有其他缔约国申请商标保护，享有优先权，后面的申请日期应视为与第一次申请的日期相同，在上述期限内，其他提出同样商标申请的人，在所有缔约国都不能主张申请在先。例如，中国广州某医药公司于1989年8月开始向意大利申请“南雁”商标注册，意大利商标主管机关同年10月收到该公司的申请。1990年，该公司又向法国提出商标注册申请。法国商标主管机关在1990年3月收到该公司的注册申请以及要求优先权的申请。法国商标主管机关根据《巴黎公约》关于优先权的规定，确认该公司的申请日期为1989年10月。这里关键是，(1) 第二次申请必须是在第一次申请后的6个月内；(2) 申请人向其提出申请的国家必须是《巴黎公约》成员国；(3) 申请日期是指一国商标主管机关收到申请的日期，而不是申请人递交申请的日期；(4) 申请人必须提交要求优先权的申请，否则受理国的商标主管部门不给予优先权。

(二) 商标国外注册

商标国外注册（Foreign Registration of Trademarks）是某一国内企业或个人向外国（地区）申请商标注册。

商标国外注册有两条渠道，对于《马德里协定》缔约国的企业或个人到该协定缔约国进行商标注册，可通过世界知识产权组织国际局进行商标国际注册。到非《马德里协定》缔约国进行商标注册，如到日本、美国等国注册，一般采用“逐一国家注册”的方式（某国企业或个人到国外一个国家一个国家逐一办理商标注册)。

根据国家工商行政管理局《关于对中国企业在国外注册商标进行登记管理的通知》的规定，中国自1990年5月18日起实行对“逐一国家注册”商标的登记管理制度。其主要内容为：(1) 到国外申请商标注册的，申请人应先到所在地县、市工商行政管理局登记。到国外申请注册和商标，必须是申请人自己的商标。(2) 到国外申请注册的商标获准注册或被驳回，或已注册商标发生下列变化的，企业也应到所在地县、市工商行政管理局登记：商标注册人名义或地址变更的，应登记变更前后的注册人名义、地址、变更日期；商标转让的，应登记转让人名义和地址、受让人名义和地址、转让的商品及转让日期；商标专用权失效的，应登记失效商标所有人名义和地址、失效原因、商品以及失效日期。(3) 县、市工商行政管理局应于每年12月底前将本年度办理商标登记的情况报送省、自治区、直辖市、计划单列市工商行政管理局，由省、自治区、直辖市、计划单列市工商行政管理局汇总后于次年1月报送国家工商行政管理局商标局。(4) 在国外注册的商标在注册国被他人侵权假冒的，注册人应及时将侵权假冒的情况，通过当地县、市工商行政管理局报送国家工商行政管理局商标局。(6) 各企业在县、市工商行政管理局登记后，即可自行通过代理人或其他方式到国外办理商标注册申请。

三、国际商标注册申请前的准备

由于商标专用权具有地域性特点，要求在出口商品销售的国家和地区都应进行商标注册，否则，就得不到那个国家和地区的保护。而各国的商标法和基本要求不同，因此，要使商标顺利获得注册，有必要研究和了解注册国家商标法及应注意的问题，做好商标国外注册申请前的准备工作。

其一，了解申请人资格。应了解什么样的人能作为申请人。由于各国对外国人的待遇不同，因此必须先弄清楚这个问题。主要了解注册国是否和中国共同参加了国际条约。如果是《巴黎公约》成员国，则按国民待遇原则双方都可以在对方国家申请注册商标。如果不是《巴黎公约》成员国，则需了解该国是否适用国民待遇，即是任何一个国家的国民都可以去申请；还是按对等原则，那就是申请人的国家允许对方去申请商标注册，对方也允许申请人的国家国民申请注册。

其二，了解注册国确定商标专用权的原则。在商标权的取得方面，不同的国家或地区有不同的适用原则。了解商标权是如何取得的以及哪些国家适用哪种原则，对企业拓展目标市场的出口和采取不同的商标权获取方式非常有利。在阿联酋、巴基斯坦、菲律宾、新加坡、印度、英国、美国、尼日利亚等国家，适用的是使用在先原则，即谁首先在某个国家使用了某个商标，谁就拥有了该商标的所有权。在中国、韩国、日本、中国台湾、德国、俄罗斯、法国、智利、阿根廷、墨西哥、南非等国家和地区，则适用申请在先原则，在该原则下，对于同一个商标而言，谁先申请商标注册，谁就取得该商标的所有权。但这一原则对驰名商标例外。在中国香港、越南、丹麦、泰国、澳大利亚、新西兰等国家和地区，通行的是使用与注册交叉原则，即使用原则与注册原则的折中使用。商标在被核准注册后，在规定的时间里，如果没有人对该商标的注册提出指控，期限届满，注册人便可取得无可辩驳的稳定的商标权。如果在规定的期限内，有人指控该商标与其在先使用的商标相同或类似，若指控成立，该商标的注册将被撤销。

其三，了解申请注册国有关申请商标注册的手续以及所需的文件及其他要求。比如，商品分类是采用国际分类法还是本国的分类法。

其四，了解申请注册国办理注册的费用情况。

其五，了解注册国哪些标识不能注册为商标。虽然各国商标法对不能注册为商标的标识都有类似的规定，但是，各国也还根据本国具体情况作了某些具体规定，因此，有必要将其禁用标识的内容了解清楚，避免违反规定而不能获准注册。一般禁用标识的不同情况是：(1) 多数国家商标法规定地理名称不能作为商标注册。如中国有名的“中华”牌香烟、牙膏，“上海”牌电视机、花露水，“青岛”牌、“北京”牌啤酒等，虽然很早就在中国注册了，但在国外不能注册，因为是地理名称，地理名称不能在多数国家获准注册。(2) 一些国家不准用数字作商标，如广州的“555”牌电池，在巴基斯坦、肯尼亚等国申请注册未被核准。(3) 瑞典的国旗是蓝色，禁用蓝色作商标。(4) 阿拉伯国家禁用黄色作商标。(5) 法国人认为黑桃是死人的象征，桃花是不祥之物，因此禁用这些作商标。(6) 意大利把菊花当成国花，所以忌用菊花作为商品的商标。(7) 日本忌用菊花作为商标图案，把菊花视为皇家的象征。(8) 拉丁美洲把菊花视为妖花，所以也不能在商标上画菊花。(9) 澳大利亚忌用兔作商标，因为该国盛产羊毛，重视牧草的繁殖，害怕兔子毁坏草地。中国“大白兔”奶糖商标难在该国获准注册。(10) 印度以及阿拉伯国家禁用猪的图形作商标。中国名牌“野猪”牌蚊香就不能在这些国家获准注册。(11) 英国人忌讳人像作为商品的装潢。(12) 北非一些国家忌讳用狗作为商标。(13) 国际上都把三角形作为警告性标记，不能作为商标。(14) 捷克人认为红三角是有毒的标记，上海名牌“三角”牌毛巾不能去注册。(15) 土耳其把绿三角表示为“免费样品”，不能作为商标使用。(16) 玫瑰花是保加利亚的国花，许多国家把这种花作为赠送亲友的礼物，但在印度和欧洲一些国家则把它作为悼念品，不能用作商标。(17) 熊猫在非洲一些国家是禁忌的，不能作商标，中国“熊猫”电子产品难于在非洲一些国家获准注册。(18) 在信奉伊斯兰教的国家不能使用六角形作为商标，他们禁止这种标志的商品进口。(19) 英国人把山羊喻为“不正经的男子”，中国出口的“山羊”牌闹钟在英国不受欢迎。(20) “芳芳”的汉语拼音为“Fang”，而作为英文单词，则是“毒蛇牙、狼牙”，使人感到恐怖，用作商品，其商品难卖出去。总之，由于各国的政治、宗教、风俗习惯等种种原因，在商标使用上均有各自特殊的规定，因此，到国外申请商标注册，必须很好地了解这些情况，以避免申请注册不被批准，或者被批准后也使商品销售不出去，造成贸易上的极大损失。

其六，对商标注册进行申请前的查询。凡是要在某个国家申请注册商标，在申请前应该查询一下自己的商标是否与他人已注册的或申请在先的商标相同或者近似，以避免申请后不能获得批准。当然，这种查询也并非是必不可少的程序。如果认为自己的商标具有较强的民族特色，不大可能与他人注册的商标相同或者近似，当然也可以不进行查询。

最后，聘请代理人通过商标组织代理商标注册申请。到国外申请注册商标，最好聘请可靠而又有能力的商标代理人代理商标申请及办理其他商标事宜。这不仅是因为各国商标法都有这种规定，而且也因为代理人熟悉本国的商标法律，在申请过程中及以后维护商标权利中，能为申请人出主意，克服申请中可能遇到的各种困难。

四、马德里商标国际注册

“马德里”商标国际注册，是指根据 1891 年 4 月 14 日于西班牙首都马德里签订的《商标国际注册马德里协定》(以下简称《马德里协定》或《协定》)或根据 1989 年 6 月 27 日在马德里通过的《商标国际注册马德里协定有关议定书》(以下简称《马德里协定议定书》或《议定书》)及其共同实施细则建立的马德里联盟成员国间的商标注册体系。

马德里联盟是指《协定》和《议定书》所适用的国家或政府间组成的商标国际注册特别联盟。截至 2003 年 4 月 30 日，马德里联盟共有 71 个成员国，其中加入《协定》的成员国有 52 个，加入《议定书》的成员国有 58 个。

中国于 1989 年 10 月 4 日加入《马德里协定》，于 1995 年 12 月 1 日加入《马德里协定议定书》。

(一)《协定》和《议定书》的不同

1. 国家基础注册不同

一个商标申请国际注册，指定保护的国家是《协定》成员国的，该商标必须是在原属国已经注册的商标或是经初步审定后的商标，方可提出国际注册申请。如果指定保护的国家是纯《议定书》成员国时，该商标可以是在原属国已经注册的商标，也可以是被原属国商标局受理但未经初步审定的注册申请。

2. 工作语言不同

《协定》所使用的工作语言仅为法语；《议定书》所使用的工作语言可选择法语或英语。

3. 缴费不同

如果申请国际注册的商标所指定保护的国家是《协定》成员国，该申请只要按照马德里协定所规定的统一规费交费即可。如果该商标指定保护的国家是纯《议定书》成员国，该申请除需缴纳马德里协定规定的统一规费外，还需依照各国规定缴纳单独规费。

4. 审查期限

《协定》成员国的审查期限为12个月，而《议定书》成员国的审查期限可以是12个月，也可以是18个月。

5. 国家基础注册与商标国际注册的关系不同

在《协定》成员国指定保护的国际注册商标，自国际注册之日起5年内，如果该商标在原属国国内注册已全部或部分被撤销、注销，那么，无论国际注册是否已经转让，该国际注册同时被撤销。

在纯《议定书》成员国指定保护的国际注册商标，自国际注册之日起5年内，如果该商标在原属国国内的注册已全部或部分被撤销或注销，商标所有人可以在该商标被撤销之日起3个月内，向所指定的《议定书》成员国商标主管机关提交一份申请，并按照各成员国的规定缴纳一定的费用，即可将该商标的国际注册转换为在该国家的国家注册。

(二)马德里国际商标注册的优点

第一，节省支出。根据马德里协定，申请人只需缴纳统一规费；根据马德里协定议定书，除统一规费外，再缴纳一项各国的单独规费。所以无需向每一个指定保护的国家分别交费。从数额上看，国际注册费大大低于分别向每个国家申请注册的费用，后者一般包括该国商标注册规费、代理费和翻译费等。

第二，省时省事。申请人从向商标局提交商标国际注册申请之日起，如果手续齐备并按规定缴纳费用，一般三四个月即可取得商标注册证。根据《协定》和《议定书》的规定，该商标自国际局登记此项国际注册之日起 12 个月（规定）或 18 个月（议定书）内，申请人指定保护国家的商标主管机关有权驳回申请，也就是说申请人在 12 个月或 18 个月左右的时间内，就能知道自己的国际注册商标在各有关国家是否得到保护。

申请可直接向中国商标局提出。申请人可用中文填写一份申请书指定一个或多个国家，在一个或多个商品和/或服务类别上申请商标国际注册。

（三）我国对马德里商标国际注册的要求

以中国为原属国申请商标国际注册的，申请人应当在中国设有真实有效的工商营业场所，或者在中国有住所，或者拥有中国国籍。

如果申请人指定保护的国家是《协定》成员国，申请国际注册的商标必须是在我国已经注册的商标；如果申请人指定保护的国家是纯《议定书》成员国，申请国际注册的商标或者是已经被我国商标局注册的商标，或者是已被我国商标局受理的注册申请。

国家基础注册或注册申请与国际注册申请内容的一致性。商标国际注册申请人的名义应与国内申请人或注册人的名义完全一致；商标应与国内注册的商标完全相同；所报的商品和/或服务应与国内注册的商品和/或服务相同或不超过国内申请或注册的商标和/或服务范围。如果国内申请或注册的，是用于不同商标或服务类别的同一商标，在申请国际注册时，可提交一份国际注册申请，将国内所报不同类别的商品或服务按类别顺序填写在该申请书上。

（四）领土延伸

马德里联盟成员国所提出的有关保护的专门申请，领土延伸是相对于原属国而言的。商标国际注册只有进行领土延伸，才可能在指定的“马德里联盟”成员国内得到保护。

领土延伸可分为两种：一种是在一项国际注册新申请时由申请人提出，也就是在填写申请表时，指定要求保护的国家；一种是在进行了国际注册以后，注册人又希望得到另外一些成员国的保护，这时注册人可再次向商标局提出领土延伸申请（此种情况称为后期指定）。无论通过哪种领土延伸得到的保护，它的效力都与在该国直接办理商标申请的效力完全一样。

（五）优先权请求

优先权是指在《巴黎公约》成员国中，某一申请人向两个国家分别提出过同一商标注册申请，该申请相隔时间若不超过 6 个月，可用第一次的申请日期作为第二次的申请日期，以取得优先申请的权利。马德里联盟成员国均为《巴黎公约》成员国，因而适用优先权。

（六）国际注册的注册证和有关国家的保护关系

国际局收到由成员国国家主管机关发来的国际注册申请之后，如手续齐备即在国际注册簿上进行登记注册，将此注册刊登在名为《国际商标》的国际公告上，并给商标国际注册申请人发注册证，（至此一般需 3 至 4 个月的时间），然后再向申请中要求领土延伸的国家主管机关发出要求领土延伸申请的通知。

国际注册的注册证是国际局收到申请并进行了登记注册的凭证，又是注册人将来办理注册后变更、转让等事项的基础，它并不表示所指定的有关国家都给予了保护。能否得到保护，还要看继后的 12 个月或 18 个月之中，有关国家根据其本国法律对该商标进行审查的结果。

（七）办理马德里商标国际注册的基本程序

首先，申请人应向国家工商局商标局提出申请。申请人可以直接将各项文件寄送或直接递交商标局，也可通过代理机构来办理。直接申请的文件包括：填写好的中文国际注册申请书 1 份，并加盖章戳；国内商标注册证复印件 1 份，或初步审定公告复印件一份，或商标局出具的商标注册申请受理通知书复印件 1 份；要求优先权的，该优先权证明 1 份；申请人资格证明 1 份，如营业执照复印件、居住证明复印件、身份证件复印件等；委托代理的，代理人委托书 1 份；商标图样 2 份，必须与国内申请注册的商标图样完全相同。其尺寸不大于 80×80mm，不小于 20×20mm。如商标为彩色的，用文字指出该商标的颜色及组合。商标或其某一部分为非拉丁字母、非阿拉伯数字或非罗马数字构成的，应注明其音译；音译应符合申请书所用语言的发音规则，并注明相应的译文。

商标局收到手续齐备的申请文件后，即登记申请日期，编申请号，计算申请人所需缴纳的费用，向申请人发送《收费通知单》。若申请手续基本齐备，但需要补正的，商标局将通知申请人或其代理人在收到通知之日起的 15 日内补正。补正在 15 日内完成的，商标局继续进行上述程序。

申请人收到《收费通知单》后，应尽快如数缴纳费用。商标局只有在收到如数的汇款后，才会向国际局递交申请。如若 2 个月后商标局仍未收到汇款，便会将此申请文件及其他附件一并退还申请人，不再保留申请日期和申请号。（注：国际局如在商标局收到国际注册申请之日起，2 个月之内又到商标局递交的商标注册申请，商标局的收文日期便是国际局的收文日期，也就是该商标的国际注册日期；如国际局在两个月之后收到该申请，国际局则将收到该申请的日期作为收文日期和国际注册日期。）

国际局收到符合规定的国际注册申请后，即在国际注册簿上登记注册该商标，并将此注册刊登在《国际商标》的国际公告上，并于3至4个月的时间内给商标国际注册人发注册证，然后再向申请中要求领土延伸的国家主管机关发出要求领土延伸的通知。

被申请领土延伸的国家主管机关将在继后的12个月或18个月中，根据其本国法律对该商标进行审查，并将审查结果通知国际局。

（八）注册后如何办理各种变更事项

根据“协定书”和“议定书”，商标国际注册人可在注册后办理如下有关事项：就所有或部分商标/服务申请领土延伸至一个或多个国家；在全部或部分商品/服务上就全部或部分国家转让或全部转让；撤销国际注册；放弃在有关国家的保护；删减商品/服务以及变更注册人名义/地址等等。办理这些事项的手续与办理新申请基本相同，并应按规定缴纳相应的费用。

五、共同体商标注册

申请人可以向位于西班牙阿里根特市的内部市场协调局（OHIM）申请注册，经核准注册后可在共同体各成员国受到保护，不需再向每个国家分别申请。

共同体注册是双重保护原则，共同体商标不取代国家商标，国家商标与国际商标一样继续存在。这一原则我们可以通过以下的例子来理解：第一，如果一个申请人向共同体申请注册商标被驳回，申请人可以在3个月内将共同体商标转换为在一个或几个国家的商标申请，其原申请日及优先日同样享受。第二，共同体商标申请在共同体内部公告期间，共同体国家的在先权利人可以提出异议，如果国家在先的权利人在知道的情况下容忍在后的共同体商标连续使用5年，则就丧失了提出无效或反对使用的权利，两个商标共存，在同一地域内将会有两个不同的商标权人。

共同体注册对申请语言没有限制，可使用任一共同体成员国的语言。但申请人在申请的同时须在英语、法语、德语、意大利语和西班牙语中指定一种语言，作为他人异议、撤销或无效的语言。

注册的程序：(1) 任何希望在共同体得到商标保护的自然人或法人均可以直接向内部市场协调局申请商标注册。但是，非欧洲国家的申请人必须委托欧洲国家的代理人提交共同体商标申请；(2) 内部市场协调局收到申请后，对认为符合条件的商标即予以受理，给予申请日和申请号；(3) 受理后，该局进行在先商标检索，同时将申请书递交各成员国进行在先商标检索，各成员国在3个月内将检索报告送交内部市场协调局；(4) 内部市场协调局收到这些检索报告后连同本局的检索报告提供给申请人参考；(5) 如果申请被初步接受注册，自公告之日 3 个月为异议期。没有异议或异议不成立，商标予以注册。

补救措施：如果商标申请被内部市场协调局裁定驳回（包括因成员国有人提出异议而导致共同体商标申请被驳回），申请人或者其代理人可以向共同体商标复审委员会申请复审，在有理由认为共同体商标复审委员会的复审裁定违反罗马条约或共同体商标条例的情况下，还可以向位于卢森堡的欧洲法庭上诉。

六、非洲知识产权成员国注册（简称“非知”注册）

非洲知识产权组织在喀麦隆共和国的雅温得设有知识产权办公室，统管各成员国的商标事务，商标经核准后在所有成员国受法律保护。目前，非洲知识产权成员国主要是：贝宁，布基纳法索，喀麦隆，中非共和国，乍得，刚果，加蓬，几内亚，几内亚比绍、科特迪瓦，马里，毛里塔尼亚，尼日尔，塞内加尔，多哥，赤道几内亚。

非洲知识产权组织成员国均系原法国殖民地，因此“非知”注册指定使用的语言为法语。

“非知”组织成员国在商标领域内完全受“非知”组织的约束，没有各自独立的商标制度。

注册的程序：(1) 如果申请人不是非洲知识产权组织成员国的国民，其商标申请必须向“非知”组织提出，并可授权一名当地居民代理。(2) 申请受理后，注册官根据有关部门规定对申请进行形式审查、实质审查。(3) 申请若通过形式审查和实质审查，即被核准注册。注册后的商标应在官方公报上予以公告。公告期为 6 个月。没有异议或者异议不成立，商标予以注册。

补救措施：审查官在形式审查和实质审查期间，如果要驳回申请，必须在听取申请人或代理人的答辩之后方能决定，所以申请人可以利用此答辩机会。如果有人在异议期内对公告商标提出异议，申请人也可以作出答辩，供审查官听取。如果申请人对异议决定不服，还可以向法院起诉。

七、单独国家注册（逐一注册）

各国商标法规定不尽相同，商标申请、审查、注册程序有异，时间长短不一，代理办法及费用差别很大。多数国家并不要求以我国注册为基础。

（一）国际商标注册申请的手续与审议

世界各国有关申请商标注册的手续大同小异，一般都要求申请人提供以下书件和办理有关手续：

1. 应提供的主要文件

（1）申请书。所有国家都规定要填写申请书，除美国规定申请书必须由申请人自己填写外，其他大多数国家不作规定，申请书可由代理人代为填写，中国也接受这种申请，因为商品分类各国规定不同，申请人往往弄不清如何填写，只好将事先签好字的空白申请书委托代理人填写。

申请书的内容各国规定大致相同，主要有：申请注册的商标，使用商品和类别，申请人（企业名称）、负责人（签字）和职务，企业地址，有的国家还要求说明申请人是制造商还是销售商，或者两者兼有；商标在申请注册的国家最早使用的日期（要求附送商品在该国销售的凭证）；商标的文字如不属该国语言，要求说明商标文字的含义和音译。很多国家还规定对不易识别的商品需要说明其用途和主要原料，并附送样品和说明书。此外，各国大都规定每件商标应填送 1 份申请书，也有少数国家例外，只要商标相同，允许几种不同类别的商品只填写 1 份申请书。

（2）委托书。委托书是商标申请人委托并授权代理人办理申请商标注册的重要文件。绝大多数国家规定申请注册时都要附送委托书。办理委托书手续也不尽相同，一般说，发达的国家要求比较宽，如美国、法国、德国、日本等国家，要求委托书由申请人签字就可以，不需要再经过公证和认证手续。有些国家则要求委托书必须办理公证或认证手续。中国规定委托书要经过公证，但如果对方国家不需公证或认证，中国也按对等原则办理。

（3）本国注册证件。有些国家，如马德里协定的一些国家和中东阿拉伯国家规定，申请商标注册时，须提交该商标在其本国注册的证件。一些国家对中国商标法公布前所发的没有注册有效期限的注册证，还要求中国注册机关提供这个商标有效期限为 10 年的证明。

（4）国籍证明书和企业登记证明书。国籍证明书是证明申请人国籍的证件。申请人如果是公司组织，只要在其本国取得证明它是根据该国法律组织而成的公司即可以了。有的国家规定可以提交企业登记证明，或以公司、商业登记摘录代替国籍证明书。

（5）其他证件。有少数国家还要求附送一些其他文件，如瑞士要求企业地址证明；南也门要求商标所有权声明书等。

2. 提交商标图样

对商标图样，各国要求不一，有的要求提供 5 到 10 张，或 10 到 20 张。图样大小规定也不一，有的规定最大不得超过 10 厘米×10 厘米，或 7.5 厘米×7.5 厘米，最小的一般不要小于 3 厘米×3 厘米。商标图样最好是制版印刷，有些国家不接受照片图样。印刷图样时，不要加注“注册商标”字样或R标记，因为这些文字和标记不能作为商标部分予以注册，只有在商标被核准注册后，允许加注。

3. 缴纳规定的申请注册费

各国商标法都规定商标申请注册必须缴纳规费，不缴纳不予注册。德国商标法规定，每申请注册一件商标，应缴纳申请费，对所附分类表中请求保护的商品和服务的每类或每小类，应依收费表缴纳分类费，如果未缴费，专利局即通知申请人，如在收到通知后1个月内不缴清，其注册商标视为撤回。申请如果经撤回，或注册申请被驳回时，退回所缴费用。

4. 优先权声明

商标制度是具有国际性的制度。因此，不少国际条约协调着有关商标权的保护问题，其中最主要的是《巴黎公约》规定的优先权。这一原则得到了联盟成员国的普遍承认。凡享有优先权待遇的外国人，都可以申请优先权。一个申请人已向中国商标局提出商标注册申请后的半年时间内都可向其他任何国家提出申请。一个申请人要想得到优先权就必须在申请文件中明确声明。要求在先申请的优先权声明必须注明在先申请的国家以及在先申请的日期和在先申请的号码。

（二）商标海外注册申请的审查和批准

商标与专利同属于工业产权，因此，世界上除个别国家的商标与专利是分开管理外，多数国家的商标与专利主管机构是在一起的，主管商标机关也是主管专利机关。如美国专利商标局，英国专利局，日本特许厅（专利局），印度专利外观设计局，加拿大专利、版权与外观设计局，墨西哥经济事务局，法国、巴西、荷兰、比利时、挪威的工业产权局，菲律宾、印度尼西亚、意大利的专利局，丹麦专利商标登记局，瑞典专利登记局，瑞士知识产权局，原苏联发明发现委员会，澳大利亚专利商标局，新西兰专利外观设计商标局，泰国工业登记局等。

各国主管商标注册的机构在接到商标申请以后，都要对该申请案进行审查。不过，审查的形式不尽相同。有些国家只进行形式审查，即审查申请商标的文件和应办的手续是否齐全，除外，则不作其他审查。有些国家除进行形式审查外，还要进行实质性审查，如申请人有无资格取得商标注册，是否已有在先商标进行了申请，有无违反商标法的禁用条款等。

经过审查后，有的国家即核准注册，有的国家还实行异议，将初步审定的商标在商标主管机关主办的刊物《商标公告》上予以公布，在规定期限内，一般为1—3个月，让公众提意见，帮助审查，在规定期限内任何人都可对该项申请注册商标是否符合本国商标法规定提出异议。如果异议期内无人提出异议或者提出的异议不成立，该国主管商标机关即核准注册，登记在商标注册簿上，发给商标注册证书，申请人即取得了在该国的商标专用权。

在国外递交商标注册申请后，如果商标没有什么问题，大约一年半到两年即可获准注册。但是，各国对商标的审查时间、习惯做法和审查标准不尽相同，如中国文字和图形上使用的事物与国外习惯也不一样，当地注册机关可能要提出一些问题，申请人必须在规定期限内进行答复。如果在规定期限内答复不了，可以申请延期，不然就被认为是放弃申请。

商标在审查过程中，国外商标代理人对当地商标注册机关提出的问题的处理，对商标能否及早取得注册，起着重要的作用。因为他们熟悉当地审查标准和案例，可以根据当地法律和有关规定说明当地注册机关提出来的问题。有时无需再找我们答复就可以使我们的商标获准注册。

申请人提出申辩，当地注册机关若仍拒绝给予注册，在有些国家里可以要求再审查，再审查若被驳回，申请人可以向法院提出上诉。有些国家没有再审查的规定，申请人可直接向法院提出上诉。

因此，了解外国商标注册管理制度和相应的规范，以及商标国际注册的程序和要求，为中国的出口商品及时申请商标注册是十分必要的。这对保护中国商标专用权，打开中国出口商品的销路，使之进入和占领国际市场，具有重要的意义。

（三）商标注册条件

商标注册是获得商标权的主要途径。注册时，各国商标主管机关将依据本国商标法和国际公约、协定规定的条件审查注册申请人提出的申请，这些法定条件是一个商标获准注册的必备条件，称为商标注册条件。商标注册条件是商标审查的重要内容。

1. 商标具有显著特征

商标的显著特征（Distinctness）一般是指一个商标区别于其他商标的独特性与新颖性。由于“显著特征”在法律上没有明确具体的规定标准，所以人们在实践中判断商标显著特征一般依据三方面的标准，即：区别于极其简单的符号；区别于人们通用的和行业共用的标志；区别于指定商品的标志。商标具有显著特征是申请注册的商标所必须具备的重要条件，不具备这一条件的商标不能满足商标的基本要求，不能获准注册。

以下几种情况在多数国家被认为不具备显著特征：(1) 商标采用了本行业通用的商品名称或图形。如以“乳牛”作为奶粉商标图案，因乳牛为本行业通用的商品图形，商标不具备显著特征，不能获准注册。(2) 商标采用了地理名称。根据国际惯例，许多国家和地区禁止使用地理名称作为商标，因为地理名称不能区别不同的商品生产者和经营者。如中国著名的“中华牌”香烟、“北京牌”电视机、“青岛牌”啤酒，其商标虽在中国注了册，但在许多国家则因采用了地理名称而不能获准注册。又如“荆江牌”热水瓶、“岷山牌”中成药在新加坡、马来西亚等国申请商标注册都未获得批准；即使在有些国家（如英国）获得了注册，也降低了条件，被放在 B 簿注册。(3) 商标仅由表示商品质量、主要原料，或功能、用途等特点的文字、图形组成。如“羊绒”毛绒、“金质”钢笔等。采用这类商标，将使商品与其他同类商品混同。(4) 商标由单纯阿拉伯数字组成。以阿拉伯数字作为商标，将使其不易识别，使用在某些商品上还会引起误认，比如用作鞋子的商标易与尺码混淆。大多数国家规定数字商标不准注册，如广州生产的“555”牌电池在巴基斯坦、肯尼亚等国申请注册未能得到核准。

对商标的显著特征的审查，各国掌握的尺度不尽相同。日本商标法同中国商标法对显著特征规定大致相同，但要求商标必须使用所指定的一种或几种颜色。法国商标法的规定较宽松，一切可用以识别产品、物品或服务的标记如姓氏、别名、地名、标签、标徽、烙印，印花、戳记、插画边纹、图画、浮雕、字母、数字、铭文等都可以作为工业、商业或服务业的商标。英国和美国实行商标注册两部制，在 A 部（主簿）注册的商标较 B 部（副簿）注册的商标要求严一些。英国商标法规定，凡申请注册为 A 部的商标，至少具备下列条件之一：(1) 公司、字号、名称或者个人姓名，以独特的形状表现的；(2) 申请人自己的或者企业前人的签字式样；(3) 一个或几个独创的文字；(4) 一个或几个对商品特性或品质无直接联系的文字，但不得是地理名称或姓氏；(5) 其他显著特征。

2. 禁用标志

禁用标志（Prohibited Marks）是商标法中明确规定不得作为商标使用的文字或图形。规定禁用标志的目的在于保护社会和公众的利益不受损害。

几乎每个国家都规定了商标的禁用标志，但数目多少不一。较多的是日本，日本规定不能申请商标注册的条款有 16 项，其中主要包括本国和外国的国旗、国徽、军旗、军徽、勋章及其官方标记，政府间国际组织的旗帜、证章名称或缩写，“红十字”、“红新月”的标记或名称；地理名称，商品通用名称或造型，他人的姓名、艺名、肖像和企业名称（经许可的除外）；违反公共秩序和道德的文字、图形等等。规定较少的是法国，不能作为商标使用的规定主要有 4 项：违反公共秩序或善良习俗的图形、文字；国旗、国徽、纹章、勋章及一些官方标记，“红十字”或日内瓦十字图形；直接表示商品性质、用途或带有易于惑众字样者。有些阿拉伯国家规定，凡与以色列的标志、象征或徽章相同或相似的图形均不能作为商标使用。国际商标公约或协定也规定了禁用标记的范畴。

商标禁用条款是商标的绝对保护条件（Conditions of absolute protection Lawpanel）。中国和大多数国家的商标法都只规定了商标的绝对保护条件，而英国和美国还规定了相对保护条件（Conditions of Relative Protection Lawpanel）。英国商标法规定，A部注册的商标要求具有显著特征，而在B部注册的商标只要有区别性就能够通过审查，获准注册。如对于具有其他含义的著名姓氏，在电话簿中出现不到50人次的可以在A部注册，不到100人次的可以在B部注册。

美国和英国一样，在实行商标绝对保护条件的同时，还规定有商标的相对保护条件。如中国某牙膏厂曾以“DARKIE黑人”为其牙膏产品的商标，申请注册时商标局以该商标带有种族歧视性为由予以驳回。申请人申述，该商标在国内及东南亚一带使用多年，并已在一些国家注册专用，并无不良影响，应准予注册。商标局认为“DARKIE”与“DARKY”读音近似，“DARKY”译为黑鬼，系用于种族歧视的称呼；商标图案为一黑人并使用了汉字“黑人”，商标整体明显表现种族歧视，属于禁用标记，仍未准注册。另一个案例发生在英国。美国纳比斯科公司生产的一种方便早餐麦片食品以Shredded Wheat为商标，该商标的章思是“压碎的麦粒”，点明这种食品的基本特点。1938年，英国通过的商标法禁止用明显表明产品性能特点的描述性词语做商标，因此，纳比斯科公司在英国的子公司销售该麦片食品所用的Shredded wheat商标被禁用。该子公司在1941年不得不以韦尔加（Welgar）取代shredded wheat，而消费者从熟悉到喜爱这一新的商标需要一个过程，公司则花费了较高的宣传和推广成本。

3. 禁止相同或相似

(1) 界定

商品相同（Identical Goods），是指商品在化学或物理性质上的相同。只要两种商品的化学或物理性质相同，即使商品的质量、原料、形状、构造等不同，从社会一般看法上判断，这两种商品就属于本质相同。例如，甲商标的指定商品是“感冒药”；乙商标的指定商品是“治疗感冒用的药品”，这两个商标的指定商品即可判定为“相同”。再如，丙注册商标的指定商品是“照相用镜片”，丁商标的指定商品是“相机镜头”，两种商品也应判定为“相同”。由此而知，这里说的“商品相同”，是商标法上的“商品相同”，不一定和商品学上的“商品相同”一致。如使用E商标的商品包装上写的是

"食用油脂"，而使用F商标的商品包装上写的却是"工业用油脂"，从商标法角度来讲，两者的商品不为相同。又如药店卖的"医药用酒"和酒店卖的"药酒"，仅是包装不同，其实东西完全一致，在商品学上可能认为是相同商品，但在商标法上则视为不相同商品。

商品相似（Similar Goods）。两种或两种以上的商品，由于性能、用途、生产场所、销售场所、消费习惯以及整机与零件等具有某些相同之处，易使消费者误认为是同一个企业生产或经营的，以致发生商品出处的混淆，这些商品就属于互为相似。

判断商品相似与否，主要从下列几方面综合考察：第一，商品的制造或销售部门是否一致；第二，商品的主要原料、质量水平是否一致；第三，商品的功能、主要用途是否一致；第四，商品的销售习惯、消费习惯是否一致。国际商品分类划分了相似商品群，可作为判断的基本依据。商品相同或相似往往与商标相同或相似的判断与审查联系在一起，因为商标的相同或相似是相对于商品而言的。因此不仅要考察商标本身，而且要考察商标与商品的关系。

（2）商标相近的判断

商标相同（Identical Trademarks），指在相同商品（商标法意义上的相同）或者相似商品上，不同的使用者所使用的两个或两个以上的商标，其商标文字、图形或其组合相同的商标。只要构成商标的文字或图形或其组合的设计、颜色完全相同，即使构成要素的形状、大小不一，文字的字体及排列方法不同、表现方法（如水印、烙印、浮印等不同），这样的商标都视为商标相同。

商标相似是指在相同商品或者相似商品上，不同的使用者所使用的两个或两个以上的商标，其商标的文字、图形或其组合相似，使消费者难以分辨的商标。

相同商标和相似商标统称为混同商标。日本商标法规定，使用同一色彩的近似商标均视为同一商标。如果两商标相似，使普通人在购买商品时对商品施以普通注意力而难免发生混同或误认，两商标即为相似商标。判断商标相似并无非常确切的标准，具体的判断一般要受社会交易观念的影响。

根据各国判例，判断商标相似的原则大致可归纳为以下各项：

其一，一般购买人施以普通注意能够分辨的原则。购买人在市场上购买自己所需要的某种牌号的商品时，总是以他对某种商标的记忆或这种商标在他头脑中留下的印象为依据的，而这种记忆和印象是不精确的，或者说是模糊的，购买人通常记住的仅仅是商标的某些特征。如果两个商标具有相同特征而使普通购买人在施以普通注意力的情况下不能分辨，即为相似商标。例如家庭日用品的各种商标是否相似，应以家庭主归在购买商品时，施以普通注意力能否分辨为标准。法国判例就以此为认定商标相似的标准。所谓一般购买人应是最终消费者，不应包括中间商和具有特别嗜好的鉴赏家，因为后者具有专门经验，而且在购买时会对商标给予特别的注意，一般不会因商标相似而发生混淆。美国、加拿大、德国、比利时、意大利、瑞士等国也都采用此原则。

其二，总体观察及比较主要部分的原则。两商标是否构成相似，应就商标的总体加以观察，这一原则为多数国家所采用。

在法国这一原则被适用于各类商品，包括文字商标、图形商标及其联合商标，例如MONORPIX与MENUPRIX、THERMOR与THERMAX均被认定是近似的。

德国对商标相似的判断也采用总体观察原则，但在判例上将商标效力分成强者与弱者，凡文字商标较短，消费者易于记忆与辨认，对其相似与否进行总体观察时采用较宽的认定标准；反之如商标是由两个以上文字构成，则除总体观察外，还要就各个文字分别观察。对于观念商标（包括智慧性商标），德国法院也对其中观念近似的加以禁止，如对均附有两个咖啡壶图案的“你和我”（Du und lch）与“他和她”（Er & Sie）两商标，就作了如是的处理。

比利时对于观念近似的商标也不予允许，例如对“东京珍珠”（Perle du Tokyo）与“日本珍珠”（Perle du Japan），即视为观念近似。

日本在案例上也是从总体上加以观察，例如对标章全部用大写字母的商标“CONTINENTAL”与标章文字相同但只有开头字母为大写其余均为小写的商标“Continental”，视为近似。

其三，隔离观察原则。辨别商标是否相似，并非将两个商标放在一起仔细加以对比，而是隔离观察。隔离观察使商标的标记的某一部分表示的意义变强，而使其余部分成为强烈意义的一种附加。在这种情况下，一般购买人容易误认。特别是当商标的一部分与其余部分没有密切联系时，经常运用进行隔离观察以判断商标相似是否存在。

各国商标管理机构对相同商标、相似商标和与之相关的商品相同、商品相似审查比较严格，往往采取集体讨论的方式进行审查，并将有代表性的、疑难案例另行立档，汇编成册。这些案例形成不成文法律，对其他类似案件具有法律效力。

商标相同和相似的审查判断，主要是依据对商标的名称、读音、外观、意义等几个方面的审查。现在很多人知道 Coke 是可口可乐的简称及另一种商标形式，但在第一次世界大战前，Coke 曾是美国可柯公司的专用商标。该公司曾用这个商标生产出售一种与可口可乐十分相似的软饮料，在饮料市场上，它曾是可口可乐公司的竞争对手。可口可乐公司向法院控告可柯公司违反商标法，侵犯了可口可乐公司的利益。1920 年，美国最高法院裁定：Coke 商标与 Coco-Cola 相似，商品相似，应归可口可乐公司专用。可柯公司接受这一判决，放弃了这个商标及这种饮料的生产，从此 Coke 商标转归可口可乐公司所有，成为 Coco-Cola 的另一种称谓。

（四）注册商标的审查、异议和争议

注册商标审查是商标主管机构依据本国商标法的有关规定，对商标注册申请的有关事项进行全面审核查对。商标审查是商标注册的一个法定程序。经过审查，凡符合法律规定的，商标主管机关将予以初步审定并公告，反之则予以退回或驳回；对初步审定并公告的商标，如果没有异议或异议不能成立的，则予以核准注册。

世界上大多数国家对商标注册申请采取审查原则。中国也一直实行审查原则，以保证核准注册商标的有效和稳定。法国以及效法法国商标法的一些国家则实行不完全审查原则，只对形式要件进行审查，不审查实质要件，只要申请手续齐备，符合申请条件，均予以核准注册；注册后遇到商标专用权的纠纷概由法院依法裁定，商标主管机构按法院最后裁定执行。

1. 注册商标审查制度

（1）形式审查

形式审查主要审查商标注册的申请是否符合法律规定的条件和手续，从而确定对申请是否受理。在形式审查制度条件下，批准申请的程序比较简单；首先看商标注册申请手续是否完备，如果手续完备，那么在两个以上的人就同一种商品申请相同或相似商标注册的情况下，先申请者获准；如系同时申请，则先使用者获准。实行不完全审查原则的国家只进行形式审查。

（2）实质审查

商标注册申请的实质审查，是对申请注册商标的文字、图形的涵义及其客观效果进行审查。实质审查是一种技术性审查。审查的主要内容一般包括商标是否具备法定构成要素，是否使用禁用标记，是否与他人在相同商品或相似商品上已注册的商标相同或相似，是否具有显著特征等。其中比较重要的是看申请注册的商标是否与已有的注册商标或未注册的驰名商标发生冲突。商标本身是否具备“识别性”，是否与“公共秩序”（Public Policy）相冲突。

参加了《巴黎公约》或其他包含保护商标内容的国际公约的国家，还要审查申请注册的商标是否与其他人已经保留了“国际公约优先权”的商标相冲突。未参加这些公约的国家，也要审查申请注册的商标是否与同本国订有商标保护双边协定的国家的有关驰名商标相冲突。

在有些国家，商标所使用的文字或图形虽未被别人首先用作商标，但属于别人享有版权的艺术品，或别人享有外观设计专有权的保护品，这样的商标也不能获得注册。只有英国、美国等为数不多的国家的商标注册机关，才主动对这种涉及了其他知识产权领域的原有权利的情况进行审查，大多数国家则仅仅是在申请基本被接受后，将申请注册的商标刊登在公告上，在一定时期内（依各国法律不同从 3 个月到 1 年不等）观察公众中有无异议，有异议才进行审查，无异议即发给商标注册证，宣告商标权成立。

审查的程序是先进行形式审查，过关后，再进行实质审查。

2. 注册商标异议

异议（Disagreement 或 Dissension）就是对初步审定的商标依法提出反对意见，要求主管机关不予注册或撤销其注册的一种法律行为。

一般异议的内容有两种；一种是异议人认为初步审定的商标与本人注册在先的商标相同或相似，或者双方商标用于相同或相似商品上能够产生混淆；另一种是认为申请注册的商标使用了禁用标记，对此异议者可以是任何人。

商标注册的异议是一项重要的法律制度，这一制度给予任何利害关系人反对他认为不合法的商标注册的机会，因此，世界各国的商标法规基本上都予以肯定。美国受理商标注册异议的是专利商标局的商标审判委员会。日本则由特别审定组对于商标异议进行听审。法国、比利时、荷兰、意大利等国没有规定商标异议程序，新申请的商标在通过形式审查后，即予以注册、公告，如发生商标权利纠纷，便交由法院处理。

在实行商标异议制度的国家，具体的异议程序有两种：一种是美国所采取的，只要申请注册的商标通过形式审查和实质审查，便于以注册、公告，利害关系人在注册公告后 1 个月内可以对注册提出异议，即先注册后异议；另一种是新申请的商标通过形式审查和实质审查以后，先予公告，在公告后 1—3 个月内利害关系人可以对公告的商标提出异议，无异议或异议不成立时，才批准注册，即先异议后注册。中国、日本等多数国家采取后一种商标异议程序。

按照大多数国家商标法的规定，商标获准之后，必须付诸使用。如果在规定的期限内不加使用，又无正当理由，经第三者要求，有关部门可撤销其注册，这个期限一般为3年或5年。如英国商标法规定，商标注册后，如连续3年不使用，经第三者要求，可予以撤销。瑞士商标法规定，商标注册后，若连续5年不使用，又无正当理由，经有关方面提出申请，法院可撤销该项商标注册。

中国商标法规规定的异议提出的期间为从商标初步审定公告之日起3个月以内。

3. 注册商标的争议

商标所有人申请商标注册的目的在于取得商标权及商标专用权。申请注册的商标经过了形式或实质审查的法定程序之后，获得注册，申请人取得了商标权。但是这时其商标权仍是不稳定的，或者说商标权人所得到的商标还不是“无争议商标”，只有再经过注册商标争议的法定程序，注册商标专用权才能真正地建立起来。

注册商标争议一般是指两个或两个以上注册商标之间发生的商标权益的争执。许多国家商标法规定：即使颁发了商标注册证，利害关系人对商标权有争议的，仍可以向管理部门或司法部门请求裁定。英国和美国由于实行两部制的商标管理体制，规定比较特殊。两国主管机关对在A部或主簿注册的商标，审查较严，注册后注册申请人不能立即享有商标专用权，只能取得了商标权的初步见证。经5年（美国）或7年（英国）以后，在没有争议或争议不成立，已经注册的商标成为无争议商标的条件下，才能取得商标权。对在B部或副簿注册的商标审查较宽，商标比较容易获准在B部或副簿注册，但这种注册只起到一种官方登记的作用，申请人不能由此取得任何商标权利。在商标经过一段使用为社会所承认以后，才可以申请转入A部或主簿注册，然后再按A部或主簿注册的程序取得无争议商标权。在规定的年限之后，即使再有人提出商标权利的争议，主管机关也不再受理。

第二节　世界贸易组织规则与商标保护

对于商标所保护的对象，众说不一。有的认为，商标保护的是由商标质量和服务所带来的声誉；有的认为，商标保护的是广告投资。世界贸易组织（WTO）规则中与商标有关的内容主要规定在《与贸易有关的知识产权协定》（TRIPS）中，其内容分为总则、实体及程序三部分。[1]总则部分规定了三个实施原则、商标保护的国民待遇原则及例外、商标保护的最惠国待遇原则及例外。实体部分规定了商标的构成要件及注册条件、注册商标的公布、注销注册请求的受理条件、异议期、注册商标的专有权、驰名商标的确定与适用范围、商标权的合理限制、不合理干预的禁止、强制许可的禁止。程序部分规定了商标权的取得、维持、实施及当事方之间的相关程序。TRIPS界定了可以按照商标进行保护的标识的类型，以及赋予其所有人的最低权利。它规定，对服务商标必须与商品商标进行一视同仁的保护。已在特定国家驰名的商标，享受特别的保护。TRIPS 有关商标权的部分是在“南北”分野的模式下进行谈判的。商标问题没有像专利问题那样引起波澜。通常认为，商标的谈判大体上是技术性的。但是，TRIPS 最终还是达成了较以前有关公约（如《巴黎公约》）的规定高得多的国际商标义务标准。这种加强了的保护涉及服务商标和驰名商标，以及要求成员对假冒商标提供边境措施和刑事制裁。

一、TRIPS 确立商标规范的背景

对商标提供反假冒保护和制止其他侵权行为的保护，是商标权人所关注的主要问题。TRIPS 的谈判被认为是发展和扩展规范那些异常倚重商标保护的商品贸易的规则的一种途径。以美国和欧盟为主导的经贸、技术发达国家缔结商标协定的主要目的是：第一，提高商标保护的水平，包括服务商标和驰名商标；第二，严厉制止对商标的国际假冒行为。

TRIPS 所形成的商标规范有 6 个条文（第 15～21 条），包括 14 项内容。可以说，这些商标条款是详尽而复杂的。[2] TRIPS 首先规定了成员遵守《巴黎公约》（1967）实体规范的义务（第 2 条第 1 项）。《巴黎公约》是由世界知识产权组织管理的，比 TRIPS 早了近百年。TRIPS 的成员并不必须加入《巴黎公约》，但必须遵守《巴黎公约》关于商标的规定。这项规定实际上扩展了《巴黎公约》的地域适用范围。乌拉圭回合谈判中涉及的 144 个成员中，约有 40 个成员不是《巴黎公约》的成员国，另有 13 个成员虽不是巴黎联盟的成员，但没有承认《巴黎公约》斯德哥尔摩文本。不论属于何种身份，这些成员都必须承诺遵守《巴黎公约》关于商标的规定。

与《巴黎公约》的大多数内容一样，关税及贸易总协定的支持者认为，商标义务远不够全面和缺乏操作性。针对世界知识产权组织管理的条约的主要批评是，经过 20 世纪 60～80 年代，在发展新标准或者确定解决争议的有效方式方面，没有或者几乎没有任何进展。由此成为国际假冒行为日益猖獗的一个主要原因，发达国家深感缺乏有效的国际保护，其贸易利益受到了严重损害。因此，在乌拉圭回合谈判中提出要解决该问题。

二、商标的界定与可保护的商标

TRIPS 第 15 条第 1 项界定了在世界贸易组织成员中必须受商标保护的客体（subject matter）。《巴黎公约》等世界知识组织管理之下的知识产权多边公约对商标没有作出界定，显然，TRIPS 的有关规定比《巴黎公约》前进了一步。按照 TRIPS 的界定，商标是指能够将一个企业的商品或者服务与其他企业的商品或者服务区别开来的任何标识或者标识的组合。该规定所界定的商标的范围十分广泛，没有限制商标的标识类型。而且，其规定的重点是“显著性”（Distinctiveness）或称“区别性”，确切地说应是指“区别能力”。尽管各国对“显著性”的具体认定和适用不尽相同，但可以合理地要求一种普遍的标准。欧共体委员会、日本和美国的代表早在 1990 年提出的建议案对商标的界定，就为 TRIPS 第 15 条第 1 项奠定了基础，但其以非穷尽的方式开列了标识的单子，即“包括人名的单词、图案、字母、数字、符号、商品或其包装的形状、颜色或者此类标识的组合……”但是，试图对所有标识类型都达成一致是困难的，因为各个成员可能同意其中的一些标识而不同意其他标识。TRIPS 所规定的受商标保护的标识类型，代表了一种妥协的方法。发展中国家不希望对商标的界定范围太宽，因为范围太宽可能会限制其企业在将来使用商标的能力。

该界定要求标识必须能够区别商品或者服务，因而没有显著性就没有自动保护。但是，该界定又列举了必须承认其具有区别性的一组标识，即包括人名的单词、字母、数字、图案、颜色的组合以及此类标识的组合。只有特定的标识似乎并非必须保护，如商品的单一颜色、商品的形状、声音（如半导体或电视广告的音乐），均未被该界定明确地包括进来。这似乎表明，诸如单一颜色之类的标识不具有固有显著性的微弱标识。对于不能固有地区别企业之间所提供的商品或服务的标识，各国可以要求额外的注册条件，即标识通过其在商业上的使用而获得了显著性（区别性）。

显著性是商标法的核心概念。TRIPS 第 15 条第 1 项就是以显著性作为界定可注册商标的基础的。显著性作为商标可注册的关键要件，在各国商标法中都得到了普遍的承认。如我国商标法第 9 条、第 11 条分别从正反两个方面规定了显著性。商标法第 11 条列举的不能注册商标的标志，都是不具有显著性的标志。

显著性又称为“显著特征”（Distinctive Character），规定于《巴黎公约》第 6 条第 5 款之中。TRIPS 第 15 条第 1 项使用了显著性（Distinctiveness）一词。实际上，“显著性、特有性、识别性、区别性”等用语都足以表达其内涵。整个知识产权法律所保护的智力成果都必须具有创造性，没有创造性的成果都处于人人可得而享有的公共领域。具体到不同的知识产权种类上，所要求的创造性又有不同的表现形式。相对于专利法所要求的新颖性、版权法所要求的独创性（原创性）、反不正当竞争法所要求的知名商业标识的特有性、商业秘密保护法所要求的非众所周知性，显著性就是商标法对商标创造性的要求。[3]不具有显著性的商标或标识，属于通用的标识，人人均可自由使用，不允许特定的人进行垄断。这就是商标法要求商标具有显著性的基础所在。

那么如何界定商标的显著性呢？所谓商标的显著性，就是指特定的标识与特定的商品或服务存在着固定的联系，并将该商品与其他商品区别开来的显著特征。简言之，商标的显著性就是特定的标识所具有的区分特定商品或者服务的显著特征。商标的显著性具有下列主要特征：第一，显著性就是使一种特定商品或服务与其他商品或服务区别开来的明显标识特征。显著性是标识所具有的将不同商品区分开来的属性。如果标识不能将不同经营者生产经营的商品或服务区分开来，就失去了商标的意义。据此有人认为，商标权与其他知识产权的最大不同就是，商标权保护的是识别商品的方式（a manner of identifications of goods），而专利、版权之类的权利是授予使用上的垄断权。[4]因此，显著性（区别性）是商标的本质特征。第二，显著性反映了特别标识与特定商品之间的固定联系。就是说，特定的标识或者标识的组合与特定的商品或者服务联系起来，大众或者消费者一看到该标识或标识的组合，就会联想到其代表了某个企业的特定商品。第三，显著性是商标成其为商标的本质规定性。显著性是对商标的自然要求或天然要求，或者说是商标的天然属性。具备显著性的标识可能因为与公共政策（如社会公德或善良风俗）、国家或者国际组织的形象（如国旗国徽或者国际组织的标志）等相冲突不能作为商标，但这些都是出于自然属性以外的政策考虑和选择。

商标的显著性可以分为固有的显著性和后发的显著性两个基本类型。TRIPS 第 15 条第 1 项关于“如果标识不具有区别相关商品或和服务的固有属性，成员可根据其通过使用取得的显著性，给予注册”的规定意味着，商标的显著性有固有的显著性和后发的显著性之分。[5]前者是指特定标识所具有的区别相关商品或服务的固有属性，后者是指标识通过使用所取得显著性或区别性。两者只是产生显著性的原因不同，都可以注册为商标。

在现实生活中，商业标识是丰富多彩、千差万别的，在个案中如何认定“显著性”常常遇到困难，发生争议。许多国家在商标立法和保护实践中形成了很好的做法，积累了丰富的经验。TRIPS 将商标标识区分为固有显著性的标识和经过使用而具有显著性的标识，正是吸收了当今各国商标立法和实践中的流行做法。以美国为例，在普通法上，商标、商号与其他商业标识（如商品外观，即商品的全部外表，包括容器形状、标签、颜色、印刷风格等）的法律保护是同源的，尽管保护的程度和制度完善的先后不同。如，商标的保护制度最为发达，商号次之。因此，所有这些商业标识的保护都有其相同的原则和标准。在商业标识显著性的要求上，可以说，商标与其他商业标识的认定原则或认定原理是一致的。普通法国家，尤其是美国围绕着商标的显著性形成了一套完整的认定制度。普通法法院将商业标识分为技术商标和商号。技术商标是指称呼商品或附加于商品上的任何想象的、任意的、独有的、特有的和非描述性的标识、单词、文字、数字、设计或者图画。这些商业象征具有识别商品的固有的显著性，只要采用一个标识或者词语并将其用作商标，就可以取得技术商标的权利。由于司法给予商标和取得第二含义的商号以同等的保护，两者区分的实质意义就不存在了。因此，一些法院开始按照《美国联邦商标法》（兰哈姆法）及以其为蓝本的州注册法的界定使用这些术语。在美国商标法上，商业标识有三种基本类型，即固有的区别性标识、可以成为区别性标识的标识以及不具有区别性标识。固有的区别性标识自其使用之日受普通法保护，并且一旦在州际商业中使用即可以根据兰哈姆法申请取得注册。此种标识又分为想象出来的标识（商人创造一个新单词作为商标，如 KODAK）、任意的标识（使用一个或多个现有的与商品本身没有关系的单词作为商标，如 FOUR ROSES 作为威士忌酒商标）和暗示标识（如用于晒黑油的 Coppertone 商标）。不属于上述固有的区别性标识的词语，只有在使用足够长时间而使其具有区别性之后，才受商标法保护。当有证据证明其具有区别性时，该标识就已取得“第二含义”。

在商业标识保护上，“第二含义”对于确定受保护的商业标识的范围具有非常重要的意义。在商标法上，它是确定标识是否具有显著性或者区别性的重要概念。“第二含义”是指商业标识在原来的含义之外又取得的使大众将其与特定的商品（或服务）联系起来的新含义。简言之，“第二含义”就是本来不能区分特定商品的商业标识取得了能够将特定商品与其他商品区别开来的新意义。我们可以从以下几个方面来理解“第二含义”。其一，“第二含义”是相对于其原来的、本来的或者通用的含义而言的。“第二含义”就是以其第一个含义为参照系的，或者说是与第一含义相比较而言的，是在“第一含义”基础上因特定的原因（使用）而产生不同于第一种含义的含义。其二，“第二含义”成为主要含义。“第二含义”（secondary meaning）不是“次要含义”。“第二含义”至少在特定的场合成为“主要含义”或“第一含义”，即超越了其本来的第一含义而具有识别性、显著性，成为区分特定商品的标识，也即以新含义识别商品。在识别商品上，实际上第二含义已经喧宾夺主，成为实质上的“第一含义”。第三，“第二含义”具有区别性。通用的商业标识可以将不同的商品类别划分开来，但不能识别或者区分同类商品中的特定商品，这是其不受商标保护的原因。但是，如果经过使用等产生了区别性或显著性，即与特定的商品联系在一起，就获得了“来自使用的区别性”或者“第二含义”，就可以作为受保护的对象。

与上述观点稍有不同的是，有的学者提出，“第二含义”所要表达的既不是含义的数量及其中的次序，也不是含义的重要性（首要或次要），而是因为它的产生时间处于第二位，并不是因为它在消费者心目中的重要性或含义上居于第二位。也就是说，一个具有第二含义的标志，最初只是作为描述性标志，不具有识别商品来源的作用，不能作为商标注册，这是它的“第一含义”。第二含义总是与特定类别的商品或服务联系在一起，而且，一个标志一旦具有了第二含义，对于特定类别的商品来说，它就只有一种含义，即“第二含义”，而其“第一含义”即该类商品的描述性标志，却不复存在。因此，那些具有第二含义的商标，其实只有一种含义。而且，这里所谓的含义，也根本不是作为商标标志本身所具有的含义或意思，而只是消费者对使用该标志的商品与特定生产者之间的联系的明确认知。[6]

世界知识产权组织国际局指出：“第二含义”是指由于标识在市场上继续地和独家地使用的结果，相当多的消费者对其取得认知并将其所标识的活动与特定的商业来源联系在一起。例如，用于香水的“4711”商标，由于大众将其与特定的商业联系在一起，从而具有足够的区别性。事实上，第二含义的程度取决于所涉及的商品或者服务的市场以及有关这些商品或者服务的标识的描述性程度。达到足够的区别性所必需的第二含义的程度（或者消费者认同的百分比），因法院做法的不同而不同。在某些国家，最典型的是德国，对消费者反映的民意测验或者市场调查，常常为法院提供决定第二含义的程度的经验数据。而在其他国家，如法国和意大利，是法院自身判断标识是否取得了充分的识别性。[7]

TRIPS 第 15 条第 1 款对“获得显著性”的规定，是在《巴黎公约》所列“通用标识”的基础上前进了一步。但其基点仍然是，可注册的商标必须具有区别性，而不是承认通用标识可以注册为商标。

一些国家根据商业标识的词语属性划分类型，据此认定特有性，这种方法具有借鉴意义。商业标识所具有的固有的或天然的区别性，是其自然属性。这种自然属性因为可以将商品来源天然地区分开来而具有社会意义（竞争意义)。那些本来不具有固有的或天然的区别性的标识，因为继续使用等社会原因而产生了区别性的，也就具有了识别特定商品的自然意义。美国普通法通过判例创造了一系列认定“第二含义”的方式。美国法院在 Kellogg Co v National Biscuit Co 一案（［1938］305 U. S. 111.）中阐述了通用名称转化为特有名称的条件。在该案中，原告起诉被告禁止其在销售通称为“shredded wheat”的早餐商品中的不正当竞争。法院认为，为确定第二含义，原告必须证明，由于原告及其前身长期作为该产品的唯一制造商，许多人已将这种产品及其众所周知的名称与原告的工厂联系在一起。为证明“shredded wheat”已成为其商业名称，原告必须证明其具有更多的从属含义。必须证明在消费大众的心目中，该术语的主要含义不是产品，而是其生产者。在法院看来，该名称还不仅具备这些要求。原告对该名称不具有专用权，只有权要求被告以合理的注意告知公众该产品的来源。从该案来看，“第二含义”是指消费大众将特定的标识与特定的生产者联系起来的含义。

美国商标法根据标识的词语属性划分类别，据此认定特有性，即下列属于在取得第二含义时，可以成为有效的商品标识。包括描述性术语、欺骗性不当描述术语、地理术语、姓名、标语，等等。

与“第二含义”相似的是地名商标的“其他含义”。对于后者，国内学者有不同的解释：有的认为，地名具有其他含义，是指作为商标的该地名具有了“第二含义”，也就是某一生产者通过使用达到驰名程度，使消费者把该地名与该生产者自然地联系起来。有的认为，地名具有其他含义，是指地名除了地域名称的含义以外，还可以理解为其他含义。如“长春”的其他含义是“长寿、健康”。有的认为，其他含义，有两重意思：一是有的词有多种含义，而地名的含义并不突出，如凤凰（虚构或想象的物）、长寿、仙桃（供神仙食用的桃子）、和平，等等。二是有的词已经多年作为商标使用，消费者已经公认是商标。有的认为，我国商标法第 10 条第 2 款所指的“地名具有其他含义”，是“作为地名的文字具有其他含义”。[8]一个原本“不得作为商标”的地名，由于其具有其他含义，因而不再受此限制。不过这些具有其他含义的地名作为商标，必须符合商标法对商标所使用的标志的要求。例如，如果将“仙桃”作为标志用于桃子或以桃子为原料的产品上，就属于商标法规定的“直接表示商品的质量、主要原料、功能、用途、重量、数量及其他特点”的标志，不得作为商标注册、使用。地名的其他含义，不同于“第二含义”。否则会造成商标法第 10 条、第 11 条等法律规定的自相矛盾。[9]

判定一个地名是否具有其他含义，从商标审查、审理和审判的实践来看，大致可以从两个方面来考察：一是作为地名的文字是否指向一个特定的事物，或作为某一特定事物的名称；二是地名的字面含义或构词习惯。由于汉字本身属于表意文字，加之许多地名都有其特定的历史来源或命名原因，如果仅从字面含义或构词法来解释，许多地名都可能有多种含义，不具有其他含义的地名反倒是少数。因此，在以地名的字面含义或构词法为依据判定地名具有其他含义时，应附加一些必要的条件或限制。一方面，字面含义或根据构词法解释的含义应当是确实存在的含义，至少是可以为日常生活经验可以接受的含义，而不应当仅仅是可能的、想象的含义或不符合逻辑的含义。另一方面，地名的字面含义应以公众的理解为基本出发点，而不应仅以语言学、词汇学等专业解释为基准。[10]在“红河”商标案中，北京市高级人民法院强调其他含义应“易于为公众接受”。[11]

在司法审判实践中，法院对地名的其他含义的认识并不完全一致。在“红河”案中，申请人云南红河光明股份有限公司（红河公司）以济南红河饮料制剂经营部所使用的“红河”商标属于县级以上行政区划的地名为由，向商标评审委员会提出撤销申请。商评委认为，“红河”具有地名以外的其他含义，裁定申请人所提撤销理由不成立，维持该注册商标。在行政诉讼中，一审法院将其解释为“除作为地名使用外，还具有明确、公知的其他含义或是已在公众中约定俗成的其他用语。”[12]而二审法院认为，地名具有其他含义应理解为，该地名具有明显有别于地名的、明确的、易于公众所接受的含义，从而足以使该地名起到商标所具有的标识性作用。[13]

世界贸易组织成员可以将注册条件限制为视觉上可感知的标识，因而可能排除嗅觉商标和声音商标的强制注册。

我国商标法第 8 条关于商标的规定，包含了商标的定义。该条规定是 TRIPS 第 15 条第 1 项的翻版。

TRIPS 对商标界定的一个主要特征是其要求保护服务商标，并将服务商标的保护置于与商品商标同等的地位。TRIPS 第 2 条第 1 项虽然将《巴黎公约》的规定吸收进来，但由于《巴黎公约》没有将服务商标纳入进来，即其虽保护服务商标，但限于基于个案进行保护，该公约的其他保护规定，如注册的优先权，不适用于服务商标。[14]TRIPS 对服务商标的规定是对《巴黎公约》第 6 条第 6 款（本同盟成员国约定保护服务商标。它们不需对此项商标的注册作出规定。）的重大改善，后者只是表达对保护服务商标的愿望。TRIPS 的这种进步又体现在 1994 年 10 月 27 日商标法条约中，其要求缔约方将《巴黎公约》关于商标的规定适用于服务商标。

按照 TRIPS 的规定，服务商标可以从关于商标的所有规定中受益，包括受保护的专有商业权、优先权、知名商标的特殊保护以及禁止侵权行为的执法措施。

服务商标保护的升格是对于商业服务对世界商业的重要性的一种承认。而对金融、工程、建筑以及其他为数众多的服务行业的商标的缺乏保护，正是《巴黎公约》跟不上国际商业发展需要的表现。

我国商标法第 4 条按照 TRIPS 的要求，将商品商标与服务商标置于同等的保护地位，规定“本法有关商品商标的规定，适用于服务商标。”

三、商标所有人的权利

（一）商标所有人专有权的范围

商标所有人专有权的范围主要包括两项：其一，注册商标的专有权；其二，在先权利的保护；其三，未注册商标的保护。

1. 注册商标专有权

商标所有权人受保护的基本权利就是防止第三人使用其商标专有权。TRIPS 第 16 条第 1 项规定：“注册商标所有人应当享有下列专有权，即阻止所有第三人在贸易过程中不经所有人同意，在具有造成混淆的可能性的情况下，在相同或近似的商品或服务上使用相同或近似的商标。在对相同商品或服务使用相同标记的情况下，应当推定具有混淆的可能性。上述权利不得侵害任何现有的再先权利，也不得影响成员根据使用授予权利的可能性。”按照该规定，侵犯他人商标专有权的使用，是指第三人在商业过程中未经商标所有人同意，并可能使商品或服务的购买者或使用者对商品或服务来源产生混淆的使用。将相同的商标使用于相同的商品上时，必须推定具有混淆的可能性。

《巴黎公约》以及其他有关知识产权公约均未规定作为最低保护标准的权利内容，《巴黎公约》只是在其第 10 条之二（3）对制止仿冒行为的一般规定及第 6 条之二关于保护驰名商标的规定中，与商标权保护无关。TRIPS 第 16 条第 1 项规定填补了其他知识产权公约的空白，增强了商标权保护的可操作性，便利了商标保护的执法。

2. 在先权利

TRIPS 第 16 条第 1 项规定：“上述权利不得侵害任何现有的在先权利。”该规定是对保护在先权利原则的承认。在授予注册商标时，必须考虑当时存在的权利的状况，不得侵害在先权利。该规定是在布鲁塞尔草案以后增加的。

3. 未注册商标的保护

(1) TRIPS的规定

TRIPS第16条第1项对专有权的规定，是适用于注册商标的，但该项又规定“不得影响成员根据使用授予权利的可能性”，它是指允许成员基于使用而赋予商标权利。这个规定是在布鲁塞尔草案以后增加的，当时有些国家提出，还要考虑未注册商标，而这些国家是承认以使用作为界定未注册商标的权利范围的标准的。该规定为成员保护未注册商标留下了余地。至于如何保护未注册商标则留给成员自己决定。例如，国外对保护未注册商标的通行做法是要求其具有一定的知名度，然后主要按反不正当竞争法或类似的法律予以保护。

关于使用的要求，TRIPS第19条规定：(1) 如果将使用作为维持注册的条件，只有在至少连续3年不使用之后，才可以撤销注册，除非商标所有人基于使用障碍提出正当理由。构成商标使用的障碍是商标所有人不能控制的事由，如对使用受保护商标的商品或服务的进口限制或者其他政府要求，应当认为属于不使用商标的正当原因。(2) 在所有人控制的情况下，商标由他人使用应当认定为维持商标注册的商标使用。TRIPS第19条第1项规定了世界贸易组织成员在要求使用作为维持商标注册的条件时，必须遵守的条件。可以说，该项规定是使《巴黎公约》第5条C款第1项更为精细化的翻版。

(2) 未注册商标法律保护的理论基础

在各国现有的知识产权法体系中，商标法的内容绝大部分都是围绕注册商标而规定的，即所谓的商标法是保护注册商标的。也正是基于此，有些人得出未注册商标不受法律保护的结论。果真如此吗？众所周知，各国的商标注册制度也不过是在近一百多年来才建立起来，而商标的存在及使用却远早于此，有关商标保护的法律制度应早已有之。何况，在实行商标注册制度的今天，许多国家奉行的是自愿注册或自愿注册与强制注册相结合的原则，即从法律上看也是允许未注册商标存在的。从另一个角度，在商标权的产生或获得上，许多国家如英美国家遵循“使用原则”，注册仅仅是作为商标权利存在的一种凭证，而非商标权的产生要件。从以上事实可以推断，未注册商标在法律上是而且应该受法律保护的。实际上，给予未注册商标以法律保护，是有其内在的基础的。

未注册商标获得法律保护的基础在于其本身作为商标的事实。一般来说，商标是经营者用来将自己的商品或服务与其他经营者的相同或类似的商品或服务相区别的一种标志。这是一个形式定义。依中国《商标法》第4、7条之规定，商标是生产经营者在其生产、制造、加工或经销的商品或服务上采用的，区别商品或者服务来源的，由文字、图形或者其组合构成的，具有显著性特征的标志。未注册商标，作为经营者在实际经营活动中所使用的具有识别性的标志，其本身已不单纯是一种标志，而是一种工业产权，是作为经营者的企业的一种无形财产权，这种无形财产权便是商誉。这种商誉是商标所标志的产品或企业的形象，是一种知识资产，能够给经营者带来巨大的经济利益和产生一定的社会效益。在 1901 年的税收专员署诉穆勒一案中，法官认定商誉为“形成习惯的吸引人的力量”或者“企业的良好名声、声誉和往来关系带来的惠益和优势”。商标通过使用而产生的这种无形财产价值，使得其同其他形态的财产一样，可以转让、继承，甚而投资、抵押等，从而更使商标权接近于民法上的所有权的概念。因而，有学者主张改变商标权是一种相对权的概念而赋予其绝对权，在立法和司法实践上将其等同于有形财产。实际上，在促进现代社会发展及其制度设计上，经济学家和法学家所共同面临的一个重大课题便是确定诸如信息、商誉等这类无形财产的所有制归属及其产权结构模式。未注册商标作为经营者商誉的一种载体，奠定了其获得法律保护的坚实基础。

未注册商标获得法律保护的另一个基础，则在于商标的区分及来源功能。商标作为商品或服务的一种标志，可以帮助消费者在同类竞争产品或服务中作出选择。同时，商标表明了一个特定产品或服务的起源或来源的功能，使消费者识别出，使用相同商标的商品和服务来自同一来源。因此，保护未注册商标是维护消费者利益和维护公平正当竞争之市场秩序的需要。区别产品或服务来源，避免消费者产生误解、混淆和被欺骗，这是商标的最基本功能。如若只因商标注册制度的实行，而对未注册商标不给予法律保护，不仅损害了未注册商标权人的利益，而且，终将损害商品或服务的消费者的利益。维护公平竞争、正当交易的市场秩序，就是保护诚实经营者和广大消费者的合法正当利益。其实，从民法的一般原则来看，仿冒未注册商标、抢注他人未注册商标的行为本身，也是与民法上的诚实信用之一般原则不相符的。

当然，如果未注册商标本身含有创造性的智力成果而获得了其他“在先权利”，如版权、外观设计、商号等，则自然可以对抗注册商标。

以上所述，构成了未注册商标获得法律保护的理论基础。未注册商标的法律保护制度也正是基于此而建立起来的，但因各国法律文化、法律体制的不同，具体的制度设计则各有侧重，各具特色。

（3）两大法系国家对未注册商标的法律保护

其一，英美法系商标法上的保护。

在英美法系国家，尤其是英联邦国家和地区，在商标权的获得上，采用依使用或依注册均可获得商标专用权的混合原则。这样，未注册商标使用人就有可能通过主张在先使用、利用使用在先的原则，请求承认和保护其未注册商标。事实上，未注册商标在商标制定法上所获的法律保护主要即集中在有关商标权产生的规定方面。

在英国和中国香港，商标注册均实行两部制即 A 部和 B 部。其中，对于 A 部注册的商标，如果有人在 7 年内能向注册局证明自己是该商标的最早使用人，并经注册局裁定，则该商标的所有权便属于最早使用人，但有例外情形。此外，商标制定法如香港的《商标条例》规定，行使既有权或先行使用权的行为不构成对他人注册商标专用权的侵犯。这实质上是法律对于可能出现的注册商标专用权与通过使用获得的商标权的冲突的协调，在某商标注册之前，他人已通过使用而对该相同或近似的商标形成了权利，这种权利在该商标注册后继续保留，即形成先使用权；而且，该先使用人还可以申请将该商标注册，注册商标权人则无权以该商标同其已注册的商标相同或近似为由而提出异议。在美国联邦商标法上也存在着类似的共同使用的注册制度。

在美国，传统上商标权只能通过使用而获得。美国学者认为，商标权这个概念本身就包含着“商业上的使用”之意，这无疑对那些抢注他人未注册商标者关上了大门。而菲律宾则采用严格的使用主义，商标要获得注册，不但要有使用意思而且要有 2 年以上的使用事实。泰国虽然在立法上采取了商标注册主义，但仍有“使用在先”的优位权原则；即使商标注册已经过几年，使用在先人只要提出证据，即可申请撤销该商标注册。

当两个以上的厂商申请将相同或相似的商标注册于同一商品或同类商品时，英美法系国家采取了先使用主义，而不像大陆法系国家那样采取先申请主义，这也是英美法系国家在商标制定法上所提供的对于未注册商标的一点保护。

事实上，在这些国家，对于未注册商标的保护，主要是通过普通法来进行的，这也是最古老的方法。

其二，英美法系普通法上的保护。

英美法系在普通法上对未注册商标的保护，主要是通过与商标制定法并行的一种普通法民事诉讼——仿冒之诉来进行的。此种诉讼是基于任何人无权推出或出售自己的产品，以冒充他家厂商的产品以致发生混淆误认的原则而来的。早在 18 世纪，英国就有一些仿冒商品或服务的案件提到法院，但首次在法律上承认商标作为一种财产权，则是从 1883 年的米林顿诉福克斯案开始的。后来英国虽然建立了商标注册制度，但保留了普通法上的这种仿冒之诉，以使原告能够起诉被告非法使用其未经注册商标。这种仿冒之诉后被其他英美法系国家引入。

依照英美普通法，提起仿冒之诉须满足一定的构成要素，1980 年的欧文·瓦林克有限公司诉 J. 唐恩德父子有限公司一案更明确了这些条件，即商标需与商品或营业相结合使用，且已经有足够的商誉；被告的仿冒有致他人混同使用之虞；被告的仿冒行为对原告的商誉已经或可能造成损害或伤害。在中国香港，未注册商标权人提起仿冒之诉，也须满足三个条件：原告的商标具有一定的信誉；被告的仿冒致于引起混淆；有损害或伤害的迹象。可以看出，提起仿冒之诉，原告所负的举证责任较重。

此外，英国法院在普通法上还创设有其他不同形态的诉讼来对抗所有诽谤或损害他人商标信誉的行为。需指出的是，英美国家的反不正当竞争观念是由法院判例中推衍而来的，其理论基础是诈欺和不诚实交易的防止以及促进完整的商务与公平竞争。而大陆法系国家则一般都有专门的反不正当竞争立法。这使两大法系国家在未注册商标法律保护制度方面颇具特色。

其三，大陆法系反不正当竞争法上的保护。

大陆法系国家多以注册主义作为其商标法律制度的基本原则，在商标权的获得上，以注册作为商标权产生要件。这意味着，未注册商标很难获得商标法上的保护，除非有相反的规定。然而，诚如前文所述，未注册商标作为使用商标的事实决定了其受法律保护的地位。因而，大陆法系国家在与其注册商标制度相协调的条件下，借助反不正当竞争的观念，通过反不正当竞争法来对未注册商标加以法律调整。这与英美法系国家在普通法上对未注册商标的法律保护如出一辙，只不过在大陆法系国家是由专门的单行立法从实体法上加以保护。

大陆法系国家大多都制定有反不正当竞争的专门立法。日本《反不正当竞争法》第 1 条就规定，使用与别人周知商标、商号、商品容器及包装相同或相似的标志，或出售、出口带有该标志的商品，从而引起混淆的，则商业利益受损害的人可请求停止该行为。这里的周知商标一般即指的是在地方知名的未注册商标。日本的商标，包括服务商标，若未注册，便受此《反不正当竞争法》规定的保护。此为典型的大陆法系国家对未注册商标加以法律保护的形式。我国台湾地区于 1993 年开始实施的《公平交易法》于第三章，专章订明“不公平竞争”，规定用来保护知识产权，补充商标法无法涵盖的部分。实际上，许多国家，包括德国、韩国等，都有与此相类似的法律规定。在某些国家，未注册商标权人不仅能排斥他人注册该商标，甚而能进一步禁止他人使用该商标。需指出的是，法国并无专门的制止不正当竞争的立法。法国学者在理论上将不正当竞争视为民法上的侵权行为，因而，对于不正当竞争行为的制裁，是依据《法国民法典》第 1382、1383 条等有关侵权行为的规定，借助于民事责任的一般原则来进行的。在法国，未注册商标也只能依此之一般法律原则来获得法律保护。

其四，德国商标法上的保护。

德国是典型的大陆法系国家，然而，与其他大陆法系国家不同的是，其在《商标法》上明文规定了对未注册商标的直接保护。事实上，在德国，未注册商标还可通过《反不正当竞争法》和民法上的诚实信用原则来获得法律上的保护，从这个意义上说，德国大概是对未注册商标保护得最充分的国家了。

德国最新修订的《商标法》第 4 条规定了商标保护产生的三种途径：注册；在商业交往中使用，只要该使用在相关交易圈内取得了信誉，作为商标获得承认；若是《巴黎公约》第 6 条所指的驰名商标，则自动得到该法的保护。这里的第二种情形，指的便是未注册商标；而驰名商标，根据《巴黎公约》的精神，并不以注册为限。该法第 12 条又规定，未注册但已取得声誉的商标，可以对抗注册商标；未注册商标权人可依第 4 条的规定，请求撤销与其相同或相似的注册商标，并可禁止该注册商标在全国范围内使用。

德国在其《商标法》上给予未注册商标之如此直接而有力的保护，在世界各国中实属罕见。其实，未注册商标在德国获得强有力的保护，也从一个侧面反映了整个商标保护的理论发展。例如，就商标权的获得方面，越来越多的国家已放弃了原先所奉行的单一的使用主义或注册主义，而改采混合原则，最典型的国家便是美国，其在 1988 年修订联邦商标法时，便改采此原则。

（二）驰名商标的保护

TRIPS 第 16 条第 2 项和第 3 项扩展了驰名商标的权利。这种保护的意图是，防止第三人在商业上利用驰名商标所附着的价值极高的声誉。

TRIPS 对驰名商标的保护比《巴黎公约》的规定有了进步。《巴黎公约》没有规定认定驰名商标的具体标准，而 TRIPS 规定了认定标准，即“在决定商标是否驰名时，应当考虑商标在相关公众中的知悉程度，包括因商标的宣传而在有关成员中取得的知名度”。该规定表明，驰名商标必须是已经使用的商标，但仅仅是使用还是不够的，TRIPS 规定了更高的保护标准。是否驰名，是指在相关公众中的知悉程度，如可以认为构成使用驰名商标商品的特定市场的相关消费者（客户）。这些问题是《巴黎公约》在里斯本修订会议以后遗留的一个空白，当时曾否决过一项关于驰名商标的保护无需使用的建议。尽管《巴黎公约》成员国可以仅仅要求，只要驰名商标被使用过就可以受保护，但TRIPS的要求更高。

成员不得将“使用”规定为唯一的驰名途径。TRIPS要求成员还要考虑商标在其国内的知悉情况，包括通过商标的宣传（广告），甚至可能是商标实际使用之前的宣传。

TRIPS第16条第3项规定：“巴黎公约第6条之二应当在细节上作出必要修改之后，适用于与使用注册商标的商品或者服务不近似的商品或者服务，如果该商标在这些商品或者服务上的此种使用将会表明这些商品或者服务与注册商标所有人之间存在联系，以及注册商标所有人的利益可能因此种使用而受到损害。”与《巴黎公约》第6条之二的规定相比，TRIPS第16条第3项对驰名商标的保护扩展到非近似的商品或服务上，即突破了近似性原则或称专有性原则。但是，该规定还设立了条件，即此种商标的使用将会表明与当事人的商品之间存在着联系，以及商标所有人的利益可能因这种使用而受到损害。该规定是反商标淡化的规定，也是仿冒行为与不正当竞争行为相结合的产物。[15]

在TRIPS之前，即使在专有性之外保护驰名商标的国家，也只是对为数不多的驰名商标或者具有很高的知名度（high reputation）的商标给予保护。在有些国家，如英国，似乎对界定驰名或知名商标（well-known）从来没有兴趣，因为在保护商标的仿冒诉讼中，只要有一定的知名度，就可以构成损害信誉，而没有获取认定知名度的证据的程序，特别是对知名程度也没有要求。有些国家对在非近似商品上的使用不给予保护，即使可能产生某种联想。奥地利和瑞士就是如此。法国最高法院对使用在非近似商品上的驰名商标，曾经也不予保护。例如，尽管可口可乐商标全球驰名，但法国最高法院对于一家T恤制造商使用可口可乐商标的行为，拒绝发布禁令。只有少数国家，如德国，根据知悉商标的消费者的百分比来决定其是否驰名，并据此决定是否扩展保护范围。德国是按照侵权行为法对商标进行扩展保护的，即在商标特别知名时，并且法院经调查已有80%的消费者知悉该商标，就可以按照民法典第823条给予保护。

TRIPS规定了驰名商标保护条件和标准，该规定可以统一成员的国内立法或国内保护。

第三节 中国商标海外维权制度

一、推动海外商标维权，提高企业竞争力

随着经济全球化不断加速和中国经济的持续发展，中国企业走出去的步伐越来越快，越来越多的企业走出国门，投身到国际市场的竞争中。在这个过程中，中国企业做了许多有益的尝试，也遇到各种各样的问题和困难，其中海外知识产权纠纷频繁发生，影响和制约中国企业在海外的竞争力，影响“走出去”战略实施的一个重要因素。

（一）中国企业在国际竞争中的商标使用现状

中国正处于改革开放和现代化建设的战略机遇期，从中国对外贸易的总额分析，中国位居世界第三贸易大国之列，但是，从竞争力的角度来看，中国外贸中“加工贸易”占有极大成分，处于全球产业链的下游低利润环节。在中国出口贸易中，真正有自主商标出口的所占比重很小，这种情况严重影响到我国企业的国际竞争力。如果要提高中国产品在全球的竞争力，只有两条途径，一是促进研发工作，利用专利、设计及版权等为产品增值，二是发展驰名商标，提高产品的竞争力。

（二）企业应积极进行海外商标维权，提高竞争力

商标是企业打开、占领国际市场的有力武器，但是运用不当、保护不力，就会成为我国企业走向国际市场的拦路虎。一些跨国公司已经开始利用商标制度试图阻击我国企业进入海外市场。所以，在认真规划运用商标策略壮大企业的同时，如何保护商标、进行商标海外维权，对于提高企业竞争力来说是非常重要的。

1. 国际注册是海外维权的重中之重

积极进行商标国际注册是维护自身权利，提升竞争力的重要前提。长期以来，由于企业商标意识不强，不积极进行商标国际注册，导致商标在国外屡被抢注。而大量商标被抢注，正是我国企业需要频繁进行海外维权的最直接的原因。目前我国企业的商标权在海外侵犯，绝大部分案例都是商标遭抢注，要想从根本上解决这类问题，让商标能为我所用、成为企业发展的有力武器而不是拦路虎，主动、提前、尽快地在其预期的市场上将商标注册，防患于未然才是关键。

注册一个商标，成本非常低廉，但是商标一旦被他人抢先注册，要么花巨资从别人手里买回来，要么付出目标市场代理权的代价，要么陷入复杂冗

繁的诉讼，要么更换新的商标，要么放弃目标市场，都要花费比注册商标高成千上万倍的代价。企业不积极将商标进行国际注册，利用现有资源对商标实施保护，非要等权利被侵犯了才来补救显然是很得不偿失的。

按照国际上通行的做法，企业进行国际注册一般有三种渠道：一是可以向每一个需要注册的国家或地区分别提出申请，逐一办理商标注册；二是可以向某些区域性联盟申请注册，申请在联盟成员的所有国家获得保护，如欧盟商标局、非洲知识产权组织；三还可以通过马德里协定或议定书的渠道，一次性到外国或地区注册商标。其中，通过马德里体系进行国际注册无疑是最方便的一种方式。

《马德里协定》和《马德里议定书》是为缔约方的国民到其他缔约方取得商标注册提供方便的多边国际条约，具有覆盖国家范围广、省时、省力、省钱的特点。我国1989年10月4日加入《马德里协定》，1995年12月加入《马德里议定书》。截至2007年3月27日，马德里体系的缔约方已有81个，其中纯协定的缔约方9个、纯议定书的缔约方24个、既是协定又是议定书的缔约方48个。

马德里体系是中国企业实施“走出去”战略、在相关国家有效保护自己商标权益的一条方便、经济、快捷的商标国际注册通道。自1989年加入《马德里协定》以来，以中国为原属国的马德里商标国际注册申请量不断增长，从1989年的4件增长到2006年的1416件（如果按照世界知识产权组织的计算方法，即以1件马德里商标国际注册平均延伸到12个国家来计算，这相当于年申请量从48件增长到16，992件）。但是同时我们也应当看到，2006年以中国为原属国的16，992件马德里商标国际注册申请量仅为当年76.6万件国内注册申请的2.2%。其中有名的商标更是凤毛麟角。这个数字与我国的对外贸易规模是相当不匹配的。

我国有企业要进入国际市场，参与国际竞争，就必须有商标国际注册意识，有对商标国际注册渠道和有关国家商标法律的了解，先行作好商标的国际注册。

2. 积极防范有力还击

企业要建立健全商标管理机构，切实做到企业商标管理“机构、人员、制度”三落实。要对产品出口国的商标法律有一定程度的了解，运用法律武器打击海外商标抢注行为和商标侵权假冒行为，维护自己商标的合法权益。商标纠纷处理不当就会使企业的所有努力功亏一篑，中国企业必须认真对待，事先就要进行周密地防范，纠纷发生后更要积极回应。比如，“海尔”商标在欧洲被恶意注册，海尔集团积极应诉，经过长达一年零三个月的诉讼，不仅成功地夺回了商标，而且借用诉讼的影响拓展了海尔商标在海外的影响。

商标既是企业重要的经营资源，更是关乎企业发展的战略资源，企业只有重视用商标打开市场、攻占市场才能不断提高企业的国际竞争力，抢占国际市场的制高点。

（三）工商机关积极支持企业海外商标维权

“形成一批拥有自主知识产权的知名品牌、国际竞争力较强的优势企业”在一定历史条件下为“十一五”时期我国经济社会发展的主要目标之一。发展更多驰名中外的商标，是广大企业的共同追求，也是工商行政管理机关的职责所系。

多年来，各级工商行政管理机关充分发挥职能作用，积极支持企业实施“走出去”战略，通过研讨会、培训班等多种方式指导企业进行马德里商标国际注册、获得国际保护。2004 年 4 月，国家工商管理总局商标局与欧洲商标局合作，在北京、上海、厦门、西安 4 个城市轮流举办了以“提高企业家商标注册意识”为主题的巡回研讨会。2006 年 11 月 22 日至 24 日，工商总局与世界知识产权组织在广东省东莞市联合举办了“商标国际注册国际研讨会”。2007 年，举办农产品出口企业国际注册培训班，培训规模农产品出口企业 800 家。同时，工商行政管理机关不断提高为公众服务的水平，为企业了解商标法律知识、进行海外维权、提高企业竞争力提供更多的便利。

工商行政管理机关商标海外维权的未来工作主要是：第一，加强对企业商标使用的指导。加强与全国工商联、中国中小企业协会、中国个体劳动者协会的合作，充分发挥商标协会及其他行业协会的作用，指导企业通过制定和实施正确的商标策略，以商标为资产纽带走集约化经营之路。加强对国有大中型企业商标运用的指导，加强对商标无形资产的管理，对 4300 万中小型企业予以特别关注，为中小企业提供有关商标等知识产权方面的法律咨询服务，有效提高中小型企业的竞争力。

第二，宣传商标国际注册知识，指导企业进行国际注册。工商行政管理机关通过多种形式大力宣传、普及商标国际注册知识，调动企业创立和使用本企业商标的积极性和自觉性，引导企业积极进行商标的国际注册。指导企业在走向国际市场之前，做到产品未动、商标先行；指导企业习惯与专业的法律服务机构合作，对于产品有可能进入或有进入前景的国家，委托专业的知识产权代理机构进行商标的检索和注册申请，以及时进入该国；指导企业充分利用马德里商标国际注册体系，以最便捷的途径将自己的商标延伸到有关国家进行注册以求得到保护；指导已经走出去、正在走出去和将要走出去的企业建立起全球战略眼光，充分考虑出口商品市场多元化，为自己的产品进行商标战略性注册，防止和打击境外不法商人抢注国内商标、利用不当注册阻止我国企业进入该国市场的不正当竞争行为。

二、企业拓展海外市场时的商标保护策略

中国改革开放以来，不断吸引外资的举措帮助促进了中国经济的各项发展，也使许多国际品牌得以进入中国。如今，中国品牌也在逐步开拓国际市场，国际商业舞台上也开始出现中国品牌的身影，如海尔、华为、联想等公司。但在中国企业走出去的同时，知识产权纠纷已经逐渐成为国外企业为中国企业设置贸易壁垒的一个新形式。资料显示，目前，15%的中国内地企业商标已被海外恶意抢注，其中五粮液在韩国、康佳在美国、海信在德国、科龙在新加坡都相继遭遇了商标被抢注的命运。在每年超过100起的商标国外抢注案件中，涉及化妆品、饮料、家电、服装、文化等多个行业。国际炒家、个人、国外代理商，已经成为中国品牌在海外的3大威胁。加拿大多伦多甚至有一个叫“中华老字号抢注公司”的网站，在网上公然大批量买卖中华老字号。我国目前每年新增数十万个品牌，但品牌生命周期平均不足2年。由于知识产权意识淡薄，越来越多的中国品牌在境外“抢注”面前销声匿迹。据中国品牌研究院统计，由于中国产品在海外频繁遭遇商标抢注，每年减少出口额约23亿美元，造成各种损失约1.7亿美元。[16]

（一）国内品牌屡遭抢注原因分析

其一，企业自身原因。第一，企业商标海外注册意识淡薄。中国商标海外被抢注，首先反映了中国企业商标国际保护的意识不强。有的认为自己的品牌知名度还不够，不急于在国外注册商标；有的认为办理商标国际注册程序繁琐、费用高，不愿在国外注册；更有甚者认为自己的品牌足够知名，无需注册。目前，我国大多数企业尚未形成一套完整的知识产权保护战略，也基本没有建立商标的市场监测预警系统，更不重视运用商标境外注册维护自己的正当权益，导致我国企业商标海外注册积极性不高，总量偏低。第二，中国企业在商标国际保护的方案策划上不够完善。第三，往往忽略商标防御性注册，如只注册一个商标，但没有考虑他人可以在其他类商品上使用相同或者相类似的商标；或者忽略了类似商标被抢注同样影响已注册商标的商业价值。第四，中国企业在商标国际保护的操作方法上不够恰当。比如，有的制定了完善的商标国际保护方案但操作不及时，坐失良机；有的不分重点进行注册，造成浪费；有的则根本就是对商标注册国的法律不了解，以致不能有效保护自己的商标。第五，体制转轨带来的不适应。长期以来，我国企业

往往只在国内注册商标，而境外商标注册基本由外贸公司代理。近年来，随着外贸体制改革的深入，我国大部分外贸公司进行了改组或改制，不乏拥有企业的境外商标注册权，而此前经由他们已经代为注册的商标则需要企业花钱买回。这样，一方面，外贸公司帮助企业注册及保护商标的积极性和可能性大大降低；另一方面，企业从国内申请注册商标到兼顾国内和境外申请还需要一个适应过程，一些企业甚至暂停了商标境外注册工作。

其二，外部原因。第一，国际炒家的恶意抢注。一些境外商标注册公司或个人利用商标的地域性限制，对中国知名商标进行市场进入的可能性预测，并花费大注册费在境外抢先注册，然后进行商标倒卖或以“侵权”之名起诉以骗取赔偿或索要巨额商标转让费或按销量索要进入本地市场的许可费。一直以来，国外小公司经常抢注知名商标，如今这种现象出现了升级版，一些国际跨国公司公然利用商标进行不正当竞争。海信商标被西门子抢注在 2004 年被吵得沸沸扬扬。西门子公司在德国注册“HiSense”商标，该商标与海信的英文商标只在中间的字母“S”处有大小写的区别，海信历时 5 年才艰难拿回了“Hisense”商标。第二，反倾销手段。恶意抢注还成为一些国外企业反倾销的一种手段，使被抢注商标的企业以原商标进军国际市场遇到困难。例如，2006 年 5 月 16 日，美国芝宝制造有限公司和芝宝商标公司以“Zippo 打火机外形商标”为由，向美国国际贸易委员会（简称“ITC”）提交申诉书，例证包括恒星烟具公司在内的 4 家中国打火机公司和部分美国进口销售商，其销售的打火机产品混淆、侵犯了芝宝的“外形商标”，请求 ITC 针对类似争议打火机的所有进口、转口和销售行为发起调查，动议 ITC 发布永久性普遍排除禁令和禁止令，终止该类打火机进口美国。被抢注商标的企业的产品不能以原有商标进入市场，只能另换商标，对企业已有无形资产造成无法估量的损失，给企业经营增加无法计算的成本。申请抢注的公司则可以合法地把自己的产品冠以被抢注的知名商标，大摇大摆地进入世界市场，挤压市场空间，扰乱销售秩序，严重损害被抢注商标企业的利益。

（二）企业拓展海外市场的商标保护的对策分析

第一，增强企业和全社会的商标意识。我国企业要充分认识实施商标战略的重要意义，增强商标意识，争创驰名商标，将商标战略与开拓市场有机地结合起来，做到以品牌开拓市场，以市场培育品牌。有关部门要加大《商标法》宣传力度，进一步提高全社会的商标意识，让“市场竞争、商标先行”成为全社会特别是企业的自觉行动。

第二，企业必须从战略层面对商标加以管理。企业对商标的保护已不是一个单纯的法律问题，要使企业管理达到真正的国际水平，必须从战略层面对商标加以管理，即企业必须在CEO理念、公司架构及律师素质三方面有所突破。中国企业的CEO们走出国门时，首先要转变观念，不仅保护知识产权，还要用知识产权创造财富。公司架构也是随之变化，企业要设立专门部门，全权负责商标的管理。目前，大多数国际性服装品牌（如Adidas）及少数国内知名品牌（如红豆），都设有专门的商标管理部门。而据了解，许多出口海外的家电企业，并没有专门的商标或知识产权部门负责海外的申请注册工作，往往是随便选择办公室成员管理商标事务。最后，公司法务部角色缺位，律师素质不高。一个出色的知识产权律师，对应国外商标抢注非常重要。

第三，积极进行国际商标注册。中国企业在国外要取得商标保护，一个非常重要的渠道就是通过国际商标注册。然而，目前中国出口产品中只有21%有自己的商标，29%没有商标，另外50%是贴牌。世界品牌实验室公布的中国500个最具价值的品牌中，有46%未在美国注册，未在欧盟注册的中国品牌企业竟达76%。商标保护有地域性，根据商标申请在先的原则，企业产品要出口，就应在出口国申请商标注册。国内企业在中国进行商标注册，只是在中国享有专有权，一旦产品出口到国外，首先要到进口国进行商标注册，否则不受该国法律的保护。面对日趋激烈的国际竞争，中国企业要在全球经济中占有一席之地，就必须拥有参与国际市场竞争的商战利器——商标的国际注册。根据《马德里协定》规定，某一商标只要在知识产权国际局获得注册，便可成为国际注册商标，在马德里协定各成员国普遍生效。我国已于1989年加入了《马德里协定》，并于1995年加入了《马德里议定书》，成为马德里协定的成员国。因此，我国企业要积极申请商标的国际注册，获得在马德里协定成员国的普遍保护，从而大大降低我国商标被境外抢注的几率。

第四，积极在进口国取得商标权。由于商标权保护具有地域性，因此，在进口国取得商标权，进而获得在该国的法律保护，是避免我国商标被抢注最直接、最有效的途径。目前，世界各国的商标权主要有三种制度：先使用制、先注册制和先使用与先注册并用制。我国企业要根据不同情况采取不同的防范措施。一是在实行先使用制的国家，如美国、英国、澳大利亚、加拿大、新加坡等国，应当尽早使用商标，并注意收集和确定在这些国家使用商标的证据，包括合同、广告、宣传材料等等。如果该商标被人抢注，可以通过商标异议程序或者诉讼程序夺回商标。二是在实行先注册制的国家，如日本、韩国、西班牙、意大利等国，应尽早办理在该国的商标注册，以先取得在该国的商标专用权。三是在实行并用制的国家，也不应忽视商标注册。如未注册，则应密切关注该国商标注册的新动向，必要时应及时提出异议，维护我国企业商标专用权。

第五，努力争创中国驰名商标。我国是《巴黎公约》的成员国，该公约规定：各成员国应在本国法律允许的条件下，依法对构成商标注册国或使用国主管机关认定在该国已经驰名的商标，予以保护，不管该商标是否注册，都应加以保护。所以，我国政府部门要有针对性地为企业提供政策引导及商标咨询，重点扶持知名企业的知名品牌，争取在较短的时间内创造一定数量的中国乃至世界驰名商标。企业一方面要加大研发投入，提高自主创新能力，通过创立自主品牌提高企业核心竞争力；另一方面，要把商标保护纳入企业的战略管理之中，特别是一些具有较高知名度的商标，应把着眼点放在驰名商标认定上，即通过申报并认定“中国驰名商标”，驳回对方的商标申报，从根本上解决我国商标在境外遭抢注和侵权问题。

第六，委托目标国家的代理机构监测该国商标公告，及时采取救济手段，积极维护我国企业的正当权益，在必要时启动法律程序。

企业应密切关注《商标公告》，如发现相同或近似商标，及时向国家工商总局提出异议；要委托商标代理机构进行市场追踪监测，及时反馈侵权信息。如发现商标被抢注，要积极采取措施，维护企业利益。相关政府部门要采取措施，做好对商标公告的监视，防止境外炒家对我国企业商标的冒用、抢注。一旦发现申请注册的商标与我国企业的注册商标相同或近似的，应立即通知国内相关企业，并通过官方途径与抢注方交涉、协商。

对于国外恶意抢注或以贸易壁垒为目的的行为，在必要时应积极启动法律程序。如上述中国打火机应对贸易壁垒战——Zippo 外形商标案，经各方听证、权衡后，恒星烟具公司决定单方应诉，并与国内唯一经手多起 337 诉讼案的金杜律师事务所和美国 Kenyon&Kenyon 律师事务所签约精选专业律师联合组建应诉抗辩团队。最终温州市恒星烟具有限公司与美国芝宝公司达成和解，并签署全球市场合作框架协议，裁定“恒星烟具”成为商标保护范围内能向美国出口的供应商，从而成为美国 337 调查中唯一和解案例。

三、我国驰名商标的海外保护

驰名商标是品牌的核心构成部分，是商品（服务）高信誉度、高知名度的本质体现，是提高企业市场竞争力和国家经济竞争力的重要方式。创名牌的关键是提高产品的质量和服务，这样才能增加驰名商标的内涵。保名牌，需要树立战略思维，具有历史眼光和国际视野；需要依靠制度规范保护行为，制裁侵权行为；需要政府、社团和企业共同行动。从国际范围来看，驰名商标保护的制度理念正在发生深刻变化。打破驰名商标的地域范围和缩小“相关公众”范围的限制，已经形成共识。这为相关制度的改革奠定了法理基础，也将减少驰名商标国际保护的阻力，降低保护成本，为贸易自由、便利和秩序创造良好的制度环境。因此，我国企业要把握驰名商标保护的国际发展趋势，合理应用各种策略，趋利避害，把保护名牌置于创立名牌同等的地位。

（一）我国驰名商标海外保护的重要意义

商标国际化是经济全球化的必然结果，驰名商标已成为国际社会一致保护的知识产权。与普通商标相比，驰名商标显示出专有独占性特征，如超越地域范围的垄断权、超越先申请原则的注册权以及严格限制的转让权和许可权。自《巴黎公约》提出驰名商标保护以来，虽然保护水平、保护方式略有差异，但无论是重要的国际公约，还是西方发达国家、新兴市场国家的国内知识产权法律，都对驰名商标给予严格而特别的保护。

驰名商标凝结着企业的信誉，代表着企业的形象，是企业的巨大无形财富。如世界第一品牌可口可乐，其商标市值占公司全部资产的70%以上。因此，驰名商标保护的实质是保护经济价值、经济利益。一方面，它保护着企业的微观利益，另一方面它在一定程度上保护着国家的宏观利益。我国要落实科学发展观，从“制造大国”转变为“创造强国”，从“引进来”转向“走出去”，创立自主品牌，保护自主品牌是必然选择。驰名商标是民族工业的龙头，是中国经济的未来希望。保护驰名商标对我国企业和经济发展的转型来说，具有特殊的意义。

保护驰名商标是落实科学发展观的战略需要。要坚持科学发展观必须提高发展质量。转变发展观念，创新发展模式，都是为了提高发展质量。而解决发展质量问题的一个中心环节，就是增强自主创新能力，形成一批拥有自主知识产权和知名品牌、国际竞争力较强的优势企业。[17]而驰名国内商标是知名品牌的核心。

保护驰名商标是促进企业和国家生产力与竞争力的需要。驰名商标综合反映了企业的经营素质、技术状况、管理水平、营销技能与竞争实力。联合国工业计划署的有关研究表明，世界上高信誉商标在整个产品的商标中所占的量不到3%，但其市场份额却占整个世界商品市场份额的40%以上。美国和日本驰名商标在国际上的强势地位表明，以驰名商标为代表的品牌经济形成了主导经济的态势。企业是否拥有驰名商标以及驰名商标的多寡，不仅关系到企业的生存与可持续发展，还影响到一国经济的强弱。因此，在某种意义上，驰名商标就是生产力，就是市场，就是效益。保护驰名商标，就是保护先进生产力，促进社会经济发展；就是维护优质企业赖以生存和可持续发展的社会土壤，保护企业乃至国家竞争力不受损害。

保护驰名商标也是维护市场竞争秩序的需要。由于驰名商标具有高知名度、高市场占有率和高创造能力的“三高”优势，因此常被不正当竞争者所觊觎。一些不法企业和个人为了追求高额的不当利益而不择手段，公然违法。如有的公然假冒驰名商标，有的以他人驰名商标作为商号，最终导致驰名商标被贬低、被淡化的恶果。公平有序的竞争是市场经济的灵魂。因此，保护驰名商标，预防和严惩侵害驰名商标的不法行为，有助于建立竞争有序的市场运行机制，为驰名商标的生存和发展创造良好的社会经济环境，实现国家、企业和消费者的根本利益。

保护驰名商标还是加快企业参与国际竞争的重要条件。在经济全球化条件下，目前，国家与国家之间、地区与地区之间、企业与企业之间的竞争，在某种程度上已经集中表现为商标的竞争，市场向高信誉商标聚集，驰名商标瓜分市场成为一种突出的经济现象，代表经济利益的驰名商标保护问题也成为国际经贸、科技合作中尖锐冲突的重要原因。

驰名商标保护状况是衡量一个国家知识产权保护水平的一个重要标志。随着我国对外开放水平的不断提高，经济与国际接轨的进程加快，客观上要求我国按照已经参加的《巴黎公约》和《与贸易有关的知识产权协议》的要求保护国内外的驰名商标，这是我国经济参与国际经济竞争的必然要求，也有利于创造良好的投资和贸易环境。

（二）我国驰名商标海外保护的现状及其存在的问题

驰名商标保护的国际化和制度化是一个不争的事实。国际社会已经建立了以《巴黎公约》、《世界知识产权组织公约》和《与贸易有关的知识产权协议》为主体的国际保护规则体系。西方发达工业国家（如英国、美国、德国、法国、日本等）和新兴市场国家（地区）（如韩国、印度、中国香港、中国台湾、中国澳门等）几乎都遵循有关国际规则的原则和要求，建立和不断完善本国（地区）的驰名商标保护制度。一些落后国家（地区）也紧跟国际趋势，建立相关制度。

我国是后发市场经济国家，也是最大的、发展最快的以及世界影响较强的发展中国家。伴随着我国改革开放不断向广度和深度发展，利用国内和国际两个市场、两种资源的需要，我国建立了由行政保护和司法保护两个机制构成的保护体系，建立了由《商标法》、《商标法实施条例》、《驰名商标认定和保护规定》以及有关司法解释构成的法律规范体系。

国际规则是各国利益协调的产物。各国保护驰名商标的基本动机有两个基本方面：首先是保护本国驰名商标所代表的贸易产品免遭假冒；其次是保护驰名商标免遭不当注册，包括不当的商标注册、商号注册和域名注册。虽然国际规则要求成员国或成员履行保护义务，但其仅提出了最低要求，各国（地区）的具体保护方式和保护水平依然存在一些差异。一般认为，我国在驰名商标的保护方式和保护水平方面不仅达到而且超过了国际规则的要求。

相比驰名商标的国内保护而言，我国驰名商标的国际保护近年来出现了一些严重的问题。最为突出的是外国特别是我国产品进口国的一些企业抢注我国驰名商标，给国内出口企业造成严重的经济损失。其次，合资经营企业中作为无形资产出资的我国企业商标被搁置不用，被国外合资方商标所替代。出现问题的原因主要有以下几个方面：一是长期以来我国绝大部分企业是以数量求生存，依靠大量出口，换取外汇，占领国际市场。进行的是低附加值的加工生产、加工贸易，虽然质量较好，也有很大市场，但轻视商标保护，较少在进口国家（地区）进行商标注册。二是国内一些知名企业，特别是老字号企业产品在国内已占据较大市场份额，有的没有进行商标注册，有的进行了商标注册，甚至取得了驰名商标的法律地位，而国外企业为了阻止我国驰名商标产品的出口该国，恶意抢注我国驰名商标。从“海信”到“王致和”，这方面的案件不断出现。三是外方投资者利用合资、并购等方式，吸纳、购买我国驰名商标，弃置不用，同时在中国推广自己的驰名商标，销售合资企业或独资企业产品。上海庄臣合资案就是典型案例。美加净商标被庄臣商标所替代，造成我国驰名商标的陨落。也有一部分驰名商标因中方合资者疏于管理而在合资中流失。

驰名商标的行政保护和司法保护的实践证明，商标所有人和许可使用人缺乏驰名商标保护的战略规划、缺少对国际和外国保护规则的了解，政府主管部门和司法机关缺少有效的信息服务和国际沟通、协调，是造成我国驰名商标受损的深层次原因。

（三）我国驰名商标海外保护的策略

为了及时有效地保护我国驰名商标免遭无端侵权，我们应结合贸易实务和现行有关法律保护规定，寻求切实可行的保护策略。

一是合理认识驰名商标的作用。在驰名商标作用的认识上，目前存在两种截然不同的意见。企业界普遍将驰名商标视为商标的信誉品牌；而理论界和司法界大多仅视其为一种商标保护的特殊法律方法，轻视其“品牌”功能，并担心驰名商标制度被异化。[18]这两种认识均存在片面性。根据各国和国际保护驰名商标的法律规定，驰名商标的内涵至少包括三点：即相关领域的公众普遍知晓、高信誉度以及在保护范围和保护时间上的特殊法律保护。[19]驰名商标虽然在分类上不是单独的一类商标，虽然不完全等同于名牌产品，但这绝对不应成为忽视其品牌效应的理由。否则不利于落实科学发展观对创造大批国际一流品牌的需要，也不利于企业贸易方式从注重产品贸易向注重品牌贸易的转变。

二是合理确立驰名商标产品的国际市场战略。各国一般将注册商标作为保护对象，驰名商标的国际保护，需要企业付出包括注册成本在内的各种成本。因此，合理选择驰名商标产品的国际目标市场，并适时申请商标注册，可以节约保护成本，增加保护效益。由于我国商标国际化水平低，频遭国外企业甚至国际企业巨头的抢注，[20]因此，一旦企业的产品在国内获得驰名商标，应立即在国际目标市场申请注册，避免被抢注。另外，在企业出口产品已经在外国（地区）占据较大市场份额的情况下，则事实上具有了驰名商标的条件，因此要及时申请国际注册。目前各国对驰名商标的保护一般是通过司法认定进行的。注册商标的事实存在一般是认定驰名商标基本前提。虽然《与贸易有关的知识产权协议》要求成员保护非注册驰名商标，但是一方面该协议对非成员来说不具有约束力，另一方面，在商标遭受国际侵权的情况下，非注册商标权人则要花费较大的成本来证明侵权的存在。因此，我们主张企业注重商标的国际注册，以利于在权利受到侵害的情况下，申请认定驰名商标。

三是在出口产品销售地积极注册“防御商标”和“联合商标”。注册的目的不是为了自己“专用”，而是为了禁止他人使用。目前许多国家都在商标法中明确规定了防御商标和联合商标的注册；允许被确认属于驰名商标的标识进行这两种特殊注册。这被认为是保护驰名商标的一种有效措施。[21]但是，我国商标法还没明确保护防御商标和联合商标。这既不符合国际上的发展趋势，又不符合我国商标管理实践。对于我国驰名商标的国际保护造成一定的障碍。这就需要企业积极利用外国的有关规则，保护出口产品商标。

四是正确利用驰名商标权利限制制度，避免在驰名商标的司法认定中支付无谓的诉讼成本。在现有的国际条约中都有关于商标权有限例外（包括权利穷竭）的规定，如《与贸易有关的知识产权协议》第 17 条、《卡塔赫那协定》第 105 条、《北美自由贸易区协定》第 1708 条、《欧共体商标条例》第 12、13 条。一些国家的国内法也有明文规定，如日本商标法第 26 条、第 29 条及第 32 条，美国商标法第 1052 条和 1114 条。商标权有限例外包括诸如他人善意使用其本人的姓名、笔名、住址名称及商品来源地名称，使用“说明性术语”，他人以正常方式指示商品或服务的名称、出售地点、质量、原料、功能、效用、形状、价格等，他人的在先外观设计权、版权，在先使用权，商品转卖权，等等。因为我国商标法在这方面的规定较少，因此，我国驰名商标权人应充分了解产品销售国（地区）有关驰名商标权利限制的法律规定，避免出现所谓的“保护”诉讼。

与商标权有限例外类似，在国际商标许可中，要避免出现“平行进口”现象。如果国内的驰名商标通过许可合同对外许可，那么就要注意保护被许可人的权利，避免国内相同商标的产品出口到被许可的市场范围。这不仅有助于保护被许可人的合法权益，而且有助于赢得国际市场信用，扩大驰名商标的许可范围，提高驰名商标的价值，获得更多的经济收益。

五是保护驰名商标在合资经营中免遭“淡化”和“消化”。与国外特别是发达国家的品牌相比，由于缺乏核心技术的自主知识产权支撑，其价值相对较低。国内有很多企业在同国外合资合作过程中轻视自己的品牌，不注意加以保护，导致相当数量的民族品牌消失。也有一些企业幻想通过合资攀附“洋品牌”发迹，自愿放弃自有品牌或接受洋品牌兼并，使中方品牌沦为牺牲品。[22]这就要求在建立合资企业时，首先选择以商标的使用许可权出资，其次选择商标转让出资方式。在以转让方式出资的情况下，要避免外方利用合资产品推行其自己的商标，废弃我国企业原有的驰名商标。

六是合理发挥政府和行业协会在保护驰名商标中的重要作用，应对驰名商标的国际侵权行为。从本质上讲，驰名商标的国际保护是企业的一种市场行为。但是政府和行业协会责无旁贷。因为驰名商标的国际保护直接关系到国家的贸易利益和国际贸易秩序。行业协会，特别是国际贸易促进组织作为公共服务的提供者之一，比企业拥有较多的信息资源和协调能力。

政府有关部门，特别是主管部门应在信息服务方面树立服务意识，提高服务能力，指导企业采取积极合法的方式在国际贸易中保护驰名商标。在我国驰名商标遭受国际侵权的情况下，行业协会应发挥沟通、协调和帮助作用，与国外同行、驻外商务机构沟通、协调，协助企业和合理合法地妥善解决侵权纠纷。

最后，积极寻求政府有关部门的支持，为我国企业驰名商标域外保护提供良好环境。

驰名商标的国际保护不仅涉及厂商自身利益的保护，也涉及国家利益的保护。从这个意义上讲，企业实施驰名商标域外保护策略，也是国家商标发展战略的重要组成部分，是国家从宏观政策出发拓展国家市场的重要机制和手段。由于企业自身对驰名商标的域外保护情况与国家利益紧密地联系在一起，企业在实施驰名商标域外保护战略时借助于该国政府和有关部门的支持也变得十分重要。在发生驰名商标的国际纠纷而需要解决时，政府和有关部门的支持及参与尤为重要。在我国已加入 WTO 后，合理运用国际条约与法律保护国内企业利益是政府应负的责任，也是提高国家竞争力的必然要求。美国与印度就有保护国内利益的典型例子，其分别运用进攻性与防御性色彩的知识产权制度，充分考虑到本国的利益，利用知识产权制度保护国内产业。国外一些企业在遏制商标国际纠纷时，往往主动寻求本国政府的支持，取得的效果比较明显，这种做法确实值得我国企业借鉴。也就是说，我国企业在实施驰名商标域外保护时，应当积极争取政府有关部门的支持与帮助。

参考文献：

[1] 王学政．加入 WTO 与中国的商标保护［M］//唐安邦．中国知识产权保护前沿问题与 WTO 知识产权协议．北京：法律出版社，2004：132～137.

[2]［3］［5］［14］［15］孔祥俊．WTO 知识产权协定及其国内适用［M］．北京：法律出版社，2002：130，146，147，135，170.

[4] Willy Alexander，“Exhaustion of Intellectual Property Rights：Worldwide or Communitywide?”，“Intellectual Property and Information Law”，edited by Jan J. C. Kabel，Kluwer Law International，1988.

[6]［8］［9］［10］董炳和．我国商标法上地名商标的其他含义［J］．知识产权，2009（2）：46～51.

[7] The International Bureau of WIPO：“Protection Against Unfair Competition”，Geneva（1995），p. 32.

[11]［13］北京市高级人民法院行政判决书［2003］高行终字第 65 号。

[12] 北京市第一中级人民法院行政判决书［2006］一中行初字第 129 号。

[16] 程萌．推动海外商标维权　提高企业竞争力［EB/OL］．［2010-11-17］．http：//www. cs. com. cn/cqzk/01/10/200709/t20070914 _ 1194402. htm

[16]［20］刘贵增．中国企业国际化与品牌保护战略［N］．中国知识产权报，2005-05-26（1）.

[17] 李君如．科学发展观研究三题［J］．中共中央党校学报，2006（1）.

[18] 张晓远．驰名商标的界定及制度价值分析［J］．法学杂志，2003（2）：33～35.

[19]［21］郑成思．WTO 知识产权协议逐条讲解［M］．北京：中国方正出版社，2001：74～75，71～72.

[22] 刘明珍．中国企业自主知识产权和知名品牌发展研究［J］．中国软科学，2006（3）：123～131. 有关统计数据，可以参见课题组．当年的 9000 个品牌哪里去了［J］．经济研究资料，2001（10）.

第七章

商标异议与典型侵权救济

第一节　商标异议的基本界定

一、商标异议制度设置的目的

商标异议是指任何人认为商标局初步审定予以公告的商标不具有合法性，在公告之日起规定的期间内向商标局提出不应该予以注册的意见。异议的内容主要有两项：一是与已注册的商标相同或近似；二是认为该商标违反禁用条款。

商标异议制度设立的目的主要有四方面：

第一，保护商标权利人和其他在先权利人的利益。保护注册商标专用权是商标法的立法宗旨，商标局通过实质审查并依据《商标法》第28条、29条规定，驳回在后的商标注册申请。但在先注册商标和申请在先商标的权利人可能对商标局的审查结果存在不同意见，认为经商标局初步审定的在后商标侵犯了自己的权利。商标异议制度的设立为在先商标权利人提出自己的不同意见和保护自己的权利提供了程序保障。商标法还保护其他在先权利，如著作权、名称权、姓名权、肖像权、专利权等，在商标审查过程中难以判断申请注册的商标是否侵犯他人在先权利。对于此类纠纷，只能通过商标异议程序加以解决。此外，商标异议制度在保护驰名商标、禁止抢注具有一定影响的商标、禁止代理人或者代表人恶意注册等方面具有重要的作用。

第二，保护消费者利益。通过对商标注册申请的实质审查，尽量避免使用在相同或者类似商品上的相同或者近似商标的出现，从而使消费者免于混淆。商标审查虽然也是以普通消费者的注意力为标准，但审查中的判断只是一种可能性判断，而非事实上的判断。商标局认为不属于类似的商品或者不近似的商标，在实际经济生活中，消费者可能认为构成类似商品或者近似商标。商标异议制度的设立就是给予消费者以表达自己主张的机会，从而在一定程度上避免商标局核准注册的商标在市场上与其他商标相混淆。因此，商标法对商标异议申请人的资格没有作出限制性规定，即任何人都可以提出异议。

第三，维护社会公共利益和公序良俗。由于商标是使用在商品上的区分商品来源的标志，一经注册和使用必然在社会上产生一定的影响。为了避免因商标对社会公序良俗、社会公共道德等产生不良影响，《商标法》第 10 条规定，有害于社会主义道德风尚或者有其他不良影响的标志不得作为商标注册使用。但受商标审查员认知水平、知识结构等因素所限，在审查过程中可能出现有不良影响或者违反禁用条款的商标被初步审定并公告。商标异议制度为社会公众反对此类商标注册提供了机会，由商标局作出裁定，撤销对此类商标的初步审定，从而消除不良影响。正是从此种意义上说，商标异议制度的目的之一在于维护社会公共利益和公序良俗。

第四，有利于社会公众对商标审查工作进行监督。商标注册的审查制度由于受技术条件，审查员的经验、学识、对商标近似认知程度的差异和其他因素的影响，可能会出现误审、漏审、错审等现象。设立初步审定商标公告制度和商标异议制度，就是将商标审查的情况向社会公布，使行政权力接受社会监督。这有助于提高工作质量，不断完善商标注册审查工作；通过公告制度和异议制度，商标局可以广泛听取各方面的意见，及时纠正工作失误或者不当之处，从而提高行政的公信力；异议制度有利于社会公众对商标注册审查工作进行监督，增加工作的透明度。

二、商标异议的重要性

（一）商标异议是商标注册流程的重要程序

我国《商标法》确立了注册原则和申请在先原则为基本的确权原则。按照上述原则，商标专用权需要经过注册取得。法律对商标注册规定了一套完整的程序。欲取得商标专用权的自然人、法人或者其他组织应当向商标局提交商标注册申请；商标局收到注册申请后，先对申请材料进行形式审查，符合条件的予以受理；被受理的注册申请进入实质审查程序，即由商标局审查人员对申请注册商标是否符合法律规定进行审查；实质审查认为符合法律规定的商标被初步审定并刊登《商标公告》。此后，进入商标异议期，任何人自公告之日起 3 个月内可以对初步审定商标提出异议。初步审定商标一旦被人提出异议，则会启动商标异议程序，由商标局根据当事人陈述的事实和理由对异议案件进行审查，作出裁定：如果异议不成立的，被异议商标予以核准注册；如果异议成立的，被异议商标不予核准注册。

（二）商标异议是对商标局实质审查工作的有效补充

商标局对于商标注册申请进行的实质审查工作是一项将抽象的法律条款及审查准则应用于具体商标审查的实践活动。这种实践不可避免地受到以下三个方面的制约：

第一，在客观方面，审查工作的主要内容之一就是判断申请商标是否与他人在先注册或者在先申请的商标（下称在先商标）相冲突，即申请商标是否与在先商标构成了同一种或者类似商品上的相同或近似商标。这一工作在技术上主要依赖商标注册与管理自动化系统来进行。该自动化系统将所有的在先商标纳入数据库，审查员通过运行审查程序来检索该数据库，将申请商标与符合条件的在先商标进行比较，作出判断。但这种方式存在两点缺陷：第一，数据库记录的信息可能存在差错。因为建立数据库是通过人工劳动完成的，该数据库记录了数百万条的商标信息，存在差错在所难免。第二，审查程序本身不可能检索出所有的相同或近似商标。商标相同或近似的情况极其复杂，尽管审查程序的设计尽可能全面地考虑了商标相同或近似的类型，但显然无法穷尽。例如，对于字形相近的文字商标，现有的审查程序很难检索出来。

第二，在主观方面，由于审查员在专业范围、知识面及工作经验等方面存在着个体差异，审查工作必然会受到主观方面的因素影响。针对相同类型的个案，不同的审查员可能得出截然相反的判断结果。

第三，商标局实质审查工作只根据商标注册申请人提供的材料来进行，一般只能就申请商标是否违反禁用条款、是否与在先商标相冲突作出判断。至于那些申请注册商标损害除在先商标权以外的其他在先权利以及以不正当手段抢先申请注册他人已经使用并有一定影响的商标等问题，难以通过实质审查工作来解决。

因此，商标局的实质审查工作无法保证所有初步审定的商标都完全符合法律要求。换言之，确实有部分被初步审定并公告的商标是存在瑕疵的。通过商标异议程序就可以对被异议商标作进一步的审查，甄别出不符合法律规定的商标，不予注册。因此，商标异议是商标局实质审查工作的有效补充。

（三）商标异议提高了商标局工作的透明度，有利于社会公众对商标局工作进行监督

通过商标异议程序，社会公众（包括自然人、法人或者其他组织）可以对商标局的审查工作发表意见和建议，从而对商标局工作形成有效社会

监督。

（四）商标异议有利于当事人维护自己的合法权益

商标局的实质审查工作，难以甄别出申请注册商标损害他人除商标权以外的其他在先权利和以不正当手段抢先申请注册他人使用在先并具有一定知名度商标等情形。同时，对于法律的理解与适用以及审查准则的实施存在仁者见仁、智者见智的状况，在先商标权人也可能认为初步审定的商标侵犯了其权利。通过异议程序，在先权利人以及在先商标使用人可以陈述自己反对被异议商标获准注册的事实与理由，阻止存在瑕疵的商标被核准注册，来维护自己的合法权益。另一方面，法律也赋予了被异议人进行答辩的权利，被异议人通过答辩也可以针对异议理由进行反驳并提供相应的证据材料，尽可能让自己申请的商标获准注册。

三、商标异议制度的作用

（一）商标异议制度的积极作用

商标异议制度的积极作用主要有三个：一是保护商标在先注册人的利益；二是保护商标初步审查人的在先申请权；三是避免注册商标申请人获得不应得到的商标专用权。

（二）商标异议制度的负面作用

首先，从制度设计的角度来看，异议程序虽然不是每一个申请注册商标都必须经历的程序（据统计，被异议商标的数量约为初步审定公告商标的2%～3%），但异议期却是从初步审定到获准注册所必须经历的。即使没有发生商标异议，初步审定公告的商标也要等到3个月的异议期满后才能获准注册，从而延长了商标不受法律保护的空白期。

其次，被提出异议的商标也只是可能存在瑕疵，其最终能否获准注册，还需经有关机关的审查。从商标局异议裁定工作的实际情况看，裁定异议成立不予注册的商标不到整个异议案件的50%。由于商标一旦被提出异议，就不能及时确权，异议裁定的时间又比较长（目前，商标局异议裁定需要两年多时间，如果当事人对商标局裁定不服提出异议复审的，评审时间可能更长。如果当事人对评审裁定依然不服的，还可以向人民法院提起诉讼），造成被异议商标的权利长期处于待定状态，不利于被异议人围绕被异议商标开展经营活动。

再次，还可能出现恶意异议的情况，即出于不正当的目的利用商标异议程序阻止他人的商标及时注册。实践中存在两种类型：第一，利用异议程序敲诈对方当事人。例如，曾经有某自然人针对国内一家知名的饮用水生产企业申请注册的商标提出异议，然后通知被异议人，要求被异议人支付 20 万元作为代价换取其撤回异议。第二，利用异议程序作为打击竞争对手的手段。例如，某公司原本就在仿冒竞争对手的商标，在得知对方已经申请注册商标后，就提出商标异议，阻止其注册。然后，趁异议裁定期间对方商标不享有专用权之机大肆仿冒。

针对恶意异议的情况，《商标法实施条例》第 23 条规定："经异议裁定核准注册的商标，自该商标异议期满之日起至异议裁定生效前，对他人在同一种或者类似商品上使用与该商标相同或者近似的标志的行为不具有追溯力；但是，因该使用人的恶意给商标注册人造成的损失，应当给予赔偿。"据此，恶意异议人在异议裁定期间于相同或类似商品上使用与被异议商标相同或近似的商标具有不法性，并需承担赔偿责任。同时，对于借用商标异议程序敲诈、勒索被异议人的，被异议人可以提供相关证据请求商标局提前裁定异议案件。

第二节　恶意商标异议的法律规制

恶意商标异议行为是自然人、法人或者其他组织出于不正当之目的，无正当理由，滥用商标异议程序权利，通过提出商标异议而阻止商标注册申请人申请注册的商标获准注册的行为。恶意商标异议的认定，应考虑行为人恶意行使异议权的主观状态，法律上的或事实上的正当依据缺乏的客观行为表现以及损害后果等方面。规制恶意商标异议行为的法律对策，一方面要增强社会成员法治意识，另一方面更应注意现有制度的完善。应完善商标异议的理由和异议人的资格制度，创设商标异议快速审查程序，增加被异议人的程序选择权利，同时建立针对恶意商标异议的惩罚性赔偿机制，通过制度的完善遏制恶意商标异议的发生。

一、恶意商标异议的界定

我国《商标法》第 30 条规定："对初步审定的商标，自公告之日起三个月内，任何人均可以提出异议。公告期满无异议的，予以核准注册，发给商标注册证，并予公告。"这一条款对于商标异议的基本制度进行了规定，但是对于假借商标异议，追求恶意目的的商标异议行为，《商标法》并没有予以明确规定。这在一定程度上造成了恶意商标异议界定上的困难。

对此，有学者认为，恶意商标异议是指部分自然人、法人或者其他组织利用被异议人迫切需要使异议商标获准注册的心理，滥用法律程序，无正当理由提出商标异议以阻止他人商标的合法注册而达到牟利目的的行为。在本质上，恶意商标异议行为是一种故意规避法律、违反诚实信用原则的不正当竞争行为。[1]但也有学者认为，恶意商标异议是指自然人、法人或者其他组织为了达到其特定目的，滥用商标异议权利，通过提出商标异议而阻止商标注册申请人申请注册的商标获准注册的行为。[2]

比较上述对于恶意商标异议概念的界定，可以看出，上述两种界定在具体表述上虽略有差别，但均强调恶意商标异议是违反诚实信用原则、不正当行使权利的行为。然而在恶意商标异议行为的目的追求上，这两种界定的侧重点明显存在差异。前者强调恶意商标异议行为的牟利目的，而后者对此并不是特别注重，而是将阻止商标申请人的注册行为作为判断恶意商标异议的一个重要方面。笔者认为，在商标异议的实务中，非法的牟利目的确实是恶意商标异议人常见的目的追求，但是除了这种直接谋取非法利益的目的外，也存在着将异议作为竞争手段以排挤竞争对手，或者干扰被异议人正常生产经营的种种可能，因此牟利似乎不应成为恶意商标异议在主观目的上的限制。综合上述分析，笔者认为，恶意商标异议行为可以界定为是自然人、法人或者其他组织出于不正当之目的，无正当理由，滥用商标异议程序权利，通过提出商标异议而阻止商标注册申请人申请注册的商标获准注册的行为。

二、恶意商标异议的构成要件

对于恶意商标异议的构成要件，目前实务界并无明确意见，当前的理论研究中也基本处于空白状况，这使得恶意商标异议的认定成为理论与实务中的一个难点问题。笔者认为，化解这一难题，必须从商标异议的基本属性出发，并充分借鉴其他相关领域较为成熟的理论成果与实践经验。

从商标异议的基本属性来看，商标异议发生于商标注册过程中，是商标行政主体对于商标异议人和被异议人之间争议进行裁决的行政程序。在我国商标法修改以后，这一行政程序并不形成终局裁决。我国《商标法》第 33 条即规定，当事人对商标局的裁定不服的，可向商标评审委员会申请复审；对商标评审委员会申请复审裁决不服的，可以向人民法院起诉。这说明商标异议的判断主体不仅仅是行政主体，依据“司法最终原则”，司法机关在最终会承担对于异议是否成立的判断责任。在这种情况下，司法领域对于商标异议的判断必然会对行政程序产生影响。由于恶意商标异议是商标异议中的常见情形，而被异议人在商标认定和诉讼过程中也经常以恶意异议作为一项重要的抗辩事由，因此，诉讼过程中对于恶意以及恶意诉讼的认定标准就可以成为恶意商标异议认定标准的重要参考。而近年来在我国诉讼领域尤其是知识产权领域出现的诸多恶意诉讼的裁判也为我们构建恶意商标异议的认定标准提供了良好的参考素材。

针对实践中出现的知识产权恶意诉讼，有学者指出，知识产权恶意诉讼的认定应主要从行为人主观方面是否具有恶意，行为人行为在客观方面是否缺乏法律和事实依据以及行为是否给相对人造成损害等三个方面来加以认定。[3]这一见解对于商标注册程序中恶意商标异议的认定具有重要的启发价值，值得加以借鉴。根据实践中商标异议的具体情况，恶意商标异议的认定同样需从行为人的主观、客观以及损害后果等方面来综合加以认定。具体而言：

首先，恶意商标异议人主观方面应具有不正当地行使异议权的恶意。

异议人主观恶意的存在无疑是认定恶意商标异议成立的一个重要方面。然而，“恶意”究竟指什么？如何实现对于“恶意”的正确认定？这是认定恶意商标异议的一个核心问题。从性质来看，恶意在本质上属于行为人的主观状态。主观状态一般被认为包括认识因素和意志因素两个方面。因此，对商标异议中的恶意行为人主观状态的认定也应着眼于这两个要素。

认识因素是人们对现实事物，现实事物与主体的关系，以及自身的行动及其后果、意义的认识。就商标异议来讲，一般情况下，正常商标异议的提出有两种情况，一种是在先权利人针对正在公告期的商标提出的，其目的在于维护自己的权益；另一种则是社会公众在认为被异议商标一旦获准注册有可能损害社会公益或公序良俗时提出的，其目的在于维护社会的共同利益。这两种异议主体虽有差别，但在商标异议的提出具有正当理由这一点上是相同的。而在恶意商标异议中，行为人对于自己提出的商标异议不具有法律和事实的正当依据这一点是明知的。在其明知异议不具有正当依据但仍执意启动异议程序以陷无辜的被异议人于商标异议程序之中时，其主观恶性由此显现。

认识因素是产生有目的动机及实现有目的行为的前提。在前述行为人主观状态中，“明知”这一认识因素在一定程度上表明了恶意异议人有使被异议人陷入异议争议之中的恶意。这种认识因素能否转化为实际的行为，还要考察行为人的意志因素如何。从意志因素来看，行为人提起异议时常见的意志状态要么是为了维护自身权益或社会公益，要么是为了损害被异议人利益或者达到自己的非法意图。前一意志状态无疑是合法的，而后者则往往属于恶意。因为后者在意志因素中已经包含了不正当的目的，脱离了商标异议制度维护商标人权利和社会公益的初衷。所以，当异议行为人明知自己的异议具有不正当之目的但仍执意为之，即通过其外部行为追求该目的的实现时，其意志因素即得以体现。

其次，恶意商标异议在客观上表现为行为人在明知缺乏法律上或事实上的正当依据的情况下仍提出商标异议的行为。

《商标法》第 33 条规定，“对初步审定、予以公告的商标提出异议的，商标局应当听取异议人和被异议人陈述事实和理由，经调查核实后，作出裁定”。《商标法实施条例》第 22 条也规定，“商标异议书应当有明确的请求和事实依据，并附送有关证据材料”。由此可见，在商标异议中，法律或事实的理由是必不可少的一个要素。然而在恶意商标异议中，由于行为人的异议本身是出于恶意，异议理由往往牵强附会，缺乏充分的事实和法律依据。例如，在“农夫”恶意商标异议案中，异议人就以“农夫”为普通称谓属于公用名词，不能为某个人或某个企业注册为商标而独占为理由提起异议。在实践中，也有一些商标专利事务所结合实践总结了恶意商标异议的常见行为，如向被异议人索要高额的费用，以作为撤回异议的条件；或者异议人所延引的引证商标与异议人没有直接的利害关系等。综合上述理论分析和实践经验，可以看出，明知缺乏法律上或事实上的正当依据而仍提出商标异议是恶意商标异议在客观行为上的重要表现。

再次，恶意商标异议造成了损害后果或者有损害之虞。

损害结果也是衡量恶意异议行为是否成立的一个要件。在商标异议过程中，恶意异议的提出往往将被异议人拖入了一个本可以不出现的行政程序甚至诉讼程序中，被异议人将为此付出巨大的人力、物力，其损害显而易见。而从另一个角度来看，恶意异议的提出直接启动了商标异议的行政程序，这往往造成国家财力的无谓浪费。因此恶意商标异议的损害后果一般是较为明显的。但是，在认定恶意商标异议时，并不一定要求有实际的损害发生，只要有造成损害的可能就可以构成恶意商标异议行为。实际损害的程度在明确被异议人所得赔偿额度时是具有意义的。

三、恶意商标异议的法律规制对策

明确恶意商标异议的构成要件为恶意商标异议的规制提供了一个重要的基础。但这一标准的提出尚不能解决其他方面的问题。从有效遏制恶意商标异议行为的目的出发，对于恶意商标异议的法律规制还需要在考察恶意商标异议产生原因的基础上，寻求法律制度的完善。

对于恶意商标异议产生的原因，目前学界已多有讨论。概括起来，主要包括法律文化以及法律制度两方面的原因。就前者而言，随着市场经济的发展，多种价值观对人们的观念形成了巨大冲击，公民道德诚信危机日益凸显，先进的法律文化尚未完全对人们的行为产生有效的制约。一旦出现可以利用法律制度的不足而谋求自身不当利益之时，那种滥用权利，实施恶意行为的情况就可能出现。恶意商标异议即为一明显的例子。就后者来讲，法律制度的内在缺陷是导致恶意商标异议的制度原因。例如，在《商标法》中，对于异议人提起异议的理由未予明确，使得商标异议的提出变得极为简单；异议及其后续的程序冗长，被异议人往往面临过高的时间与经济成本付出；商标异议行政与司法程序启动费起点不高，责任赔偿制度不完备等等。这种制度的内在缺陷为恶意商标异议的存在提供了制度上的便利。

基于上述分析，对于恶意商标异议的法律规制，需要从两个方面着手进行：

其一，恶意商标异议行为本质上是一种违反诚实信用原则、滥用权利的行为。因此，遏制恶意商标异议，首先需要运用多种手段提高公民和社会组织的法律观念和法治意识。观念是行为的基础。法律观念和法治意识的传播与提升有利于公民和社会组织形成正确的权利义务观，并在人们作出行为选择时予以正确的引导，从而减少和避免恶意商标异议的发生。

其二，在采取措施提高公民法治观念和意识的同时，针对恶意商标异议的制度完善将是另一个极其重要的方面。结合我国《商标法》的规定，有关法律制度的完善主要应包括以下方面：

(1) 完善商标异议的理由和异议人的资格制度。

如前所述，恶意商标异议在客观行为方面主要表现为申请人明知缺乏法律或事实方面的正当理由却依旧提起异议申请的行为。因此，强调商标异议必须具有正当的理由，对于遏制恶意商标异议将会起到积极的作用。在这方面，国家工商行政管理总局商标局于2008年12月1日发布的《关于提交商标异议申请有关事项的通知》中已经对此进行了一定完善。该通知规定："异议人提交异议申请时，应有明确的请求和事实依据的文字表述。如以被异议商标违反《商标法》第28条、29条为由的，则应指出在先商标的申请号或注册号以及商标名称，并提供相应证据；如以违反《商标法》其他规定为由的，则应清楚表述其理由及事实依据，并提供相应证据。请求和事实依据的文字表述应便于对方当事人答辩。异议人提交异议申请时，如没有明确的请求和事实依据，我局依法不予受理。"这种对于异议理由进行细化的做法无疑具有重要的实践价值。但其中仍旧存在需进一步完善之处：一是从性质来看，该通知仅仅属于行政规章，其效力层级明显较低；二是没有把异议理由与异议主体的资格相联系。在通常情况下，商标异议中的异议人要么属于在先权利人，要么属于社会公众。如果存在在先权利人，那么由在先权利人而不是其他人提起商标异议申请是最符合利益保护要求的。因此在异议理由的设计上应考虑到这一点。对于基于在先权利而提起异议的，应强调由权利的享有者或者利害关系人作为异议人。而如果是以商标申请人不符合法定条件以及违反了禁用条款为理由的异议，应允许任何单位或个人提出。对于以引证第三方的所谓“在先权利”作为异议理由的，原则上应不予认可。

需要注意的是，有观点认为，随着商标法律知识的普及和审查人员业务水平的提高，《商标法》继续保留与申请注册的商标没有利害关系的人的商标异议资格已无太大必要。但是，这一观点忽略了我国商标异议制度的立法目的。我国商标法对于商标异议的主体限制较为宽松，尤其是允许任何人对于商标提出异议，其目的在于通过社会公众的参与监督商标注册审查行为，防止违反公共利益和公序良俗的商标出现。因此，如果将异议人限定为“利害关系人”，对于恶意商标异议可能会起到一定作用，但是社会公众参与监督作用的发挥将受到限制，商标法立法目的将无法实现。另外，商标实务界认为，由于社会公众真正自愿承担异议费用监督商标审查工作的几乎没有，商标法规定“任何人”均可提出商标异议的立法目的落空，反而为恶意异议大开方便之门。[4]这一观点将社会公众参与商标异议的经济成本纳入考察范围，具有重要的启发意义。但是如果以此为由取消社会公众的商标异议权利，则又有失偏颇。其原因一是这种观点可能忽略了我国行政法治发展过程中日益广泛的公众参与的事实及其价值，二是未考虑公众参与商标异议的公益性以及需要配套的制度支持。如果我们在制度上加以适当变革，例如针对社会公众基于公益的异议行为在异议费用上予以适当减免，将会极大地激发社会公众参与商标异议的热情，从而真正实现商标法的立法目的。

(2) 创设商标异议快速审查程序，增加被异议人的程序选择权利。

我国商标法对商标异议规定了从商标异议裁定到异议复审再到诉讼的漫长的程序。在恶意商标异议案件中，恶意异议人之所以敢于提起异议，一个重要的原因是其利用了漫长程序对被异议人造成的压力。因此，程序的“消肿”对于提高商标被异议人的对抗能力，遏制恶意商标异议具有重要作用。而在国家工商行政管理总局发布的《中国商标战略年度发展报告(2008)》中，简化确权程序，缩短审查周期也已经被确定为我国《商标法》修改的主要方向之一。

因此，从简化确权程序，缩短审查周期的角度出发，在现有商标异议程序的基础上，有必要进一步创设简易的或快速的审查程序。在商标被异议人以异议人恶意为抗辩事由时，应首先对异议人异议的理由和证据进行初步审查，如发现商标异议显然没有正当理由，应予以驳回。另外，在商标复审环节上，由于目前复审是诉讼前的必经步骤，而商标复审又不具有终局效力，当事人在复审以后还面临着寻求司法最终救济的可能性，这形成了较为漫长的异议处理程序。在此可以考虑增加被异议人的选择权，即允许被异议人在对商标异议裁决不服时直接向法院提起诉讼，通过司法途径迅速终局地认定恶意商标异议，解决商标异议争议。

(3) 建立针对恶意商标异议的惩罚性赔偿机制。

目前我国《商标法》对于恶意商标异议行为的惩戒措施主要是裁定异议不成立，这种明显轻微的惩戒降低了恶意商标异议的违法成本，是造成恶意商标异议泛滥的一个重要原因。这一点已经成为人们的共识。有学者指出，将来商标法的修改应当对恶意异议增加民事赔偿的规定，以大幅度提高恶意异议人滥用异议程序的成本，同时减少权利人的维权成本。这一建议无疑是正确的。但是民事赔偿既包括补偿性赔偿，又包括惩罚性赔偿。而不同的赔偿方式对于恶意商标异议所能发挥的作用仍旧存在差异。从有效遏制恶意商标异议的目的出发，有必要在我国《商标法》中增加规定对于恶意商标异议的惩罚性赔偿制度。

惩罚性赔偿是赔偿的数额超出实际损害数额的赔偿。惩罚性赔偿主要有赔偿、制裁、遏制三个方面的功能。在商标异议过程中引入惩罚性赔偿，将大大增加恶意商标异议人违法行为的成本，这对于有效遏制恶意商标异议将能起到非常重要的作用。国外的实践也证明了这一点。例如，英国法律规定，对采取不正当手段，恶意启动商标争议程序，滥用程序打击诚实守信的同业竞争对手的异议人予以严惩。如果其败诉，英国专利局或者法院均可决定败诉方支付给对方高额的费用。高额的补偿、赔偿费用使得某些具有主观恶意的人不得不对是否选择相应的法律程序打击竞争对手斟酌再三。这种利用经济调节手段适当地提高程序启动门槛的做法，既减少了当事人滥用程序的现象，又减少了行政与司法资源的浪费，收到了良好的效果。基于上述认识，我国在商标异议制度构建时，也应针对恶意商标异议行为规定专门的惩罚性赔偿措施。可规定如下："异议经裁定不成立的，应当核准被异议商标注册。异议人应承担评审费用并支付被异议人为此支出的代理费、差旅费等费用。异议人出于恶意的，被异议人除要求赔偿损失外，可以向异议人要求赔偿金。"这一规定将补偿性赔偿与惩罚性赔偿结合在一起，将可以起到有效遏制恶意异议行为的作用。

总的来讲，商标异议是我国商标法的一项重要制度。它是在先权利人维护自身权利的有效手段，也是社会公众通过商标注册程序的参与和监督，维护公共利益和公序良俗的重要途径。然而，在商标异议的过程中，不正当行使权利、滥用商标异议权利的行为却总是与正当行使权利的行为相伴相生。在我国商标异议案件逐年上升的今天，恶意滥用异议权利的情况正日渐突出，而在商标异议案件处理过程中，“恶意异议”也往往成为被异议人所主张的一项重要的抗辩理由。在此种背景下，界定恶意商标异议的含义，明确其构成要件，并在此基础上提出相应的法律规制对策就具有重要的理论价值和实践意义。

第三节　典型商标侵权救济

一、商标侵权的表现、途径、特点

商标专用权是注册商标所有人对其注册商标所享有的权利，它主要包括独占权、使用权、处分权和收益权四个组成部分，商标侵权行为人对其中任何一项权利的侵犯，都构成侵犯商标专用权行为。

（一）商标侵权的表现形式

商标侵权行为，是对他人注册商标专用权造成侵害的行为，广义的商标侵权行为包括假冒他人注册商标行为和一般商标侵权行为。假冒他人注册商标行为，是侵权情节最为严重、社会危害最大的一种商标侵权形式，它包括三种情况，其一是未经商标注册人许可，在同一种商品上使用与注册商标相同商标的行为；其二是销售明知是假冒注册商标的商品的行为；其三是伪造、擅自制造他人注册商标标识或者销售伪造、擅自制造的注册商标标识的行为。一般商标侵权行为，是指除上述三种情形以外的给他人的注册商标专用权造成其他侵害的行为。一般侵权行为还包括通常所说的仿冒行为，即在商品包装上，将与他人注册商标近似的文字、图形、颜色或其组合作为商品装潢、包装使用的行为。从近年来的商标侵权情况看，不仅侵权、假冒案件花样不断翻新，仿冒案件也层出不穷，而且具有愈演愈烈的趋势，很大程度上是因为仿冒案件相对来说具有性质比较复杂、认定具有一定难度的特点。一些商标侵权行为人也正是抓住这一点，大量仿冒知名品牌的包装，企图达到以假乱真、混淆视听的目的。

（二）商标侵权的途径

实践中，商标侵权的主要途径有：（1）通过生产、销售侵权商品或提供侵权服务项目达到商标侵权的目的；（2）通过伪造、擅自制造他人注册商标标识，或者销售伪造、擅自制造甚至偷窃他人的注册商标标识达到商标侵权的目的；（3）通过提供商标侵权条件和便利，如故意为他人侵犯注册商标专用权行为提供仓储、运输、邮寄、藏匿及销售条件等达到商标侵权的目的；（4）以劝说、利诱、收买、威胁等手段，唆使他人进行商标侵权的行为。

（三）商标侵权的特点

商标侵权行为人为逃避执法部门的检查和商标注册人的调查，在作案地点上绞尽脑汁，往往选择不易被执法人员发现或虽然发现但难以及时有效处理的地点，一是选择隐蔽、偏僻地区，如山沟、地下防空洞、宗族祠堂、庙宇、文化古迹所在地等。二是选择民用住宅，这些用于作案的住宅与普通住宅在外边看起来没有明显区别，但里面布局就与普通住宅明显不同，如三层小楼通常是一层是加工车间，二层是真正的起居室，二层以上或地下室则是用于摆放侵权物品的仓库。即使执法人员根据群众举报或商标注册人投诉，发现了侵权地点，违法分子利用执法部门没有入室搜查权往往大门紧闭，有的甚至私设各种机关躲避执法检查。三是选择军事基地或军事设施周边地带。这些地方作为军事禁区，普通百姓和执法人员一般很难进入，更不用说进行检查，作案分子往往披着合法的外衣打着联营的旗号，掩盖其制假、售假、匿假的违法行径。四是选择铁路、公路、河道等交通枢纽地区作为作案场所，利用便利的交通条件快速生产、快速交易、快速转移侵权假冒物品。另外，一些侵权行为人在作案空间上还采取“化整为零”、“化零为整”的策略，如分散生产、集中运输，在出货前的极短时间内统一加贴商标标识，然后再迅速出手。五是利用大型商品交易会会期短、交易额大、查处困难等特点，会上集中签订或代理签订销售合同。

在虚拟空间，侵权行为者利用网络界面流动性、多变性以及管辖权不易确定等特点，选择互联网络作为其侵权场所，试图逃避监管和法律制裁。

在商标侵权行为发生的时间上，商标侵权行为人为逃避执法部门的检查和商标注册人的调查，利用非正常工作时间如周末、夜晚、节假日伺机行动，或者利用执法人员刚刚检查处理完毕的喘息之机顶风作案。

二、商标侵权的类型

（一）未注册商标对注册商标专用权的侵犯

这是最常见、数量最多的商标侵权类型，具体包括：（1）在相同商品或服务项目上使用与注册商标近似或相同的文字、图形或其组合的行为。值得指出的是，在相同商品上使用与注册商标相同的文字，“相同商品”的判断有时候很困难，两种商品虽然实际上是同一种商品，但名称、功能却可能迥然不同。（2）在类似商品或服务项目上使用与注册商标相同或近似的文字、图形或其组合的行为。（3）在非类似商品或服务上使用与具有较高知名度的注册商标的行为。围绕普通消费者都很熟悉的“箭”牌口香糖，一些企业打起了擦边球：前不久市场上出现了一种叫“跳跳虫”的玩具，这种玩具和口香糖本来是不相干的商品，然而该玩具的外包装、文字、图案、色彩及排列却与“箭”牌口香糖极其近似。根据商标注册人的投诉，工商部门依据《商标法》第 38 条（4）项“给他人的商标专用权造成其他损害”，对当事人的行为作出侵权认定和处罚。(4) 在与商品具有相关性的服务项目上使用与注册商标相同的文字、图形或其组合的行为，或者在与服务项目具有相关性的商品上使用与注册商标相同的文字、图形或其组合的行为。判断商品与服务项目是否类似，关键在于服务项目与商品之间是否有共同点，二者在使用相同或近似商标时，消费者是否容易产生商品与服务的混淆和误认等。

（二）知识产权相邻领域对注册商标专用权的侵犯

知识产权相邻领域对注册商标专用权的侵犯具体包括：(1) 商号对注册商标专用权的侵犯。突出表现是将他人具有一定知名度的文字商标作为商号申请企业名称注册，并不规范地使用该企业名称。近日发生的“冠生园月饼事件”再次从一个侧面提醒人们，商号与商号的冲突、商号与知名商标的冲突，已经到了非下工夫解决不可的地步了。(2) 域名对注册商标专用权的侵犯。域名作为企业或个人的一种身份标识，在互联网上经过注册后域名注册人即享有域名权。由于域名不进行实质审查，域名注册单位也不负责向国家商标主管部门查询该域名是否与注册商标冲突，所以发生商标侵犯域名权以及域名侵犯商标权的空间很大，从另外一个角度来说，也给一些投机者提供了可乘之机。近年来出现的互联网域名抢注风波，实际上是一种利用网络为中介以域名权侵犯商标权的现象，已经引起了政府主管部门和司法机关的关注。由于世界各国和国际组织的不懈努力，目前域名抢注现象初步得到遏止。(3) 外观设计专利对注册商标专用权的侵犯。商标作为一种商品标识，其可以由文字、图形及色彩外单独或组合而成，外观设计实际上是一种文字、图案、色彩和形状结合的具有商业价值的新颖性设计，外观设计专利保护的是其各要素的组合形式，而不保护其文字内涵。因此，如果外观设计专利中的文字与他人在相同或者类似商品上已经注册的商标相同或者近似，则构成商标侵权行为。(4) 广告语对商标专用权的侵犯。“南有某某、北有某某”等是大家比较熟悉的广告语，这种广告，从形式上来说，是对比广告，从内容上看，是商标使用行为。对比广告从其本质来说是一种不正当竞争行为，而其内容是否侵犯相关权利，一直是学术界探讨的问题，也引起了行政执法部门和司法机关的关注。笔者认为，上述广告语是否侵犯商标专用权，不可一概而论，确定其是否侵权至少应把握两点：一是广告语是善意使用还是搭便车或者恶意使用；二是广告的后果会不会造成商品来源的混淆和消费者的误认误购。（5）特殊商品名称或建筑物名称对商标专用权的侵犯。特殊商品名称如药品名称主要分为药品商品名称和药品通用名称两种，法律规定，药品商品名称可以用于商标注册，即药品名称的商标化，然而在实践中，许多企业并没有将其药品商品名称注册为商标，而是给药品商品名称重新起一个商标名称并申请注册，一些投机者利用这种状况，将该注册商标申请注册为药品商品名称，并恶意不规范地使用。另外，目前一些地区的地名保护单位为实施对地名、建筑物名称的保护，建立了地名、建筑物名称登记制度，诚然，这一做法不无可取之处，但是在客观上也可能为一些投机分子的侵权行为尤其是侵犯服务商标专用权行为提供了可乘之机。（6）说明书（著作权）对注册商标专用权的侵犯。产品说明书使用不规范可能导致商标侵权的情形主要有：在不恰当位置突出使用他人的注册商标；使用与注册商标相同的文字、图形或其组合并可能引起消费者混淆；贬抑他人商标或淡化他人的商标显著度。

（三）不正当使用行为对注册商标专用权的侵犯

不正当使用行为对注册商标专用权的侵犯具体包括：（1）虽然不直接在商品上使用与注册商标相同或近似的文字、图形或其组合，但也可能构成商标侵权的行为。一家珠宝公司投诉沈阳某公司商标侵权行为，当工商部门前往涉嫌侵权商场的柜台查处时，该柜台负责人称其根本未在销售的珠宝产品以及包装物上使用与商标注册人近似的商标，只是在商场外面的广告招牌上使用，故不承认自己有侵权行为；还有一种常见的现象，一些汽车维修或零部件销售店往往在其门面招牌或名片上使用注册人的商标，而且字体、颜色、排列毫无二致。这两个案例关键问题是商标“使用”的问题，如果是商标“使用”行为，则构成商标侵权。为此，商标主管部门根据商标法及其实施细则的有关规定认为，商标使用既包括将商标用于商品、商品包装、容器或者商品交易文书上的行为，也包括将商标用于广告宣传、展览以及其他业务活动方面的行为。显然，上述案例中的商标使用人已经构成商标侵权行为。（2）擅自改变商标的字体导致的商标侵权。我们知道汉字具有字体多样、风格多变的特点，特别是草书、行书不易辨认，用作商标识别起来更加困难。四川一家企业在白酒等商品上申请注册“泸抄”商标，字体为楷书，但该公司在实际使用时，故意将“泸抄”字体改为草书，改变字体后的“泸抄”和“泸州”非常近似，消费者根本无法辨认，这就明显构成了商标侵权。（3）他人擅自使用商标注册人的商标标识的行为。这种行为构成的商标侵权行为目前越来越多，其特点是使用的标识确实是商标注册人的商标标识，但获取的途径不正当，一般有这样三种方式：一是非法购买商标注册人的商标标识；二是直接高价回收商标注册人的商标标识；三是通过回收商品包装物、容器间接获取商标标识，如回收带有商标标识的玻璃瓶、塑料瓶（袋）、纸箱（袋）等。(4) 使用文字排列位置不当有可能导致的商标侵权。近年来，一些以诸如“香港苏泊尔集团有限公司”、“香港雅戈尔集团有限公司”等名义申请的商标以及由这些商标产生的问题引起了广泛关注。这些企业分别申请注册的商标主要有“香雅”、“戈尔港”、“香苏”、“泊尔港”等，其共同点是将他人具有较高知名度的商标分开，再分别加上“香”或“港”，然后把这些商标用不同字体重新排列、混合使用。(5) 企业形态发生变化商标处理不当产生的商标侵权现象。企业进行分立、合并、转制或更名等形态变化时，其商标权主体也发生相应变化。如果不及时办理商标转让或注册人名义变更，则商标权形式上仍然属于企业形态变化前的主体，企业形态变化后的主体如果使用该注册商标，也会构成商标侵权行为。(6) 商品包装使用不当造成的商标侵权。一些企业在厂名、厂址上大做文章，如突出使用企业名称中与注册商标相同或近似的文字，或者使用与商标注册人厂址近似容易使消费者产生误认的地址。(7) 搭赠商品行为引发的商标侵权。近日，北京市第二中级人民法院审理了一起因搭赠商品引起的商标侵权案件。被告北京某食品公司为了促销其方便面食品，在包装箱中装入从批发市场购买的假冒产品作为赠品。法院依据《商标法》第 38 条（4）项“给他人的注册商标专用权造成其他损害”判决该食品公司侵权。

（四）注册商标使用不当对他人注册商标可能造成的侵权

注册商标使用不当对他人注册商标可能造成的侵权主要包括：(1) 图形、文字由于呼叫、使用有可能导致的商标侵权行为。A、B 两家公司，A 公司在某商品上注册了（老虎）图形商标，B 公司在同样商品上注册了“老虎”文字商标。A、B 公司如果各自正常合理使用互相都不会构成商标侵权，由于 A 公司的图形商标是纯视觉意义上的商标，不便于呼叫，但是如果该公司在使用时呼叫为“老虎”牌商品，则会侵犯 B 公司的商标权；反之，B 公司是文字商标，是一种纯听觉意义上的商标，如果在使用时为了突出老虎的视觉形象而使用与注册的（老虎）图形商标近似或相同的商标，则侵犯了 A 公司的商标权。(2) 共存商标使用不当可能导致的商标侵权行为。共存商标使用指在同一种商品、商品包装或容器上使用两个或两个以上商标注册人的注册商标的行为。我们先分析一个牛奶饮料包装盒商标并用商标使用情况。A 公司在第 29 类牛奶饮料等商品上注册了“新鲜屋”商标，B 公司在第 16 类包装纸盒等商品上也注册了“新鲜屋”商标。然而近来在市场上却出现了许多牛奶生产公司也在牛奶饮料包装盒上使用“新鲜屋”商标的情况。显然，A、B公司的“新鲜屋”商标均应受法律保护，第三人未经许可擅自使用均构成商标侵权行为。第三人在牛奶饮料包装盒上如何使用“新鲜屋”才能不造成侵权呢？至少有两个途径，其一，第三人如果在牛奶饮料商品上使用“新鲜屋”商标，应当经过第29类“新鲜屋”商标注册人的许可；其二，第三人如果经过第16类纸盒商品上的“新鲜屋”商标注册人的许可也可以在牛奶包装盒上使用“新鲜屋”，但不得与第29类“新鲜屋”商标使用产生混淆，办法是可以在“新鲜屋”商标使用处标明类似“本包装盒商标已经B公司授权使用”等字样。目前共存商标在计算机、服装、汽车等产品上的使用也越来越常见，这里不一一分析。(3) 反向假冒导致的商标侵权行为。相信很多人是通过“枫叶”、“鳄鱼”案件了解反向假冒这一概念的。反向假冒是否构成商标侵权，学术界、法律界尚有争议，笔者的观点是此种行为应当构成商标侵权，依据可以概括为以下三点：第一，它损害了商标注册人的权益；第二，它损害了消费者的利益；第三，它违背公平竞争的准则和诚实信用的原则，违背了商标立法的主旨。(4) 商品商标使用不当对服务商标或服务商标使用不当对商品商标造成的侵权行为。广东某公司在第14、第16类首饰等商品上注册了“金钥匙”及图形商标，北京某公司作为南京某公司的许可使用人，在第35类“传播广告业、张贴广告”等服务项目上使用南京公司注册的（金钥匙）图形商标，北京公司在其礼品广告宣传册、名片、营业场所的广告标牌上使用了（金钥匙）图形商标，广告宣传的内容以宣传其公司的产品为主要内容。广东公司遂以北京公司商标侵权为由向法院提出起诉。法院认为，北京公司使用的“金钥匙”商标超出了其被核定使用的服务项目的范围而扩大到首饰等商品范畴，故侵犯了广东公司的商标专用权。另一起案例是A公司在41类不动产管理上注册了商标，B公司在第19类非金属建筑物上注册了与A公司同样的商标，由于两家公司在同一个城市，商标使用又都存在不规范的地方，故双方都指责对方侵权。这两个案例集中反映了服务商标如何规范使用的问题。按照规定，服务商标可以在服务场所、招牌、工具、用品、商业交易文书及广告等场合使用。很明显，服务商标的使用范围与商品商标的使用范围存在交叉的部分和产生权利冲突的空间。目前，在商标注册过程中，商标在审查时商品与服务项目并不进行交叉检索。因此，如何进一步明确二者的界限、规范二者的使用行为，既需要法律的不断完善，也需要实践的深入探究。

（五）商标淡化构成的商标侵权商标行为

商标淡化指商标的显著度及其价值含量因不合理、不正当的使用或注册行为而降低价值显著度甚至失去显著性，从而弱化为普通商标甚至商品名称的过程或行为。不仅驰名商标存在淡化问题，具有较高知名度的一般商标也存在类似问题。商标淡化诚然有主观的因素，如商标注册人不科学不合理的使用行为、商标本身显著性弱等，但客观因素毫无问题是主流的，一些侵权行为人为了谋取不正当利益，而通常采取的不正当的使用或注册手段主要有：一是对知名商标的淡化，包括：(1) 在既不相同也不类似的商品或服务项目上使用该知名商标，或者如果该知名商标是商品商标，使用人在服务项目上使用该商标，或者反之。(2) 将该知名商标申请注册于不相类似的商品或者服务项目上，或者如果该知名商标是商品商标，则申请人申请服务商标，或者反之。(3) 恶意丑化该知名商标；(4) 恶意把该商标商品化或服务项目化，如在注册人的商标＋商品前面加上使用人的商标并突出宣传自己的商标。二是将该知名商标申请注册为别的权利的淡化行为，如将商标作为商号申请企业注册等。三是一些词典、辞书或专业出版物非主观的错误解释或定义，如把知名商标错误地解释为商品的通用名称等。商标淡化对商标注册人的商标专用权造成的影响和损害是不言而喻的，是否构成侵权，当然还需要结合具体情况而定。但是由于商标淡化侵权方式的间接性和侵权手段的隐蔽性，以及相关法律法规的滞后，因此商标权人难以有效实施自我保护，行政执法机关和司法机关在侵权认定和处理上也面临一些新的课题和挑战。

（六）互联网络上的商标侵权

互联网的发明是人类社会的一场巨大革命，它极大地促进了科技进步和经济发展，但如同任何新事物一样，互联网也是一把双刃剑，具有积极的正面作用的同时也有它消极的负面作用，这种消极负面也许是暂时的，但对人类目前来说至少是一种挑战，笔者这里仅就利用网络进行商标侵权问题略谈一二。概括而言，网络对商标权保护提出了这样严峻的考验：一是网络的动态性和多变性，网络不同于传统媒体，网页的内容和形式时时刻刻处于变化和更新过程中，商标注册人可能一分钟前发现网上有商标侵权行为，一分钟后可能已经不复存在，如果权利人想投诉，举证显然很困难。二是网络的全球性和无国界性。网络空间不同与现实空间，网络空间发生的商标侵权案件可能发生在两个或两个以上主权国家之间，因此，确定什么样的管辖原则才能既维护国家主权又有利于维护正常的国际司法秩序，将是国际司法领域一个新的课题。三是网络的搜索、查找功能。由于网络具有庞大的搜索引擎功能，你只要敲入一个关键词，例如某个商标，网络就会为你搜索到许多带有此商标字样的网页和网站。四是网络的虚拟性和不确定性。例如，BBS，即网上电子布告系统，任何人都可以在上面发布各种包括企业的、个人的、商业的或交朋识友的信息，信息发布者发布的信息可能造成侵权，而其内容甚至发布者个人的资料却可能都是虚假的，由于网站不对发布的信息负责，所以无法追究到侵权人的责任。五是网络的互联性或链接性，链接是网页与网页实现互通互联的基本方式，它如同网页与网页之间的跳板，网站为了使这一跳板更具有识别性和诱惑力，它可能使用他人的注册商标或其注册商标的一部分，那么这种使用是合理使用还是侵权，尚需进一步探讨。

三、商标侵权的成因

产生商标侵权的原因是复杂的，既有历史的根源，也有现实的基础，既有主观的意识，也有客观的因素，它是一种经济现象，同时也是一种文化现象。

（一）企业的商标注册意识和管理水平

最有效的防御就是进攻。这句话运用到企业商标管理上也很恰当。近20年以来，随着经济的飞速发展，大部分企业的商标意识都有明显的提高，但企业在扩大注册商标数量的同时，商标管理水平和商标保护意识却没有相应提高，对如何处理好商标与企业名称、域名、广告宣传、商品名称等关系方面缺少理论研究和实践探讨，甚至一些企业盲目追求注册商标数量，不重视注册商标的质量，对其注册商标缺乏系统管理和统筹运用，无形中给企图商标侵权行为者提供了可乘之机；同时，一些企业打假维权的手段和方式方法也已经远远适应不了现实的需要。

（二）知识产权注册体系和制度不完善

商标、专利、版权、药品名称、商号、域名等虽然都属于民事法律调整和保护的对象，但其又分别属于不同的知识产权范畴，其注册登记主管部门依据不同的法律法规，按照各自的注册体系和制度对本范畴知识产权进行注册、登记或备案。由于各法律法规之间缺乏有效的衔接、必要的互补和及时的救济，注册主管部门之间在日常沟通上也不充分和及时，这就为权利冲突埋下了隐患，也在客观上给不法分子的侵权行为提供了一定空间。从世界经济发展趋势和国内社会经济状况看，我国亟须制定一部《知识产权法》，以填补现有法律空白，加强现有知识产权法律法规之间的互补和协调。

（三）商标管理体制协调不力

我国现有知识产权管理部门集注册和管理于一体，各个主管部门除依据各自的法律法规对其所管辖领域进行注册登记外，还负责日常管理工作。法律是管理的依据，注册是管理的基础，而现有法律法规和注册体制状况决定了管理体制存在的弊端和不足，首先表现为各个管理部门执法力度相距甚远，有的部门执法角度偏差较大；其次是各个管理部门日常管理缺乏必要的衔接和有效的协调机制；再次是侧重“部门法”，侧轻“非部门法”。另外在实践中，行政机关不仅承担繁琐的日常管理任务，而且还要处理大量的侵权案件，而由于司法机关复杂的程序、较长的诉讼时间以及专业人员的短缺和机构设置的不到位，因此权利人愿意选择效率较高的行政执法机关而不是司法机关处理侵权案件。

（四）相邻法域的法律法规真空

虽然港、澳、台与大陆毗邻，而且香港、澳门已经回归祖国，但是由于特区具有独立的立法权和司法权，不受内地法律制约，一些侵权行为者利用国内执法机关无法对大陆以外地区尤其是香港等地公司进行处罚的特点，分阶段、有步骤地实施其侵权行为，第一步是到香港等地注册用于规避内地法律法规的公司，这些公司名称的商号一般都是国外或内地具有较高知名度的注册商标；第二步是组织一些侵权参与者在内地各省市注册多家公司；第三步是香港公司与内地这些侵权参与公司签订授权委托加工或代理销售产品的协议。这些协议涉及的商品一般是使用与注册商标近似的商标或者在商品包装上突出使用香港公司的商号，一旦这些侵权企业和侵权商品被查处，参与侵权企业就会利用签订的协议和委托书，将侵权责任转移到香港公司来承担。

（五）商标法律法规与执法环境存在问题

第一个问题是现有商标法律法规的不足。首先是归责原则不统一，按照民法理论，商标侵权行为属于一般侵权行为，一般侵权行为的构成要件之一是“过错”，现有《商标法》对生产者或使用者侵犯他人商标专用权的认定采取的归责原则是无过错责任原则，而对销售行为采取的是过错责任原则，即“明知或应知”是销售行为构成侵权的必要条件。据不完全统计，目前商标侵权案件中，销售侵权假冒商标商品行为是不仅仍然占多数而且呈逐年上升的趋势。其次是针对侵权行为的“责令封存”调查手段，再次是针对侵权行为的处理手段，即“责令停止销售”和“消除现存商品上的侵权标识”。很明显，上述法律规定的内在不统一以及力度太弱的弊端已经远远不能适应新形势下打击商标侵权假冒行为的需要，亟待完善和修改。据悉，立法部门也已经意识到这一问题，在即将通过的《商标法》（修正案）中，关于上述问题的法律规定将会有明显的变动。第二个问题是执法环境问题。现有涉及保护商标专用权的法律法规除了《商标法》及其实施细则外，还有《刑法》、《反不正当竞争法》、《消费者权益保护法》以及《民法通则》等，可以说针对商标专用权保护民事、行政、刑事法律一应俱全，法律保护机关既有行政执法部门，又有司法执法部门，仅行政执法部门就有工商、质量监督及海关等部门。但是由于商标同质量管理、专利管理以及反不正当竞争、打私等工作有着密切的联系，因此在实际执法过程中，相关执法部门需要密切配合、相互协作，建立有效移送制度，确保整个社会执法体制顺畅。事实上，目前行政执法部门与司法部门衔接还不够，行政执法部门之间也没有建立快速、灵活、全面的配合体制。

（六）地方保护主义和部门保护主义

社会在不断竞争中发展，社会利益在社会不断发展中进行分配和再分配。经济的发展使社会利益分配群体不断进行整合，既有从上而下的层级利益，也有方方面面的部门利益。于是产生了地方保护和部门保护，这种保护不仅保护本地方、本部门的合法的和正当的利益，而且也可能保护本地方本部门不正当的和非法的利益。从 20 世纪 70 年代末我国改革开放初期到 21 世纪初，这种现象持续不减，如果说有所变化也只不过是由一个地区转移到了另一个地区、一个部门转移到了另一个部门，某种程度上可以说地方保护主义和部门保护主义是各种非法行径包括商标侵权行为的保护伞，是阻碍经济健康发展和压制公平竞争的黑手。追根究源，地方保护主义和部门保护主义本质上就是利己主义，即片面追求个人政治利益和经济利益，忽视国家的、大局的和长远的利益。

（七）消费者权利意识和商标意识依然淡漠

我国广大消费者的品牌意识虽已大大提高，但是对普通消费者而言，品牌意识提高了并不意味着商标意识和消费者的权利意识也提高了。如果说品牌意识是初级阶段，那么商标意识和权利意识则是较高阶段。“知假买假”这种现象在现实中并不少见，支持消费者这种消费意识至少基于以下两点：其一是名牌效应和虚荣心理，一些消费者常有这种心态，名牌是展示给别人看的，谁会细究真假呢；其二是“假而不劣”，大家都知道，许多假冒侵权产品仅就其质量来说并不劣，假而不劣，虽假但有名气，价钱又便宜，何乐而不为；其三是常变常新的消费心态。现代社会，产品更新换代日新月异，一些消费者为满足其常变常新的心态，故对即使质劣但价格低廉的商品趋之若鹜。

（八）商业关系中履约不当

利用合同或者违背合同进行的商标侵权不胜枚举，主要有以下几种情形。一是按照合同法的规定，承揽人应当按照订做人的要求完成工作并交付成果，然而在一些定牌加工活动中，有的承揽方未经委托人许可，将委托加工产品多余部分或者质量较差部分拿出去销售，甚至超出合同约定的内容，擅自将委托加工的商品出售给第三人。二是在定牌加工活动中，一些委托方未经商标注册人许可，为达到其盗用别人品牌的目的，往往通过一层或多层转手的方式，让承揽方在委托加工的产品上标注他人注册商标，一旦某一环节被发现，就用上一层委托加工协议企图掩饰其违法行为。三是许可使用产生的商标侵权。许可合同期满后，原被许可人继续在相同商品上使用注册人的注册商标，或者被许可人扩大被许可使用的商标范围或商品范围，或者被许可人未经许可人同意，擅自许可第三人使用该注册商标。四是转让产生的商标侵权。一种情况是申请转让的注册商标未经商标局核准，受让人擅自使用该注册商标；另一种情况是申请转让的注册商标已经商标局核准，原转让人继续使用该注册商标。

四、认定商标侵权的重点、难点

（一）未撤销之前的注册商标均应受到保护

商标专用权是通过注册产生的，其间经过了法定的程序和严格的审查，因此，商标专用权确立后，就应当在法律范围内予以保护，即使是认为注册不当的商标，在撤销之前，也应如此。按照《商标法实施条例》第36条的规定，撤销注册商标的决定或裁定，对在撤销前工商行政管理机关作出并已执行的商标侵权案件的处理决定，不具有溯及力。注册商标有效期满后，在法律规定的6个月宽展期内，如果原注册商标所有人仍未提出续展申请，或续展申请被驳回的，他人在此期间使用与该商标相同或者近似的商标，不构成商标侵权；如果原注册商标所有人提出续展申请且被核准，他人在此期间内使用与该商标相同或者近似的商标，构成商标侵权行为。

（二）准确认定近似商标

近似商标或标识的认定，是商标侵权判定不可或缺的重要环节。只有同时具备“商标或标识构成近似”和“在同一或类似商品上使用”两个条件，侵权才能成立。近似商标与相同商标有所不同，在视觉上虽有一定差异，但在其他方面如发音、含义等方面与注册商标近似，并足以造成消费者的误认或混淆。考察两个商标是否属近似商标，一般应从以下几个方面考虑：

1. 商标外观。即对两个商标的文字、图形或其组合的视觉形象从普通消费者的角度进行观察，看是否能引起误认或混淆。如江苏某公司使用的“HOVER”图形商标与英国某公司的已注册的图形商标“HOOVER”仅一个字母之差，视觉类似，加上发音基本相同，足以造成消费者误认，应认定为近似商标。再如天津某公司使用的“SAFINO”与法国某公司在先注册的“SANOFI”商标字母完全相同，仅最后4个字母排列顺序稍有不同，但两商标在文字整体结构和读音上十分近似，极易使消费者误认，因此构成了使用在类似商品上的近似商标。

2. 商标读音。从人们的听觉出发，判断两商标是否因读音近似而导致混淆。如江苏某公司以“夏奈尔（SUNNER）”作为商标，虽与法国“CHANEL”（中文译音“夏内尔”）含义不同，英文字母也不相类似，但因读音近似，尤其是在汉语语言环境中使用，构成近似商标。再如“今日”和“金日”等。

3. 商标含义。分析两个商标是否含义相同或近似并导致消费者对商品来源产生混淆。如“BLUE SKY”与“蓝天”，中文含义一样，很容易使人误解生产厂商与特定商品之间的关系，误认为标注“蓝天”的商品系“BLUE SKY”的系列产品。

（三）正确判断类似商品

确定判断同一或类似商品的标准，是对两种商品进行比对的关键。国家商标局虽然编发了《类似商品区分表》，但由于技术上的原因很难解决实践中是否类似的问题，因此《类似商品区分表》和《商标注册用商品和服务国际分类表》并不是划分类似商品的依据，只能作为认定类似商品的参考。根据两种商品在功能、用途、原料、生产企业、消费对象、销售渠道等方面是否类似、且这种类似是否易使消费者对商品的来源产生误解等方面来进行判断，是实务中唯一可行的选择。应当特别指出的是，并非不同类、不同组就等于不相类似，应当具体问题具体分析。如名为“某某矿泉冰”的饮料和矿泉水属于第32类商品，而冰砖、冰棍等属于第30类商品，两者不属同一类别。但因原料、用途、销售途径、消费群体等基本相同，生产工艺近似，应认定为类似商品。而且类似商品的标准随着时代的发展也在不断地发展变化，一些原先不相类似的商品可能因新材料、新工艺、新形式的出现，以及功能、用途、销售渠道等的变化而成为类似商品。在使用与注册商标相同或者近似商标的情况下，与注册商标核定使用的商品在功能、用途、原料、生产企业、消费对象、销售渠道等方面近似，易使消费者对商品的来源产生误认的商品为“类似商品”。判断是否属“类似商品”，前提是商品之间的关系，并考虑商品和商标之间的关系。商品的功能、用途相同，并且具有共同的消费对象、销售渠道的，一般认定为类似商品，但商品的原料、生产企业等因素，能够明显表明商品的来源，不会使消费者产生误认的，不应认定为类似商品。如果商品与服务之间存在着特定的联系，使用相同或者近似商标易使消费者认为是同一企业提供的商品或者服务的，该商品与服务应认定为类似。

（四）不以商品质量的优劣作为判定是否构成商标侵权的标准

《商标法》的主要内容在于保护注册商标专用权，因此，在处理商标侵权案件中，商品质量优劣不会影响到商标侵权行为的认定。他人擅自使用与注册商标相同或者近似的商标，即使其商品质量优于注册商标所有人的商品质量，也应当认定为商标侵权行为。至于注册商标所有人的商品质量低劣甚至粗制滥造，以次充好，欺骗消费者的行为，可以适用《产品质量法》和《商标法》的其他条款处理，与商标侵权认定没有直接的关联。

（五）商标注册人的违法使用不影响对商标侵权的认定

商标专用权是一种民事权利，注册人可以在法律允许的范围内行使其权利。如果注册人在使用注册商标过程中，有违反《商标法》和《实施细则》的情形，可以适用相关条款处理，要求注册人承担相应的行政法律责任，但不影响对商标侵权的认定。在这种情况下，他人擅自使用与其注册商标相同或者近似的商标的，应认定为商标侵权行为。尽管商标注册人的违法使用不影响对商标侵权的认定，但有可能影响其权利的行使，甚至使其丧失赔偿请求权。

（六）合理界定正常使用行为

他人擅自使用与注册商标相同或者近似的文字、图形，并不一定就构成商标侵权。这要视其使用是否具有正当理由而定。例如，“三株”商标是某企业使用在药品上的注册商标，另一企业在口服液商品包装上使用了“三株菌＋中草药”文字，以表示口服液商品的成分。由于“三株”在这里既不是作为商标使用，又不是作为商品名称使用，而是对商品的正常说明，因此不应认定为对“三株”注册商标专用权构成侵犯。

（七）综合衡量其他因素

在商标侵权案件认定过程中，除上述需要把握的因素外，还有可能涉及其他因素，如商标的知名度、显著性、具体使用方式、主观过错程度及商品的零部件与整体之间的关系等。由于个案涉及的其他因素不一致，对商标侵权的认定也会不一致。就商标的知名度而论，一般来说，知名度越高，受保护的范围就越宽，他人擅自使用时被认定为商标侵权的可能性也就越大。

五、商标侵权行为的法律责任

（一）民事责任

商标侵权属于特殊的民事侵权行为，应当依民法及商标法有关规定承担民事侵权责任。我国《民法通则》第 118 条规定，公民、法人的著作权（版权）、专利权、商标专用权、发现权、发明权和其他科技成果权受到剽窃、改、假冒等侵害的，有权要求停止侵权、消除影响、赔偿损失。同时，《商标法》第39条规定被侵权人可以要求侵权人立即停止侵权行为，赔偿被侵权人的损失。具体地说，承担责任的方式有以下几种：

(1) 停止侵害。只要商标权仍在存续期间，只要侵权行为实际存在，不论侵权行为是否造成商标权人的实际财产损失，不论侵权行为持续时间长短，表现形式如何，均要求侵权人立即停止其侵权行为。停止侵害表现为，停止继续生产或销售侵权产品，停止继续制造或销售他人注册商标标识，停止在同一种或类似的商品上使用他人注册商标相同或近似的商标，停止继续为侵权行为提供各种便利条件等。

(2) 消除影响。商标权人因侵权遭受商誉损害的，有权要求侵权人在侵权行为造成影响的范围内以登报等方式消除影响，恢复声誉。实践中，也可以由被侵害人在报纸等新闻媒介上公开发表声明，以澄清被侵权的事实真相，费用由侵权人自行负担。

(3) 损害赔偿。商标权人因侵权遭受财产损失和商誉损失的，有权要求经济赔偿，赔偿额为侵权人在侵权期间因侵权所获得的利润（扣除成本和税金的获利部分），或者被侵权人在被侵权期间因被侵权所受到的损失（每件产品的利润乘以减少的销售总量之和），对此赔偿额计算方法被侵权人有权选择。

（二）行政处罚

根据商标有关规定，对于商标侵权行为，被侵权人可以向县级以上工商行政管理部门要求处理，工商行政管理部门有权采取如下处理措施：责令立即停止销售；收缴并销毁侵权商标标识；消除现存商品上的侵权商标；收缴直接专门用于商标侵权的模具、印板或者其他作案工具；如果采取前四项措施不足以制止侵权行为的，或者侵权利行为与商品难以分离的，责令并监督销毁侵权商品；根据情节处以非法经营额5%以下或者侵权所获利润5倍以下的罚款。对侵犯注册商标专用权的单位的直接责任人员，可以根据情节处于1万元以下的罚款。

实践中，对于经销侵权他人注册商标专用权商品的行为如何计算其非法经营额问题有不同做法。问题在于已购进而尚未销出的那部分侵犯他人商标专用权的商品的价值是否应当计入非法经营额范围，我们认为：这里的非法经营应当是广义的，购买商品和销售商品对于经销商来说是一个不可分割的经营活动，只有购入才能售出，购入是为了售出从而牟取暴利，因此，已购进而未销出部分商品价值应当计入非法经营额。具体的计算办法如下：一是商品已全部销售的，其销售总额为非法经营额；二是商品尚未销售的，其购入总货款为非法经营额；三是商品部分销售的，已销出部分的销售额加上尚未售出部分的购入货款之和为非法经营额。

（三）刑事责任

假冒他人注册商标，是一种严重的商标侵权行为，任何人都可以向工商行政管理机关检举；对假冒他人注册商标、情节严重、构成犯罪的，除赔偿侵权人的损害外，依法追究刑事责任。一段时期里，我国经济生活中出现了大量的假冒他人注册商标行为，价高质次的假冒伪劣商品充斥市场，极大地扰乱了正常的社会经济秩序和损害了广大消费者的利益。鉴于此，我国《商标法》第 40 条对假冒商标罪作了专门规定，全国人民代表大会常务委员会又作出了《关于惩治假冒注册商标犯罪的补充规定》，为制止和惩处各种假冒商标罪提供了有力的法律武器。

（1）假冒商标罪的构成

构成假冒商标罪的要件有四个方面：第一，犯罪的客体是复杂客体，既侵犯了他人注册商标专用权，又侵犯了国家商标管理活动；第二，犯罪的客观方面是实施了法律所禁止的假冒商标及相关行为情节严重；第三，犯罪的主观方面是故意，非故意者不构成本罪；第四，犯罪的主体是企事业单位及其有关人员和个体工商业者（包括没有营业执照的个人）。

（2）假冒商标罪的表现形式

假冒商标罪的客观行为包括下述三种：未经注册商标所有人的许可，在同一种商品上使用与其注册商标相同的商标；伪造、擅自制造他人注册商标标识或者销售伪造、擅自制造的注册商标标识；销售明知是假冒注册商标的商品。

（3）认定假冒商标罪应划清与一般商标侵权行为的区别

一般商标侵权行为是指那些一经发现很快被制止，尚未造成严重的后果，或危害不大的侵权行为。假冒商标罪则必须是实施了假冒商标行为，而且情节严重的才构成。所谓情节严重，指假冒产品造成了人身损害的，假冒者屡教不服的，假冒规模大、持续时间长的，假冒行为非法获利数额较大的，假冒手段恶劣的，假冒行为造成了严重的国内国际恶劣影响的，假冒者形成了团伙或集团的，擅自制造或者销售他人注册商标标识数量多、获利大、手段恶劣、屡教不改，影响极坏的等情形。

（4）假冒注册商标罪的刑事责任

根据法律有关规定，假冒商标罪应按具体情况承担如下的刑事责任：未经注册商标所有人许可，在同一种商品上使用与其注册商标相同的商标和伪造、擅自制造他人注册商标标识或者销售伪造、擅自制造的注册商标标识，违法所得的数额较多，或者有其他严重情节的，处3年以下有期徒刑或者拘役，可以并处或单处罚金；违法所得数额巨大的，处3年以上7年以下有期徒刑，并处罚金。对于企事业单位实施假冒商标犯罪行为实行“两罚制”。一方面，对企业事实单位判处罚罚金，另一方面对直接负责的主管人员和其他直接责任人员依照《刑法》第127条和《惩治假冒商标犯罪的补充规定》追究刑事责任。对假冒商标罪的犯罪主体依法追究刑事责任，并不免除其赔偿被侵权人损失的民事责任。

六、商标侵权的防治

解决当前的商标侵权问题，是一项法律性、政策性及操作性很强的工作，它既涉及立法、司法和执法和管理等层面，也涉及经济、文化、政治、外交等领域，因此是一项巨大的、复杂的系统工程。

（一）完善立法体制，提高立法效率，增大处罚力度

改革开放30年，我国立法工作步入正轨、法制建设逐步走向正规化、科学化、民主化的时期，但是应当看到，由于历史的积淀太多，目前，我国的立法体制还不够完善，立法效率仍然较低，法律的制定和修改明显滞后于经济发展的步伐。为改变这一现状，应加快实现人大常委会委员专职化的进程，在立法程序上理顺立法机关与政府部门的关系，进一步增加立法工作的透明度和公开性，扩大公民对法律修改的意见和建议的参与度。同时，适应社会经济形势发展的需要，加大对经济犯罪的处罚力度，严惩日益高科技化的违法犯罪行为，为经济发展创造良好的法律氛围。

（二）追究商标侵权行为的法律责任

理顺行政执法机关与司法机关之间的关系。按照我国《商标法》的规定，我国商标专用权保护实行行政保护和司法保护并行的双轨制，因此商标侵权的法律责任既有行政责任，也包括刑事责任和民事责任。首先，行政、司法保护双轨制，是现阶段具有我国特色的商标保护体制，由于行政保护具有方便、快捷、高效的特点，因此大部分商标侵权案件是通过行政执法机关处理的，但随着我国商标法律与国际商标法律的接轨以及社会商标意识、法律意识的不断提高，行政保护日益显示出其不足之处。因此要求加强两方面工作，一是增强行政执法部门队伍总体素质、提高商标管理和行政执法水平；二是充实人民法院知识产权审判机构和人员，提高知识产权审判专业化水平。其次，按照有关规定，对于商标侵权案件，涉嫌构成犯罪的，行政执法部门应当将该案件向司法部门移送。对于案件移送，虽然法律上已有明确规定，但实施起来仍不够顺畅，影响案件移送的主要因素有：(1) 案件的定

性标准不统一；(2) 案件定性的法律依据不一致；(3) 个别行政执法部门片面追求办案数量；(4) 个别司法机关的消极司法行为。实践证明，加大执法力度，追究当事人的刑事责任是极其有效的措施，因此，当前既需要积极引导权利人依法通过司法途径打击侵权行为，更需要确保移送渠道畅通。再次，有学者认为，制裁商标侵权行为最有效的手段是损害赔偿，这一见解不无道理。对于商标侵权的民事责任方面的赔偿问题，现行《商标法》规定工商部门有权应被侵权人的请求责令侵权人赔偿损失。这实际是关于执法部门解决民事问题的规定，从实践看，这一规定既增加了执法部门的负担，又不利于有效解决被侵权人的民事权利，已经不适合形势的需要。应对方法之一是可以将此规定在《商标法》修改中删去；或者如果确实考虑国情，可以规定执法部门可以就侵犯商标专用权的赔偿数额进行调解，如果调解不成，当事人再依照程序向人民法院起诉。

(三) 理顺行政执法机关之间的关系

"假冒伪劣"这一说法，对于普通消费者来说，是一个含义模糊、界限不明确的概念。按照产品质量法的有关规定，"伪劣产品"包括四种情形：一是掺杂、掺假；二是以假充真；三是以次充好；四是以不合格产品冒充合格产品。而"假冒"是指假冒他人注册商标的行为，即为达到冒充他人商品的目的而使用他人注册商标的行为，也包括为实现该目的而实施的行为，具体表现即为《商标法》第 38 条列举的几种情形。然而在现实生活中，"假冒"和"伪劣"往往是很难截然分开，有三种情形：(1) 有些产品只是"假冒"，并不"伪劣"；(2) 有些产品是"伪劣"的但不是"假冒"的；(3) 有些产品既是假冒的同时也是伪劣的，那么这三种情况分别适用何种法律、由哪一个部门来处理呢？按照现行《商标法》的规定，只要是生产假冒产品和销售明知是假冒产品的，而不考虑其产品的伪劣，即属于上述第 1、3 种情形的，工商部门都有权作出认定和处理。根据《产品质量法》的规定，对于上述第 2、3 种情形的制售伪劣产品行为，质量监督部门有权作出认定和处理。很显然，对于第 1 种情形，如果是质量监督部门发现的案子，应当移交工商部门处理；对于第 2 种情形的，工商部门可以向质量监督部门移交。对于第 3 种情形，由于双方都可以依据不同的法律进行处理，执法机关容易在侵权认定和处理发生责任竞合，对于此类案件，双方应当建立有效的协调和沟通制度，以更有力、更及时打击违法行为。

(四) 加强"知假买假"的引导以及保护消费者的举报权

商标专用权保护与消费者的关系。发生商标侵权，受害者无疑首先是商标权利人，其次才是产品的终端用户——消费者，但是，消费者一定是受害者吗？其实未必，一方面，消费者如果因为商标意识淡薄、鉴别能力差而购买了侵权假冒商品，那么其当然是受害者；另一方面，消费者如果明知该商品是侵权假冒却因其价格低廉而购买，那么消费者有责任吗？从目前法律规定看，消费者是不负法律责任的，至多其只有道义上的责任。这种合法不合理的现象能否得以改变，我想似乎不是不可能，但是其操作难度可想而知。北京市海淀区人民法院曾根据最高人民法院、最高人民检察院的司法解释，判处一名购买假文凭者有期徒刑6个月，就是一个发人深省的案例。再次，普通消费者发现侵权假冒商品有没有举报的义务和获得奖励的权利，也是一个值得探索的问题。目前我国《商标法实施细则》中关于普通消费者举报行为实际上是一种授权性规范而不是义务性规范，重在鼓励而不是约束。另外，对于普通消费者来说一旦实施举报行为并查证属实能否必然获得奖励、如何确定奖励额度，虽然目前法律没有明确规定，但实际上许多执法部门已经付诸实践，国务院有关部门也正在进行相关规章制定的调研工作，我们期待类似规章的出台，并相信这一规章的实施，不仅将促进全社会提高商标保护意识，也将会促进立法部门在修订有关法律时会针对普通消费者的相关权利和义务给予更多、更慎重的思考。

（五）强化区域的、国际的商标保护，处理好国家与国家之间的商标保护关系

世界已经进入了日益成熟的信息时代，世界经济一体化及区域性经济文化的广泛合作和交流正在向纵深发展，但任何事物都是对立统一的，因此我们应当看到，经济现象的摩擦和冲突也是不可避免的。商标，虽然是现代社会的微观经济元素，但它引发的往往是宏观经济现象，甚至影响到国际关系和地区关系。加强商标国际保护是一百多年来世界各国孜孜以求的目标，在知识经济时代，加强商标国际保护尤其具有现实而迫切的意义。商标国际保护的主体是主权国家，因此加强商标国际保护的实质是加强国家间在商标注册和商标权保护方面的协调和合作，包括立法的、司法的以及行政管理的层面。这里特别需要指出的是网络商标保护问题。作为知识经济时代的产物，网络对人类影响的深度和广度是前所未有的，它的发展前景也是难以预料和想象的。网络商标侵权具有的前文所述的几个特点，对于开展网络商标国际保护提出了严峻的考验和挑战。面对网络商标保护，值得欣慰的是我国的信息技术尤其是互联网络技术已经处于比较前沿的位置，而且网络商标保护研究工作和国际社会开展研究水平比较接近而且同步发展。但我们也应当看到，我国现有的法律体系和国际社会还有一定差距，其立法精神尚不足以应对复杂的网络商标保护，而且，传统经济在融入世界贸易组织体系的过程中，还会遇到一系列新的问题、面临新的挑战。

（六）加强对商标注册、使用和权利的维护

商标权利人与注册商标的关系。首先商标注册人要树立立体保护观念，即增加和扩大商标权利保护范围以及与商标权利有关的知识产权保护范围；其次是规范科学、合理合法地使用自己的注册商标；再次是积极开展商标维权横向联合与纵向沟通；最后是处理好商标维权与舆论宣传的关系。

参考文献：

[1] 徐晓建．建立赔偿责任机制，遏制恶意商标异议行为［J］．中国工商管理研究，2005（2）：42～43.

[2] 金多才．试论我国商标异议制度的完善［J］．中州学刊，2007（2）：93～95.

[3] 马治国，张小号．知识产权恶意诉讼的认定及其民法规制［J］．电子知识产权，2008（6）：45～48.

[4] 汪泽．商标异议制度重构［J］．中华商标，2007（8）：7～12.

[5] 国家工商总局商标评审委员会．完善程序设置　维护当事人权益——对我国商标司法审查制度的若干建议［J］．中国工商报，2005-03-03.

后　记

世界各国和国际立法对商标法给予了与专利法同等的立法地位。这说明商标法是建立健全市场经济法制不可或缺的法律规范。商标法的学习研究和适用应得到政府、企业和学术机构的普遍重视。本书是我们撰写《知识产权法》之后的又一新作。全书的框架和内容绝大部分是我们自己的别出心裁，但引用前人的成果是必不可少的。几乎所有的引用都注明了出处，以尊重他人的版权。如果还有疏漏，敬请有关作者谅解。

本书的写作首先得到了江苏大学专著出版基金的资助，使我们能够专心写作。我们希望本书不会令资助者失望。

在写作过程中，我们深入到一些企业进行调研，他们给予了大力协助。这里需要提及的是江苏赛威电气设备有限公司和江苏安普特防爆科技有限公司。好友李冠新、李斌、李玉虎、胡小红等博士给予了很多精神支持，在此谨表谢意。

本书的写作得到了知识产权出版社的大力支持。能与专业的出版社合作，我们感到十分欣慰。感谢责编的辛勤劳动。

本书是集体合作的结晶，但明确分工及相应的权利义务是十分必要的。全书大纲的提出和统稿由冯涛负责，同时独立撰写了第一、二、三、六章，第七章第一、三、四节。牛玉兵（江苏大学）参与撰写了第四章、第七章第二节。尚清锋（南京大学）参与撰写了第五章。对两位同志参与研究表示感谢。

作者

2010 年 11 月